林浩基\著

齐白石传

团结出版社

UNITY PRESS

图书在版编目（ＣＩＰ）数据

　　齐白石传 / 林浩基著. -- 北京 ：团结出版社，
2018.1（2021.9 重印）
　　ISBN 978-7-5126-5161-6


　　Ⅰ．①齐… Ⅱ．①林… Ⅲ．①齐白石－1863-1957－
传记 Ⅳ．①K825.72


　　中国版本图书馆 CIP 数据核字(2017)第 100411 号


出　版：团结出版社
　　　　（北京市东城区东皇城根南街 84 号　邮编：100006）
电　话：(010) 65228880　65244790 （出版社）
　　　　(010) 65238766　85113874　65133603（发行部）
　　　　(010) 65133603（邮购）
网　址：http://www.tjpress.com
E-mail：zb65244790@vip.163.com
　　　　tjcbsfxb@163.com（发行部邮购）
经　销：全国新华书店
印　装：三河腾飞印务有限公司

开　本：170mm×240mm　　16 开
印　张：26.25
字　数：398 千字
版　次：2018 年 1 月　第 1 版
印　次：2021 年 9 月　第 2 次印刷

书　号：978-7-5126-5161-6
定　价：53.00 元

# 目录

正由于爱我的家乡，爱我祖国美丽富饶的山河大地，爱大地上一切活生生的生命，因而花了我的毕生精力，把一个普通中国人的感情画在画里，写在诗里。

——齐白石

# 引子　春天纪怀

一辆浅绿色的小卧车，缓慢地驶上了西直门的立交桥，向西郊奔去。

她依偎着车厢的右侧，不时撩起帘子，望着窗外忽闪而过的街市、楼宇、人流、树木……

车外一片明媚的春光，嫩绿的柳枝，像害羞的姑娘，在和暖的阳光里，垂着头，飘拂着。路边上，青青的芳草，盛开的野花，粉红色的，淡黄色的，在柔和的春风里，轻轻地摇着、笑着，带着几分的醉意。

几只小燕子，快乐、自在地从车前掠过，冲向蔚蓝的天空。它们很得意，大概自觉是春的使者，呼唤着，带着一个个新生命的梦，来到人世间，来到每一个勤劳、善良的人们的心田里。

茶色的尼龙网纱衫，罩在洁白的的确良衬衣外面，使她显得更加端庄、素雅。她不时用右手梳理着被微风吹乱了的头发，像是整理着杂乱无章、自由飞驰的思路。

昨晚一夜难眠。因为今天这个日子，她盼望了多久？整整二十五个年头了。二十五年来，她无时不在思念那位长眠于西郊的老人——一位当代杰出的艺术大师，她的义父。

他与她，父与女，从结识到分手，只有短短的七年，然而他们之间深厚真挚的感情，胜过了相处一辈子的亲人。

老人刚毅、率直。遇上他情绪不好时找他画画，他常常不画。但是，只要她走到老人面前，老人就高兴起来，挥毫泼墨，意气风发。

她似乎是他的艺术之灵。她的一个倩影，一个笑靥，对老人无限敬重的一句话语，就像那催开新生命的春风，使他胸怀舒畅。

在她的记忆里，诗人艾青同老人有着亲密的关系，他们之间的交往也比她早。不过，艾青请老人画画时，还常常邀请她和她的爱人一道去西单的跨车胡同。

记不清是哪一天了，王昆仑老先生陪着陈毅同志来到她的家，她和祖光都感到十分的意外和高兴。原来他们也是邀请她和爱人一道去探望老人，请他画画的。

思绪随着卧车在飞驰，往事如织，历历在目。难忘的回忆，使她白皙的脸上，泛起了一阵淡淡的红晕；平静的神态里，隐含着一种难以捉摸的、复杂的情感与哀思。

她同老人一样，走过了漫长的、艰辛而辉煌的艺术道路。不过，一位是丹青大师——蜚声中外画坛的一代宗师齐白石；一位是评剧舞台的奇葩——著名表演艺术家新凤霞。他们分别在不同的艺术领域中倾注了自己全部的心血与生命。

是共同的遭遇和对于艺术的执着追求，使这两位年龄相悬七十多岁的一老一小相识，他们的相识充满着喜剧的色彩。

五十年代初叶的一天，于非闇、欧阳予倩、梅兰芳、夏衍、老舍、阳翰笙、洪深、蔡楚生等首都文艺界的名流，从不同的地方，赶到了她的家。真是老友如云，高朋满座，使这一处简朴、幽静的小庭院，充满着热闹欢乐的气氛。

这是她的丈夫吴祖光特意举行的一个别开生面的敬老宴会。

这一天，老人由护士伍大姐搀扶着，十分高兴地来到了她的家。吴祖光、新凤霞见老人银丝飘拂，满脸春风，立刻迎了上去，恭恭敬敬地搀扶着老人落座。

他们是第一次见面，但彼此的相知却在很久很久以前的年代。她早就酷爱老人的画；老人听到她甜美的唱段和名字也自然比这次会见早好多年。

他和她都庆幸能有这个机会相见。

老人紧紧地拉着新凤霞的手，慈祥地、亲切地端详着、凝视着。

"您不要老看人家，多不好意思。"伍大姐附在老人的耳旁，大声地说。

"她可爱，她美丽活泼，为什么不能看？"他显然被伍大姐的话语激怒了，生气地反驳。

新凤霞见老人生气了，赶忙说："您看吧，我是演员，不怕人看。"

"您看吧，您看吧……"吴祖光高兴地上前，亲切地安慰着老人。接着，屋里响起了一阵阵欢乐的笑声。老人在这欢乐的笑声里，神情舒展了，也爽朗地笑了起来。

"老师喜欢凤霞，就收她做干女儿吧！"郁风凑到老人的身边，风趣、恳切地提出建议。

新凤霞和丈夫吴祖光

"这倒是个好主意。"黄苗子说着，微笑着注视了一下新凤霞和吴祖光。

新凤霞表面平静，但掩盖不住内心的喜悦。她跃跃欲试，想立即走到老人跟前去鞠躬。吴祖光的眼睛，也放射出了激动的光芒，在感激客人，在鼓励凤霞。

于是，又在一阵阵的欢笑声中，新凤霞恭恭敬敬给干爹行了礼。

第二天，老人在自己的跨车胡同寓所，亲切地款待了自己的干女儿、干女婿。

他颤巍巍地从画案底下的行箧里，取出了一卷画稿，每张上面，只画着一两只草虫，有点水的蜻蜓，翩翩起舞的蝴蝶，还有匆匆来去的蜜蜂，唱着悦耳的歌曲的知了……那一只只栩栩如生、呼之欲出的小生命，使新凤霞爱不释手。

老人让干女儿挑。新凤霞翻来覆去对比了好大一阵，最后挑了那幅知了。

老人高兴地站了起来，移步到画案前，凝视早已铺在案上的知了片刻，挥笔补画了一枝秋天的枫树，那知了刚好落在树枝上。丹枫如火，像燃烧着的生命，蕴含着老人深沉的情怀与思绪！

换了一支笔，老人在画上题了两行字：

祖光凤霞儿女同室
壬辰七月五日拜见九十二岁老亲题记

这幅《红叶秋蝉》一直被新凤霞珍藏着，可惜在"文化大革命"中被抄走。粉碎"四人帮"后，这艺术珍品，失而复得，又回到了女主人的身边。然而，老人却永远地离去了。

汽车嘎的一声停住了，打断了她的思绪。一队身着白衬衣、蓝裤子，系着红领巾的少先队员抬着一个花圈，从车前越过。

花圈是用一朵朵洁白的花组成的，在晴朗的阳光下，像迎春盛开着的白玉兰，放射着耀眼的清辉。中间那个剪裁十分精美的金色大"奠"字，显得十分庄重、圣洁。

他们去哪里呢？她想，去八宝山革命公墓？去天安门广场人民英雄纪念碑？噢！都一样，不都是去祭奠那长眠地下的民族之魂吗？

是的，他也是中华民族之魂。在将近一个世纪的漫长生涯里，他把光辉灿烂的中国绘画艺术提高到了一个崭新的阶段。他的英名永远地留在中华民族历史的丰碑上。

车到了魏公村便向左折去，缓缓地行进在一幢幢崭新的、拔地而起的高楼之中。

前面不远处，停着许多车，站着不少的人。她最先发现的是李可染、李苦禅。再往前几步，大都是她认识的——文化部的领导、文学艺术界的名家，凡是在北京的，差不多都来了。

车还未停稳当，新凤霞就迫不及待地推开车门跳了下来，兴奋地、默默无言地同每一个人握手。然后，他们不期而同地向墓地走去。

齐白石、胡宝珠之墓

墓地简朴肃穆,像它的主人一样。常青柏树环抱着并列的两个水磨石墓穴。北头竖着两块洁白的汉白玉石碑。右边的那块碑上镌刻着:

湘潭齐白石墓

左边那块上刻着:

继室宝珠之墓

这苍劲、雄浑的十二个大字,是白石得意门生、当代著名的画家李苦禅老先生书写的。

"文化大革命"的十年间,一代艺术大师齐白石,也成了批判的对象。莫须有的罪名像一盆盆污水泼到了这位早已长眠于地下的老人身上。一些人当着李苦禅的面,把齐白石的塑像砸碎了,那是砸碎他的一颗心啊!苦禅痛心疾首。他最了解他的恩师——一个出生于贫苦农民之家、历尽艰难困顿攀上中国画苑艺术高峰的一代宗师,和他高尚的画品与人品,如今一切都颠倒了。

在抄家最紧张的日子里,他让儿子将恩师送给自己的几方印章,用废纸伪装好,放在破鸡窝里。其中刻着"死不休"的一方,是他们师生的宝贵信物,记叙着他们开始于二十世纪二十年代那段难忘的丹青生涯……

一九二三年四月的一天,一个操着浓重的山东口音的青年学生,踏进了跨车胡同十三号齐白石寓所的门,恳切直率地说:

"齐先生,我很喜欢您老人家的画,想拜您为师,不知能不能收我。我现在还是个穷学生,也没什么见面礼孝敬您,等将来我有了工作挣了钱,再好好孝敬您老人家吧!"

这位青年学生就是李苦禅。他出生于一个穷苦的农民家庭,一个偶然的机缘,启迪了他的绘画艺术的灵性,从此,他便像着了迷一样爱上了画画。

二十一岁时,在乡亲们的资助下,这位当初叫李英杰的青年便长途跋涉来到了北平。他人地生疏,孤单一身,幸得老僧的怜爱,在寺观中给了他一席栖身之地,又考取了不收学费的北大附设的"勤工俭学会",半天干活,半天学习，到北大中文系旁听。两年后，他以优异的成绩考入了北平国立艺专西画系。

白天，他是高等艺术院校的学生，夜间，他是奔跑于北平坑坑洼洼土路上的"洋车夫"。数九寒冬，酷暑盛夏，他用自己的汗水向生活挑战，为艺术苦斗。

在最艰难的日子里，他想起了宋朝的范仲淹，学着他的办法，每天熬上一锅粥，凉了，一划为三，每餐只用一份。如果能撒上一点虾糖（筛剩下的碎虾皮，价格贱），那就是美味佳肴了。

他的绘画用具，大多是拾取人家扔掉的铅笔头、炭条尾巴。

他硬是这么苦撑着、搏斗着、追求着光辉灿烂的绘画艺术。

同学林一卢被他的精神深深地感动了，就赠给了他一个名字："苦禅"。

"苦"，那是不言自明的；"禅"，中国写意图，古代也称文人画、禅宗画，"苦禅"不就是"苦画画的"意思吗！对，李英杰就是一个"苦画画的"。

李苦禅

苦禅一听，高兴地说："名之固当，名之固当！"于是，李苦禅这名字伴随着他度过了一生。

白石默默地听着眼前这位青年诉说自己的身世，他的经历近似老人年轻时学画的遭遇；他对于艺术如痴如狂的执着追求；他的坚强、正直、纯真的品格，深深地感动了白石，白石答应了青年的请求。

苦禅一听，急忙地行起了拜师礼：

"学生这儿给老师叩头啦！"

话音刚落，就在白石跟前下跪。

老人十分兴奋，连忙把他扶了起来，紧紧握住他的双手，点头微笑。

苦禅是北平艺专西画系的学生，跟白石学国画，只能利用业余时间。白石非常器重这位弟子，不但不收他的学费，有时还留他在家吃饭，还送给他绘画用品。

在白石的精心培育下，苦禅的绘画艺术渐见峥嵘。到一九二五年检阅学生毕业成绩时，校长林风眠见到一幅署名苦禅的国画，很是不错，便问：

"我怎么不知道咱们艺专还有位苦和尚？"后来知道这就是李英杰时，便赞叹不已。

师生的友情是深厚的。山东大汉的率直，湖南老人的刚毅，使他俩同样对黑暗势力疾恶如仇，使他们在艺术的切磋之中，锤炼了自己作为真正的艺术家应有的品格。

在苦禅的一幅《竹荷图》上，白石语重心长地题道：

苦禅仁弟有创造之心手，可喜也！美人招忌妒，理势自势耳！

然后，他亲自操刀，治了一方"死不休"的印章送给了弟子，寄寓着他自己"丹青不知老之将至""语不惊人死不休"的情怀，勉励苦禅，鞭策自己。

有一次，苦禅根据老师的意图，画了一幅《鱼鹰图》。画面上是一片夕阳余晖闪烁的湖水，水中黑石上栖满了鱼鹰。

画送到了白石那儿。老人一见，十分高兴，欣然命笔题词：

看见赣水石上鸟，
却比君家画里多，
留写眼前好光景，
篷窗烧烛过狂波。

苦禅仁弟画此，与余不谋而合，因感往事，记廿八字。白石山翁。

接着，又另外题道：

余门人弟子数百人，人也学吾手，英也夺吾心，英也过吾，英也无敌。来日英若不享大名，天地间里无鬼神矣！

白石对于苦禅的绘画艺术，倾注了全部的心血。这难以忘怀的情谊，虽然经历了半个多世纪的风风雨雨，但始终没有磨灭。即使在像"文化大革命"

那样险恶、艰难的逆境中，苦禅仍然默默地思念着白石，他坚信历史总会有水落石出，真相大白于天下的一天。而这一天，他终于盼来了。

十年浩劫中，白石的墓地遭到了破坏，墓碑不知散落到何处。为了永远缅怀这位艺术大师，纪念他在中国绘画艺术上永不磨灭的丰功伟绩，党和人民决定重修齐白石墓地。

经齐家后代倡议，请李苦禅重新书写碑文。因为只有他，才是当之无愧的。李苦禅自己，更是无比兴奋。他想起了拜师时说过的话，这是再好不过的对恩师的孝敬。于是，他以八十四岁的高龄，利用他精神最好的上午半天时间，精心地连写了二十多幅，然后经过仔细地对比，从中选定了两件刻于碑上。

他默默地站在墓前，微风轻轻地拂着他的几丝银发。他的右边是新凤霞，左边是美术界的其他同仁。

祭奠的仪式，吸引着周围的群众。男的、女的、老的、少的，越聚越多，沿着郁郁葱葱的柏树栏杆，紧紧地围成了一圈。他们默默无语，悄悄地听着圈内祭奠人的低声细语，好像要从中了解这位长眠于这里的老人辉煌的一生。

一个小男孩挤了进来张望着，带着迷惑的眼神，询问身边一位爷爷：

"老爷爷，他们在干什么啊？"

"他们在扫墓！"老爷爷低下头，迎着小男孩的目光，笑了笑。

"给谁扫墓？"

一九八二年清明节，首都艺术家们祭扫齐白石墓，
齐白石弟子李苦禅、李可染等在墓前合影

"大画家齐白石，喏，那石碑上写着。"

"是不是画虾画得特别好的齐爷爷？"

"正是的！你怎么知道齐爷爷虾画得好？"

"我爸爸告诉我的。"小孩顿了一下，又说，"我看过他画的虾，真好。"

老爷爷很感兴趣地问：

"你在哪里看过？是书上？"

"不，是长长的一卷。"小孩边说边比画着，"我爸爸说这是爷爷一生最珍爱的东西。前几年，爷爷去干校，就把这画交给我爸爸，爸爸包了又包，放在天花板上，去年取了下来，我看了；可爸爸淌着泪，说爷爷死在干校时，还问着这幅画。"说到这里，小孩语气变得低沉、缓慢。

"现在呢？"老爷爷关切地问。

小孩高兴地仰起了头："挂在爸爸的书房里，我天天都看。"小孩又问："齐爷爷为什么画得这么好？他是怎么练会的？"

"你爸爸没有告诉你？"

"说了一些。说齐爷爷出身很苦，只念了半年不到的书，完全靠自己苦学，是这样的吗？"

老爷爷赞许地点点头。

围观的人们被这一老一小的对话吸引了过来，在那里静静地听着。

这块曾经荒凉的旷野，自从老人长眠在这里以后，闪耀出千万缕情丝，牵系着千万颗人心，令人向往，令人怀念！

# 第一章　穷苦人家

阿芝做梦也没有想到家人会这么早让他辍学。晚饭后，妈妈把他叫到屋里，把这不得已的决定告诉他时，他哇哇地大哭了一场。公公含着泪，左劝右劝，他才上床，又躲在被窝里偷偷地饮泣着。

# 1. 世代农耕

三更时分，齐十爷勾起食指关节，轻轻地敲了几下壁板，叫道："璜儿他妈，起来吧，时候不早了。"

"知道了！"里屋传来了年轻女子的声音。

他坐了起来，从枕头底下取出了一盒火柴，点着了油灯。微弱的灯光忽闪忽闪，使这间三丈见方大的屋子内陈放的一切，显出了朦胧的轮廓。

床头依着窗户，窗户上挂着半截打着补丁的花格旧帘子，下面摆着一张陈旧的、凹凸不平、裂开了缝的小条桌，桌上堆满大大小小的坛坛罐罐。

对面的墙上挂着斗笠、衣服，下面两个大缸，盖着木盖，是盛全家的口粮用的，可里面空空的，没有一粒米。

齐十爷靠着床头，扫了一眼他早已十分熟悉的屋子，拿出了烟具，装上了烟丝，弯下身子，就着油灯，吧嗒、吧嗒地抽了起来。

他深深地吸了一口，慢慢地，青灰色的烟雾，从他的鼻孔里、两片厚厚的嘴唇缝间，溢了出来，一缕缕，轻拂地，袅袅地上升，到了最高处，渐渐地消失莫辨了。

这是他唯一的嗜好和享受。对于一个身处湖南这样一个穷乡僻壤之中的贫苦农民来说，生活中也没有什么比这更高的享受了。

他两眼直视着天花板，静默地吸着，吐着，看着，想着，他是在玩味，也是在思索。

昨晚，他上床很早，但是一直未曾合眼。额头上、眼角处，那深深刻下的又粗又密的皱纹，今天似乎更多了。一张慈祥的、饱经风霜的古铜色的脸，使他显得比实际五十八岁的年龄更苍老些。

阿芝来到世间已经八个月了，这是他第一个孙子。老年得孙，三代同堂，人丁兴旺，虽然穷，心头还是甜的。前村的张老汉，扛长活时的伙伴，六十七岁了，几乎比他大一轮，还没有孙子，急得不得了，而他倒先抱上了。

他心花怒放。那喜悦、自豪的心情，不亚于孩子的父母。

每天收工回来，跨进门槛，他问的第一声是："阿芝睡了吗？今天好吧！"

夜阑人静，除了远处不时传来几声狗吠，大地已酣睡了。而劳累了一天的他，常常兴奋得睡不着，望着窗外一勾新月，思绪万千。有时他忍不住摇几下身边的老伴，问道：

"睡着啦，睡得着？"

"看你，自己不睡，还不让别人睡？"老伴转过身，嗔怪着，一双惺忪的眼睛望着他："你想什么？"

"想我们阿芝，"齐十爷看了一眼老伴，掖了掖披在身上的衣服，微笑着说，"我们的阿芝将来有出息。我做了一个梦，说他长大了，成了银匠，手真巧，玉镯、耳环、佩饰，什么都会做，找他的人真多，他还去长沙住了好几个月，带回了很多很多东西。"

他似乎还在甜蜜的梦境中，憧憬着阿芝幸福、美好的未来。

老伴被他带进了一个美妙的世界。她也许没有丈夫那种身临其境的体验，然而她能根据自己生活的经验，想象出一个并不亚于丈夫梦境的美好世界来。

她的睡意完全消失了，静静地听着齐十爷的话语，玩味着他讲的每一句话，每一个情节，体会着爷爷对于孙子的炽热情感。

"可惜他身体太弱了，三天两头闹病。"老伴一想到这，兴奋的神情消失了，蒙上了一层愁苦的阴影。

齐十爷没有马上回答。停了好大一阵子，他忽然想起了什么似的：

"那几个铜板还在吗？"

"不早就拿去买盐了吗？"

"那就让以德到大庄那里，借一点，秋后还。"大庄是住在离杏子坞三十多里外的一位齐十爷的朋友。

"只好这样了。听说他这几年学了手艺，生意不错，日子过得还可以。"

"今天就去吧，你也一道去，快点回来。"齐十爷说着，披衣起床，望着窗外天色已经微明，操起了一把镰刀去开门。

"大清早，干什么去？"老伴不解地问。

"摘几个丝瓜带给老庄头尝尝！"说着，他掩上了门。

母子去了大半天了，还没有回来。齐十爷从中午到黄昏，焦急地巴望着。不知他们找到老庄头没有，会不会出什么事？

掌灯时分，仍然没有见到他们的影子，齐十爷估计他们可能去另一个亲戚家了，老伴临走前曾经提到过的。他回到屋里，点上了灯，打开箱子，仔细地翻着，找着。

在箱底的右角，他取出了一件旧的黑色的棉袄，从棉袄左边的口袋里，取出了一个用布精心地包了一层又一层的小包包。

他小心翼翼地一层层打开，揭开了最里面的一层，一对银首饰呈现在眼前。

这是一对镂刻、镂制得十分精美的手镯。在几毫米宽的镯面上，刻着飞腾的龙；在两端的连接处，一只上刻着"吉祥"，另一只上刻着"如意"的篆体字，布局严谨又富于变化。

齐十爷仔细地端详着，他好像第一次发现了它的精美，爱不释手。这是齐家唯一珍贵的财宝；也是老伴陪嫁的唯一信物。有一年，他的长子齐以德，也就是阿芝的父亲，得了重病，几亩薄田又遇着干旱，他心急如焚，背着老伴，把这一对镯子当了，请了医生为孩子治病。老伴知道后，跑了几家亲友，借了钱，硬是把镯子赎了回来。因此，背了好多年的债。

现在阿芝又生病了，时好时坏。老伴去借款，到现在还没回来。儿媳齐周氏要去抓药，要去寺中还愿，于是，他又想到了这对镯子。

齐十爷重新包好了手镯，推开房门，见齐周氏正在洗脸，顺手将小包放在靠墙的方桌上：

"把镯子当了，治病要紧。"

"等一等他们回来再说吧，"齐周氏一双充满疑虑、恳求的目光看看公公："家里值钱的就这一件了，以后有急事怎么办？"

她知道这镯子对全家，对公公、婆婆的分量；也了解过去为她丈夫典当过的往事。

"孩子治病要紧，将来家境好了，不愁买不到。"齐十爷宽慰着儿媳。其实，他自己又何曾不想到这些呢！

齐周氏默默无言，暗暗地擦着眼泪。

她今年十九岁，匀称、中等的身材。浓密、乌亮的长发被拢到脑后，盘梳成一个发髻，显出农家少妇那种青春的气息。大大的眼睛，陷入很深，好像时时都在想着什么。

她的父亲周雨若，是个读书人。十载寒窗，经、史、子、集读了不少，是乡间百里之内闻名的老夫子。他秉性耿介，绝不趋炎附势。清王朝到了光绪年间，国势江河日下，连科场也腐败不堪，至于官家贵族更是无恶不作，欺压平民，对此，他痛心疾首。因此，决心隐居在这深山僻壤，教起蒙馆，过着淡泊、清苦的生活。

在那样的一个年代，像他这样一个手无缚鸡之力的穷困书生，其凄凉的生活景况，和一般农家无异。

他很疼爱女儿，女儿给他忧郁、暗淡的生活带来了温馨和欢乐。长到了十六岁，女儿出落得更加标致、聪明，招人喜爱。一时间，登门说亲的人一个接一个。他们之中，有名门望族的纨绔子弟，有富商巨贾的少爷公子，也有农家子弟。

周雨若从自己的遭遇中，看清了所谓"书中自有黄金屋，书中自有颜如玉"之类的虚伪说教。他终生引为憾事的，是自己连累了妻子。他决计替女儿寻找一个勤劳、善良、自食其力的劳动者，过着千百年来祖传下来的"日出而作、日落而息"的田园生活。他了解齐家穷困的境况，更了解齐十爷的为人与品格，征得了女儿的意见后，他与齐家定下了这门亲事。

做新娘的第一天婆婆就拉着她的手，坐在床沿上，慈祥、亲切地端详着她。婆婆心里甜滋滋，她能够娶到周家的女儿做媳妇，受到邻里的称赞与羡慕。乡亲们的谈论传到她的耳朵里，她感到了一种从未有过的欣慰与骄傲。她穷，这她知道；但穷得有志气，活得有人格，得到了大家的承认；甚至像周雨若这样有学问的人，都愿意同她家联姻，人世间还有什么比这更值得自豪的呢？

她激动得说不出话语，只是慰勉地说了一句："家道兴旺，全靠自己。"婆婆声音很低，但充满感情，很有分量。

齐周氏抬起了头，眼眶里含着泪水，感激地注视着婆婆，轻轻地点点头。

婚后三天，她干活了，挑水、做饭、养鸡、打柴，里里外外，样样都干。

她深信婆婆的话："家道兴旺，全靠自己。"自己有一双手，能干活，只要勤快，肯吃苦，日子没有过不好的。

在这个勤劳、质朴的家，日子过得虽然清苦，但很幸福，很温暖。慈祥、温顺的婆婆，正直、疾恶如仇的公公，敦厚憨直的丈夫，和谐地结合在一起。她本来没有过高的奢望。而今该得到的，她都得到了，她怎么不庆幸呢！

三年后，也就是清朝同治二年（公元一八六二年）十一月二十二日，她生下了头一胎，是个男孩。有谁能想象得出这个小天使给他们这一家带来多么大的欢乐！

名字是公公给起的，叫纯芝。"纯"字是齐家的辈分。齐十爷又按照不知开始于何年的老习惯，给纯芝起了个号，叫"渭清"，后来又起了个叫"兰亭"的号。不过，他们总是亲昵地叫他"阿芝"。

阿芝未来的命运如何，除了齐十爷那个甜蜜的梦之外，婆婆还找乡间闻名的一个星相先生算过命，说也是不错。除此之外，一切都是朦胧的。只是这孩子虚弱的身体，常常会给他们的生活投上一层阴影。

春末刚刚治好了腹泻，大家舒了一口气，平静了好几天，谁知又发上了低烧。请医生、求佛爷、卜卦、算命，办法都用尽了。

婆婆是虔诚地皈依佛祖的。元宵节时，她赶到十里外山那边的寺庙里，向着释迦牟尼佛，为阿芝许下了愿。今天到了还愿的日期，而且三剂中药已经服完了，按照医生的意见，还要再服三剂。可是，家里囊空如洗，不得已，婆婆和丈夫踏上了借贷的路途。

她曾经同齐以德说，她回娘家找爸爸，或许能想些办法。但是，齐十爷说什么也不让再难为亲家了。他知道亲家也过着贫寒的生活，自己无法资助他，哪能再增加他的负担！何况上次阿芝发高烧，几天退不下来，周雨若不知怎么得到消息，冒着倾盆大雨，亲自带着医生赶来了。他还把自己珍藏的一方砚台卖了，给齐十爷送来了几两银子。

昨天晚上，齐十爷说要将镯子当出去，她坚决不同意。公公生气了：

"你爸爸的古董文物都卖了，这镯子你还舍不得？"

她劝不住，只好按照公公的意见办。

吃完了饭，换上了那件她平时一直舍不得穿的红花白底罩衣，将公公包好了的镯子，放在贴身的衣袋里。

天已经大亮了，湛蓝的天空飘着几丝白白的云彩，太阳从东边那黛青色的山后，冉冉地升起。金色的阳光，透过青翠的松树林，在林间放射出一道道耀眼的光柱。

到处是一片绿的海洋，北山上繁茂的树林，南山坡摇曳多姿的竹丛，还有遍野青青的芳草，处处洋溢着生命的活力。

杏子坞的星斗塘，就坐落在这群山环抱、幽静、美丽的山谷之中。

星斗塘，有着美丽的传说：很早很早以前，一个仙人关心这里的一片稻田水源困难，便从天上扔下一块大石头，把地面砸了一个大窟窿，变成了塘，后来人们就叫它星斗塘。塘水平静如镜，水中长着茂盛的、碧绿的荷叶。

齐周氏信步走到塘边，对着清澈的塘水，照照自己的身影，她发觉自己瘦多了，的确，这些日子里，公公、丈夫在外干活，婆婆年老体弱，家庭的一切重担全部落到了她的身上。从砍柴、挑水、做饭，到一家人的衣服洗涮缝补，都由她承担着。她还凭着一双灵巧的手，在房前屋后开出了一片片菜地，种上了豆角等各种时令蔬菜。她还养了十几只大母鸡，天天下蛋，自家却很少吃，总是拿到市镇上去换盐，换日用品。

春去夏来，年复一年，她尽心地安排一家人的生活。结婚时才十六岁，但是她很快就成了这个家庭的主心骨。公公、婆婆有什么事，都喜欢找她商量；她不轻易地表态，但是，一旦表明了自己赞同什么，反对什么，那准是没错儿的。

有了孩子，无形地给她增添了更多的负担，但是她得到了精神上的补偿。可是，孩子体弱多病，又未免使她揪心。她吃不好，睡不稳。她把整个身心都倾注到了阿芝的身上。阿芝牵动了她的每一根神经，影响着她这个家的忧愁与欢乐。似乎这个家庭的每一件事，都是围绕着阿芝的健康旋转的。

齐周氏转过了池塘，急急地赶着路，还在惦念着阿芝：哭了没有？公公照顾得了吗？婆婆不在家，也只好难为他老人家了。她一心想着当了镯子，抓了药，就去寺里还愿，求菩萨保佑，阿芝能渐渐地好起来。

她爸爸是不信佛的，说那是虚幻之说，天地间哪有什么命运。从小时候开始，周雨若就给小女儿讲王充的《天问》，讲无神论的观点，她信。但是接触到现实的世界，疑虑产生了，她不明白，为什么同样的人，同样的十月怀胎，有的终生过着锦衣玉食的生活，有的却祖祖辈辈的穷困潦倒。

她小时候认识爸爸的一些学友，有的升了道台、县令；有的却生活十分凄凉，连她爸爸目前这样的生活都不如。她百思不得其解。趁爸爸情绪比较好的时候，她将这些问题端到爸爸的面前，仰着头，用一双天真的、疑惑的目光看着爸爸，希望能得到一个正确的回答。

爸爸不总是能满足女儿的愿望。因为诸如此类的问题，他不是没有思虑过，不过，他找不到明确的答案。他痛切地感到了世道的不公平，但是，根源在哪里呢？从孔圣人到朱熹，谁能做出满意的答复？难道人世间真是受命运主宰？在艰难困顿之中，他也曾这样怀疑过、动摇过。

# 2. 横行乡里

当铺在街市东头高高的围墙右侧，一个一丈见方的大"当"字，触目惊心，越走近它，给你的威慑越强烈。正门倒是并不宽大。进了门，就是一个长长的大柜台，足有五尺高。柜台上摆满衣服、古董、首饰之类，造型生动，别致，色泽斑斓的玛瑙、料器、珍珠等做成的项链、佩饰以及许多金的、银的手镯、戒指、耳垂等等，琳琅满目。

迈上一级级的台阶，齐周氏站在柜台前，睁大眼睛，惊奇地看着这些她听都未曾听过的珍宝。

今天，来典当的人不少，店堂里的伙计们都在热情地接待顾客。他们似乎都是鉴赏古物的行家，仔细地端详着每一件物品，精细地检看着，敲打着，不时与来客低声地议论着物品出产的年代、质量和行情。

右边那个穿昆士蓝长衫的中年店伙，戴着眼镜，一边与一个穿着"湘勇"衣服、拄着拐棍的湘勇谈着，一边向齐周氏点点头，示意她等一等。

齐周氏会意地笑了笑，她下意识地摸了摸胸前的那个小包包，生怕被人抢去似的。她没想到人会这么多，只好静静地等候着；看着、听着那个"湘勇"与店伙争论不休。

"这可是真货。上海当铺说是元朝宫苑妃子的饰物。""湘勇"眉飞色舞地争辩着，"人家出了这么个价，我都没有答应。"他伸出五指，上下翻动了八下，意思是四百两银子。

店伙计不屑一顾地斜了他一眼，将东西推给了他："这是乾隆年间的东西，扬州作坊做的，不信你自己看看？上面都刻着字，篆体，年代、产地都有，能假？"

"湘勇"被他抢白了几句，涨红了脸，不由自主地取过胸佩，又仔细地看了半天。他不敢相信，这怎么会是假的呢？难道大个李骗了自己不成？他想起，冲进忠王府，他是跑在最前面的。宽大的宫殿里，空无一人，太平军的将士全部殉难了。他和伙伴们取出一个个早已准备好了的口袋，穿堂入室，把一切认为有价值的东西，统统装进了袋里。后来，大伙儿都拿出了自己劫掠的"胜利品"，互相观摩着。大个李拿着他现在这个胸佩，走到他的面前，说那是"纯金的，元朝的东西，价值连城"，馋得他，用自个全部抢来的东西跟他换了。现在，他不知是店伙计存心骗他，还是大个李已经骗了他。他想发作又不敢发作。前些日子，一个"湘勇"作恶太多，半夜三更被人拉出去，活埋了。一想起这，就心惊肉跳。他知道众怒难犯，况且自己只剩下一条腿了。

"那么，你给个价吧！"他急着要用钱。

"最多这个，"店伙计傲慢地伸出两个指头，"你这银子还不纯净，只有百分之七十。这可是个高价啊！在苏杭一带，顶多值二十来两银子。"

"湘勇"恼怒了，一副气势汹汹的神态。可惜他只有一条腿，要不，他准会跃过柜台给店伙计几拳几脚。可是现在，他只好无可奈何地收起自己的东西，恨恨地看了几眼店伙计，骂骂咧咧，一踮一跛地走了。

善良的齐周氏，静静地看着眼前这一切。对于这个残疾人她却一点也不同情，因为他听父亲讲过太平军的事情，一见"湘勇"这个字眼，早就产生了厌恶以至痛恨的情感。

她记得，阿芝出生后八个月，轰轰烈烈、震惊中外的太平天国运动失败了。一八六四年七月攻陷天京（南京），便是由曾国藩筹建、训练的"湘勇"这批家伙干的。"湘勇"攻进南京城后的血腥屠杀，奸淫抢掠，无恶不作的暴行，不断地传到了湘乡父老的耳中，谁不为之切齿痛恨呢！看着眼前店伙计抢白"湘勇"，她像是出了口气，为之振奋。

戴眼镜的店伙计走到齐周氏面前和气地问："妹子，你带来什么，看看。"齐周氏微笑着点点头，她一层层地打开了包布，取出一副手镯，轻轻地放在伙计伸出的手掌上。

伙计用长长的指甲，轻轻地拨去花纹上的尘埃，来回地看着；又放在手上掂了掂，用小锤子轻轻敲了敲，脸上露出了微笑；

"是真货，当一两银子吧。"

"好的，不过我还是要赎回来的。"

"当铺当铺嘛，当然可以赎回。不过按我们的规矩，得有个期限，期限到了，不来赎，就算是出售了，可记得？"

"这我知道。"

"那好，手镯你先拿着，我同先生商量一下。"伙计转身进了室内。不一会儿，他拿着一张纸条出来说：

"就这样吧。这是当票，得好好保存。"同时，把一两银子交给了她。

离开当铺，赶到了中药铺，她为阿芝抓了三剂药，然后又跑到食杂铺，想为阿芝买一点好吃的东西。连续的低热，使阿芝本来十分羸弱的身体更加消瘦，脸色苍白，没有一丝血色，而且有些浮肿。她心想，要吃药，也要增加营养。家里给阿芝唯一的营养品，就是白糖拌米糊糊，这白糖还是用鸡蛋换来的。

她看了一下商店，各种食品，真是五光十色。有香喷喷的糕点，亮晶晶的糖果，还有鲜嫩鲜嫩的南国早熟水果，阿芝一定都很喜爱的。她眼前忽然闪过阿芝吃着可口的水果、糕点时那甜蜜的笑容。忽然，这笑容消失了，阿芝也消失了。她本能地摸怀里的那点银子，她知道这银子对于阿芝、对于她全家的意义和分量。

她迟疑了好半天，买了半斤杏仁饼，又看了一眼水果、蜜饯，才恋恋不舍地离去……

时候已将近中午，晴朗的天空没有一丝云彩。太阳的光辉照耀着，温暖着大地上的树木、行人，使人感到了春的气息。

齐周氏走得很急，出了城，身上微微觉得有点汗津津的。忽然，她感到后面好像有人跟着。转身一看，只见离她六七步远的地方，刚才当铺里的那个"湘勇"，一跛一跛地朝她赶来。她没理他，仍然走自己的路。

"咳，妹子，你慢点走，我有话同你说。"后面那"湘勇"叫唤着。

齐周氏站住了。只见他拄着拐棍，一高一低，热汗涔涔地向她迎面赶来。

齐周氏不免一惊，后退了几步，冷冷地问：

"有什么事？"

"我说啊，"他上气不接下气地冲到齐周氏面前："刚才在当铺，你都看到了。那店伙计真不是东西。银子我有的是，珠宝玉器我也多得很，他不收就不收罢了。嘿嘿！你生得漂亮，我这玉簪子插在你的头上就更漂亮，我要送给你。"他嬉皮笑脸，右手举起那只玉簪一晃一晃。

齐周氏像咬了一口肥皂似的恶心，怒火直冒：

"你放规矩点！谁稀罕你那不干净的东西！"

"嘿嘿！嘿嘿！小妹子，锃亮锃亮的，哪里不干净？"

"上面有血！老百姓的血！"

"湘勇"的脸刷一下变成灰白，献媚的假笑消失得无影无踪，三角眼里放出了两道凶光，咬牙嗥叫：

"你胡说八道！老子给你打长毛，丢了一条腿，是功臣！"

"你无耻！"

"你还敢骂我，再骂，我就收拾你！"

"你没有心肝！你是土匪！是强盗！"

"湘勇"瘦长的脖子暴起的青筋快要把颈子皮撕裂开了：

"你这狗养的臭婆娘，老子要结果你！"举起拐棍，使出牛劲，朝齐周氏打去。齐周氏轻轻一闪，那"湘勇"由于用力过猛，一只腿支撑不住，一个倒栽葱，扑通一声，摔倒在地上，嘴里冒出了鲜血。

这下子可是烈火上浇油。他抹了抹嘴角的血，猛地爬了起来，恶狠狠骂道：

"臭婊子！臭娼妇！老子好心送给你东西，你不识相，还血口喷人，老子今天非得揍死你！"说着，又举起拐棍，劈头砍下去。

冷不防，拐棍被一只强劲的手紧紧抓住了。他抬眼一看，抓住拐棍的是一个身穿青布大褂、高大壮实的青年男子。

看热闹的男女老少一下子来了很多，把三人团团围在当中，指划着，谈笑着。

"湘勇"大发雷霆，摆起架势，想把青年推翻在地，挣脱他的拐棍。可笑螳臂怎能挡车，青年稳稳当当像一座山；抓住拐棍的手有如一只铁掌，不能动摇丝毫。没奈何；动武不行只好动嘴，脏话痞话骂了一通，然后质问：

"关你什么事？你管得着！"

"白日青天，毒打良家妇女，谁都可以管。"

"老子好心好意送东西给她，她不识抬举，还说这东西上有老百姓的血。你们看看，有血没血？"他边骂骂咧咧，边将玉簪送到人们面前，引起了围观群众的一阵哄笑。

"有血没血，你心里最清楚。"齐周氏愤怒地指着他的鼻子骂道："杀人越货，能干净吗！"

"你血口喷人！我这腿是怎样丢的？我是打长毛。"

"该！该！丢一条腿，两条腿全丢了才好哩！"齐周氏回骂得痛快淋漓，群众中一片叫好声。

"人家说得对嘛。做人要行得直，走得正。自己汗水换来的，才干净。"那青年男子接着说，"况且，你和她非亲非故，送给她首饰，你是存的什么心，难道你自己不明白？人家不要，你骂人打人，这是哪家的王法？"

人们纷纷指责"湘勇"。这兵痞一看势头不对，自知理屈词穷，势单力薄，众怒难犯，他便架起拐棍，夹着尾巴，灰溜溜挤出人圈走了。但嘴还不示弱，回过头来，凶狠地说：

"说不过你们，老子到官府去论理。"

大家向齐周氏投去敬佩赞许的目光。齐周氏绯红的脸庞绽出一个笑靥，感激地向着那青年男子深深一躬：

"多谢大哥了！"说着，快步走了。

一位五十开外的妇人，走到那青年男子的身边，悄悄问：

"你知道这妹子是谁？"

青年男子摇摇头。

"她就是星斗塘齐十爷儿子齐以德的媳妇。"

"哦！齐以德的媳妇，就是教书的周先生周雨若的女儿？"

"没错。书香门第，勤劳俭朴，家务事样样能干，做饭、养猪、喂鸭、种菜……里里外外，调理得顺顺当当。"老大娘越夸越兴奋，如数家珍地没个完："到底是读书人家的，讲礼义，有胆识，明大义，敢说敢为，这杏子坞方圆几十里，谁不知道她。那该死的'湘勇'，不识相，想占点便宜，没想到碰了一个硬钉子。"老大娘说到这里，哈哈大笑了起来。

那青年男子认真地听着，又说："她丈夫我认识，一起在长沙扛过活，我们相处得不错。"

"她男人叫齐以德，老实巴交的，可是心挺好，倒是很有'德'，得了这么一个聪明、贤惠的媳妇。"

两人谈论着，用敬佩和钦羡的目光望着慢慢消失在一棵百年老树后头的齐周氏的身影。

齐周氏刚跨进门，不爱说话的齐以德便急切地问：

"听说你被'湘勇'打啦？"

"没打着。"齐周氏看了丈夫一眼，不好意思地轻声回答。

"你不错，替我出了这口气。"公公高兴地看着齐周氏，称赞道，"人活着就是这么口气啊！'湘勇'是什么东西？你顶得好！来，给我把过年剩下的那半瓶酒拿来，喝他几盅。"

临窗的那张方桌旁，坐着齐十爷和他的儿子。桌上一碟盐水豆、一碟咸萝卜，婆婆还专门炒了一盘鸡蛋。

齐以德知道父亲平时不大喝酒，但一遇上高兴的事，也就来他几杯。今天，老人见到齐周氏这样有骨气，当着儿子的面，便大大地夸奖了一通。他听了也十分兴奋，舒畅。

他给爸爸倒了满满一杯，又给自己倒了小半杯。

齐十爷古铜色的脸，由于兴奋，由于几杯落肚，泛起了红晕，在微弱的菜油灯下，放出了光彩。

"长毛并不坏，有人却说不好；短毛真可恶，人倒恭维他。天下事还有是非吗？"他毫不掩饰自己心中的不平与愤恨，"抢劫了天王府，掳掠了南京城，发了横财，回到家乡，耀武扬威，说什么打了长毛立了功。谁见了不在他们背后戳脊梁骨！"

齐周氏坐在一旁，静静地听着。老人疾恶如仇，远近闻名。她在出嫁前，就听说过。爸爸、妈妈当初同她说这门亲事，这一点，是作为一条重要理由向她提出来的。爸爸是满腹经纶的饱学之士，他对于人世间的曲直是非的强烈观念，深深地影响着她。她对于具有这样品格的人，是极为佩服的。她正是怀着这种心情，崇敬她的公公，爱护她的公公。

公公今天这样的高兴、畅快，是她几年来所少见的，这都是为了她，她感到了满足和幸福。

老人夹了一块蛋，放进了嘴里，细细地嚼着，品着。这时，里屋传来了阿芝的哭声，齐周氏慌忙跑了进去。

# 3. 你爱你恨

服了药，烧渐渐退了，又睡了一大觉，阿芝的精神显得好多了，白皙、细嫩的脸上，泛上了薄薄一层红晕，他张着嘴在笑，笑得甜甜的。

婆婆递过一块热毛巾给齐周氏，齐周氏轻轻地在阿芝的脸上擦着。

小阿芝越发精神焕发，一双机灵的、大大的眼睛转动着，张望着这屋内的一切。

齐十爷放下酒杯，用右手食指轻轻地拨了两下小阿芝的下巴颏，"噢！""噢！"逗他，然后说：

"这孩子聪明，像他外公。长大了，要教他做一个正直的人。要告诉他，他出生的那一年，正是'湘勇'将长毛压下去的一年。这是我们湖南人的耻辱。"他动了感情，眼眶里放射出愤怒的火花。

齐十爷今年五十八岁。洪秀全领导的金田起义，攻长沙，进湖广，顺江而下夺南京，轰轰烈烈，震动清王朝的半壁江山，他亲眼见过。长毛过湘潭时，开仓济贫；土豪劣绅、贪官污吏闻风丧胆，逃之夭夭。贫苦的农民，兴高采烈地迎接武装起来的农民兄弟。

儿时，他听老人讲过陈胜、吴广、黄巢、李闯王的起义，他为之高兴；讲到他们的失败，他伤心地流泪了。但是，那都是历史上的事。如今，他赶上了这时代，亲眼看到这惊天动地、轰轰烈烈的伟业，他是多么的开怀啊！

虽然居住在这僻壤穷乡之中，他的心却无时无刻不在思念着这一支队伍。当豪绅们欢庆攻陷南京，打败长毛的时候，他暗暗顿足叹息，心像压上了一块巨大的石头，不得出气。今天听了儿媳的事，怎不为之欢欣鼓舞？

有了几分酒意，他的话滔滔不绝。儿子劝爸爸不要再喝了：

"爸爸，你还是少喝一点，酒后失言。"齐以德把着酒壶，不让老人再斟。

"怕什么？只要有点良心，谁不这样想。那个曾中堂，杀人如麻，人家叫他曾剃头。一品红顶戴，不知是多少人的血染成的。江西围困，长毛打得他狼狈不堪，不想活了，要跳水自尽。当时死了就好了，那就不会有今天。"他抢过酒壶，满满倒了一杯，看了一眼阿芝，笑了笑："人活着，就是这口气。以德媳妇，无论如何要教育孩子做个正直的、有骨气的人。孩子出生后的这段事，要告诉他。一生不做官，像你爸爸一样，虽然穷，但要穷得有志气。"

老人站了起来，把一杯酒灌进了肚子里。

春去夏来，南山的野花开了，谢了，又开了。阿芝在爸爸、妈妈、公公、婆婆的精心抚育下，渐渐长大了。

如今，又迎来了一个春天。

春风催开了漫山的野花，催绿了满树的新叶。和暖的阳光消融了河沟、水田里的薄冰。

青蛙轻捷地在池塘旁跳着，从一张碧绿的荷叶上跳到另一张荷叶上，鼓噪着，歌颂这快乐春天的到来。

一身合适的蓝衣服，里面衬着洁白的衬衫；脚着一双妈妈精心绣着狮子头的黑布鞋，使阿芝更加显得标致。红扑扑的脸上略略隆起的鼻子，是端庄的特征；长长睫毛下闪忽着的明亮的眼睛，总是不停地在观察着什么。

他四岁了，随着年龄的增长，他的身体也一天天健壮起来。往昔许多令人愁苦的疾病，奇迹般地从他身上消失了，这给老人带来多么大的慰藉！

他最喜爱那有生命的东西，爱青蛙，爱小鸡，爱水塘里怡然自得的鱼和虾。

他不明白，鱼为什么会在水里游；那虾多美丽，透明，晶亮；两只长腿，各有一把钳子；倒退着走，真奇怪。

站在塘边，他仔细地观看着，常常忘了时间。一直到妈妈跑来找他回去吃饭，他还边走边张望着这些可爱的小动物。

这碧绿的星斗塘，是他的乐园，是他生命的摇篮。他每天不知要来这里多少趟。这里的一草一木，一鸟一虫，都启迪着他的心扉，吸引着他那充满幻想、探索的好奇心理。

今天一大早，他就来到了这里，玩了大半天，小伙伴们都渐渐地离去了，他还留恋在这里。

忽然，妈妈提着一篮子菜，手里拿着一大把各色各样的野花走来，阿芝高兴地迎着妈妈飞奔过去。

"不要跑，不要跑，小心被石头绊倒。"齐周氏三步并做两步，赶到孩子面前，蹲下身子，仔细地端详着，好像总看不够似的。

"一个人别老在这地方玩，掉到水里怎么办？"

"不会的。鱼会游水，我不会游水，这我知道。"阿芝依偎在妈妈的右肩上，小手轻轻地抚摩着妈妈的头发。

齐周氏把采撷来的野花举到儿子面前：

"妈妈送你，这是什么花？忘了？考考你。"

阿芝不假思索地说："桃花，粉红色的，真好看。"

"这朵呢？"

"映山红，是不是？"

妈妈点点头："这一朵呢？"

"这？"阿芝食指点着下嘴唇，睁着大眼，沉思着……猛然，脱口嚷道："栀子花，栀子花。"说着，抢了过去。

齐周氏高兴地抱起阿芝，热烈地在阿芝的脸上吻着："真聪明，好乖乖。"

她拉着阿芝的小手，慢慢地向家走去：

"爷爷教你的字，都记住了？"

"记住了，不信，你问问。"

"不用了，过几天，爷爷回来了，会考你的。"

"爷爷什么时间回来，我真想他。他还教我认好多好多的字吗？"

齐周氏点点头。

两岁以后，阿芝就同爷爷睡在一起。寒冬腊月，这南方的潮湿地区，也很寒冷。齐十爷觉得自己渐渐老了，身体不如以前。当秋风阵阵，树叶飘零的时候，他就从箱子里取出那件用布包着的羊皮袄。

久经年月，皮袄的好些地方都掉了毛，可这是他唯一珍贵的财产。老人穿上皮袄，大襟敞开，把阿芝裹在胸前，阿芝常常就这样在老人身上睡着了。齐十爷自己说，抱着孙子在怀里暖睡，是他生平第一乐事。

他平生没有什么嗜好，只是抽点烟，那也是自己种的草烟。逢年过节，沾点酒，也选那价格最便宜的。如今有了阿芝，抱孙孙，逗孙孙，便是他最大的欢乐。

齐家的日子是艰难的。全家五口人，除了有几间东倒西歪的破屋，能够挡风避雨外，只有一亩叫"麻子丘"的水田，在大门外晒谷场的旁边，这就是他们全部的产业。

"麻子丘"虽然只有一亩，但比别家的一亩略大了一点。遇上好年景，风调雨顺，打个五六石谷子是不成问题的。可是，一亩地的收成要糊住五个人的口，维系一家的生计，无论如何是不可能的。

这些年又十有九旱，禾苗正在抽穗灌浆的时候，天上没有一丝云彩，骄阳晒得地里冒烟。水田干了，没有一滴水，禾苗的叶子卷了，枯了。

齐十爷忧心如焚，脸上的皱纹更多更深了。没法，只好外出打零工。走东村串西村。见到房字整齐点的人家，探头就问："有什么活儿干没有？"

好不容易找点活儿干，一般的，吃了主人家的饭，一天也才挣二十个钱。晚上，只能躺在主人家房后的草堆上……

这样的日子，从齐十爷记事时起，伴随着他度过了几十个春秋。

老人有什么欢乐？要是有，那就是阿芝，阿芝是他的生命之源。老人有过什么幸福？如果有，那也是阿芝带给他的，阿芝温暖了老人那饱经磨难的心。

对于阿芝，他倾注了全部的爱。他无法预卜孩子的未来，但却朦胧地期待着未来；他没有更多的奢望，他只企望孩子能过上略好于自己这一代人的生活。

数九寒冬，活儿不多，一家人在灶屋里烤火。齐十爷拿起铁钳，在柴灰上一笔一画，教孙子写字。他没有从笔画最简单的"一、二、三……"教起，一开头，就教"芝"字。他写好后，对孙子说："你叫'阿芝'，这就是'阿芝'的'芝'字。一横，一竖，再一横，一竖，这叫草字头；接下去，一点，一横，一撇，一捺。"阿芝睁着大眼注视着。公公又重复一遍，再重复一遍。阿芝认认真真地写下了"阿芝"两个字。

老人高兴极了，把阿芝抱到怀里，在他娇嫩的小脸蛋上亲了又亲。

阿芝娇声地问：

"公公，为什么要识字？"

"不识字要吃苦头呀！"齐十爷望着阿芝询问的目光，缓慢地说，"公公给你讲个故事。从前有一个种田人，老老实实，家里穷，一个字也不识。有一次，他妈妈病了，他找财主借债，将一亩荒地做抵押。谁知财主根本看不上那荒地，倒是看上了那两间破房的基地。订契约的那一天，财主连房地基也写上了。那种田人不识字，看不懂，糊里糊涂画了押。半年后，他妈妈病故了，又欠了很多的债。过了一年，期限到了，财主要债，种田人还不起，财主就拿出那契约，要占荒地和地基。种田人说，那时只是一亩荒地，哪有房地基？财主就拿出契约念给他听，还说那个种田人赖账，打了他一顿，把他从家里赶了出来。种田人哭呀，叫呀，管什么用？跑到衙门告状，官老爷把财主找去，一看契约，不分青红皂白，又把农民打了一顿……"齐十爷语气沉重而缓慢。

阿芝睁大了眼睛，紧紧地注视着公公：

"后来呢？那种田人怎么样了？"

"后来，他走投无路，跳到湘江里，死了。"说着，热泪沿着他那古铜色多皱的脸，缓缓地淌下。

"人，不识字不行呀！"齐十爷长长地叹了一口气，倚着墙，陷入了深思之中。

这个年轻的种田人，是他扛长活时的穷兄弟。那时，他同情过，悲愤过，但是毕竟孤立无援，怎能抗衡这黑暗社会的沉重压力？

不过，这惨事给了他一个深刻的教训，他知道了识字的重要，他从他穷兄弟的血与生命的代价里，获得了这珍贵的教训。

往事如烟，唯有三十年前的这桩往事，历历在目，难以忘怀。

他家穷，上不了学，他就利用一切机会，偷偷地、一点一滴地学起来。他的姓名，百、千、万、斤、两……生活里的常用字，他强识硬记，经过漫长的岁月，居然识了三百多字，能念、能写、能用。

如今他能将自己的这点知识传授给孙子了。"芝"字是他教给孙子的第一个字，也是孙子同字打交道的第一步。

每隔两三天，齐十爷就教阿芝一个生字，再复习一遍已经教过的字。他十分认真，哪怕活多忙，人多累，从不间断。

他识字时，没有先生，偷着学；阿芝不能再像自己那样，他应该有老师，应该在父辈的怀抱里，光明正大地学。如果说，这个穷困之家有什么变化，这大概也算是一个。

识字，开启了阿芝童年奇异的、有趣的生活的另一个天地。他感到自己比周围的小伙伴们似乎多了一点什么。人家看见树、狗、猫，写不出来，他就写给他们看。他拉着伙伴，指着前面一颗绿荫如盖的参天大树，问：

"你们知道那是什么？树；树字怎么写？我写给你们看。"于是，他半蹲下身子，用树枝在地上划了起来，孩子们把他团团围在中间。

# 4. 秋染枫林

周雨若，五十开外，清秀、白净微黄的脸庞上，长着一双炯炯有神的眼睛。合身的黑长衫把他修长身材的线条勾勒得更加潇洒飘逸，看上去，不像是五十多岁的人。

他坐在临窗的一张宽大椅子上。书室左边对面的书架上，摆满了各种各样的书。右边的墙上挂着一幅石涛的山水画和一幅朋友送给他的条幅；条幅上用苍劲的草书体写着："淡泊明志，宁静致远"八个大字。

他面前的写字台上，摆着笔、墨、砚和宣纸。一切是那样的井井有条，同女儿出嫁齐家以前完全一个样。女儿今天回来了，她在离开这个家到齐家去以前，在这间屋子里度过了她难以忘怀的时光。这里的一切都会唤起她对往日生活的回忆。她坐在这里，思绪万千，是对童年天真生活的怀念，还是对这么多年风风雨雨艰难岁月的回味，她说不清。她觉得眼睛有点湿润了，她强忍着不让眼泪掉下来。

周雨若似乎没有觉察到女儿情感上的微妙变化。她的到来，无疑给他和他的老伴带来了欢乐。他知道她在齐家生活过得很清苦，但却很如意。

外孙已经大了，要上学，这他同老伴私下谈过。今天女儿专程为这事来了，他想听听她的意见。

爷爷的三百字教完了，阿芝背得滚瓜烂熟。不但能不假思索地写出来，而且能讲上一二条字义，全家人都非常喜悦。

阿芝希望爷爷能继续教他，年纪慢慢大了，思维世界更加广阔了，求知的欲望愈加强烈了，可是爷爷就那么一点墨水。这样，学生常常考住了"先生"。比如，学了"树"字，他就要问爷爷：

"那么，枫树的'枫'字怎么写？松树的'松'字呢？还有柳树、桔子树……"

"'狗'字为什么又写成了'犬'字，两个字不一样吗？……"

爷爷虽然许多时候被孩子"考"得张口结舌，可他打心眼里感到高兴。

他们几次议论过阿芝的上学问题，不过一接触到具体的学费问题，便一筹莫展，愁肠百结。

齐周氏深深理解老人的心情，宽慰地说：

"儿媳今年推草，推下来的谷子积了四斗，存在隔岭那边的银匠陈师傅家。原先打算再积多一点，跟他们换只银钗戴的。银钗我不戴不要紧，把四斗谷子取回来，买些纸、笔、书、本，让阿芝上学，明年我阿爹要在枫林亭坐馆，阿芝跟外公读书，束脩当然是免了的。我想阿芝早上去，晚上回，午间带饭去。这点钱虽不多，但够他读一年的书，让他多识几个字，将来记记账，写个条儿，就不费什么劲了。"

就这样，她回到了娘家，同父亲商量这件事。

周雨若听了女儿的叙说以后，很是高兴，点点头说：

"多识一些字也好，对孩子、对家庭都有好处。"

他顿了一下，看着女儿，若有所思地说：

"至于功名、仕途，就不要想了。八股取士，杀天下后世，甚于洪水猛兽。所谓时文、经义、表、判、策、论都是空言，有什么用？"他站了起来，来回踱着，"一些儒生用八股敲开了仕途大门，摇身一变，为黎民办了什么事？明代末年，有人看到科举取士会断送朱明的大好河山，在朝堂上贴了一张大大的束帖，上面写道：'谨具大明江山一座，崇祯夫妇两口，奉申贽敬，晚生文八股顿首。'写得何等辛辣、沉痛！总该接受一些教训吧，可是现在又如何呢？"

周雨若脸色变得异常的严峻，言语间蕴含着一股难以压抑的激愤之情。

这是一个满腹经纶却又报国无门的儒生心中的呐喊。齐周氏不知听过多少遍了，但是，她没有像今天这样，深深地触动到父亲那颗拳拳之心。虽然她对父亲的往事、阅历知道不多，可他的品格和为人，她最清楚。

周雨若似乎深有感慨，想再说些什么，却又止住了，还是接着上面的话说下去：

"孩子多识些字，对修身、养性、齐家都有益处，但切不可有奢望。自食其力，躬耕南亩，虽然艰苦劳作，毕竟是自己的汗水，得来心里舒适。"

他看了女儿一眼，笑了笑。

"爸爸说的，我都记住了，我们也是这么商量的。"

"那就让他去枫林亭吧！"周雨若高兴了起来，"笔、墨、纸、砚有难处吗？"

"公公都为他准备下了。这孩子聪敏、好学、好问……"

没有让女儿说完，周雨若挥了一下手，打断了她的话，自己插上了嘴：

"我早就听说了。好问有什么不好？只怕是先生给问住了吧。孔夫子说要不耻下问，学问学问，就是学习问难嘛！就怕他不懂装懂，不敢问，不爱问。"周雨若走到书架前，抽出了一本书，交给女儿："你有空，也应该看看，过去我对你也没有尽到责任啊！"

枫林亭位于白石铺北边山坳上。这里是著名的五岳之一——南岳衡山山脉的一部分。衡山逶迤数百里，主峰七十二，从南到北，像奔腾着的一条蛟龙，横卧在苍茫的云海之中。

这里千山万岭，陵谷相间，错落有致。丛林修竹，叠翠堆青，绝壑深涧，苍郁葱蔚，是自古以来的名胜去处，枫林书馆就坐落在这山明水秀的衡山怀抱之中的王爷庙里。

过了元宵节，一大早，阿芝跳下了床，穿上妈妈刚刚赶制出来的蓝色新棉袄，吃了两个妈妈专为他做的荷包蛋，由公公陪送，踏上了去枫林书馆的路。

妈妈从外公那里回来告诉了他上学的消息后，这几天他一直沉浸在欢乐之中，他到底能上学了，和有钱人家的孩子一样能上学了。

村子里，一群群过去的小伙伴，一见他提着书包，都跑了过来，用羡慕的目光看着他，用亲切的语言招呼他。他们早几天就听说阿芝要上学，都为阿芝高兴，为阿芝骄傲。

阿芝的心情很复杂。虽然不是离乡背井，却好像觉得是离他们远去，长久分别似的，有些依依不舍之情；又有一种不平之感，他不理解为什么穷孩子不能上学。自己家里虽然也穷，只因有外公坐馆，如果没有外公，不也是和他们一样吗？

公公多皱的脸是平静的，不过内心也在起伏。他看着这群天真可爱的孩子目送阿芝远去，心里也涌起一阵阵酸楚。

齐家由江苏迁到这个地方时，据说是在明代，到如今已生衍繁迁了好几

代人了。在这个家族中有几个人真正上过学？一个也没有。齐十爷曾经梦寐
以求地希望齐家的后代能上上学，多识一些字，比老一代强。可是，这都是
埋在心灵深处的企望。今天，这企望变成了现实，他确确实实是在送阿芝去
上学，他怎能不激动。他的孙子居然同邻里许多有名望的家庭子弟一起跨进
了蒙馆的门，他觉得自己的身子都好像高了几寸。

三里多路，一会儿就走到了。齐十爷拉着阿芝的手，沿着一级级石板砌
的台阶，走向王爷庙。进了山门，广阔的天井里，二十多个孩子在追逐、打闹。
一见有人来，马上停止了，疑惑地望着进来的这两个陌生人。

"周先生在哪里？"齐十爷躬身问一个辫子梳得光亮的男孩。

没等这孩子开口，正面堂上的门内传出了声音：

"在这里，在这里，你老人家来啦。"

齐十爷抬眼一看，只见周雨若快步地出了门，沿着台阶，走到了天井里。

齐十爷高兴之中夹杂着感激之情：

"真过意不去，劳你操心了。"他转身拉了几下阿芝的衣角："还不给
外公行礼？"

阿芝大大方方地走到周雨若面前，学着妈妈教给的，深深地向周雨若鞠
了一躬，轻轻地叫了声："外公。"

"哟，以后在蒙馆，就称先生，到家叫外公。"齐十爷纠正着。

周雨若高兴地笑了起来，慈祥地抚摸着阿芝的头：

"这孩子聪明。亲家，请到屋里坐吧，外面冷。"说完扶着齐十爷，拾
级而上。

王爷庙据说建于宋代。天井的左边，一棵百年古柏，曲折、苍劲的枝干，
青翠茂盛的叶子，给人以生命永恒的情思。右边一株清香四溢的腊梅，花朵
盛放的势头快要过去，枝头已吐出嫩黄色的小叶。鹅蛋石铺成的甬道从山门
直到正殿的台阶下。庭院打扫得十分洁净，给人一种圣洁的印象。

庭院的东西两厢，过去是僧人的住所，现在他们都搬到后院去了，这里
便成了课堂。

正殿一直关闭着，不知是因为房子年久失修，十分危险，还是其他什么
缘故，反正谁也说不清。这正殿的东边一间屋子，就是周雨若临时的住所。

室内简朴、整洁。靠正墙上的一张八仙桌上，供着孔圣人的牌位，前面有一个香炉。房子的左边摆着一张床。临窗一张硬木的桌子上，整齐地堆放着书籍、笔、砚之类。右边进门处，两把藤椅，中间一张茶几。茶几上方挂着一幅条幅，装裱得十分精美，上面写着："一代师表"几个大字。显然是他的门生送给他的。

阿芝在外公的指点下，点了三支香，端端正正地插在香炉上。接着，在孔圣人的牌位前，拜了三拜。然后，转过身子，对着周雨若也拜了三拜。

周雨若扶起了阿芝，转过脸，对着齐十爷说：

"拜过圣人，拜过先生，他就是蒙馆的学生了。我会教好他的，你老人家放心好了。"说完，从桌子的右角上，取过他早已准备好了的一本《四言杂字》，递给了阿芝，这是乡村一般人家学记账时必读的书。

齐十爷站了起来，高兴地同周雨若告别。跨出门槛，他轻声地对阿芝说：

"傍晚，公公来接你。好好读书，要守规矩，要有礼貌。"

半个月过去了，阿芝很快适应了这里的学习与生活。

《四言杂字》很快学完了，背熟了。接着，再读《三字经》《百家姓》。他反应之快，记忆力之强，出乎周雨若的意料。

他对外公的教法十分满意。他不但教识字，教写字，而且解释字义和每句的内容，这是他公公无法办到的。

中国古代有盘古、有尧帝，这他知道，他听婆婆、公公讲的，但外公讲得更详细、更生动。

对于外公，他最初是畏惧，后来是敬重，到现在是敬爱了。他决心做一个像外公那样的人，读很多很多的书，知道很多很多的事。长大了，也把自己知道的教给弟弟、妹妹们，让他们也像自己这样高兴，这样知道得多多的。

几个月过去了，他不但学会了一般需要一年才能学完的课程，还超过了一年以前入馆的学生的水平。对周雨若来说，自己的学生，自己的外孙，有这样的天分，这样的好学，那种欣悦，那种高兴，是不用说的了。

一天，他把齐十爷找了来，刚招呼他坐下便迫不及待地说：

"请亲家来，不为别事。阿芝上蒙馆已经四个月了，学什么，会什么。全馆数第一。"周雨若同齐十爷面对面坐下，"我教了好多年蒙馆，也走了好几个地方，像这样出类拔萃的学生，不多。想办法，让他继续学下去。'自古贫寒出俊才'，一点不假。"

齐十爷望着周雨若眉飞色舞的样子，不禁暗自高兴：

"这全仗亲家教得好。这孩子一回家，手不离书，口不离书，读啊，写啊，全不用我们操心。"

他知道阿芝学习是不错，但到底达到什么程度，心里没底。今天听周雨若一说，真是心花怒放。回到了家，他把这喜讯告诉了儿子、儿媳和老伴，大家听了都十分兴奋。

周雨若开始教阿芝读《千家诗》了。阿芝一读就朗朗上口，十分动听，他爱读，越读越有兴味。有几首他最喜爱的诗，他不仅背了下来，还常常一遍遍地反复吟诵，简直成了一个小诗迷。

# 5. 心有灵犀

背书、描红练字是蒙馆学生的主课。公公把存放了不知多少年没用过的砚台、半截墨和一枝新买的毛笔交给了阿芝，阿芝非常高兴。

对描红，阿芝觉得很新鲜，很喜欢，因为他很早就喜欢画画，可从来还没有用笔在纸上画过。打从这时候起，他描完了红，总是要画一两张画。

他画画，先是画人。他对着前面座位上的同学，看一看，描一描。先画圆圆的头，然后画耳朵、鼻子、眼睛、嘴，慢慢地加上衣服、手、脚。谁也弄不清他画的是谁，但是都看出他画的是人。

后来，阿芝画画的题材渐渐地扩大了。

六月初，太阳刚刚下山，蒙馆就放学，孩子们三三两两地朝山下走去。

原先公公天天送，天天接。过了不久，阿芝对道路熟悉了，就不再要公公接送了。

一天，放了学，阿芝约了几个同学绕道一起去杏子塘抓青蛙。走到村西头一个同学的家门口，他发现门上贴着一张崭新的雷公神像。上学前，他虽然在别处曾经见到过，但没有这张画得好，也没有这样清晰。浅黄色的纸上，用朱砂勾勒出雷公神狰狞的面孔，那两只眼睛很圆、很大，大约占去面部的三分之一。咧着的大嘴，露出了几个牙齿；嘴边的胡须向四周翘起；满身披甲，赤着脚；两手提着铜铃，威风得很。

阿芝被这神像深深地吸引住了，他目不转睛地看着，几乎忘了一切。

雷神爷爷，他听到这个名字比见到这神像，要早得多。

他朦胧地记得，五六岁时一个夏天的傍晚，天际突然之间乌云密布，不一会儿，狂风裹着倾盆大雨，铺天盖地从紫云山那边压了过来。

灰暗的天际，一道耀眼的闪电，像要把天劈成两半似的。紧接着便是一阵震撼大地、使人心惊胆颤的雷声。这时，婆婆便紧紧地把他搂在怀里，悄悄告诉他，雷公发怒了。

"雷公是什么?"他望着天外的电闪,不解地问。

"雷公是天上的神,手里拿着锤、斧头,专门打人间的坏人。"婆婆说,"你别看他生得不好看,心地可好了,他专门整坏人,整为富不仁的人。"

"你见过?"阿芝疑惑地看着婆婆。

"见过。"

"在哪里? 能带我看看吗?"阿芝天真地问。

"行。你看见过东头王家门上贴的那画吗?"

"东头?噢,见过,见过,不过看不清楚了。那就是雷公爷爷?"

"是的。谁家生孩子,总要贴上他的像,保平安。"婆婆忽然想起了什么似的,"庙里也有,是雕塑的,像真的一样。"

从这时开始,阿芝就对雷公爷爷产生了一种敬畏的、神秘的感情。王家门上贴的那张雷公画,他曾多次跑去看过。到了王爷庙上学后,又经常跑到大殿,看了又看。

他顾不得去杏子塘了,早把抓青蛙的事忘得一干二净。

他仰着头,仔细地看着,好像要把它刻到自己的脑海里。

"娟生,我们照着画几张,带回家慢慢看好不好?"阿芝问他身边一个小男孩。

"好倒是好,不过什么都没有;天也黑下来了,明天再画不好吗?"

"那也行!"阿芝表示同意。

第二天傍晚一放学,阿芝和几个同学,急急忙忙地跑到了雷公爷爷的像前。

他席地而坐。由于走路走得急,两鬓的汗珠顺着脸颊、脖子,不住地往下淌。他似乎没有觉察,一心只忙着取出纸笔,把纸铺在地上,对着那门上的雷公神像,一笔一画地、精心地画了起来。

几个同学猫着腰,两手支撑着膝盖,聚精会神地看着阿芝画。

过了好大一阵,终于画完了;但是,仔细一看,这哪里是雷神爷爷?黑糊糊一团,简直说不出是个什么名堂。他很不满意,低着头思索了一阵,又抬头看了好久,忽然对娟生说:

"这样吧,你找个凳子来,我上去画。"

娟生很快搬来了凳子,阿芝站到凳子上,接过娟生递上来的纸,紧紧地敷在雷公神像上面，然后用笔轻轻地勾了起来。

站在凳子上画画，心情有些紧张，也比较吃力，又出了一身大汗。不过，画得比较成功，像的轮廓勾得很精确。阿芝快乐地从凳子上跳下来，同学们都高兴地跳着、叫着。

这一夜，阿芝做着很甜很甜的梦：他在描红纸上画出了一张张的画，上面有雷公爷爷，有关公，有牛，有马，还有各种各样颜色的花……他把这些画，贴满了公公睡觉的那间屋子，仔细地看着，忽然画上的雷公爷爷、牛、马都活了，走下了地，亲切地向他招手、点头走了。

他又继续画，一直到公公轻轻地推他起床。

阿芝昨晚成功地勾画了一幅很好的雷公神像的消息，一大早就在蒙馆里传开了。阿芝今天来得比较晚，他一迈进庭院，同学们一下把他团团地围着，七嘴八舌地问：

"阿芝，带来了吗？"

"让我们看看好吧？"

阿芝环顾了一下周围的同学，不慌不忙地从一本书里，取出了昨天勾画的那幅雷公神像。同学们争相传看，啧啧称赞。

"阿芝，能给我画一张吗？"

"可以。"阿芝爽快地答道。

"给我一张。"

"给我一张。"

阿芝高兴地涨红了脸：

"好，好，每人送你们一张。先给娟生，他昨天帮了我很大的忙。"

这次画画的成功给伙伴们带来的欢乐，是阿芝始料不及的。至于它怎样启迪了一位天才艺术家的心扉，促使他以后走上绘画道路，成为近代中国画苑的一代宗师，也同样让他的父辈始料不及。

在这以后的几天里，阿芝悄悄地用自己的描红纸，一张又一张的为同学们勾勒雷公像。这样一次又一次不断地勾画，他对雷公像已经很熟悉了，有时就离开了原稿，敞开手画了起来，除眼睛画小了些，其他都一模一样。这种实践又使他获得了新的经验。

"我不要雷公像，能不能给我画一张别的呢？阿芝。"一个同学问。阿芝思索了一下，点点头：

"好的！好的！"他答应得很爽快，自己也正想换换口味。

他想起了杂货铺那个焦老头，瘦长的脸庞，像剑一样浓密的眉毛，两片厚厚的嘴唇，给他留下了难忘的印象。自他学会走路的时候起，公公每次去杂货铺，几乎都带他去。他只要一闭起眼睛，焦老头的神态就清晰地浮现在眼前。

不过，真要拿起笔去画，阿芝又感到把握不大，他决心再去仔细观察观察。

上午，阿芝去了一趟，焦老头不在，他有点失望，又不好问。下午他又去了，只见焦老头坐在那儿，见阿芝远远地来到了面前，探头便问：

"阿芝，听说你书念得不错，第一名。"他伸出了大拇指。

"不好咧，你听谁说的？"阿芝有心没心的随便应付，只顾观察焦老头的眼睛和鼻子。

"村里人谁不知道？都夸你呢！"

阿芝红着脸，不好意思地低下头，跑了。他脑子里只装进了焦老头的眼睛和鼻子。没跑几步，突然又想起了什么。噢，对了，还没有看清他的耳朵。他站住，转过身，仔细地看着正在同别人讲话的焦老头，焦老头可没有发现阿芝还在那里。

第二天，一描完了红，他就开始画焦老头。可是要把脑子里的东西，变成纸上的东西，这是头一回，他深感这不是一件容易的事，但他并不因难而退。虽然他不可能受到郑燮的"眼中之竹、胸中之竹、手中之竹"的指点，但却是这样地实践了。

他当时是无法了解的，在他之前的吴道子、顾闳中已经根据对于形象的记忆创造了令人叹为观止的艺术珍品。唐玄宗向往嘉陵山水，叫画家吴道子去写生，吴道子游览了嘉陵山水之后，两手空空地回来了。玄宗问他，他说："臣无粉本，并记在心。"后来在大同殿，他仅用了一天的时间，就画出了三百里壮丽的嘉陵山水壁画。至于那个顾闳中，他受南唐后主李煜的派遣，偷偷地观察了韩熙载和他的宾客们夜宴的种种神态，回来后创作了那幅千载垂名的杰作《韩熙载夜宴图》。

如果说，任何胚胎都孕育着复杂的有机体的一切因素，那么，阿芝最初的这种原始的、近乎游戏的艺术创作，却触及了中国传统绘画的基本特点，虽然他当时不可能意识到这一点。

他按照他的记忆与理解，很细心地画。每画一笔，先仔细地想了又想，在纸上比划比划，然后才落笔。

到了将近中午时分，他终于把焦老头画了下来，不但相貌相像，而且还很有神态，这使他十分兴奋。

他想检验一下同学们的眼力，但是主要还是想请同学们检验一下他的水平。下课后，他悄悄地把一些同学叫到山门外的一棵柏树下，神秘地拿出了刚画好的这幅人物肖像，问大家：

"你们看，这画的是谁？"他的目光盯着大家。

同学们仔细看了又看，不约而同地叫了起来：

"焦老头，杂货铺的焦老头。"

阿芝抑制不住内心的喜悦：

"对，就是他，焦老头。像不像？"

"像，像，像极了。"

"像不像"是孩子们对一张画画得好坏的最高评判标准。因为在他们那样的年龄，还有什么比说"画得像极了"更高的赞誉呢？

阿芝获得了成功。这成功更唤起了他画画的激情与兴趣，而且，越来越多的同学们的索画，使他应接不暇，这也成了他画画的推动力，促使他不断地去画。除了习字背书，他的全部业余时间，都被画画占去了。

画画，写字；写字，画画，他的精神多么充实，美好。

生活虽然艰苦，春荒时，家里常常揭不开锅，公公、婆婆不得不东家借一点，西家借一点，艰难度日。但是，阿芝的心里却是一片春光，充满了欢乐。因为他在自己的小天地里，创造着欢乐的生活。

他不但画人物，还画花卉、树木、飞禽、走兽、虫鱼，等等。凡是所见到的一切，他都仔细地去观察，去画。

水牛、马、鸡、鸭、鱼、虾、蚱蜢、螃蟹，他天天见到，十分熟悉，所以也画得最多、最好。蓝天上飞翔的春燕，绿荫下小憩的耕牛，杏子塘里拨着清波的鸭子，以及跳动于荷叶上的青蛙，如今都在他的笔下展现了出来。在诗意般的激情与朦胧之中，他看到了自己的创造力。他陶醉了，兴奋了，于是，他日复一日，一张一张地画了下去。

现在，阿芝怯生生地站在周雨若的面前。他看见外公变成了另一个人，往日挂在脸上的笑意，消失得无影无踪。他预感到有什么大事临头，惶恐不安地站着。

"你把你的画都拿出来。"外公终于开口了，声音不高，但威严、有力。

阿芝打开纸包，不太情愿地把这几天的新作，放在桌子上。周雨若仔细地翻了一下：

"只画着玩儿，不学正经事。你看看，你耗费了多少描红纸？"

周雨若是意外地发现这个"秘密"的。一个学生交描红本时，里面夹着一张画着青蛙的描红纸片，青蛙仰着头，形象逼真，两只大眼很有神，只是腿画得不太好。周雨若看了几次，感到此画已有一点根基，绝非小孩随意涂抹的；但是，到底是谁画的？他教蒙馆不是一两年了，还没有发现过这类事。

他把那学生叫了来，盘问了好半天，那学生只是支支吾吾，不肯明说。

"做人要老实，谁画的就讲谁画的，有什么可怕的？"周雨若有些火了。

"是阿芝送给我的。"那学生偷偷看了先生一眼，声音很小，但听得十分清楚。"班上同学都有，一人一张，有的两张。他画得好，大家都想要。我们要还给他描红纸，他怎么也不要。"

学生的回答大大出乎周雨若的意料。他忽然想起了阿芝的描红本用得很快，不几天就一本，原先以为他在练字，没料到他竟是拿描红纸画画去了。

于是，他把阿芝找了来。

"这是要荒废学业的，你要改。"周雨若坐在椅子上，又生气，又怜爱地看着阿芝。

虽然，周雨若自己也画得一手好画，但那是青年以后的事。像阿芝这么大年纪时，他潜心于诗书，根本没有涉及画画，何况一个穷困家庭的孩子，连糊口都困难，哪有条件去画画。他公公当初送他上学，无非是想让他识几个字，不至于当睁眼瞎，免受人家的愚弄。

傍晚回到家里，简单地吃了几口饭，阿芝上床睡了。其实他哪里睡得着呢！白天外公那严峻的面孔又浮现在眼前。外公在同他谈话时，他很有抵触，心想，写完了字，画几张画有什么不可呢？对外公的话他听不下去，外公还说了些什么，他懒得去听了，只是像上次观察焦老头一样，细心地观察起了外公的容貌、言谈、举止、衣着……琢磨着要把外公画出来。他想着，看着，入了神。当外公叫他出去时，他都没有听见，还呆呆地站着。

躺在床上，当天经历的这一幕幕又重现在眼前，他觉得自己的想法有趣，决心把外公画出来。

他依然继续地画，只是秘密了些，不敢公开在课堂上画了。外公这几天好像特别注意他，到课堂时，总要到他的身边站一会儿，这是过去没有过的。

周雨若从上次谈话之后，十分注意检查阿芝的作业。他发现阿芝的描红本又撕去了不少，知道阿芝依然在画，十分生气。

"最近画了没有？"他又把阿芝找了来。

阿芝垂着头，轻声地回答：

"画了。不过大多是拿家里包东西的废纸画，没了，才拿描红纸。"这是实话。上次周雨若谈了那么多的话，阿芝只记住了一句："描红纸来之不易，要珍惜。"所以，他就想了个办法，把家里包东西的纸，统统地收集了起来，一张张地理好，收藏起来。

"书都背熟了？背一段我听听。"周雨若说着，念了一句韩愈的《师说》。阿芝接上去，十分顺畅地一口气背了下来。

周雨若很满意，他暗暗称赞这孩子聪慧的天资。但是，对于他不听他的话还是很恼火。在蒙馆里，师道的尊严，常常是靠戒尺维护的。可是，即使周雨若在震怒之中，戒尺始终没有落到阿芝的手心上。他疼爱他外孙的聪敏、好学，何况他并没有因为画画而荒废了学业。不过，今天他还是把阿芝带到了课堂上，明确地向学生们宣布：

"以后你们不要找齐纯芝要画，这不好，要荒废学业的。今后谁要是不听，我知道后，要严办。"他挥舞了一下手中的戒尺。

阿芝低下了头，他理解外公的心情。

下课后，同学们见先生回到了房里，马上把阿芝围了起来，劝他：

"都是我们不好，你不要难过，以后不要画就是了。"

"不画？为什么不画！"一个穿着小马褂、白净的脸上闪动着一双小眼睛的男孩说，"我爸爸说，读书人，书、诗、琴、画，都要精通，不然，算不得真正的读书人。我爸爸天天教我画画，可就是学不会。那天，他从我书包里抄出阿芝的那幅青蛙的画，以为是我画的，高兴得不得了。我说是一个同学画的，他很是称赞，说这学生将来一定大有出息，要我也抓紧学，可我怎么也画不好。阿芝，你怎么学的，你爸爸教你画画吗？"

阿芝笑了笑，看了他一眼，没有说什么。

# 6. 耕读生涯

阿芝弄不清楚自己为什么这样喜欢画，像着了迷一样，没有任何其他的东西能分散他对于绘画的热烈追求。一天不拿笔画上个什么鸟呀、花呀、鸡呀、牛呀，心里就很不踏实。

春天里，白鹭来到这碧绿的山村，在耀眼的阳光下这些美丽的鸟漫步在田野水边，那长长的颈项，那雪白雪白的羽毛，那高雅自得的神态，使阿芝心醉。他坐在小山坡上，静静地看着这一群"小天使"，在湛蓝的天幕下，在葱郁、翠绿的树丛中，轻盈地、舒展自如地起落着，他仿佛来到了一个圣洁的、幽静的世界里。大自然多美好，能用自己的笔，把这明媚的春光、春天里一切活动着的生命留下来吗？于是，他拿出了笔，画了起来。他认真地看着，画着。虽然是第一次画这"小天使"，但是，主要特征他还是抓住了。画上的鸟那细长的脚和颈项，使人一眼就能看出，这是白鹭。

同窗好友，是他第一批最忠诚的读者和观众。当他们第一次看到阿芝的白鹭图时，个个都高兴得跳了起来。他们一边拍手，一边喊出了"真像，真像。你看，那收起的左腿，那将要展开的翅膀，快要飞了。"大家指划着、议论着，早把周雨若的训话抛到九霄云外了。

这是工爷庙右后方松树林的一角。僻静、幽邃，一般人是不会到这个地方来的。自从先生公开在课堂训斥了阿芝以后，阿芝和同学们就偷偷地到这地方来。

这是清朝同治年间，在这样一个作茧自缚的年代里，又在这样一个位于神州腹地的偏僻山村，阿芝的画，给这群纯真的、智慧之花初开的孩子们带来福音，为蒙馆里平淡、刻板、枯燥、乏味的苦读生涯，增添了几分乐趣和活力。

白鹭画的成功，同学们赞颂的目光，给了阿芝无穷的力量。他要坚持不懈地画下去。学业上，他几乎不用操多少心，这一点，外公一直是十分满意的。

他有相当多的时间,可以用来画画儿,时间是属于他的。只是描红纸,不敢再用了。外公说得对,那是公公、爸爸的血汗钱换来的啊!这一点,他是不会忘记的。

寒露过后,天渐渐有些凉意。公公咳嗽得很厉害,常常整夜整夜地睡不着觉。齐周氏卖掉了几十个鸡蛋,请医生给公公听了脉,开了处方。公公准备去配药,阿芝一听公公要到镇上去,附着他的耳朵,小声说了些什么,公公高兴地点着头。

傍晚公公回来,描红本和笔给阿芝买来了,药却没有抓,钱不够啊!婆婆、爸爸、妈妈很生气。这一夜,公公又是不断地咳嗽。阿芝知道公公为了他的学习,药都不吃了,眼泪潸潸地直淌。他用被子捂着头,哭得很伤心。

一夜之间,阿芝似乎长大了许多,懂得了许多许多的事。他不再用描红纸了,尽量地利用废纸,仍然自由自在地画。人物、花卉、禽鸟、草虫之后,他开始画山,画房屋,画星辰日月。

他现在才发觉,房子也不尽一样,自己家的茅屋,街市上焦老头的店铺,结构别致的王爷庙,各不相同。过去他没有认真留意它们之间的区别,而今要动手画了,他必须仔细观察观察。

秋风带着寒意,阵阵地掠过。漫山遍野的枫叶,红了,枯了,落了,撒满了山坳、田野。

稻子早已收割,田里整齐地排列着稻茬子,路边、田埂上的几枝枯草,在寒风里摇曳。

周雨若看完了学生的功课,信步跨出山门,背着手,凝视着远处起伏苍茫的群山。

> 人间路到三峰尽,
>
> 天下秋随一叶来。

周雨若想起了钱昭度的这首《华山》诗,低声地吟诵着,一股寂寞惆怅的悲秋情绪涌上了心头。国事日非,不堪回首。多少有志之士,报国无门,浪迹江湖!昨天他接到朋友许明山的信,说愤于官场昏暗,挂印而去,隐居浙东的四明山区。其实,这样的血性男儿,又何止许明山一人呢?为什么天地间容纳不下一个正直的人?

他心潮起伏,望着前面被夕阳烧红了的山峦云霭,周雨若沉思起来。

忽然左前方小山丘的枫树林里,款款地走出了一条水牛,宽大的脊背上,驮着一个少年,悠然自得地朝山门走来。他的视野,随着这少年,慢慢地在移动。到了二百步左右的地方,他发现这少年正是外孙阿芝。

阿芝见外公独自站在山门口,慌忙跳下牛背,取下挂在牛角上的书本,把牛拴到树干上,快步向周雨若走来,深深地一鞠躬。

周雨若已经两个月没有见到阿芝了,十分思念。如今他突然出现在面前,使他百感交集。

外孙的中途辍学,早在他的预料之中,因为齐家实在太穷困。但是,只上了短短半年的学,就不上了,他为外孙感到十分惋惜。

"年景不好,阿芝他爸租的几亩田,连种子都收不回来。阿芝弟弟刚出生几个月,家里好几次都揭不开锅。"齐周氏为了阿芝的辍学,又回到了娘家,坐在半年前同父亲商量阿芝上学的那间书房里,偷偷地流着泪,"这孩子实在可惜,家里商量了好几次,没办法,只好这样了。"

周雨若愁容满脸,静默地听着。

"你们的困难,我也知道。我是鞭长莫及啊!教蒙馆几个钱,够什么?还不够你妈妈吃几剂药。"周雨若长叹了一声说:"这孩子聪明过人,天分高,可惜出生在这样的社会!"

齐周氏默默地啜泣着,周雨若不忍看下去,把脸转过去,屋内陷入在沉寂、苦闷之中。

"罢,罢,罢,还是糊口要紧,读那么多的书有什么用?我就是例子。"周雨若凄然一笑,"将来有可能,让孩子学点手艺,养活自己,是第一要紧的啊!"

阿芝做梦也没有想到家人会这么早让他辍学。晚饭后,妈妈把他叫到屋里,把这不得已的决定告诉他时,他哇哇地大哭了一场。公公含着泪,左劝右劝,他才上床,又躲在被窝里偷偷地饮泣着。

热闹的、有节奏的蒙馆生活;外公读《千家诗》到兴奋得意之处的神态;画雷公神像的难忘情景;庙后松树丛中的快乐小天地……这一切的一切,

——展现在眼前，好像是昨天发生的一样。然而这一切都要结束了，他是多么留恋和痛苦。

下弦月的清辉，透过窗上的小孔，斑斓地倾泻在屋里、床上。他看着，想着，知道这一切已经不可挽回了。

他体谅爸爸、妈妈的处境。家里又增加了一个弟弟。地里收成不好，体衰年老的公公和爸爸不得不到外面去打短工；妈妈、婆婆里里外外，操持这个家，累得喘不过气，直不起腰。他感到自己长大了，应该干些活，分担家里的负担与忧愁。想到这里，他倒平静了下来。

他转过身子，原来公公也没有睡，仰靠着，不断地抽着烟，烟袋锅上的火星，随着他一吸一吐明灭着。

第二天，他起得格外早，虽然眼睛有些浮肿，但是他还像平时一样，这是他决心这样做的，尽管他自己内心痛苦极了，但不能为难公公、婆婆和爸爸、妈妈。

他悄声地附着妈妈的耳朵：

"妈妈，我都知道了，你不要难过，我不上学了，帮家里干活。"

齐周氏忍不住呜咽起来，阿芝本来是强忍着痛苦，见妈妈这样伤心，自己的泪水也淌个不停。

他吃不下饭，跟着公公，踏上去王爷庙的路，去向先生——他敬重的外公告别。

从齐家到王爷庙只有三里路，可是今天好像特别远。春天上学时，路边青翠的柳枝，到处盛开着的艳丽的野花，如今都枯黄凋落了，西风一吹，纷纷扬扬的。庙内庭院中的芍药，只剩下摇曳着的躯干，叶片被剥落得干干净净。

山门里，同学们突然看见阿芝来了，都远远地迎上前来，依恋地、深情地注视着他。阿芝点点头，也不说一句话。

"亲家，也只好这样了。"周雨若扶着齐十爷进了屋子，落了座。"阿芝很聪明。当初也只是让他识几个字，记记账，目的已经达到了。写个信，记个账，他还是绰绰有余的。"

他微笑地注视一下阿芝，想尽量把气氛搞得轻松一点。他担心这件事给阿芝的思想压力太大，宽慰地说：

"这世道，书读多了，有什么用？仕途不是我辈的去所，至多是我的这个出路。"他摇摇头，苦笑着。

"阿芝很懂事，妈妈同他一说，他就同意了。"齐十爷说。

"这很好，人穷志不穷。人生在世要有骨气，有志向。不在学堂，靠着自学而成就一番事业的，历史上有的是。"周雨若侃侃而谈。"有时间，你看看苏轼的《留侯论》，那里面讲的不无道理。"

说着，周雨若站了起来，走到书架前，拿出一本焦黄了的线装书，递给阿芝：

"这是一部《论语》。古人说，半部《论语》治天下，这不无夸张之处；但书中许多精辟的见解是十分宝贵的。下学期本来就要学这部书了，你有信心、有兴趣，拿去慢慢地读。有了前一段的基础，读这就容易多了。"顿了一下，他又接着说："有不理解的地方，随时可以来找我。"

阿芝一生中唯一的、极为短暂而难以忘怀的读书生活，就这样结束了。

他是一个自尊心、自信心很强的孩子。在短短的时间里，他能很快地从痛苦与迷惘之中摆脱出来，恢复了心理上的平衡。

阿芝开始承担力所能及的劳动。挑水、砍柴、放牛、照看弟弟，他样样都干，而且，婆婆、妈妈很快地发现，这孩子干起事来，专心致志，干一件，就干好它，干完它。

他认为外公讲的道理是对的。读书不只是在蒙馆里，在什么地方都可以学习，也应该学习。自己画画，谁教他呢？不都是自己挤时间学的吗？

秋天里，地里的农活不多，他就每天到村边、山头去放牛。牛角上挂着他心爱的书本。牛慢慢地踱着，吃着草，他就取下书本，躲在向阳处的稻草垛里，对着秋天的阳光，拿出外公给他的《论语》，细细地读起来。

他靠着过去几个月读《千家诗》《百家姓》的基础，加上他自己丰富的想象力，居然能理解文中内容的十之七八。不过，遇到典故之类，那就难了。他就记上记号，积累起来，到一定时候，再去请教外公。

周雨若见是阿芝，愁云为之一扫，高兴地把他领进了居室。

周雨若沏了一杯热气腾腾的茶递到阿芝面前，关切地说：

"先喝喝，暖暖身子。"

"不冷，一点也不冷。"阿芝感激地说。

"《论语》看了吗？有什么困难？"

"快看完了，就是有些地方不明白。"阿芝取出了一本手抄本，小心翼翼地翻着，走到周雨若面前，恭恭敬敬地指着书上一段说："《子罕篇》上说'毋意，毋必，毋固，毋我'，这四句是什么意思？"

"这是孔夫子倡导的治学态度。'毋意'，就是不任私意；'毋必'是不武断；'毋固'，不固执；'毋我'，不自以为是。"周雨若认真地解说着，"在学习上，他认为三人行，必有我师，所以提倡'学而不厌''不耻下问'。学问，学问，都是从问中学得的。屠户、贩夫、村姑都有知识，都是我们学习的对象。因此，要学得一点知识，就要不耻下问。"

阿芝静静地听着，不时点点头。忽然，他好像又想起了什么：

"《颜渊篇》上有一句：'百姓足，君孰与不足；百姓不足，君孰与足。'可是现在的情况不是这样。我看百姓穷得吃不上饭，住不上房，当官的，却吃得好，住得好，这不是有悖于圣教吗？"

周雨若一惊，暗暗称奇。他想不到短短几个月，阿芝竟学习得这样好，钻研得这样深，提出了这样一个严肃的、尖锐的问题。

他没有马上作答，呷了一口茶，缓缓地叹了一声："有悖于圣教的事多了，不然国家何至于走到这地步。"

"官吏不都是孔门的弟子吗？圣人说的为什么弟子不照着去做？"阿芝又问了一句。

"孔门的叛逆多得很！宋季以下，讲儒学，从朱熹开始。不过，这些人表面上俨然正人君子，背地里男盗女娼，横行乡里，欺压百姓，残害朋比，中饱私囊，哪一件不是孔门的嫡传干的！可是，又都打着圣贤的牌子去治人。"

周雨若说到激愤处，站了起来，来回踱着说：

"书不可不读，读了要深明大义，要正直。读了书，去残害百姓，不如不读书。"

阿芝见到外公的情绪很不好，赶快拿出借的那本《论语》说："外公，这一本还你，我自己抄了一本。"

"你抄了一本？给我看看。"周雨若惊奇地看着那本手抄的、装订得端端正正的《论语》，高兴地说："字写得不错啊，还在练字吗？"

"天天练。反正有空时，就写几页。上山放牛，就在地上写。"

周雨若赞许地点点头："好，学习就要持之以恒，积以时日，大有进益。你还画画吗？"他忽然想了起来。

阿芝不好意思地低下了头，小声地说：

"还画，天天画，改不了的习惯了。"

"练练也好，或许将来有出息。"外公若有所思地说："听说过王冕吗？宋代人，也是个穷孩子，放牛的，同你一样，天天画，终于成就为一代画师。"

"听说过。"阿芝兴奋地抬起了头，眼睛里放射出异彩，他简直不敢相信外公会这样肯定他的画画。

到了掌灯时分，阿芝回到了家。今天他十分高兴，外公不但回答了他许多学习上的疑难问题，而且教给了他许多做人的道理。

晚饭后，他同平常一样，取出本子，就着豆大的灯光，开始看书，写字了。自从辍学以后，他一天也没有中断过。

爷爷很疼爱他，匀了几个铜板，又给他购买了大字本子、笔和墨。

阿芝经过了这段学习上的变故，更懂事了。他知道本子来之不易，写大字时，精心地一笔一画地写，从不马虎。

为了节省大字本，他想了一个办法，上山采集了一些红土，制成红墨汁，先在纸上写一遍红色的大字，第二遍才用黑墨汁写，然后，又将本子翻过来，在反面上又写一遍。这样，一个本子，可以当三个本子用。

他虽然还是个孩子，但已知道了生活是多么的艰难，勤俭是多么的宝贵。

# 7. 最初情爱

"阿芝他妈,东头来了算命先生,说是河南那边来的,给阿芝算一个吧!"婆婆兴冲冲地跨进门,向着正在叠衣服的齐周氏喊道。

"算算也好。"齐周氏赶快放好衣服,简单梳理一下发髻说:"妈,一起去吧!"

婆婆点点头,打开箱子,不知在翻什么。

"妈,你取钱吧,不要找了。前天鸡蛋换的钱,够用。"说着,齐周氏同婆婆出了门,转身随手掩上了门。

村东头陈家的一间小屋里,挤满了人。大多是本村或是邻村的妇女,有满脸皱纹的老太太,有拉着、抱着孩子的中年妇女,将算命先生团团围着,静静地听着桌旁一位双目失明的男子给一个妇女说命。

这位算命先生,眉宇清秀,白净的脸,眼角上隐隐地有许多深浅不等的鱼尾纹,看上去,约莫五十来岁,灰白的长衫洗得干干净净。

他的身边坐着一个少女,圆圆的脸,一双明亮而又怯生生的大眼,不停地闪动着。她静静地坐在算命先生的身旁,手里捏着一根被手掌常年磨得发亮的竹竿。

算命先生一个一个的算,算得很快,主妇们带着期待的、迷惑的心情而来,又怀着或是满意的幸福的,或是惆怅的愁云重重的心境而去。

齐周氏和婆婆随着人们的渐渐离去,由外层移到了里面,慢慢地轮到了她俩。

"阿芝他妈,你把阿芝的生辰八字说说吧!"婆婆小声地提醒儿媳。

齐周氏点点头,走到算命先生的旁边说:

"这孩子叫齐纯芝,癸亥年十一月二十二日亥时生。"她看了婆婆一眼,"家里上有公公、婆婆、父亲、母亲,下有一个弟弟。请先生算算。"

算命先生一动不动地端坐着。在齐周氏介绍阿芝情况时,他伸出右手掌,用拇指数着食指、中指、无名指，然后又伸手在桌子上摸什么。

那少女一见，赶紧把一杯茶递到他的手里，他呷了几口，放下杯子，慢慢地说：

"这孩子灾星多了点，生下来就病痛多……"

"对，对，一生下来，就生病，体质不好。"婆婆赶紧接上了话，她显然为算命先生算得如此准确所慑服了。

算命先生凝重的面容，渐渐舒展开来，一字一板地说：

"要防防水。不要让他到处乱跑，塘边河边不宜去。人生死，命里带来的。到寺庵做些功德，消消灾。良善人家，总是会好的。"顿了一下，又说："买个佩铃，给他系上，能御克星。年龄慢慢大了，过了这几关，会好起来的。"

"谢谢先生，算得真好，真准。"婆婆高兴地、钦佩地点着头，用目光示意齐周氏。齐周氏慌忙从衣袋里掏出十多个铜板，放在算命先生的手上，算命先生随即把钱交给了少女。

按照算命先生的话，婆婆很快给阿芝买了一个铜铃，比鸡蛋还大一点，扁扁的，两面刻着狮子头像，口内含着一个滚动的珠子，一摇晃，发出叮叮当当清脆的悦耳的声音。

阿芝很高兴，拿过来端详着。他没有见过狮子，只是听说过，今天见到了，虽然不是真的。以他对绘画的特有兴趣，看得十分仔细。他想把这狮子头画下来，送给同学们，他们一定会很高兴。至于婆婆为什么给他挂上这个，说是消消灾，他倒是不太在意。

他侧过头，故意问婆婆：

"这像什么，婆婆，是老虎吗？"

"什么虎的、猴的，小孩不要乱说。这是神狮，带在身上，逢凶化吉。"婆婆慈祥地说。

"这是谁说的？"

"算命先生，不用问了。"婆婆用一根红头绳，把铜铃系在阿芝的脖子上说：

"以后你出去放牛，或上山砍柴，到傍晚，我就在门口等你，听到铃声由远到近，我就知道你来了，就准备好饭等你吃。"

不几天，齐周氏又给他系上了一块小铜牌。牌上虽然没有镌龙刻凤，却有六个浮雕的字："南无阿弥陀佛。"

"这是避邪的。"妈妈说："有了这块牌子，山上的豺狼虎豹、妖魔鬼怪，都不敢接近你了。"

铃、牌都挂在阿芝的胸前，老人一颗悬着的心，这才有了落处。阿芝身体不好，老人担心他短命夭殇，活不了多长，现在总可以拴着他的命了，心里有说不出的高兴。其实，那铃铛、铜牌又何尝不是老人一颗善良的、慈爱的心！

阿芝倒没有想得这么多，不过他感到这是一件有趣的事，朦胧中好像精神上有点依托，胆子也壮了点。走一步，铃就叮当一响，觉得挺有趣的。

从此，每天傍晚，当西边的夕阳烧着红霞满天的时候，婆婆就倚门探望，果然铃声由远而近，阿芝回来了。阿芝或跳下牛背，或放下柴火，快步向婆婆奔去。

可是，今天阿芝上山砍柴，天色已经暗下来了，一直没有听到铃声，婆婆焦急地张望着，不知是砍的柴火太多了，挑不动，还是有别的意外。

她正在胡乱地猜想着，远远地传来了铃声。待阿芝走近，扁担上并没有柴火，仅仅只挂着他那本时刻不离手的书。阿芝缓缓地走到婆婆跟前说：

"今天忘了，没砍柴火。"他内疚地低垂着头，像是犯了天大的错误一般。

"忘了，你干什么了？"婆婆先是不解，继之是有点生气了。

"我在看书，看着看着，就记不得时间了。"

上次去枫林亭，向外公请教了《论语》里许多不识的字和词，经过半年多时间了，他竟然将这厚厚的几卷《论语》背得很熟，并且慢慢地揣摩其中的意思，觉得愈读愈有意思，愈有意思，便愈爱读。今天一上山，他觉得上午精神好些，想先看看书再砍柴。于是，就靠在山坡上的一棵百年老松树下，乘着明丽的春光，习习的凉风，拿出《论语》，摇头顿首地读了起来。谁知读着读着，忘了吃午饭，忘了砍柴。抬头一看，太阳已经落山了，这才想起今天一点柴也没砍。他怕天太黑了，婆婆担心，于是就空着手跑回了家。

他知道婆婆的心情，后悔自己不该看得入了迷，误了时间，伤了婆婆的心。他年龄渐渐大了，有了弟弟后，他感到自己是个大人，应该为家里分担忧愁，所以干家里的活，干地里的活，都是很勤快的。

晚饭后，阿芝回到爷爷的屋里，点上了灯，取出笔、砚，又开始默写《论语》。

婆婆到房里开箱取衣服，见到阿芝又埋头写字，一肚子的话实在憋不住了：

"阿芝，你去砍柴，回到家里，也不歇一歇，天天嘴里'子曰''子曰'地念个没完，手里一横一竖地写。俗话说得好，三日风，四日雨，哪见文章锅里煮？要是明天没米下锅，你说怎么办？唉，可惜你生错了人家。"

说着，她扯起了衣角，不断地擦着泪。

阿芝慌忙地放下笔，走到婆婆面前：

"婆婆，都是我不好，我不该忘了砍柴火。"

"你命苦。才读了半年书，就停了。你公公、爸爸看你聪明好学，小小年纪又上不了学，心里怪不好受的，几天里不说话。你要懂得我们的心。"她叹了一口气，"不是不让你看书，家里实在穷，你爸爸、公公地里活忙不过来，又要出去打短工，只有靠你干些事。其实，婆婆怎会不让你读书呢？"她说不下去了，多皱的、饱经沧桑的脸上，热泪纵横。

阿芝也在默默地流着泪，他不知怎样安慰婆婆才好。

转眼又是一个春节。

元宵佳节燃起的欢乐气氛还未消散尽，阿芝家里又来了一些客人。笑声朗朗，传到屋外，传到了阿芝的耳朵里。

阿芝放下肩上的柴火。婆婆那次的教导，自己的失误，他是永远永远不能忘怀的。每天上山砍柴，牵着牛，他仍把书挂在牛角上，但总是先去砍柴，捆好，然后再看书。他暗暗地下决心，不能让婆婆几乎被沉重的生活压碎了的心，再受到伤害。

今天他跑到还不曾去过的北山后边，那里干枯的松枝很多，没费多大的气力，就弄了大大的两捆。下午两时左右，他就静静地看书了。

他已经十二岁了，知道的事也渐渐多了起来。对《论语》中谈到的许多问题，理解得也比过去深刻得多了。

屋里客人好像很多，隐隐约约听到在谈论着他。有婆婆、妈妈的声音；

还有一个上了年纪、陌生女人的声音；也似乎还有别的人，但没有吱声。他没有马上进去，贴着板壁听着。

"这孩子，百里挑一，要不是家里光景不大好，读书总是头名。在家里勤快，什么活都抢着干。"这是婆婆的声音。"十二岁了，给他娶个亲。儿大当婚，女大当嫁，了却一桩心事。"

"是呀，你们家和善，方圆百十里，谁不知道？要不，我才不管这事哩！"这是那位陌生女人的声音。"人家陈家，虽然家境贫寒点，但勤俭，有骨气，就这么个姑娘，你们看，又标致，又贤惠，不错吧？"说着哈哈地笑了起来。

"那好呀，我们这个家，要的就是这种人。"婆婆说，"你看，阿芝他妈，刚过门，我们就喜欢她。娘家是读书人，也不宽裕。我们不管那些，人好，百好。"说着又笑了一阵。

阿芝听着听着，觉得脸上一阵阵发烧。随着年纪一天天的增大，加之湘潭乡中早婚的习俗，孩子们成熟得似乎早一些。但是，对于婚姻、家庭、夫妻，他毕竟是朦胧的。公公、婆婆、妈妈向他提了好几回了，他默默无语，他能说什么呢，怪不好意思。况且他现在唯一的奢望就是能有更多一点的时间，看更多一点的书；娶亲，娶亲到底是为了什么，他说不好。

"人大了，总要成家立业的，媳妇过了门，家里多了一个人干活，减轻一些你的负担，可以多一点时间看书。"妈妈说。

这后一句话，倒是打动了他的心。如果娶了亲，家里多一个劳力，他有更多一点看书时间，何乐而不为。何况婆婆衰老了，妈妈的身体也一天不如一天，多一个人，可以照应家里，当然是好的。至于娶亲还意味着什么，他不清楚。

他不想进屋去，从扁担上取下书本，独自走到杏子塘旁，坐在塘边的一棵老柳树下。

清澈的池水，平静得像一面镜子，映出他清秀、白净的脸庞，蓬松、乌黑的头发，还有那池塘旁那棵高大的枫树。儿时，这棵树不大，一人多高，他和他的伙伴们，常常攀着枫树树干打秋千，如今，它的粗大的躯干直指苍穹，他突然感到自己确实长大了。

长大干什么？他对于自己的前程，开始了思索，难道就是成家立业吗？

他的同伴中，像他这样的年纪就成家娶亲的，已经有好几个了，如今轮到了他。

他想得很乱，理不出个头绪，以致连爸爸叫他，也没听见。

他觉得有人拍了一下他的肩膀，他惊讶地转过头去，只见爸爸微笑着：

"跑到这地方干什么？到处找你。"

"家里人多。"

"等你回去哩，人家都来了，要见你一面。"齐以德伸手把阿芝拉了起来，阿芝不情愿地跟着爸爸走着。

"姑娘叫陈春君，长得不错。"齐以德边走边介绍，似乎没有觉察儿子涨红了的脸和害羞的神色，"年纪嘛，比你大一岁。"他看了阿芝一眼，阿芝低着头，默默地走着。

"大就大一点，也不多，只一岁。大点的，懂事。穷人家就是过日子，人家那边对你很满意，就看我们了。"

阿芝还是默默无语。

"我同你妈妈、公公、婆婆，都满意。你回去见一面，就定了。"齐以德说得很轻快，又武断，因为这是天经地义的，"父母之命，媒妁之言"，自古而然。他当初不就是一切由父母决定的，不是也同样的幸福吗？

同治十三年（一八七四年）正月二十一日，也就是距上次见面后的第十天，一顶花轿把陈春君抬到了齐家。在喧闹的鞭炮声中，拜了天地，拜了父母。

按照这里的风俗，男女双方都年纪小，拜了天地，有了夫妻的名目，但不同房。等到都长大成人了，再择个黄道吉日，合卺同居，叫圆房，就是正式夫妻了。所以，陈春君还只是个童养媳。

夜色沉沉，喧闹了一天的齐家归于寂静。阿芝仍然同公公住在一起，公公也许因为兴奋，或者是多喝了几杯酒，沉沉地睡着了，睡得很甜、很安稳。这是他很少有过的现象。因为在他的有生之年，了却了一件心愿。他的幸福的感受，他的喜悦的心情，恐怕也是从来没有过的。

阿芝没有睡，也睡不着，心里乱得很，说不出是什么滋味。因为他到如今，还没有看清媳妇长得是什么样子。春君进门下轿时，他不敢抬头细看，只偷偷瞟了一眼她的身材。他不知她是否看清了自己，她愿意嫁给我这样一个素昧平生的陌生人吗？她愿意做我们这样穷困的齐家的媳妇吗？她愿意同我永生永世生活在一起吗？这些问题不断地在他脑海里盘旋着。

他被一阵犬吠声唤醒。天已经大亮了，公公已早早起床，不知上哪儿去了。

早春的天气还是有点冷。他套上小棉背心，披上外衣，下地穿鞋子。

门轻轻地开了，进来一个女子，羞红的脸上有两只水汪汪的、黑白分明的眼睛，在细细的、弯弯的眉毛下闪动着，像一勾新月。水红色的大襟上衣，浅蓝色的裤子，十分得体地将她装点得俏丽、秀美。他第一次感触到女孩子浓烈的青春气息的魅力。他的心好像一下收缩了起来，嘣嘣直跳，在她进门的那一刹那，给他留下美好的、难以忘怀的印象。他想起了爸爸的话："姑娘长得好，也很贤惠善良。"如今，证实了爸爸的话是完全正确的。

屋里只有他们两人，但谁也不说话。可能是她毕竟比他大一岁，成熟了一点，胆子大一点，含情脉脉地看了他一眼，埋着头，去叠被子；叠好，转过身，走出房去。刚起步，又回过头，深情地瞟了阿芝一眼，便匆匆地走了，像生怕被人发现似的。可是，心里却充满着幸福。

她出去不久，又端来了一盆热腾腾的洗脸水，仍不说话。绯红着脸，看了他一眼，又匆匆而去。

他们之间的爱情生活，就这样开始了，和千百年来的父老、兄弟一样。这样的结合，是幸福多于泪水，还是泪水多于幸福，谁深思过？

阿芝和春君也只能这样，揭开了他们各自生命史的新的一页。

# 第二章　步入画坛

在周之美的精心培育下，阿芝开始了木雕生涯。这是他生命史上的一次重大转折，也是他为今后的艺术事业奠下的第一块基石。

# 1. 难解难分

阳春三月，垂柳吐絮，布谷催春。群山环抱之中，一块块在明亮的阳光下闪着耀眼金光的水田里，农民们吆喝着，挥鞭赶着水牛犁田、整地。

阿芝一身的泥水，赤着脚，提着一个空水壶，拖着疲惫的身子，慢慢地向星斗塘走去。

牛，爸爸已经赶回去了，他想到这里洗洗脚，歇一歇。这里是他从童年时代开始最爱的地方，青青的野草，枝繁叶茂、高大挺拔的枫树，夏季里盖满了水塘的碧绿宽大的荷叶上面滚动着晶莹的串串水珠，总是像诗篇一样盘旋在他的脑海里。对于自然景物，对于一切有生命的东西，他好像比别人更为敏感。这恬静、幽雅的处所，孕育着他多少个春天的梦？

他在水塘右边一个长青石板上坐了下来，把脚伸进了水中。

远处夕阳将下山了，半天的晚霞，把黄昏前的天际染得斑斓多彩。余晖落在他的脸上，映得面孔通红通红的。

他低下头，看着平静的水中倒映着的群山、树木以及他自己的身影，他渐渐地意识到自己已是成人，瑰丽的、梦幻般的童年，已经同自己告别了。

春君来家后，他感到自己起了变化；他弄不清楚自己为什么有这个感觉。三个月前，公公去世了，按照乡里的习惯，这个齐家，除了爸爸，他算是主要成员了。他意识到这副家庭的重担，将会逐渐地落到自己的肩上。

未来会怎样？他说不清。也许因为读过几天的"之乎者也"，对于人世，对于生活，他似乎认识得比他的父辈要深刻得多、广阔得多。

公公撒手去了，这打击是刻骨铭心的。他做梦也没想到老人家走得这么早，这样匆匆，他经历了有生以来第一次生离死别的苦痛。

儿时，公公教他识字的情景；用那件旧羊皮袄裹着他睡觉时的温暖；风雨交加，道路泥泞，艰难地背着他去枫林亭上学的恩爱……这一切，在他泪水模糊的视野里交织着，清晰地呈现了出来。他怎么能够忘却这位辛勤了一生、把全部爱都倾注给了自己的公公呢！

阿芝第一次到星斗塘，是公公抱着他来的；星斗塘许多神奇的故事与传说，是公公首先告诉他的。这里的一草一木都能勾起他对童年时与公公一道游玩的回忆。江山依旧，人事全非，他的心里升腾起思念、惆怅的思绪。他突然感到大脚趾被钳子夹住似的疼痛，急忙从水中抽出一看，脚趾涔涔地渗出殷红的血。

他慌忙地擦洗着，希望止住血。爸爸不知什么时间来到了身边，一看这情景，心疼地说：

"这是虾子欺侮我的儿啊！"说着，俯下身子，拉过他的脚，仔细看了看，抚摩了几下，要领着阿芝回家去。

"疼吗？能走吗？"

"不疼，能走。"阿芝摇摇头，可是，并没起步，又问爸爸："爸爸，这塘里还有虾啊？"

"多得很，"爸爸张开两只大手，比划着，"这虾有两只大腿，像一双钳子，真厉害，挟住你，死也不放。"

阿芝听了，很感兴趣，又问：

"为什么很少见到，我常常来，只见水里游的鱼？"

"它的身子是透明的，在水里，你不仔细瞧，是不容易发现的，它也不轻易浮上来。你再仔细看看，那不是？那不是？"齐以德指着水里的一群虾子对儿子说。

这新鲜玩意儿的发现，转移了阿芝对公公的思念，也使他忘却了脚趾的疼痛，他站起来随着爸爸回家了。

阿芝从此再也不敢随便到塘里洗脚了，生怕再冒犯了这些虾，受到那锋利的钳子的惩罚，让爸爸、妈妈担心。

不过，对于这厉害的小生命，他从此却充满着异常的兴趣，这大约是出于他的天性吧！

自从他学习画画后，他就不一般地看待这些小生命。树木、花卉，为了画得更"像"，他常常跑到枫树下、花草旁，仔细地观察树木的叶、枝杈是怎样生长的；开放的花朵有几个花瓣，花心是什么样；蝉透明的翅膀上有什么花纹……大自然的一切他都认真地看，看个够。至于新鲜的、从未见过的东西，更是吸引着他那永无止境的好奇心，促使着他去探索个究竟。

记得公公生前，有一次，悄悄告诉他，肖家从山上抓到一只野兔，很好看。他一听，立刻跑了去，看个没完没了。家里等他回家吃饭，到处都找不到他，后来才在肖家的兔子笼边找到了他。妈妈很生气，呵斥了他一顿，他却天真地、带着几分的满足，笑了。

公公最了解孙子的心情，过了半个月，也从山上给阿芝抓来了一只野兔。他高兴得几乎跳了起来。公公多好！他总是默默地、悄悄地办着阿芝所企望的事。他高兴地搂着公公的脖子，用那嫩嫩的脸蛋，亲昵地贴着公公满是胡须的嘴擦着。

这兔子比肖家的更好看，虽然小了点，但浑身是洁白的毛，两只竖起的大耳朵，一对明亮的、金黄色的小眼睛，机警地忽闪着，招人喜爱。

那一天，整整一个上午，阿芝守着兔子，从头到尾，到它的四脚，看了又看。他发现兔子的后腿比前腿长。为什么长？他说不清。反正长，画时画长些就是了。

公公牵着牛，缓缓走来。阿芝早在门口张望着，飞快地跑了过去，双手背在背后，神秘地问：

"公公，我送你一件顶好顶好的东西，你猜猜，是什么？"

公公知道他会送什么。阿芝画画，入了迷了，这，他同全家都清楚、都惊奇。夜阑人静，阿芝沉沉入睡后，公公同婆婆、他的爸爸、妈妈不知议论过多少回。老人无法明白，那比例不均、色彩单调、十分幼稚的画，对于他怎么会有那么大的吸引力。

枫林亭辍学后，阿芝画得更多了，更勤了。他有一个自己用纸糊的袋，里边精心地藏放着一张张的画，他的小伙伴是他这时期作品的鉴赏家。

大人下地劳动了，家里只剩下他一个人。于是，伙伴们来了，争着要看他的画。他从纸袋里，一张一张地取了出来，贴在墙上。上上下下，都贴满了，好像在举办一个个人画展。

画面上有枫树，有王爷庙，杂货铺的老头，雷公爷爷，还有鸡，冲天的春燕、伫立远望的白鹭，以及芍药、牡丹，等等。几乎他眼中所见到的大自然的一切，他都用一管笔，把它们的形与影，记录在纸上。色彩是单调的，可春意盎然；难免幼稚，却不失纯真、浪漫的情趣，浓郁的生活气息。

公公是在他们欢乐得忘掉了时间的时刻，悄然来到这个"展览室"的。

阿芝没有料到公公会突然地到来，不知所措。心里七上八下，担心公公责怪他。其实，他哪里知道，不但公公，全家人都不止一回欣赏过他纸袋里的画。

公公好像猜透了他的心思，把他拉到怀里，故意问：

"画得真不错，什么时候画了这么多？"

"好久了，闲着就画。"

"好，好。就是不要浪费描红本。"

"没有。外公说过了，我改了。"

"这鸡的脚趾可不对啊！"公公指着画说，"鸡只有四只趾，前面三只有趾甲，后一只没有。不信，你去看看。"

阿芝想了想，红着脸，笑了。

这以后，全家公开了阿芝的秘密。每当闲时，或是一家人饭后围坐一起闲谈时，大家便要看阿芝的画。阿芝有了新作，往往主动地拿出来，请大家欣赏。

世世代代耕耘在这块土地上的齐家父子，从来没有见过什么画，阿芝的画，给他们的生活，增添了新的色彩、新的内容。

公公把思绪牵回到眼前，他望着孙子摇摇头。

阿芝突然从后面拿出一张纸：

"一只兔子，给你。"公公接过画。真像啊！长长的耳朵，细小有神的眼睛。

"哟，这后腿怎么比前腿长？"公公问。

"对了，这回你输了。"阿芝闪忽着一双顽皮的眼睛，骄傲地说，"我仔细看了好几天才动笔画的，后腿就是比前腿长。"

晚上，他睡不着。被虾蜇了一下的脚趾，隐隐有点疼。现在他躺在公公过去躺的床上。他原先睡的床位，让给了弟弟。这里的一切：床铺、桌子、箱子，都没有变，但是比公公在世时，显得空旷、冷清多了。公公的音容笑貌，一直浮现在他脑子里，他不知哭了多少回。

　　婆婆见他这样触景生情，怕他伤心太甚，坏了身子，让爸爸给他换个地方睡，他不肯。后来，就把这房间改了个样。他干活回来一看，痛哭着，争吵着，要爸爸恢复原来的样子。无奈，婆婆、爸爸、妈妈一齐动手，连夜把房间照原样恢复了。他抱着公公睡过的被子和那件曾经裹过他的羊皮袄，偷偷地痛哭了一场。

　　清晨，雄鸡报晓，把刚刚进入梦乡的阿芝唤醒了过来。他吃过早饭，准备下地了。爸爸见他疲惫忧郁的神色，红肿的眼睛，默默无言，知道他又在思念公公，怜爱之情油然而生。

　　齐以德平时寡言鲜语，但心细，能从人们细微的动作中，进行分析，作出判断。

　　"你今天不要去了。"齐以德说，"脚伤了，下了水，要发烂，反正现在活不多。"

　　"你一个人，行吗？"

　　"今天放放水。田犁好了，看看秧，十多天就可以插了，你不要去。"齐以德口气很坚定，他知道这孩子倔强得很。

　　阿芝留下了，但他还是要到星斗塘去。

　　爸爸知道他一定还是去看虾子，临走时告诉他要带点饭粒去，丢在水里，不然，鱼、虾就不上来。

　　他趴在塘边，仔细地看着、找着。除了浮动着的几条小鱼，什么都没有。虾呢？虾哪里去了？

　　他拿出废纸包着的饭粒，扬起手，轻轻地撒在水里。

　　白色的饭粒，慢慢往下沉。果然，一群鱼蹿了上来。他全神贯注地观察着。接着，是几只张着大钳的虾冲上来，又一顿一顿地往后退；又冲上来，又同样地往后退。阿芝对虾子的这种动作很感兴趣，心想，它们为什么退着走？对了，对了，它们是警觉高，是防备，生怕受侵犯。他屏住了呼吸，一动不动，深深被它们那种活泼的姿态吸引住了。他想弄几只回家养在水缸里，天天看，天天画。于是，用一个木杈，支起一个网兜，趁虾没有提防，手快眼快地从后面一下舀过去，捞上了两只，高兴得什么似的，赶快跑回家，放到盛满清水的一只大缸里，这就比在塘里看得更明白了。几个节，几只脚，他数了一遍又数一遍，数得一清二楚。

这一天的时间，他全部给了虾。晚上，他提起笔，铺开纸，一个劲地画，大大小小画了十几只。

夜很深了，他毫无倦意。

门外传来轻轻的脚步声，是春君在轻轻地叫唤：

"妈妈让你早点睡。"细小的声音，充满着温情。

"知道了，你快回去，别着凉。"他回答着。拿起画，贴在墙上，对面站着，看了又看。

夜深了，他感到了一丝倦意，这才坐到竹椅上休息。

他隐隐感觉到有人在摇他。睁眼一看，妈妈站在眼前，天已经大亮了，原来他昨晚坐在这竹椅上睡着了。

"这样，要弄坏身子的。画画，要有个时候，没日没夜的，在椅子上睡，什么也没盖，病了怎么办。"妈妈说着，看了他昨夜画的虾，笑了：

"画得像，画得好，是第一次画虾吧？"

"真的画得好吗？妈妈！我是第一次画虾。"阿芝高兴地叫了起来。

"真的，特别是前面那一对钳子似的腿，像极了。"妈妈又仔细地端详起那幅虾，"今天你不要下地了，好好睡一觉。"

"不行，爸爸一个人忙不过来。"他赶紧穿好了衣服，出去吃早饭。

阿芝那种拖着疲弱的身体，在田里吃力劳动的情景，齐以德看在眼里，十分焦虑，他为儿子的前途，为这个家现在和将来的生活焦虑。

他的心思，齐周氏最清楚。虽然他闷着气，只是不停地抽烟，一言不发，但是，她知道他想什么，愁什么。

"你今天又怎么啦？想阿芝的事啊？"齐周氏躺在床上，侧过身子问。

"哪能不想。孩子一天天大了，身子不好，干不了田里活，将来怎么办？"他深深地吸了一口烟，"爸爸生前最不放心的就是这个。"

"不过，他挺聪明的，我爸爸常常夸他，说教过这么多学生，还没见过这样的孩子。你看他画的虾没有？像极了，越画越好。可惜生在我们家。"她叹了一口气，不说了。

"命注定，能活下来就不错了。不过，我们这号人，没力气怎么行？这年头，不会点农活，怎么生活？"

一阵沉默，齐周氏望着天花板，思忖着。齐以德不断地吸着烟，吐出一圈圈灰白的雾。

"学点手艺，也是一条路。"沉默了半天，他看了妻子一眼。

齐周氏没有回答。

"我想给他找个师傅，让他学门手艺，将来也好养家糊口。"

"那就试试吧，这事要快点办，这孩子你别看，心里也是挺着急的，娶了媳妇，公公又去世了。这段时间，懂事多了。嘴里不说什么，心里是明白的。"

# 2. 初入匠门

春种大忙过后，阿芝病倒了，一直发着高烧，退不下来。家里慌成了一团，到处请郎中。服了十多副药，总算把体温降了下来，但是，半个月的大病，阿芝几乎是奄奄一息了。婆婆、妈妈担惊受怕，不停地暗暗抹泪。到了夏耘、秋收时节，全家上阵，就是把阿芝留了下来，干些轻松的活儿。

阿芝哪能闲得住呢？他倔强得很，一到地里，专拣重的活干。他想用自己的劳动，减轻一些爸爸、妈妈的负担。

一年艰难的田间劳动总算熬过去了，转眼又过了春节。元宵节的那天，阿芝从山上挑了一大捆的柴，回到了家，还未来得及卸下来，就听见婆婆的声音：

"阿芝，齐满师傅来了，你去看看。"

"谁呀？"

"就是那边的本家叔公齐仙佑啊！他和你爸爸是同辈，学木匠的。"婆婆解释说，"你爸爸正同他谈，想让你跟他学点手艺，在田里干重活，你身体吃不消。"

让阿芝学点手艺，家里不知商量过多少次。开始想让他学银匠，走街串村，给富人家打些手镯饰物之类。这活儿来钱虽不多，但活轻，有手艺，比较稳定。全家都认为阿芝聪明，手巧，干这行，正合适。

商量定了后，齐以德跑去找那银匠。那人很精明，技艺是他的饭碗，不轻易传人。齐以德同他比较熟，碍着面子不好推辞，就找了个借口，要很高的价钱，说阿芝跟他学，每月要交三两银子。齐家哪里送得起？于是，只好作罢了。

今天，齐仙佑到这里来，是给阿芝祖母拜年，说是好多年没来了。齐以德见了齐仙佑，高兴地招呼他坐下。他忽然想起了阿芝，不如让他跟齐仙佑学木匠手艺？于是同齐仙佑商量，齐仙佑倒是爽快，答应了下来。他们正商谈着阿芝生计的时候，阿芝闯了进来。

"快给叔公见个礼！"齐以德高兴地示意阿芝。

"叔公，你来了。"走到齐仙佑面前，阿芝深深地一躬。

齐仙佑顺手把他拉到了身边，从头到脚，细细地看了一遍，说：

"都长这么大了。那年我路过这里，才这么高。"他做着手势，转身问齐以德："今年多大了？"

"十五岁了。"

"真快啊！一晃十几年，我们都老了。"他淡淡一笑，铜紫色的方脸上，绽出一道很深的皱纹，厚厚的嘴唇里，露出一排被烟熏得焦黄了的牙。

齐仙佑约莫四十来岁，不过看上去比齐以德显得苍老。没有梳理的头发，蓬松地、不规则地长着，两边过早灰白了的鬓角，跟络腮胡子连成一片，倒是办起事来，要精明、世故得多了。

"跟叔公学点手艺怎么样？"齐以德问。

阿芝看了一眼爸爸，轻轻地点了点头。他未学过手艺，然而，学徒的艰辛他是知道的。虽然这件事，家里征求了他好多回意见了，但是，事到临头，想到自己即将开始那样的一种生活，离家跟随一个他不熟悉的人，漂泊四方，心里难免泛起一阵隐隐的凄凉与惆怅。

不过，还有其他的道路可供选择吗？没有。爸爸、妈妈为了这，操碎了心。学银匠不行，又找铜匠、补锅的，都一一被回绝了。今天，总算有了点眉目，让他学木匠。学木匠就学木匠吧，他虽然谈不上有多高兴，可也不十分为难，因为生活本来就是不容易的啊！

事情就这样定了下来。三天后，齐以德换了件新衣服，拎着个竹篮，里面装着酒、一只大母鸡和几斤肉，领着阿芝，拜师去了。

按事先约定，齐仙佑在家等着。他今天特意梳理、打扮了一番，显得比前几天精神多了。早饭后不久，他站在门口，远远看见齐以德领着阿芝来了，高兴地迎了出去，一眼瞟了篮子里的东西，赶紧将他们父子让进了屋。

用过茶后，按照木匠的行规，进行简朴的拜师仪式。阿芝发觉，除了神位上挂的是鲁班的像外，这仪式同他在王爷庙拜孔圣人没有什么两样。

中午饭是在齐仙佑家吃的。一切菜肴都是齐以德带来的，这叫进师酒。

吃过进师酒，阿芝就算是齐木匠的门人了。

阿芝送爸爸到村头，有点依恋，眼角红了。他极力控制着自己，生怕爸爸难过。齐以德看看阿芝单薄的身架子，看看他凄然的神色，想想他小小年纪就开始独立生活，心里一阵酸楚，止不住掉了几滴泪。

"什么事都要忍耐着点，顺着师傅。"齐以德不停地叮咛着，"齐叔公脾气有点怪，凡事多留神些，不蛮干。早晚天凉，多穿些衣服。要什么，捎个口信来，我们也会常来看你。"

阿芝开始木匠的学徒生涯。他谨慎地、左右不离地站在师傅旁边，为他递工具，弄木料，干些零活，一边仔细地看师傅拉锯，推刨的手法。

开始是齐仙佑画好了墨线，量好了尺寸，让阿芝或锯或刨，现在他能照着师傅那粗略的图案，量尺寸，画墨线，独立地操作了。

不过，阿芝毕竟身架子单薄，盖房子、上梁、立架子，用的都是大木头，百十来斤重，他实在难以扛起来。齐仙佑又十分刻薄、厉害，嫌阿芝气力小，常常不顺心，就拿他出气。过了不久，竟把阿芝辞退了。

阿芝生平没有遭逢过这么大的凌辱与打击。回到家里，他委屈得哭了一夜。

齐以德怕孩子愁出病来，又急着为他找师傅。过了一个月，托人找了个也是做大器作的木匠，拜了师。这就是齐长龄师傅。

齐长龄看上去比齐仙佑稍大了点，一副敦厚慈祥的脸。性格开朗，活泼。沉重的负担与压力，不但没有压垮他，反而造就了他这个知命乐天的性格。

"别着急，好好地练吧。无论什么本事，都是朝练晚练，练出来的。只要肯下功夫，常常练练，力气就练出来了。"坐在工具箱上，他吧嗒吧嗒地吸着烟，恳挚地劝勉着阿芝。

齐长龄也是学徒出身，对于阿芝被辞退后的心境是十分理解的。他宽慰阿芝，自然是由于他自己也有过辛酸的学徒生活。

"力气是练出来的"，阿芝领会这是师傅经验的总结。也许师傅在年轻时，同自己一样，体弱多病，吃过不少的苦头。阿芝躺在床上，静静地回味着师傅白天同他所谈的话。他觉得有道理，就下定决心，一点一滴地按照师傅说的做下去。

跟师傅在陈家三个月，阿芝除了学技术，就练气力。渐渐地，情况有了好转，一般中等的木头，说扛就扛，放在肩上，走起路来，不慌不忙，轻松自如。

齐长龄看到徒弟肯学，不惜力，吃得苦，心里暗暗地高兴。他怜爱这个聪敏、好学的徒弟。太重、太费劲的活，自己扛、自己干，技术性的活、较轻松的活让阿芝干。这些阿芝都看在眼里，记在心里。

阿芝在齐长龄的身边，心境是舒畅的，手艺也一天天地成熟了起来。

陈家的房子盖好了，他们要转到另外一个地方去。他们沿着羊肠小道前行，远远地看见了前面三个人，也挑着木工的工具，迎面走来。

走到身边，齐长龄拉着阿芝，闪在路旁，恭恭敬敬地站着，堆着笑脸，同他们打招呼、问好。

这三个人，像有几分傲慢，表现出要理不理的样子。前面那个高个儿扫了他们一眼，眼光随即转向别处，从鼻孔里挤出一句话：

"从哪里来？"

齐长龄连忙回答：

"给那边陈家盖几间房子，刚完工。"

"赚不少钱啦？"最后面那瘦个儿，带着讥讽的口吻说。

"哪里会，做粗活，一天能挣几个钱，这年头。"

"还带了徒弟？"高个儿的这句问话，包含有轻视的成分，似乎说像他这样的手艺，还配带徒弟。

"刚来，刚来……"没有等齐长龄说完，三个人扬长而去。

齐长龄呆呆地站着，目送他们远去的身影。

阿芝对这一情景，很有些弄不明白，也颇有几分反感。他心想，同是木匠，同样干力气活，难道还有高低贵贱的不同？他得不出答案忍不住地问师傅：

"师傅！他们是什么人，不都是木匠吗？为什么对我们这样瞧不起？为什么我们对他们要那样恭敬？"

"小孩子不懂规矩。"齐长龄不高兴地拉长了脸，"人家是小器作，做的是细活，八仙桌，雕花床，这手艺，不是聪明灵巧的人，一辈子也学不会。木匠当中百个里面也只有几个会细活的，我们哪能同他们相比？怎能同他们平起平坐？"

阿芝从来没有看见师傅这么严肃过，也就不作声了。

　　但他不服气，嘴里不说，心里暗暗在想，小器作，大器作，都是木匠，卖力气的，有什么高低之分？虽说雕花这手艺比较细致，难一点，但是，人都有一双手，难道人家能学会，自己就学不会？他下决心要学会这门手艺。

　　他们默默地走了好几里路。

　　齐长龄感到刚才的话，似乎严厉了些，怕伤害了阿芝的心，于是又用和缓的口气说：

　　"你念过书，聪明、年轻，是同样可以学会细作手艺的，只要找上一个好师傅，不过，这样的师傅也不大容易找。"

　　顿了一下，齐长龄又说：

　　"离这里不远有个周家洞，去过没有？"

　　"小时候去过。"阿芝不知道师傅为什么问他这地方。

　　"那里有一个叫周之美的，是雕花木匠。他的手艺，白石铺这一带，远近闻名。听说小时候，他很穷，给人当长工。有一次主人家来了个雕花木匠，花白胡须，有一手绝技。周之美晚间同他睡在一起，对老人家很敬重。每天早晚给老人打热水洗脸、烫脚，还常常替他洗衣服，无微不至地关怀老人。老人见他诚实、聪明，这样诚挚热情地尊重自己，照顾自己，就收了他做徒弟，尽心地把平生的全部技艺都教给了他。老人后来不行了，眼睛看不见东西，周之美这时已经出了名，他就把老人当作自己的亲人养了起来，一直到老人去世。"齐长龄边走边介绍周之美，"他用平刀法雕人物、花卉，更是一绝。"

　　阿芝很感兴趣地听着。回到家里，把一天的所见所闻一一对爸爸说了。

　　"你想学细木活？"齐以德听后问。

　　"细木活好，有手艺，不劳累。"齐周氏接着说，"阿芝体弱，老干粗大活，吃不消，我老是提心吊胆的。"

　　齐以德看了看阿芝，说：

　　"也好。这一年，你也摸了摸木匠工具，干了木匠活，总算有些底子。周之美是白石铺一带名师，不知肯不肯收，打听打听再说。"他披上一件衣服，刚跨出门，又转身回来问："你这一走，齐长龄同意吗？他待你可不错啊！"

　　"是他主动提出来的，说我干那活合适，让我问问家里，我就回来了。"

　　"齐长龄这人也真好。你有朝一日出了名，可别忘了他老人家一片心意呀！"齐以德看了阿芝一眼，出去了。

周之美，四十七八岁，鸭蛋形的脸，高高隆起的鼻子，厚大的嘴唇，看上去比实际年龄要小得多。

他没有结婚，孤身一人，过着漂泊不定的生活。细木雕花的手艺，是受人敬重的。他也因此经常出入于名门望族之家，不过他始终保持农家那种淳朴、厚道的作风。

他看着阿芝修长的身材，白净的肤色，一对机灵的、沉思的眼睛，十分喜欢。特别是他读了一些书，还学过一年多的大器作的活，掌握了一些木工的基本技术，这使周之美更为满意。

他知道齐纯芝这个名字，是从齐长龄那里听来的。一天，在白石铺买酒，碰巧齐长龄也来买酒，两人相见，十分高兴，问长问短，没完没了。

齐长龄问："周师傅啊，好久不见了，你忙啊？"

"外出做活刚回来。你好吧？"

"凑合过吧，这年头。"齐长龄说，"你还那样，一个人？"

周之美苦笑了一下，点点头。回问："听说你带徒弟了？谁家孩子？"

"齐以德的长子，齐纯芝。"

"啊，是齐十爷的孙子吧，那孩子不错。"

"是不错，教什么，会什么，脑子灵得很，又肯学。"齐长龄夸着，试探地说："不过，我这粗木活没啥学的，跟你学细木雕花才合适哩。"

"你舍得？"周之美笑了笑。

"有什么舍不得的。老跟我学下去，倒还误了他的前程；况且，这孩子自己也有这个意思。"

周之美思索了一下，半信半疑地说："这样好了，等他找上来再说吧。"

两人又拉呱了一阵，告别走了。

三天后，齐以德找到了周之美，周之美高兴极了，满口答应了下来。

如今，阿芝就站在他面前。他十分兴奋地接待他们父子，按惯例行了拜师礼，齐以德满怀喜悦地回了家。阿芝毕竟经过了两个师傅，对这种在外面做活的流动生活也习惯多了；而且是自己有意跟周师傅学手艺，爸爸虽然走了，自己留了下来，也感到很是自然，很是安心。

　　周之美是有点性格的，他喜欢的人，就打从心坎里喜欢。他对阿芝，就是这样。他喜欢阿芝，他就恨不得很快把阿芝教会，恨不得把自己的技艺一丝不留的全都让阿芝接收。他首先把自己的全套雕花图案让阿芝观看、学习，着手临摹。阿芝虽然画过几年画，也看过一些画，但从来没有见过这么精美的仕女、花卉、走兽图案画。那种高兴的心情，不说，也是可想而知的。

　　学了图案画之后，周之美就讲解雕花工艺，从木料花纹的选择，进刀的程序、方法，一一由浅而深，由简单的图案开始，到复杂精美的构图布局；由表面的雕削到内部的镂镌，在周之美的精心培育下，阿芝开始了木雕生涯。这是他生命史上的一次重大转折，也是他为今后的艺术事业奠下的第一块基石。

# 3. 吉日良辰

阿芝的出师和他同春君的圆房，选择在同一个"黄道吉日"。

这一天，在阿芝的生命史上留下永远难以忘怀的记忆。

清朝年间，对贫苦的农家来说，三年学徒出师和士子中了功名一样，是一件大喜事。

陈旧的房屋门窗，前三天已经刷洗一新。晒谷场上的柴火、杂物整理得有条有序，给人一种整洁、清新的感觉。

阿芝一大早就起床了，洗过脸，他亲自将一副用大红蜡光纸写的对联，端端正正地贴在门首的两旁，上下联是：

超人技艺得名师指点扬乡里

美满姻缘承祖宗福荫启后人

横批为：

鲁班门人

字写得苍劲、有力。阿芝站在远处，仔细地观察了一会儿，满意地微笑了。

婆婆走了过来，指着对联，小声问阿芝：

"那上面写的是什么，你读读。"

阿芝侧过身子，一字一句地念着，解释着。婆婆不住地点头，眉宇渐渐地舒展开，笑了。

多少年来，齐家的庭院，没有像今天这样热闹过。阿芝出师、圆房的消息，早就在亲朋好友间传开了。按着预先约定好的这个黄道吉日，他们从白石铺方圆几十里，赶到这里相聚，共同享受齐家这个欢乐的时刻。

周之美今天格外的高兴。他昨天理了发，今天又换一套崭新的衣裤，风度翩翩、满脸春风地来到齐家。

婆婆很兴奋。她紧紧地拉着周之美的手，从头到脚端详了好几遍。

"你是我们齐家的大恩人。"婆婆激动得热泪盈眶，"没有你，哪有阿芝的今天，我这老太婆不知道应该怎样感谢你。"

周之美被这肺腑之言感动得不知怎样安慰这位老人家才好，他的眼睛里也含着泪花，他的嗓子发哽了。想了又想，才结结巴巴说：

"都是阿芝这孩子好，聪明，肯干。古语说，'师傅领进门，学成在个人'。他有出息，你要感到骄傲。"

婆婆听了，破涕为笑，看着阿芝说：

"这孩子是我心上的肉，聪明倒是聪明，就是身架子软，你要管他管到底。"

周之美也笑了起来：

"你老人家放心，以后我们还在一起。"

阿芝显得很平静，但是，他的内心却如澎湃的春潮起落着。婆婆对师傅感激之情，也勾起了他对三年学徒生活的回忆。他做梦也没有想到，在这样一个残酷的、世态炎凉的社会里，一个身怀绝技、百里闻名的雕花艺匠，竟会对自己倾注了全部的爱。

阿芝天赋的艺术灵性，在师傅的尽心传授和指点下，加上自己的勤奋，不断丰富实践经验，不断增加知识积累，艺术修养和艺术技巧得到了焕发。三个月后，他就能独立工作了。雕刻刀在他手下运用自如，随着木屑的纷纷扬起，木板上绽出了一朵朵盛开的牡丹、玉立的仙鹤、飘然下凡的神仙、倚窗眺望的淑女……

阿芝艺术上进步之快，使周之美暗暗吃惊。他带过好几个徒弟了，一般情况下，要掌握他这一套本领，没有两三年的时间是不行的。而阿芝仅仅用了半年，这使周之美感到欣慰和喜悦。

在这个世界上，真正称得上周之美亲人的，不多。他的师傅是他唯一的亲人，但故去了；现在算得上的，只有阿芝。

"做木匠易，做人难。"一次，周之美沽了一壶酒，与阿芝相对而坐，边吃边谈，"这世上，没有一点手艺，要受苦；有了手艺，千万不能拿去坑人。

我一生对谁都一样。你将来独立了，离开我了，总算还是周之美的门人。"

"我永远永远都不会忘记师傅；一生一世都不会忘记师傅的教诲和恩情！"阿芝十分激动。

"恩情说不上，我们彼此确是有感情的人，人总有分手的一天，本来舍不得你离开，但又不能耽误你呀！"说着，他撩起衣角，抹着眼泪。

阿芝的视野也有些模糊了，他只好强忍着，师傅这么一把年纪了，如果自己再动感情，就更会引起师傅的伤心。

空气沉静得像深夜的旷野。

齐家的宴席是简朴的，但却是欢快的。周之美老师傅今天受到了人们格外的尊重，齐家上下，以及来齐家的所有亲戚朋友，一个一个举起酒杯，走到周之美跟前来敬酒。周之美平时本来能够喝几盅，今天就更加开怀畅饮了。周之美心里在想，今天个个是知己，怎能不饮个痛快呢！

酒宴一直进行到将近傍晚，客人渐渐地散去了。齐家一再挽留周之美多住几天，周之美婉言辞谢了。

阿芝刚刚圆房。周之美嘱咐阿芝在家多住几天，过了十五日，再赶到白石铺找他。阿芝虽然出了师，但是做活的门路还不熟，知道他的人不多。周之美决定带他一段时间，到处跑跑，认识更多的人，也让更多的人认识他。

春去夏来，转眼又是立秋，在周之美的带领下，阿芝的声名在白石铺一带，远近传扬。婚嫁喜庆，找他们做雕花家具的，应接不暇。起初是师徒一道去，后来，雇请的人越来越多，顾不过来了，周之美就让阿芝一个人独立工作了。

阿芝从此开始有了收入。雕花工钱是按件计算的，一个八仙桌，一张雕花床，需要多少工，合多少钱，都是事先商议好了的。到活完了之后，东家就按议定的数目付款。一年下来，积攒的工钱也有了一个相当的数目。他知道家景不好，生活艰难，一文钱也舍不得花。到一定时候，就送回家去，交给母亲。妈妈伸手接过这发着温热的钱，真是暖在心里，甜在心里。嘴上没说，心里却在说：

"我的好阿芝啊！你能挣钱了，我们的日子苦出头了！"

今天，他又送钱回家来。

走到家门口，听到屋里有说话声，像是来了客人。

他推门跨进了屋，只见迎面坐着一身着浅蓝色长衫、面目清秀的中年男子。齐以德见是儿子回来了，指着客人，介绍说：

"这是咱们本家叔父齐伯常。"又转向齐伯常介绍说：

"这是阿芝。"

齐伯常站起来，连连点头，露着笑意。他是湘潭的一个绅士，名敦元。家里有些资财，读过多年的书。因为倦于宦海生活，借故辞官，回到了家，过着隐迹山林的闲适生活。

前些天，湘潭的一位书友来家做客，闲谈中，齐伯常说想请雕花匠为女儿做几件嫁妆，听说周之美手艺不凡，可又不知他现在哪个主人家。

朋友一听，哈哈大笑："贤弟何必远劳，我听说你们本家就有一位出色的雕花匠。""谁啊？我怎么没听说过？"

"齐十爷你知道吗？他的长孙、齐纯芝，芝木匠啊！"

"噢！芝木匠倒是听人提过，尚不知道他是齐十爷的后代。"伯常忽然想起了什么似的。

"芝木匠年纪不大，手艺却在他的师傅周之美之上。前些日子，庆元家女儿出嫁办嫁妆，请阿芝去了。这孩子雕花不但有功力，而且有新意。过去，人物、花卉，不过是'麒麟送子''状元及第'之类，陈陈相因，他却变了花样，自己设计了'郭子仪上寿''刘备招亲'，又创作了石榴、葡萄、牡丹、梅花、秀竹之类，刀法娴熟，线条流畅，构图新颖，功力不凡，他是青出于蓝啊，你能请到他，还要什么周之美！"

一句话，把齐伯常一大早引到了杏子坞齐家来了。

因为是本家，又是专程请他的，盛情难却，同父亲商量后，阿芝推辞了其他家的活，挑着工具箱，第二天赶到了伯常的家。

在伯常前院的稻谷仓前，阿芝排开了工具，干活了，整整干了二十天。因为是他出师后第一次独立地承担比较繁重的活儿，所以，阿芝倾注了全部的智慧与精力。在动手之前，他依着旧的绣像小说里的插图，精心设计了各种图案，将自己平日里常画的飞禽走兽、花草鱼虫，加上山水布置，先构成图案，然后依图施工，精雕细刻，别开生面。

伯常几乎天天去看他。看见阿芝的手艺的确不凡，做出的家具精细别致，构图有新意，富于变化，高兴得不得了。嫁妆做完后，又再请阿芝为自己的书房做了两把雕花的椅子。

齐伯常想不到齐家竟然也出了这么个名匠高手，喜不自禁。

晚饭后，他特意请阿芝到自己的书房。他的公子齐公甫也来陪坐。公甫比阿芝小五六岁，天真活泼。在阿芝干活的二十多天里，几乎朝夕同阿芝相处，谈诗论画，叙说各自的童年生活和爱好，十分投契。

伯常让阿芝落座后，大大地称赞了一番阿芝的技艺，然后问：

"你少时读过书吗？"

"读了半年就辍学了。"公甫抢着替他回答。

齐白石的竹雕：背网渔翁

阿芝笑着，点点头，看了看公甫。

"你这样聪颖，不能读书，实在可惜。"伯常叹了一口气，"平时还看点书吗？"

"看，这十多年，一天也没有间断过。"

"他的箱子里有好几本书，《论语》《淮南子》《吕氏春秋》。那天，就是雕做这椅子的头一天，"公甫拍了一下他坐着的新椅子说，"我们还讨论了孔圣人的'仁'，到底讲的什么意思。"

伯常一听，眼里放出惊奇的、兴奋的光彩。忽然，站了起来，在屋内来回踱着，深有感触地说：

"自古名士出寒门，这一点也不假。三国的董季直，晋代的车胤、孙康，穷得没有油点灯看书，就用荧光、冬雪作照明，终于做出了大学问。你只要肯下功夫，来日可待。"

阿芝静静地听着，不时地点着头。

"你画画有点门道。"伯常话题一转，问道，"你什么时候跟谁学的？"

公甫一听，忍不住地笑了起来。他听过阿芝绘声绘色地向他讲述童年时偷偷学画的种种趣闻。

"你笑什么？"伯常脸色一沉，疑惑不解地看了公甫一眼。

公甫知道自己失礼了，看着父亲严肃的面容，有点紧张。

阿芝见这情况，笑着说：

"少时，我偷偷地学画，闹了不少笑话，前几天我同公子谈了，他也觉得有趣。"接着阿芝将自己学画的经过，简略地说了一遍。

"噢！你现在还画吗？"伯常很感兴趣地问。

"反正没停过，上了瘾了。三五天不画，手就痒痒的。现在学雕刻，更需要画了，所以，也有机会，积些图案，一笔一画，学着来，画得不太好就是了。"

伯常回到了座位上，说：

"这样好。我看你雕的花卉有创新，功力不浅，没有画画的基础，肯定不行。这里的活儿完了，我想介绍你到一个姓蔡的家里去，好吗？"

没等阿芝回答，他又接着说：

"这也是一户书香人家，是我过去的同窗好友。新近她妹妹要出嫁，办嫁妆，曾经托我找雕花匠，我看你挺合适。我写一信，你找找他如何？"

阿芝沉默着，不言语，脸上露出了难色。伯常一看，弄不清阿芝是什么意思，试探着问。

"你不愿意去？"

公甫赶忙说：

"爸爸，周之美、阿芝现在是百里方圆内谁不知道的雕花名匠？人家上门请，还请不上；他又不认识蔡家，你让他自找上门，合适吗？"

伯常经公甫一说，恍然大悟，哈哈大笑了起来：

"我糊涂了，我糊涂了。你们细木雕花匠中，好像也有这么一条不成文的规矩。这样吧，我写一信派人送去，让蔡家专程来家接你，如何？"

阿芝不好意思地点了点头，内心充满了感激之情。

第三天早饭后不久，蔡家公子亲自带着家人，赶了二十多里的路，到了伯常家。伯常拉着蔡公子说：

"仁兄，你先看看东西，再听我同你讲。"说着将他拉到客厅右边的一间空屋里，详尽地介绍阿芝制造的一件件别出新意的家具。那富于变化的造型，设计新颖的构图，娴熟的刀法，浓淡相宜的色泽，既显得古朴，又淡雅清丽。蔡公子仔细地看着，暗暗称奇：

"想不到在这穷山荒野之中，竟有这样的名师高手。"

"怎么样，我介绍的没错吧！"伯常得意地说，"他是我本家的侄子，只念过半年书，十多年来一直自学不辍，粗通文墨。闲时，你同他好好谈谈。"

木匠时代，齐白石雕刻的床榻

这样，在蔡家的盛情邀请下，阿芝到了蔡家。

蔡家，依山傍水，风景幽静秀丽。宅院是老式的房子。进大门，迎面的是一座屏风，屏风前，一块大青石，石上刻着"山居必"三个苍劲的大字。青石两旁种着两棵腊梅，一排冬青。转过屏风，是一个打扫得十分清洁的庭院。光滑的鹅蛋石铺成的甬道旁，长着两大丛青翠的竹子；还有繁茂、碧绿的柏树。

东西两厢各有六七间房子。坐北朝南的正屋，高出庭院约二尺左右。雕龙画凤，朱红的两根大柱前，卧着两个石狮子，一切显得庄重华贵。

因为是齐伯常的本家，手艺又是如此的高超，所以蔡家把阿芝当作宾客款待。

西厢是蔡公子弟弟读书的地方，窗明几净，现在让给了阿芝。蔡家还专门派了佣人照料阿芝，一应茶水、饮食，都有专人侍候。

阿芝将自己的行李、工具，挑到了西厢的这间屋内。抬头一看，这间屋，面积虽然不大，却布置得十分素朴高雅。临窗的一张小几上摆着一盆兰花和金桔。正面的墙上，挂着一幅石涛的竹子和几副条幅。床的西边，两个大书架上，摆满了各种线装书，一看便知，主人必是高雅之士。

阿芝洗过脸，正凝神看石涛的竹图，蔡公子换了一套玄色的长衫，推门进来。阿芝连忙躬身，请公子就座：

"打搅公子了，如此高谊，实不敢当。"

"你我都不是外人，不必客气了。伯常是我莫逆之交，你是他的本家，到了这里，就像是自己的家，随便一点，需要什么，尽管吩咐，不必客气。"

阿芝见他一表人才，青春年华，出言不俗，十分高兴，便问道：

"公子要做家具，不知有什么具体要求？"

"这全凭仁兄的高手了，小弟于此道是门外汉。"蔡公子谦虚地说，"不过，舍妹识几个字，诗词也通晓一些。所以，在图案设计上，希望素雅、清淡，不喜欢花哨庸俗，就这一点要求，其他的，凭你做主了。"

他看了阿芝一眼，又说：

"听说你喜欢读书？"

阿芝笑笑，点了点头。

"不知你要看哪类书。"蔡公子说，"我们的家，书也不多，没有什么好书。搬了几次家，丢了不少。这间屋是弟弟的书房，你随便可以翻看，不必客气。"

蔡公子站了起来：

"你请休息，跑了半天的路，累了。有空，我再来看你。需要什么，告诉一下家里人就行。"

阿芝对于这次的嫁奁制造，因为主人家提出要求，所以在构图设计上，下了一番功夫。设计、对比了好几种方案，然后才动手制作。

作业进展很快，一个来月时间，雕花床铺和桌椅都完成了，主人又要请他做个香案和屏风。

蔡公子经常来现场观看阿芝操作。只见一堆堆的木头，在阿芝的手里，渐渐地变成了一件件精美的家具，真叫他赏心悦目。一天下午，他搀扶着母亲，来到现场，观看了这些家具，老人赞不绝口，说她活了七十多岁，也见过一些世面，像这样好的手艺，她还是第一次见到，主人的夸奖是对阿芝艺术造诣的肯定。他觉得这样的劳动生活，充实而有意义。

他日间劳作，夜阑人静的时候，就伏案看书。当他温习完《论语》，走到大书架前，只见一摞一摞的书，整整齐齐地摆在书架里。有《史记》《汉书》等二十四史，有唐宋各家的文集诗集，还有其他好多好多的书。有的书的书名，他连听都没听说过。如今有机会能看到这么多的书，他心里有说不出的高兴。

# 4. 芥园画谱

在蔡家的这三十多天木匠作业，阿芝每天晚饭后，什么地方也不去，一头扎在书房里，一个劲地翻阅着各种书籍。

他从这一本翻到那一本，从这一架翻到那一架，挨次翻下去。他知道自己在这里的时间不多，读不了这么多的书，于是，他把自己认为好的书，想读的书，一本本记下来，以备将来查找。

一天晚上，在翻阅第三架时，阿芝发现书架的最上面，有一包用纸包着的书，开本似乎比其他的要大一些。显然主人保护得很精细，肯定是珍本或善本。他搬来凳子，登上取了下来，拂去上面的灰尘，小心翼翼地打开来，里边是厚厚的三本书，黄色的封面上，朱红色的线框内，端端正正地书写着五个大字："芥子园画谱"。

他急忙地翻阅着，只见里面有《树谱》《山石谱》《人物屋宇谱》《兰谱》《竹谱》《梅谱》等，应有尽有。他的精神为之振奋，激动的心境简直难以形容。他做梦也没有想到，人世间居然还有这样精美的、供人学画的书。

其实，这部《画谱》的问世，距阿芝的出生也不过百年。它是以清初名士李笠翁的金陵别墅——芥子园为名的。

李笠翁女婿沈心友有一卷李长蘅画的山水画稿，凡四十三页。后来，沈心友又请山水画名家王安节，花了三年时间进行整理，增加到了一百三十三页，附了临摹古人的各式山水画四十幅。将中国山水画的传统技法一一写了下来。

康熙十八年，沈心友将这本画稿精刻成书行世，这就是现在的《芥子园画谱》第一集。

之后，沈心友约请了画家诸曦画竹兰谱，王蕴庵画梅竹及草虫花鸟谱。又经王安节、王宓草、王司直三兄弟的斟酌增删，写了学画浅说，康熙四十年刻印行世，即为《画谱》的第二、三集了。

嘉庆二十三年，书商又把民间流传的丁鹤洲编的《写真秘诀》等画谱汇集，假冒《画谱》第四集行世。

在阿芝出生后的同治年间，在当时的印刷条件下，以他这样的地位和出身的人，根本见不到这个《画谱》。不过，在中国画苑的历史上，这部画谱，从它诞生以后，不知孕育了多少丹青大师。

摆在阿芝面前的这套《画谱》，康熙年间刻印，开化纸、木刻板、五色套印，极为精美。他意想不到，竟会在这样的一个地方，发现这样难得的精品。

记得上蒙馆时，偶尔听到同班同学说过这部书，不过一般人家不轻易借人。市肆上又难以买到；即使有，价格昂贵，像他这样的家庭，也不敢问津。谁料到在这个宁静的夜晚，竟然见到这套书。他的喜悦之情，简直不亚于从周之美学艺三年的出师之日了。

画谱讲解了从作画的第一笔开始，一直到全幅画画成的全过程。用墨着色的浓淡、深浅、先后、远近、配合和渲染之法，都有十分详尽的叙述，为初学者提供了难得的入门之法。

书中所说的分宗、重品，六要六长，三病、计皴、释名、触变等，他过去听都没听过。画画，原来还有这么多学问啊！他想。

夜已经很深了，他毫无倦意。就着微弱的灯，他如饥似渴地、贪婪地看着，一页，一页，又一页。一幅幅仔细地观看、揣摩着。

他深深感到，自己过去画的东西，问题实在不少。画人物，身首缺乏一定的比例；画花卉，常常是花、叶搭配不当。

他打算像过去勾影雷神爷爷像那样，把这本《画谱》全部勾影下来，从头学起。可是，书是人家的，能借来用一用吗？

秋夜有点凉意。他不时站起来，在室里走着、思忖着，思绪万千。天际已渐渐明亮了起来。奇怪，往日报晓的雄鸡怎么没有叫？莫非自己没听到？

他吹灭了灯，和衣躺着，却难以入睡。《画谱》所唤起的激情，一直无法消失。待听到院子里有人在扫地、走动，他便一跃而起，将书按原来的样子，包好放好。他想，反正还有几天的活，还可以继续看的。

这样，每天晚上，一吃完晚饭，阿芝就回到了室内，拉上窗帘，尽情地、静心地看起了《画谱》来。一边看，一边比划着。他后悔自己没有带纸笔来。

案上虽然摆着砚台、宣纸和笔，他手痒痒的，但不敢动，因为这是主人的啊！他从不随便使用人家的东西。

第二集还没有看完，蔡家的活儿已经完工了，他就要走了。他多么希望能再有活儿让他多干几天！这样，他可以将第二集、第三集都看完。不过，这终究不是妥善的办法，匆忙看一遍，能够记住多少？要是借了去，慢慢细看，勾影了下来，边看边实践，那该多好！能否借一借？主人肯吗？是不是找找齐伯常，请他代为借一下？他思索着，矛盾着，拿不定主意，烦躁不安地在屋内来回走着。

门被轻轻推开了，蔡公子走了进来。

"怎么样，这几天累着你了，看你眼睛布满了血丝，睡得不好？"他似乎没有觉察到阿芝的情绪。

阿芝极力平静了一下自己，笑了笑：

"挺好的，没什么。这个把月，给你们添麻烦了。以后有什么活儿，尽管说好了，自家人。"

"要说麻烦，首先是麻烦了你。因为父亲不在家，先做这几件。等老人家回来后，再商量一下，如果需要，再请你。"蔡公子递过一包红纸包着的银圆，看样子分量不轻，"母亲说，你这样尽力，应该多给一些酬金，请笑纳。"

阿芝说声"谢谢"，但没有伸手接红包，似乎有话要说，却欲言又止，神色有些紧张。蔡公子有点奇怪，便问：

"你有什么事，什么困难吗？小弟当倾力相助，你不必客气。我这个人，伯常最了解。"

"有一件事相烦，不知公子意下如何？"阿芝迟疑了好大一阵，终于开了口。因为他内心一直矛盾着，不说吧，机会难得；说了吧，又怕人家作难，双方都怪难为情的。最后还是鼓起勇气，提了出来。

"有什么事，你直说吧！"

"我看了这屋里一套《芥子园画谱》，真好。我喜欢画画，你知道，这本书对我很有好处，我想借用一个时期，一定如期奉还。"他红着脸，手脚好像没有放处，腼腆地望着蔡公子。

蔡公子哈哈大笑了起来：

"我当是什么天大的事，原来是这个，好办，好办。这套画谱，是家父给弟弟买的。弟弟外出了，一时回不来，你拿去吧，没关系的。他回来，我同他说说就是。"说着，他踏上凳子，取了下来，交给了阿芝。

阿芝感激地连声道谢：

"我回去赶快临摹。先借第一集，完了，再借第二集，如何？"

蔡公子说：

"不必了，你又不是外人，全部拿去吧，免得来往奔跑。"

阿芝回到了家，已近掌灯时分。这二十多里的路程，他觉得比平时近多了。

放下工具箱，他顾不得洗脸，兴冲冲地把妈妈请到屋里，将一包沉甸甸的红包交给了她。

妈妈很高兴。这些年阿芝能挣钱了，给这个苦难的家庭减轻了很多的负担。每次回来，他都一个铜板不剩地全数送到妈妈手里。

阿芝看了一下妈妈的脸色，知道她心情很好，试探着问：

"妈妈，我在蔡家，看到一本书，真好。"说着，取出《芥子园画谱》。给齐周氏翻动着、解释着，"这本书，湘潭也买不到。听说长沙才有，贵得很，我是从主人家那里借来的。"

齐周氏从来没有见过这么精美的画，那纸上的人儿、花卉、山石，实在太像、太美了。她叫来了春君，三人在小油灯下，头对着头，一页页地翻着。

"这书真好，他以后雕花能派上用场。"春君偷看了阿芝一眼，不好意思地笑了笑。

"是呀！不过是人家的，还不还？"齐周氏问。

"哪能不还？我想把它勾影下来。"阿芝说，"妈妈，可不可以从工钱里匀些出来，买些纸、笔和颜料？"

"这还用问？"妈妈一听，从手中取出几十个铜板，交给阿芝，"够不够？你明天去买就是了。"

第二天，阿芝跑到镇上，买来了纸张和颜料。从这天晚上开始，阿芝把裁得整整齐齐的纸，铺在画册上，从第一页开始，精心地勾影起来。他先勾树，从"二株分形""二株交形""大小二株法"，一直勾到"树中衬贴疏枝法"，整整勾了十一幅。一直勾到妈妈敲门，让他早点睡，以免弄坏了身子时为止。

阿芝的操作十分认真、十分精细，勾勒出来的作品，也就十分逼真。第一步是成功了，接着进行第二步：设色。他依着原样，找相应的颜色往上填。但是，谈何容易？他读了书上关于设色的论述。不过，书中说的"天有云霞，烂然成锦，此天之设云也"。"人有眉目唇齿，明皓红黑，错属于面，此人之设色也"……这说的固然好，但自己还未经验过。就拿人的眉目唇齿，哪里明皓，哪里敷红，哪里着黑却是完全靠自己掌握了。

阿芝看完了这些论述，潜心地揣摩了好久，调好颜色，然后，对照着原图，一笔笔地填了起来。一直进行到子夜，总算完成了昨天勾勒的那几幅的设色工作。

勾勒、设色，花去了他半年多的业余时间。他把这些画按照原来的样子，装成十六本；自己还精心地设计了一个封面。

这是当代艺术大师齐白石，在他青年时代进行的一次最大规模的绘画实践。虽然在当时还很难看出它对这位大师一生事业的深远影响，但是，有了这套书，使他雕花的技巧，跃进到一个新的阶段，画谱为他开拓了一个完全崭新的境地。

有了这个画谱，他如鱼得水。在承接雕花木活时，更是得心应手，他变化无穷地进行设计，创造出了许许多多使百里之内的乡亲们叹为观止的佳作。

雕花推动着他的绘画学习，绘画成果又深化、丰富了他雕花的表现手法。"艺术匠"的声誉已经远远超越周之美了。而周之美，这位在阿芝人生道路上起过重大作用、淳朴、正直的民间艺人，对于门生的每一进步，都感到由衷的高兴。

"我知道这孩子不一般，有出息。"周之美曾深有感慨地对别人说过，"人穷不怕，就怕志短。这孩子从小有志气，干什么，学什么，认真得很。"

《芥子园画谱》把阿芝的全部爱好、兴趣、精力，统统吸引了过去。他在这个精心装订的十六本小册子里，倾注了全部的情感。

他，二十六岁了。离第一次勾影这个《画谱》，已经过去六个年头了。这六年间，他不知按照这《画谱》临了多少遍，积累了上千张的手稿。他的第一个女儿，已经能天真地学着父亲在纸上画画了。

在祖国深厚的艺术土壤之中，他逐渐走向了成熟。从枫林亭蒙馆画雷公神像到如今临摹几千张画，二十多个年头，饱含着他的血与泪，他执着的追求与热切的期待，以及那说不清道不尽的欢愉与惆怅，他走过了一条艰辛而光辉的艺术之路！

他的画，渐渐地在白石铺方圆数百里的农村流传开来，享有了声名。

"阿芝，还记得我吗？"一个瘦长个子，方脸，穿着一身紫蓝色长衫的年轻人，走进门来。

阿芝抬头一看，挺面熟的，可是记不起来了。他放下笔，站起来，亲切地招呼客人坐下：

"你是？"

"我小名叫阿灵，瘦灵子啊！"那人自我介绍说，"王爷庙上蒙馆，我坐在你左边前面的第三个位上，忘啦？"

"噢！"阿芝叫了一声，突然间儿时那渐渐淡漠了的往事，又在他心灵的底层显现出来，"一晃十多年了，你都好啊！"

"马马虎虎地过吧！"阿灵凄然一笑，"听说你不错，出师了，有一手好手艺，画也有了很大的长进。"

"随便画画，还是老样子。"阿芝为他斟茶，"这么老远跑来，你一定有什么事？做家具？"

"一桩小事。"他忽闪着那双依然有神的眼珠子，"家父对你的画很欣赏，知道你是我的同窗好友，叫我找找你，看看给画个画。"

"画画？"阿芝看了他一眼，反问一句。

"是的。小时你还欠我一张呢！"阿灵顽皮地看着阿芝，哈哈大笑，"忘啦！为你的画，我流了不少鼻血呢！"

阿芝也笑了：

"你还记得那些事啊！"他不好意思地将脸别了过去。

"记得，记得。什么事都忘了，就这一件记得。"阿灵兴奋地沉浸在回忆之中，"那天在柏树林子，胖子抢了我手里你送给我的画，我怎么也不干，就去追，不小心，石头一绊，跌得人仰马翻，碰破了鼻子。周先生告到家父那儿，回家罚我站了半天呢！"

他边说，边伸出右手，在空中有力地比划着，把阿芝的思绪带进了那甜蜜的回忆之中。

"你这一说，我也想起来了。"阿芝高兴地说，"你父亲要画什么？"

"春天，我们家新翻盖了房子，已经搬进去住了。母亲看看原来那个观音菩萨像旧了，就让父亲找人再画一张。前些日子，我姨父来家，说你在他家做家具，不但手艺好，还画得好，临走前还给他画了一张佛像，对吗？他赞不绝口。"阿灵呷了一口茶，"母亲一听，让父亲找你。父亲一打听，知道我与你同窗读过书，就叫我来了，我今天还怕碰不上你呢。"

"画得不太好。"阿芝沉吟了一下，"既然你亲自跑了这么远，我试试看。"

他利用晚上的时间，展开素纸，一笔一画，精心地画了起来。如今好办了，有了画谱，加之他这么多年的临摹，功力不浅了，所以也不觉得费劲。三天后，他就托人将观音像给阿灵捎去。

不知从何年何月开始，他渐渐地日间做雕花木活，夜间潜心画起神像来。他绘制了许许多多他从来没有见过的天国里神仙们的形象。以前，只是勾勒，临摹，如今，是正式开始独立的艺术创作了。

在这四五年间，他的画同他的雕花手艺一样，一传十，十传百，在湘潭的农舍，在有钱人家的深宅大院，在闺阁绣房，谈论着、流传着、观赏着。

他的绘画生涯，就这样作为雕花木匠的一个副业，正式开始了。

他师承《芥子园画谱》中文人画的技艺与手法，但是，他的热烈的追随者、崇拜者，开始时不都是文人学士，更多的是那些淳朴的农民——寄希望于彼岸天国的虔诚的佛教信徒。

如果说，一切美的艺术，起源于人类童年时代巫师的祝祈盛典，那么，中国绵延几千年的画苑艺术，同样可以找出它根植于华夏漫长的宗教活动的依据。这种艺术的渊源，可以追溯到公元前几世纪商周时代的青铜器，公元四世纪到十四世纪的敦煌壁画、云冈石窟。汉以后，从吴道子到石涛这千年中的无数画师之中，他们的探索道路不都是或多或少与宗教画有着一定的联系吗！

齐白石从最初的画雷公爷到二十六岁时为乡亲们大批的画神像，正是他在绚丽多姿的绘画生涯中迈出的重要一步。

找他画画的人，越来越多。有的自己拿纸来，有的给酬金。

请雕花的，请绘画的，人来人往，络绎不绝，给这个破旧的、宁静的农家小屋，平添了热闹欢乐的气氛。

婆婆年逾七十。她经历过种种的生活煎熬。如今，她看到来找阿芝的人一天天的多，心里有说不出的高兴。她从来者殷殷的语调里，从那友善而带着钦佩的脸容上，切切实实地感觉到阿芝在走向成熟。

# 5. 门墙问师

昨夜为了赶画一幅佛像，阿芝睡得很迟。一觉醒来，已是红日中天，灿烂的阳光透过婆娑的树叶，斑斓地照射在窗前桌面上的画稿上，把那佛像照得五彩缤纷。

他赶紧跳下床。连续不断的日间细木雕花，夜间画佛像，使他感到疲倦。眼球上还充满血丝，脸庞也有些浮肿。不过，他自我感觉比前几天好多了。

找他画画的人，越来越多，似乎有取代找他雕花的趋势。

今天这幅画，是公甫托三弟齐纯藻带口信来要求画的。

公甫的叔叔齐铁珊约了十几个朋友在寺观里读书。纯藻为这些读书的公子们做饭，干些零活。

阿芝洗过脸，把佛像挂了起来，细细地端详着。

这是一幅阿弥陀佛像。高高的螺髻，两眉之间的白亮相，虽然有夸张、神秘之处，但却有鲜明的世俗化风格，脱去了古代神像神秘的色彩。

在他的眼里，神不过是披上了袈裟的人。因此他画佛像时，总是借着佛的形象，表现出世间人的神态。

他最初的美学追求，是对于尘世蓬勃生命力的讴歌与向往，这往往能在他绘出的神像中，找到丝丝的痕迹。对于这一点，他心里是清楚的，他不相信有佛陀的彼岸，但他没有点破。因为对于乡亲们愁苦的面容，寄托来生的善良愿望，他是同情的，何必去点破呢？他想，梦应该是圆的，甜美的。苦难与欢乐，今生与来世，此岸与彼岸，佛是那时穷苦的人们沟通两者之间的桥梁，不然，何以解释有这么多人找他画神像呢？

他亲眼看见，许多乡亲穷困潦倒，揭不开锅，依然从牙缝里挤出几个钱，找他画神像，用来顶礼膜拜。他一见那虔诚、木讷的面容，心就颤动。他满足他们的要求，从不收取报酬。他不敢收，那是淌着汗和血的钱。只有像他这样从小历经磨难的人，才能体验得到。

他不好去点破，因为欢乐的天国，是穷苦人家希望的唯一烛光。这烛火虽然微弱、虚幻，不过毕竟是他们的精神支柱。

这里去寺观，有七八里路。他走着，想着，赶到观里，已经将近中午了。纯藻老远老远看见哥哥来了，跨出门，飞也似的跑下山来。

他接过哥哥手中的画，边问边打开：

"画好了？"

"画好了。到观里再看，免得弄坏。"他笑了笑，"习惯吗？他们待你怎么样？"

"挺好的。他们看我年小，把我当小弟弟。他们知道我哥哥是芝木匠，会画画。"

阿芝很高兴，不等纯藻说完，插话问：

"铁珊叔呢？"

"他在观里，天天和朋友们谈论你，说你聪明，画得好，就是家里穷，念不起书，不然，念了书，去应考，一定能得到功名，为齐家光宗耀祖。"

说着，他们进了观。到东厢临近厨房的纯藻屋里，刚落座，铁珊、公甫带着一群朋友来了。

"我猜你今天一定来。"铁珊拉着他的手，坐在自己身边，高兴得像见了久别重逢的朋友，"我一直等着你。"

"你等他，不就是为了那张画。"公甫顽皮地奚落他。

阿芝连忙把手里的画递给了铁珊：

"画带来了，你看看。不行，再画。你替谁要的？"

"替谁？"公甫神秘地看了铁珊一下，"给我未来的姆母呗！"

铁珊涨红了脸，不好意思地瞪了公甫一眼。见铁珊被窘得这个样子，大家哈哈大笑。

"就算是吧！"铁珊见大家笑了，自己也笑了。为了给自己打圆场，又一本正经地问阿芝："近来忙吧？"

"反正没闲着。求画的人太多，忙不过来。主要是画神像，有时也画画草虫、山水。"

"那现在给我们画一幅看看，如何？"他们中间一个穿洁白衫子的小圆脸提议，大家立即爆发出一阵叫好声、赞同声。

阿芝被大家友好、热烈的情谊所感动，爽快地答应了：

"好！好！画什么呢？"

他话音未落，大家七嘴八舌地议论开了。有的说画山水好，有的说画人物，有的则希望画鱼、虾……

"我看画幅长卷的兰竹图吧！"一直沉默着的铁珊说了句。

"不好，不好，"一个高声反对说，"不如画个仕女呢！我们这个道观里，尽是和尚，也够寂寞的。画个女的，热闹热闹，怎么样？"

大家轰的一笑，又七嘴八舌地争论开了。

"这样吧，众口难调，画什么都不行，阿芝不可能什么都画。"铁珊以权威的口吻说，"我们抓阄儿，谁抓上了，就听谁的。"

说着，他取过一张纸，裁成了一张张小片，然后在其中一片上写了个"花"字，举了起来：

"谁抓到这一张，就按谁的主意办。"说完，他迅速地把小纸片卷成一个小团团。

大家争先恐后地抓，紧张地打开看着，都希望能抓到那个"花"字。

"我抓到了，你们看！"公甫得意地叫着，高兴地举了起来。

"那你说吧！"铁珊看了公甫一眼。

公甫这回要讨好铁珊了。他理解铁珊的用意。因为他常常听铁珊说阿芝的工笔人物画，已经达到了一定的水平，有"芝美人"之称。今天一定想看看阿芝的花卉草虫如何了，他便连忙抢着说：

"画兰竹，如何？阿芝！"

铁珊泛起了得意的微笑，点了点头。大家也一齐表示赞同。

"遵命！"阿芝谦恭地说，"诸位这样抬举我，我一定效劳，一定效劳。"

大家一齐动手，将屋面的两张长条桌合拢到一起。铺宣纸的、备笔、磨墨的，忙个不停。一切准备停当，阿芝走到案前，挽起袖子，胸有成竹地调墨、起笔、落画。只见他在纸的左下方，向左上方、右上方运腕撇叶，挥洒自如，几下几上，一丛春兰跃然纸上，那片片兰叶，偃仰自如，纵横交错，折垂取势，像临风笑迎，显出一派春意。

围观的学生发出一片啧啧的赞美声；铁珊、公甫更是惊讶，想不到芝木匠还有这一招，他的功力竟然达到了如此地步。

阿芝画好了兰叶，放下笔，看了一眼大家。又提笔在右边的空白处，画了一个飘然欲飞的仕女，脚下踩着几个嶙峋怪石，像是阳春三月，在郊野踏青。整个画面结构严谨、洗练，情趣无穷。

他勾勒了最后一块石头，把笔一放，笑着向大家深深一躬：

"请诸位兄长海涵了。"

大家热烈地鼓起掌来，称赞阿芝的神笔。

可能是由于运神走笔和内心的兴奋，他脸上泛起了红晕，显得更加英气勃勃，容光焕发。

铁珊为朋友的进步而喜悦。在这欢乐的、热闹的气氛中，为阿芝，也为朋友们这难得的相聚，他高声地提议：

"人生飘忽，盛景难永。我今天请客了，大家同阿芝畅饮一杯，感谢他为我们作画。何如？"

"好！"大家叫了起来。

几个朋友去帮纯藻做菜烧饭。公甫、铁珊拉着阿芝到他们的房间里。

过了一阵子，酒、菜陆续地端了上来。虽然没有山珍海味，却也十分丰盛。花生米、炒鸡蛋、腊肉、腊鱼，都不是轻易能弄到的，是大家分别从自己的小库存里拿出来的。

十多个人，围成了一桌。正面的墙上，挂着阿芝那张《兰花仕女图》。大家举起酒杯，互相祝愿，干杯，屋里充满了欢快的气氛。

铁珊把杯子举到阿芝面前，敬了一杯，然后说：

"肖芗陔快要到我哥哥伯常家里来画像了，我建议你向他拜师。画人像，比画神像好。"

这位肖芗陔，名传鑫，另一拙子，住在离白石铺一百多里的朱亭花钿。阿芝早就听说过他，但是一直没见过面。

"他是湘潭画像的第一名手，对于人物肖像画，功力很深，他画的人物逼肖逼真，栩栩如生。"齐铁珊说。"不但有钱人家常常请他画像，就是一般人家，积蓄了些钱，也请他到家里来，为老人画个像，留作纪念。"

公甫未等他叔叔介绍完，抢着说：

"他原是纸扎匠出身，家里十分清苦，上不起学，就自己发奋用功，把四书五经读个烂熟；唐诗、宋词、元曲、小令，不但能朗朗上口，而且自己也会写，会填。有不少写得还很不错。至于画嘛，那是我们这一带的名手。人物当然是他的拿手好戏，还会山水、花卉，是个多才多艺的人。"

阿芝静静地听着他们叔侄的介绍，对肖芗陔有了更多的了解。对他能在贫寒凄苦之中搏击不息，终于成为绘画高手这一点，十分钦佩，很想能见到他。

"公甫能引见一面，当然是一件大好事。"阿芝说，"不知他什么时候到？"

"快了，快了。"公甫说："清明前，他画好我祖父的像，因为家里有事，赶回去了。原来说住几天就来，谁知又被道台老爷接走了，一住好几个月，教他们的小孩学画画。最近他来信说，过几天就来，要接着给我祖母画像。这样吧，他一来，我就通知你。"

这次聚会后的第四天傍晚，纯藻带着公甫，急急忙忙赶到家里来。公甫满身大汗，一进门，就急切地问：

"阿芝呢？阿芝在哪里？"

春君见是公甫，急忙放下手里的衣服，招呼他坐下，转身进了后屋。不一会儿，阿芝随着春君来了。公甫一见阿芝，高兴地叫了起来：

"来了，来了，你快去会会。"

阿芝知道他说的是肖芗陔来了，喜出望外，高兴地问：

"他准备住多少日子？".

"半个月，十来天。我同他谈了，他也很想见到你，当时提你的名字，他说不知道；后来我说就是芝木匠，他笑了起来，说：'听说过，听说过，他的雕花手艺比周之美还高。'"

"好吧，过几天，我就去，你不必来了。"

"一言为定，千万不要错过机会。"公甫站起来。"那我走了，完成任务了。"

阿芝吃完晚饭，就动手作画，他想带些作品去见肖芗陔。观音大士、释迦牟尼，他画熟了，觉得没有多少新意，他想画一幅李铁拐。"八仙过海"的故事，李铁拐的传说，他早就听说过。他记得大约是十六岁的时候，乡里来了一个戏班，演过《八仙过海》。张果老、吕洞宾、何仙姑、曹国舅等他都从戏里见到了，他独独喜爱李铁拐。

第一次的印象是难以磨灭的。虽然后来他看过很多民间流传的李铁拐的画像，总感到不像；他总拿这些画同那次舞台上的形象相比，总觉得不如舞台上那个李铁拐生动、幽默、可爱。今天他决心把李铁拐画出来。

铁珊和公甫前天晚上就从寺观回到了家，等候阿芝来拜见肖芗陔。

早饭过后不久，铁珊、公甫领着阿芝来到肖芗陔的画室。阿芝一见肖芗陔，上前一步，深深一鞠躬：

"晚生齐纯芝拜见先生！"

肖芗陔赶紧还礼，喜笑颜开地说：

"久闻大名，今日得见，三生有幸。"

公甫招呼大家坐下，肖芗陔面朝南，与阿芝相向而坐。铁珊、公甫在右边陪坐。

"今年多大岁数了？"肖芗陔慈祥地问。

"二十七岁了。"阿芝回答说。

"学了几年画了。"

公甫笑着赶忙插嘴说：

"他啊，早在枫林亭蒙馆时，就画上了，那时几岁？"他问阿芝。

阿芝不好意思地答道：

"七岁。"

"他画的第一张画是雷公爷爷。"公甫说。

"那算不上画，只是喜欢。"阿芝辩解说。"从小就喜欢，后来就一发不可收拾了，一直画到现在，画得很不好。"

肖芗陔仔细地听着，不时点点头：

"兴趣是第一要紧的，我也从小时就喜欢画画。"

阿芝的话，唤起了他对童年的回忆，不由有些激动。公甫看出他是用自己比阿芝，说明自己的成就，最早也源于兴趣。这是对阿芝的鼓励，他用眼色示意阿芝把带来的画拿出来。

阿芝马上把画双手送到肖芗陔的手里：

"这是我听说先生来了，特意赶画的，送请先生指教。"

"不敢，不敢。"肖芗陔接过画，走到画案前，把画平展在案面上。公甫、铁珊、阿芝也跟着过来。

肖芗陔的双眼，发出炯炯光芒，在画的上下左右不住地扫描，一言不发。

阿芝静静地等待着，铁珊和公甫，相互交换着眼色，偷偷地一次又一次地察看肖芗陔的表情，迫不及待地企图从他的表情中，捕捉他的内心，获悉他对阿芝的印象。

片刻后，只见肖芗陔神采飞扬，先是颔首微笑，继而乐哈哈地用右手抚摸着胸前的花白长须。这是他高兴时的习惯动作，每当他有了得意之作，他就以这种特有的表达情感的方式，显示自己的喜悦与欢快。

"画得不错，有功力。"他终于开口了，"尤其是这平阶梯形的云皱，从上到下，这地方飘动挺拔，到这里又粗犷豪放，信手挥洒、一气呵成。起笔、运笔、拔笔都见功力。"他比划着，叙说自己的看法。

"不过嘛……"他把"嘛"字拉得很长，好像是在选择词汇来贴切地表达自己的意思，"这脸部肖像有点一反传统的画法。你是怎样画的？"他侧身望着阿芝。

"我是根据自己的想象画的。小时候我看过八仙过海的戏，留下了很深的印象，这画就是根据那时的印象画的。"阿芝回答说。

"你见过《八仙图》？"肖芗陔问了一句，又解释说，"那是唐人的画。唐代结束了佛教几乎压倒一切的局面，出现了儒、佛、道三教合一的情形，所以'变经画'很盛行，把经文上的传说，画成壁画，阎立本、吴道子都画过。不过，《八仙图》是不是他们画的，就不清楚了。我见过那图，可是，我怀疑是后代的临摹，不知出自谁的手笔。不管怎样，他们所表现的，不同于你这一幅。"

他们静静地听着，感到先生讲得很新奇，阿芝没有说话，他似乎在思索着什么。

# 6. 人生起点

"先生，是不是李铁拐只能画成那样？可是，谁也没见过他啊？"阿芝思索了一下，问。

"说得好！神仙，谁见过？不过是人想象出来的。"肖芗陔对这个年轻人的大胆提问很感兴趣。因为他的画与话，对于传统，隐隐地提出了一些挑战，这使他很高兴。元人认为："长于形似，短于命意"的绘画，谈不上有高超的艺术修养。面前的年轻人，似有冲破窠臼的趋向。

铁珊、公甫也觉察出肖芗陔的喜悦之情。

"先生，你能否收纯芝做你的门人？"公甫顺水推舟，看着肖芗陔。

阿芝一听，赶忙站了起来，恭谨谦顺地接着公甫的话说：

"但愿先生不弃，学生仰慕已久了。"

肖芗陔笑哈哈地说：

"过奖，过奖。天下名师林立，我一介布衣，哪能收你这样的高足为门生？如不嫌弃，算是我三生有幸了。"

铁珊、公甫高兴地跳了起来：

"那就举行拜师礼吧！"说着，他指指肖芗陔背后的孔圣人牌位说："就在孔夫子面前拜师吧！"

"不慌，不慌！"肖芗陔直摇手，"读书人的先圣孔丘，木匠的祖师鲁班，而画苑的鼻祖却是吴道子。"他挽起了袖子，走到画案前说，"待老朽画幅吴道子，挂起来，再行拜师仪式，如何？"

阿芝兴奋地说："先生如此厚意，弟子将来定当重报。"

"报不报，无所谓。只要能为中国画苑增添新的光彩，就是最好的报答。"肖芗陔说着，展纸、提笔。只见他看了一下纸，便胸有成竹地在纸上运笔，简洁的几个曲线勾勒，纸上出现了一个栩栩如生的头部。接着，几笔飘动的线条挥洒，人物的身体、衣服出来了。他放下笔，左右看了一下，又提笔在头发上加了几点，然后嘱咐公甫将画挂在北面的墙上。

这就是吴道子，肖芗陔心中的画圣，拜师仪式就这样开始了。

齐伯常知道肖芗陔收了阿芝为门生，认为是齐家的大喜事，特在前厅排下宴席，款待他们。

伯常异常高兴，开怀痛饮，话也多了起来。他侧过身子，神秘地附着肖芗陔的耳朵说：

"你收徒弟，不怕将来人家夺了你的饭碗？"说毕，笑得前俯后仰。

肖芗陔一听，也哈哈大笑：

"青出于蓝而胜于蓝，自古而然。哪有怕丢饭碗之理？丢了，就找你要饭吃。"大家发出一阵欢笑。公甫激动得几乎流出了眼泪。

"不过，话又说回来。绘画就怕泥古，守着老祖宗的衣钵，没有创新，那就灭绝了生气。"他看了阿芝一眼，"八大山人的山水蜕变于董其昌，髡残是元代吴元望、王蒙风格的演化。通济虽然没有脱离元人的笔墨境界，但有自己的个性。"

"那是，那是。"齐伯常赞许地点点头，深有感触地对阿芝说："先生这些至理名言，你要好好记住才好。"

饭后，阿芝到了肖芗陔住室，肖芗陔从行箧里取出一卷画稿说：

"这是我平时临元人、宋人、明人的墨迹，你拿去看看。我一直珍藏，从不示人，你是例外了。"他沉吟了一下，又问："你见过文少可吗？"

"没有，不过早就听说过他的大名。"

"那好，他是我的莫逆之交。画像的功力不在我之下。什么时候，我约个日子，到他家去会会。"

半年以来，肖、文两人对阿芝十分器重，把自己历年珍藏的许多名家如马远、吴镇、方方壶、徐青藤、石涛等人的摹写本都给阿芝学习。阿芝第一次见到这许许多多绚丽多姿的画本。他白天做木工，晚上就躲到室内，潜心临摹。

肖芗陔知道阿芝学画的时间不短，但是未得到行家的指点，对于绘画的基础知识，知道得很少。就从画笔的选择与使用、墨与颜料的调制和性能的掌握等讲起。肖芗陔讲得最多的是人物画要传神的问题，他对于东晋著名画家顾恺之提出的"以形写神"的看法，崇拜得五体投地。

一天，看过顾恺之《洛神赋图卷》之后，时间还早，肖芗陔兴趣正浓。他拉着阿芝坐下后，问：

"你看过郭若虚的《图书见闻志》吗？"

阿芝摇摇头。

肖芗陔说："这本书里讲了这样一个有趣的故事。唐朝郭子仪的女婿赵纵，分别请当时著名的画家韩干，知道韩干吗？"

阿芝点点头："他画马画得最好，是吗？"

"对！"肖芗陔接着说："还有周昉，也是一个有名的画家，他们两人给赵纵画像。后来，郭子仪的女儿回来了，郭就把两幅画像拿出来问女儿，这是谁？女儿说：'赵郎也。'又问她哪一幅最像？她说：'两画皆似，后画尤佳。前画（就是韩干画的）空得赵郎状貌；后画（就是周昉画的），兼移其神气，得赵郎性情笑言之姿。'这就是以形写神的问题。可见一个好画家，不仅要求形貌逼真，主要的要达到内在精神的酷似。"

"那怎样才能做到内在精神的酷似？"阿芝问。

肖芗陔说：

"这个问题很复杂，除了技法功力，也就是艺术的表现手段外，细微地观察对象，善于捕捉事物的主要特征，是十分重要的。"

阿芝不住地点着头，一一默记在心。自从拜肖先生为师之后，他才深深地感到，自己过去十多年，只是学了些皮毛，中国绘画的深厚艺术传统，今天才算多少接触到了一些。夜阑人静，临摹几卷之后，他常常默默地坐着，思索着肖芗陔的话语，回顾自己走过的道路，他感到现在心里明亮多了，开阔多了。

清明过后，他挑着工具箱到赖家垅，继续去年年底尚未完成的木工活。白天干活，晚上回不了家，就住在赖家为他准备的东厢一间屋里。这里有宽大的桌子，有灯。所以，晚饭后，他就取出纸、笔、墨、砚，按照肖芗陔的指教，伏案作画，直至深夜。天长日久，主人家见他屋里常常半夜明灯不息，不知他在干什么，有些纳闷。

一天深夜，女主人悄悄移步到窗前，透过小孔，只见他原来在潜心作画，很是惊讶。她想不到这个小小年纪的木匠，竟会画画，而且画得这么专心。
第二天，等阿芝干活去了，她拉着丈夫，来到阿芝房间里，左瞧瞧，右看看，在枕头边发现了阿芝画的画稿。有人物，有山水，工整细致，十分精美。赖家主人赞叹地说：

"想不到他还有这么一手。过去听说他多少会画，不过画得这么好，没想到。"

"那你就请他画一两幅吧！"女主人恳求地看着丈夫，"反正给些钱。"

"试试看，同他谈谈。"

没过几天，芝木匠花雕得好，画更画得好的消息首先在全村的妇女中间传开了。于是来赖家求画的客人，络绎不绝。

一天，女主人对丈夫说：

"请寿三爷画个帐檐，要等上一年半载，还不知什么时候画成，我们把竹布取回来，请芝师傅给画算了。"

阿芝一旁听着，觉得这"寿三爷"的名字很熟，好像是杏子坞马迪轩的连襟，姓胡，但没有会过。

早饭后，阿芝正在后院干活儿，赖家主人急急忙忙跑来找他：

"寿三爷来了，他很想见见你，你快去吧！"

阿芝放下活儿，回到屋里换了件衣服，跟着主人，来到客厅。只见正面的一张八仙桌左边，端坐着一位约五十多岁，穿长衫戴礼帽的人。他知道这一定是寿三爷，没等主人介绍，他一步上前，行了个礼，喊了一声：

"三相公，请受礼。"

寿三爷赶忙站起来还礼，谦恭地说：

"不必客气。你的邻居马家是我的亲戚，都不是外人。我常到杏子坞去，村里的人都称赞你，只是你经常在外干活儿，没有会过，今天在这里见了，算是我们有缘分。"

阿芝站在那里，静静地听着。寿三爷拉着他在自己身边坐下，接着说：

"你的画，我也看过了，大有造就。"又问，"家里有什么人？"

阿芝一一做了回答。

"读过书吗？"

"跟外公只读了半年,家贫,上不起,不读了。"

"你外公是谁?周雨若?"

"是的,"阿芝说,"后来就自己学,一直没停过。"

"现在还愿意不愿意读读书、学学画?"寿三爷探问。

"愿意倒是愿意,就是家里穷,没有办法。"说着,阿芝的脸上蒙上了一层薄薄的愁云。

"那怕什么?只要有志气,一面读书学画,一面卖画养家,也能对付得过去。"寿三爷宽慰着阿芝,"这样吧,你假如愿意的话,等这里活儿完了,就到我家里来谈谈。"

阿芝异常的兴奋。"一面读书学画,一面卖画养家",这是多好的一条道路。他怀着十分感激的心情,向寿三爷深深一躬,真有点"相见恨晚"的感觉。

这次意外的会见,给了阿芝一个新的转机。他当时做梦也没有想到,这对于他以后的人生道路、艺术生涯,会具有这么大的决定意义,会有如此深远的影响。

他跑回家,兴奋地把这一切,原原本本地告诉了家里。父亲、母亲知道他对于绘画艺术的追求已经到了如痴如狂的地步,似乎成了他的全部生活内容,成了他生命的一部分。寿三爷这样的器重他,说明他的技艺已经达到了一定的水平。如是,他们都同意、都支持。

小住了三天,春君为他准备了几件换洗的衣服,他自己精心挑选了几张画,背着文房四宝,踏上了去竹冲韶塘寿三爷家的路。

寿三爷,本名胡自倬,号沁园,又号汉槎。出生在一个书香世家。少年时代,他受过严格的、系统的中国传统文化的教育,书、诗、琴、画,都打下了深厚的基础。

他先祖原想他长大后,能登科及第,为国效命。谁知道,他长大后,清王朝国势江河日下,腐败不堪。他痛心疾首,绝了科第的念头,过起了以诗画排遣消闲的隐居生活,集中全力于绘画艺术。

竹冲韶塘这地方幽静、雅致。沁园把这里的一间书房起名为"藕花吟馆",时常邀请朋友,在这里

胡沁园

聚会，吟诗论画。

他生性任侠、豪爽，很有风雅，素喜交友，所以这里常常高朋满座。家势到他这时虽不十分殷富，但他依然不惜重金，搜索名家字画。

他工汉隶，工笔的花鸟草虫，也很拿手，诗也写得很是清丽别致。

阿芝的画，他早就看到过。一个木匠能画出这样的画，也难能可贵。几次去杏子坞，想会会阿芝，可惜阿芝不是刚走，就是未回，一直未能谋面。谁知这一次在赖家意外地会见了，他十分高兴。

今天是他们定期的诗友会，也是阿芝要来拜访他的日子。他之所以约定阿芝今天来，就是想让他会会自己的诗友。

这天一早，诗友们陆续地来了。相别多日，大家一见面，就互相问候着，谈笑着，欢声满堂。沁园没料到今天会来这么多人，眼看屋里坐不下了，便嘱咐家人，搬到后花园去，多设椅凳。然后带着诗友，徐徐向花园走去。他知道阿芝还没有到，便悄声告诉门人：

"有一个芝木匠齐纯芝来了，你马上通报一下，不得怠慢。"

阿芝因为打听胡沁园的家，走了不少弯路，后来是一个小孩把他带到了这里。

"纯芝来了啊，欢迎，欢迎。"胡沁园说着，站到了阿芝的面前。

阿芝深深一躬，内疚地说：

"学生来迟了，走错了路。"

"一回生，二回熟，没关系。大家都在后花园等你呢，走！"他拉着阿芝的手，朝后花园走去。

花园虽然不大，却也精巧雅致。一处假山，天然成趣，坐落在宽大的池中。池里的荷花盛开着，发出阵阵幽香。四周植着许多斑竹，这就是有名的湘妃竹。

园中央摆了三张圆桌，成三角对峙之势，坐满了人。大家品着茶，吃着糕点，交头接耳，谈论不绝。

沁园拉着阿芝，站在自己的座位旁，扫了全场一眼，介绍说：

"诸位，我给大家介绍一下，这位就是白石铺百里闻名的芝木匠、齐纯芝师傅。他不但会雕花，手艺高超，还是一位不为世人知晓的绘画能手，今天参加这个盛会，我们又多了一位朋友。"

他说得神采飞扬，十分得意，说完朝阿芝微微一笑。

阿芝向大家深深一躬，英俊、白净的脸上泛起了红晕，大家热烈地鼓起掌来。

胡沁园让阿芝坐在自己的身边。阿芝第一次见到这么多文人学士聚集在一起，第一次见到这么大的场面，不免有点拘束；但沁园的奖赏，这么多素不相识的诗友们的亲切目光，又给了他很大的鼓舞与力量。

对诗开始了，大家念着自己的得意之作，五言七言，绝句律诗，各种诗体都有，勾起了阿芝对枫林亭蒙馆那段短暂的、美好的生活的回忆。园中欢乐的声音，又把他从往昔的回忆之中，召唤了回来。

沁园余兴未尽，回到了自己的座位上，俯下身子，悄声地问：

"盛况难再，你能否画幅画，助助兴？"

阿芝吃了一惊，愕然地望着沁园：

"这高士林立，我哪敢班门弄斧？"

沁园笑着，亲切地鼓励他：

"不要紧，都是自己人。学习上要互相切磋，本也没什么。你不妨试试，刚才好多人都提这个建议。胆大些，动手！一切画具都准备好了。"他期待的目光始终没离开阿芝的脸部。

阿芝沉思了一下，说：

"那就试试吧，借此求教于老师们了。"

阿芝站了起来，向沁园行了礼："学生遵命了。"说完，走到画案前，提起笔，上下左右看了一下宣纸，便在纸的左下边，很快勾勒了一枝枝干，苍老、峥嵘，他换了一支笔，蘸着饱满的朱红，轻重不一地在枝枝干干上点画了起来。几分钟后，一枝傲霜斗雪的腊梅，卓然出现在宣纸上。

这时的阿芝，只顾疑神走笔，忘记了周围的一切。接着又在画面的中幅，用淡淡的墨水，勾勒出一带寒江，江畔仅有孤舟，岸上无一行人。

沁园仔细地看着，暗暗地思忖，这位青年人，意境如此开阔，若有名师指点，一定会如破土的春笋。他这傲霜斗雪的腊梅，不正是表达了他的理想与追求，既是向人间报春，又是呼唤着他自己的艺术春天到来吗？

沁园后悔自己结识纯芝太晚了；但又庆幸自己终于结识了他；而且有这

个难得的机会，看看他的创作。

阿芝放下了笔，涨红了脸，向沁园和大家又鞠了一躬，退到后面去了。

沁园把画高高地举起，人群中又响起了一阵热烈的掌声。

"画得不错。"沁园高兴地点点头。"意境高，有韵致。"

"沁园兄，你何不题上一款，以作纪念？"有人提议说。

"说得有理。"胡沁园将画放在案上，笑吟吟地提起了笔，沉思了一下，便在左上面写了起来：

> 藕池相聚难逢时，
>
> 丹青挥洒抒胸臆。
>
> 寄意腊梅传春汛，
>
> 定叫画苑古今奇。
>
> 齐纯芝作画，胡沁园题。

写毕，他把笔一扔，问："如何？"

大家又报以一阵热烈的掌声。

# 第三章　白石山人

近现代史上蜚声中外画苑的一代宗师的姓名——齐白石，就是这样诞生的。这名字伴随着他一生辉煌的绘画生涯，越过国界，传遍五洲四海。

# 1. 雅致名号

午饭后，胡沁园给阿芝介绍了他家里延聘的老夫子陈少蕃，他是上田冲人，湘潭名士。沁园指着少蕃说：

"纯芝，你如果愿意读书，就拜在陈老夫子的门下。他是我们湘潭的饱学之士，满腹经纶。"

阿芝忙说：

"承蒙二位恩师不弃，父母也是愿意叫我听三相公的话，只是家穷……"话未说完，胡沁园拦住说：

"我跟你说过，卖画养家，你的画，可以卖出钱来，别担忧。"

"只怕我岁数大了……"阿芝已经二十七岁了，快到而立之年，想到这里，他未免又有些踌躇。

沁园一听，笑了："你不是读过《三字经》吗？'苏老泉，二十七，始发愤，读书籍'，你今年二十七岁，何不学学苏老泉？"

陈少蕃点点头，接着沁园的话说：

"贾岛写过一首诗，叫《延康诗》。诗中写道：'寄居延寿里，为与延康邻；不爱延康里，爱此里中人。人非十年故，人非九族亲。人有不朽语，得之烟山春。'这'里中人'是谁？"他看了阿芝一眼，接着说："就是著名诗人张籍。张籍的家境十分贫苦，但是，他肯在困厄之中学习，成了名显一时的诗人。韩愈、白居易都推崇他的诗文。韩愈说他'龙文百斛鼎，笔力可烛红'。白居易称赞他'尤工乐府诗，举代少其伦'。他一生不断追求不断碰壁，但至死不折。"

"这样的人，在历史上何止张籍？"胡沁园长长地叹了一声。

"你要读书，家里困难是实在的，我还能收你的学俸钱？"陈少蕃恳切地说。

阿芝为两位师长的深情厚谊所感动了：

"既然先生这样提携我，器重我，我就遵命了。"

胡、陈二位一听，哈哈大笑了起来。

这一夜，他就住在胡家。夜深人静，他却久久不能入眠。二十七岁了，自己走过了一段多么曲折、艰辛而漫长的学画道路。胡沁园与自己素昧平生，却一见如故，倾力相助，这使他镂骨铭心，永远、永远难以忘怀。

三天后，他回家取了衣服、日用品，搬到胡沁园家住下了，开始了崭新的读书、学画生活。

胡沁园从与阿芝的短短接触中，深深感到这孩子不但聪敏、好学，而且性格刚毅、正直、不媚、不阿、落落大方。他们之间的社会地位相去很远。在这快近暮年的五十多岁的当头，接来一个贫苦农家的孩子到家里读书学画，毕竟是不寻常的事情。胡家是远近闻名的书香世家，深宅大院，气宇轩昂，一般的人是不便也不好进来的。他所以决定收阿芝为门生，除了看出阿芝的才力有过人之处以外，还深被阿芝刚直不阿的品格所感动。但是，也暗暗有些担心，怕家人偶尔有不周之处，而伤害他的自尊心。所以，他对于阿芝的学习、生活起居，都亲自做了周详的安排。他特别关照家里几个子侄和家人，不能对阿芝有任何怠慢、冷落的表现。

他将正房西边一间原为二公子读书的房子腾了出来，打扫得干干净净，给阿芝住，而将二公子安排在其他的地方，一切能够想到的，他都一一想到了，安排停当了。

晚饭后很久，天已经漆黑了。胡沁园转过后花园，到西南角的一个翠竹掩映的去处，只见室内还亮着灯。这是陈少蕃老夫子的住处，他原先住在前院正房的东头，住了一段，嫌那里不安静，胡家客人又多，时常要去应酬应酬，浪费许多时光，于是就搬到这个僻静的地方来了。

胡沁园轻轻地叩了三下门，陈少蕃开门一看，见是胡沁园，有点惊讶。因为半年多来，白天，沁园到这里坐坐，谈诗论画，是常事，黄昏造访，还是第一次，他不知沁园有什么急事。

他将自己的座位让给了胡沁园，自己拉过一把椅，对着胡沁园，坐了下来：

"沁园兄这么晚，有什么事？"陈夫子满腹狐疑。

胡沁园微微一笑：

"纯芝已经来了，明天要授课，按照老习惯，是否要给他取个名，取个号？”

"需要。”陈夫子回答说，他钦佩沁园想得周到：“不过叫什么名字？”

胡沁园沉思了一下，试探地说：“是不是取璜字，王旁，黄。”

"好，半璧形的玉，有意思。”陈夫子赞同地点点头：“号什么？‘濒生’如何？”

"不错！”胡沁园叫了起来：“湘江之滨生长。湘江的儿女，好。”

他沉吟了一下，又说：

"画画恐怕还要个别号，历代都这样，雅致而有风趣。叫‘白石山人’吧，他家离白石铺很近。”

陈少蕃高兴地点了一下头。他心里暗暗为胡沁园对这样一个农村贫苦孩子的慷慨仗义、一往情深、刻意扶持的崇高美德所深深感动。同时，也为阿芝能有幸遇到这样的恩师而使自己的事业有新的转机而庆幸。在见到阿芝之时起，他自己也暗下决心，要不遗余力地尽到为师的责任，教好阿芝。

第二天吃过早饭，阿芝梳理整齐，带着《唐诗三百首》，踏着轻快的步伐，来到陈少蕃的住房，开始了新的学习生活。

跨进门来，只见胡沁园、陈少蕃早已端坐在北边向南的座位上，朝他微笑着。

他心境异常的激动，觉得心跳动得很厉害。他努力平静了一下，向两位恩师深深一躬，请了早安，站在一旁。

胡沁园今天心情特别好，换了一件他平时见客时穿的深蓝色隐花的长衫。他看了一下陈少蕃，对阿芝说：

"昨晚同陈老夫子商量了一下，我们想给你起个名号，单名叫‘璜’，号‘濒生’，别号‘白石山人’，你看如何？”接着，他简要介绍了名号的含义。

阿芝一听这雅致的名号，十分高兴，不住地点头称好。

近现代史上蜚声中外画苑的一代宗师的姓名——齐白石，就是这样诞生的。这名字伴随着他一生辉煌的绘画生涯，越过国界，传遍五洲四海，以至于到现在，“齐纯芝”的姓名几乎不为人所知晓，而“齐白石”三字，却与光辉灿烂的中国绘画艺术联系在一起，名震中外。

正是考虑到这种种的缘由，本书也就从这里开始，正式用齐白石的名字，继续书写他光辉的一生。

胡沁园满意地点了点头：

"今天由陈夫子授课。具体的，他会同你谈。"他站了起来，对陈少蕃说："我失陪了。长沙谭君今日来家，我去应酬一下，这里你做主了。"说着，抬脚跨出门去。

陈少蕃送走胡沁园，在白石的对面位子上坐了下来，说：

"从今天起，开始阅读《唐诗三百首》。这是乾隆年间蘅塘退士编的。有不少脍炙人口的名篇。唐代的几位大家，如李、杜、王维、白居易、骆宾王等，都有佳作在内。读完这本书，再攻《全唐诗》。先要熟读，能流畅地背诵，再通字义、得要旨。"他仰起了头，看着天花板，"我每五天，给你讲一次，主要是五言、七言绝句律诗的特点和格律方面的知识，然后慢慢学作诗。"

白石开始攻唐诗。由于小时候读过《千家诗》，有一定的基础，而且，不少的诗，他早就会读、会背了，所以这次读唐诗，就不那么费劲。不过要真正体味诗中的意境、情趣、寓意，了解它的创作背景、典故的出处等，可就不容易了。

每天早晨天刚亮，他就悄悄来到花园池边的柳荫下，轻轻地诵读诗句。这是一天里脑子最清醒的时刻。早饭后到下午，他回到屋里，就默写诗句，并练习写字，晚间作画到深夜，天天、月月如此。

两个月过去了，胡沁园听到陈少蕃私下介绍白石学习很好的情况，十分高兴。今天有点空，他决定亲自检查一下白石的学习，方法就是抽查背诵唐诗。

白石把书轻轻地放在桌上，站在两位老师的面前。陈少蕃示意他坐下，问：

"唐诗背了几首？"

"都会背了。"白石胸有成竹地答道。

陈夫子微微一震，说：

"那你随便背两首。"

白石机灵地转动了一下眸子，顺口背出了韩愈的《山石》、柳宗元的《渔翁》和孟郊的《游子吟》。那清亮的吐字，抑扬顿挫的声调，饱和着感情色彩的诗意表达，感动了两位老师。

两人交换了一下眼色，陈少蕃说：

"背一下白居易的《长恨歌》。"

白石流畅地、感情浓烈地背了下来。

胡沁园很满意，站起来，亲自取过紫砂壶，倒了一杯芳香四溢的茶，递给白石：

"润润喉，再背一首《自夏口至鹦鹉洲夕望岳阳寄元中丞》。"

白石接过茶杯，一饮而尽，接着朗朗地背了下来。

陈少蕃听罢，随口吟出："明月出天山，苍茫云海间。"

"长风几万里，吹度玉门关。……"白石接上来，一口气背了出来。

"这是谁的作品？"胡沁园问。

"李白的《关山月》。《关山月》是乐府中《横吹曲》名。"

白石话音刚落，胡沁园又朗诵上了："故园东望路漫漫，双袖龙钟泪不干。"

"马上相逢无纸笔，凭君传语报平安。"白石一念完，接着说："这是岑参的《逢入京使》。"

胡沁园高兴得大笑了起来，连连称赞他学得好，陈老夫子教得好。

陈少蕃也暗暗吃惊，这白石真是名不虚传，过去只是听沁园夸他，还半信半疑，今天看来，一点不假。他佩服胡沁园的眼力、白石的才气，深有感触地说：

"你的天分，真了不起。从今天起，除唐诗要天天读外，还要加课程，读《孟子》。这是先秦的作品，离现在生活远，古字多，多歧义；但其中蕴含的思想内容是深厚的。"

白石不住地点头。《孟子》他儿时看过，大多数还能背，不过许多内容不甚了解，弄通它，是他多年来的夙愿，陈夫子的安排，正合他的心意。

"有了一定基础，是否传授些格律知识，教他慢慢作诗。"胡沁园说，"他的画有功底，就是缺乏思想容量。不懂诗，不会写诗，终究是画不好的，你看呢？"

"陈老师在教我读唐诗时，每五天就给我讲一次格律和作诗知识。"白石解释说。

"这很好，陈老夫子还真想得周到。苏东坡称赞王维的诗和画是'诗中有画，画中有诗'，那是一点也不假。你看那首《山居秋暝》：'空山新雨后，天气晚来秋。明月松间照，清泉石上流。竹喧归浣女，莲动下渔舟。随意春芳歇，王孙自可留。'把山居秋日的薄暮之景，写得多么色彩斑斓，深幽古远，历历在目。"他似乎沉浸在王维勾勒的美好的秋色之中。继续说，"魏晋以降，山水诗兴隆，后来有人以诗作画。到了北宋，在诗里更以画形容山水了。你看北宋诗人林逋就写过：'忆得江南曾看着，巨然有画在屏风。'这个老和尚，还真有点诗情画意。同时期画竹名家文与可也写了一首诗，有两句是'君如要识营丘画，请看东头第五峰。'"

"营丘就是大画家李成。"陈少蕃插了一句。

胡沁园接着说：

"当诗人登山临水时，满目江山如画，这画景就会引发了诗的陶铸。"

白石静静地听着老师的谈论，感到受益匪浅，相比之下，自己需要学习的东西太多了。

读完《孟子》之后，他开始阅读唐宋八大家的作品，利用了一切业余时间，把一部一百六十四卷《唐宋八大家文钞》硬是攻了下来。

对于指导白石的学习，胡沁园与陈少蕃的意见是一致的。就是让他比较系统地接受祖国深厚的文化遗产，培养起高度的文化素养，为绘画创作提供一个坚实的基础。而对于八股之类的桎梏，他们在教学中极力加以摈弃和鞭笞，让白石接触更多的是形象鲜明、气韵生动的历史名篇。他同陈少蕃特别推崇三苏的作品，谆谆教导白石，古人的名作，要多读、多看、多思，做起诗文来，博览约取，才能有好作品。

陈少蕃拿出一部《聊斋志异》让他阅读，开阔他的视野，培养他的创作想象力。

他们认为，要得笔墨山水的真义，没有深厚的文学素养不行。所以，他们把授画放在后，先教唐宋八大家。

学画是在另一个地方，前院临近胡沁园书房的一间宽大屋子里。

这间房子，除了胡沁园夫人、长子和陈老夫子外，不轻易让人进去。他把钥匙交给了白石，向白石敞开了大门。这件事，使白石深受感动。

开始教画的头一天，胡沁园早早来到画室，陈少蕃陪着。白石按照老师头天晚上的嘱咐，不带一件画具，空着手来，因为胡沁园为他准备了一套。

画室的进门处，摆着一副雕刻得十分精美的楠木屏风，他仔细看了一下刀法，认出是周之美师傅的作品。

画室前后都有窗，光线充足。中间摆着一张宽大的漆得乌黑发亮的画案，上面铺一块深绿色绒毯，桌上两端摆满笔墨砚池、笔洗和大大小小的色碟。

西边靠墙并排放着几个装满画轴、宣纸的书柜。南窗上一盆葱郁的兰草，散发着幽香。一切显得十分淡雅、古朴。

"今天开始画课。"等白石落座后，胡沁园说，"你先从工笔开始，这是基本功。要训练线条勾勒，准确流畅。无论是粗线条、细线条，粗细交错，变化转折，要交替运用，渐渐会形成不同的风格。画得好不好，或简拙朴质，或奔放活泼，或纤细，或粗犷，都是灵巧地运用线条的结果。没有线条就没有画。"他看了阿芝一眼，问："你听过明人学画的故事吗？那时，学生和老师相对而坐，座位前各放一张桌子，老师桌上放着许多大小不等的酒盅、碗杯之类，学生桌上放着纸墨笔砚。老师开始先取一只杯子，口向学生，举示一下，学生就凭眼力，画出一个仿佛杯口大小的圆圈。老师再举示一下，学生再画一个。画圆，就是练线条。开始画大的，渐渐由大到小，再反过来，由小到大，一定画到学生能准确地画出老师所举示的杯子时为止。天天就这么练，训练观察力、记忆力和惊人的线条技艺。今天，就不必这样了，你已经画了十多年了。"

说着，他站了起来，走到书柜前，取出一幅画轴，展示在画案上：

"你过来看看，这是一幅唐人周昉的《簪花仕女图》。"

白石近前一看，立刻被画中逼真的人物吸引住了。

"这是唐代的杰作。"胡沁园接着说，"这幅画，秀润匀细；这纱衣的线条把一个个贵夫人富有魅力的丰满的肌肉和动作的韵律感，深刻地表现了出来。这盛开的辛夷花，人物面部眉、眼、嘴角传神的情景，都用线条的交错、变化，粗细相济地表现了出来。"

他的食指随着他的话语在画面上流动着：

"画画根本在线条，然后是立意、布局。总之，石要瘦，树要曲，鸟要活，手要熟。立意，布局，运笔，设色，式式要有法度，处处要合规矩，才能画成一幅好画。"

白石静心地听着、默记着。

"你过去画了不少画，但毕竟没有经过严格训练，没有经过名师的指点。"陈少蕃说。

"我看从临摹开始，这是基本功。临摹要认真，先看几遍原画，再临。临一幅，算一幅，来不得半点的疏散。"胡沁园从柜里又取出两幅完全一模一样的山水画，一幅是新裱的，一幅是有点微黄、陈旧了的。

"你说哪一幅是原作，哪一幅是摹品？"

白石没有马上回答，仔细地从头到尾看了一遍，摇摇头。

"这幅新裱的是原作；这幅是我临的，好多年了，当初整整花了十天时间。"

白石一听，眼睛睁得大大的，再仔细地、对比地看着两幅画，惊讶了。胡沁园临摹的那一幅，简直达到了乱真的地步，要不是他亲自指出，白石还以为那就是原作。

学习，就按胡沁园的安排，从线条、立意、布局、运笔、设色等几方面进行着，并且，每讲一课前，先看他的藏画几幅，再加以解说，教给要领。作业，就是定期要交作品。

白石终于正式走上学习绘画的道路。他如饥似渴，废寝忘食地学习着，练习着，几个月下来，人瘦了，但他绘画上却有了长足的进步。

# 2. 卖画养家

一八八〇年七月十一日，春君生了一个男孩。这是他的第一个儿子，后来取名良元。白石接信后，匆匆地赶回了家。

家里的景况不好，人口一天天增多，年景不是旱就是涝，田里庄稼收不了多少，赋税又重，全家人常常有了上顿，没有下顿，过着十分凄苦的日子。

胡家安适、丰厚的生活，不但没有拉开他同家庭的距离，反而加重了他对家庭的关切和怀念。每当夜阑人静，妻子愁苦的面容，父亲弯腰驼背扶犁耕作的情景，母亲骨瘦如柴，风吹欲倒的身影……一一浮现在眼前，他常常暗自流泪。

他只有争取一切时间加紧学习。自己对学画的强烈追求，胡沁园的厚望和家里的境况使他不可能按照常规这样长此学下去，必须快马加鞭，一天当两天，甚至当三天四天，他不顾疲劳，不顾身体，一个劲拼着干。现在已经初步学会作诗了。转眼又是阳春三月，一年一度的诗会，又在这座花园里举行。他在胡沁园的鼓励下，也做了一首诗，受到了称赞，特别其中有两句："莫羡牡丹称富贵，却输梨桔有余甘。"大家一致认为是佳句。

胡沁园把白石的诗仔细地玩味了一遍，面带笑容说："不错，有含蓄，有寄托，格律也完整，不像初学。"

在座的许多人也异口同声地说：

"濒生是有聪明笔路的，别看他根基差，却有灵性，有才华，难怪沁园先生这样器重他。"

胡沁园看到白石进步如此快，家境又的确十分困难，便对白石说：

"我还是那句老话，你卖画养家，这是一条路。我也可以为你张罗张罗。"

白石自己也认为雕花这行很费事，一件东西下来，没有几天几十天功夫不行。可是得到的是很少的报酬，而且把身子困住了，其他什么都干不成。画画却没有什么限制，什么时候都行，自由自在，画起来也比较省事。何况他经过这一年的努力，艺术又大大往前跨了一步，基础扎实多了。他觉得胡沁园的话是对的，他决心卖画为生、卖画养家。

清光绪年间，这里的许多官绅大户以至于一般的人家，时兴"描容"，也就是画像。喜欢在活着的时候，请画师给自己画个肖像，挂着欣赏。死了，子孙也要请人画个遗像，留作纪念。

前些年，肖芗陔、文少可教过他这种技艺，但他始终没有正式画过。据说画像收入多，他想走这一条门路。

他把自己的想法同胡沁园说了，胡沁园很赞成，很高兴，让他做些这方面的准备。

从家里回来的第二天上午，他正在学作诗，忽然胡家佣人请他到胡沁园的画室去。一进屋，他看见胡沁园正同一位年纪七十多岁，长须飘拂、童颜鹤发的长者交谈。

胡沁园见他过来，忙介绍说："这就是我同你常说的云山居士，这是门生齐璜，齐白石。"

白石上前致礼。

"你准备好纸笔，给居士画一张像。"胡沁园用鼓励、期待的目光看着白石。

他一听，先一惊，继之便慢慢镇静了下来。他理解老师的用意，点点头，赶快做好一切绘画的准备。然后取出一张太师椅，放在面向窗口的明亮之处，说：

"请老师这边坐，这里光线好。"

云山居士高高兴兴地坐到太师椅上，端端正正，一动也不动，静候白石着笔。

白石一边观察老人的面庞特征，一边在纸上勾勒了起来。半个时辰过去了，画好了头部，他笑着对居士说：

"请老师休息一下，活动活动，继续再画。"

云山居士一听，快步走到画案前，只见纸上的像同自己一模一样，十分高兴：

"你画人像多久了？"

胡沁园未等白石开口就说：

"仁兄是第一位。"

云山居士高叫了起来:

"真不愧是名师高徒!这画得多传神。"

"他家境贫寒,想靠这谋生,还仗仁兄多多提携。"

"没说的,没说的。我一定到处传扬,鸣锣开道。"说完,云山居士回到了座位上。

白石看了一下他的体态,又走过去帮他正了正身子,再回到画案前,聚精会神地画了起来。

傍晚时分,一张高三尺四寸,宽二尺的巨幅画像完工了。大家围在一起,仔细地看着,都称赞白石画得好,有功力,开了一个好头。

云山居士更是喜形于色,忙着对沁园说:

"沁园兄,你手下有如此高手,我要带走几天,让他替我母亲画一张,再为老妻画一张,如何?"

"仁兄这样看重,小弟实在感激不尽。"沁园不住地点着头。"濒生,你说呢?"

白石深深一躬,说:

"两位老师的提携,濒生终生难忘。"

从此,白石画像的名声又四处传扬开了,找他画像的人越来越多。画一张像,人家就送他一两半两银子。这样,他画像得到的收入比雕花的收入要多得多,而且省事。于是,他放弃了木匠工作,正式开始绘画生涯,家里的生活也有了转机。

辛苦了一生的祖母,到了七十多岁的时候,看到白石现在在画画上出了名,挣了钱,怎么叫她不兴奋啊!她拉着白石的手,深有感慨地说:

"阿芝,你倒没亏了这支笔。从前我说过,哪有文章锅里煮。现在我看见你的画,都在锅里煮了。你爷爷要在世,会多高兴。"说着,她那干涩的眼里,溢出了泪水。

白石明白,这不是悲痛的泪,伤心泪,而是激动的泪,安慰的泪。他只有更加勤奋,更加努力画画,给祖母更多的安慰。

晚饭后,他伏在画案前,精心地画了一幅耕牛图,一幅兰竹图,挂在自己室内。又写了一幅条幅，上面写着"甑屋"两个大字。意思说："可以吃得饱了，不至于像以前那样锅里空空的了。"

三十年后，也就是白石六十一岁定居北京时，为了永远不忘掉这段备受艰辛的学画生涯，他在自己的住所，布置了一间屋，取名"甑屋"，在匾额上写着：

余未成年时喜写字，祖母尝太息曰："汝好学，惜来时走错了人家。俗语云：三日风，四日雨，哪见文章锅里煮！明朝无米，吾儿奈何！后二十年，余尝得写真润金买柴米，祖母又曰：哪知今日锅里煮吾儿之画也；匆匆余六十一矣，犹卖画于京华，画屋悬画于四壁，因名其屋为甑，其画作为熟饭，以活余年，痛祖母不能同餐也。

这是白石三十年间，卖画养家生涯的真实写照。

白石画像的技艺，经过几年的锤炼，可以说已经很有造诣了，但他的追求是不会有止境的。他揣摩历史上阎立本、吴道子、顾恺之、谢赫，直至赵佶、董其昌、石涛、八大山人的技法，苦苦求索他们的精微，在人物的肖像画作中，琢磨出了一种新的表现手法，使人物的纱衣里面，透露出袍褂上的团龙花纹，用这种手法画出的人物，栩栩如生，呼之欲出。

这是他长期潜心艺术而独创的一个绝招，胡沁园见了，也感到惊奇，感到高兴，大大地称赞他不泥古，有开拓的精神。

画像的技艺达到这种境界，标志着他的工笔技法已经掌握得很娴熟了，于是，他又扩而广之，由肖像，逐步拓展到山水人物，花鸟鱼虫，摆脱了机械式的临摹或写生描画，进入到构思、立意的创作阶段。从此，白石开始把自己生活中积累起来的、活跃于脑际十几年、几十年的人物、飞禽、走兽、花木的形象，凝聚于一根毫管，表现出来。

在中国百花争妍的画苑之中，糅合着儒家伦理道德观念，表现了封建阶级鲜明的爱憎的人物绘画艺术，占有灿烂光辉的一页。忠臣孝子，节妇烈女，义士贤人，曾经构成汉代绘画的主题内容。难怪曹植说："观画者，见三皇五帝，莫不仰戴；见三季暴主，莫不悲惋；见篡臣贼嗣，莫不切齿；见高士节妇，莫不忘食；见忠节死难，莫不府首；见放臣斥子，莫不叹息；见淫夫妒妇，莫不侧目；见令妃顺后，莫不嘉贵，是知存乎鉴戒者，图画也。"

这种画风历唐宋元明清而不衰，以至于清末，像湘潭杏子坞这样的穷乡僻壤之中，一般人家也纷纷请白石画"文姬归汉""木兰从军""苏武牧羊""尧舜禅位"等。但是，正如李公麟笔下的维摩诘，闲散、潇洒，一改历史上须眉者张、感情激越的人物一样，白石在这些人物的勾勒之中，熔铸了他自己的生活内容。运用一管墨笔，在圆润的长线上，时而凝重有力，时而舒展流畅，把人物的风韵气度，含蓄而沉着地展现了出来，达到"得性情言笑之姿"的艺术境界。

西施、洛神、湘君，是手中应人之约常画的题材。他的仕女画，开脸生动，不滞呆，仿佛顾盼流连的目光，带着笑意的唇角，像活的一样，突破了民间过去在画神像上呆板、冰冷、毫无生气的窠臼，得到了远近爱画的乡亲们一致的赞扬。

胡沁园对于门生的培养，是全力以赴的。他把从曾祖父以来历代所搜集到的名画，以及许多名画经名家之手的临摹本，都毫无保留地拿出来，由白石临摹。白石的每前进一步，哪怕是一个手法上的小小突破，都使他感到由衷的高兴。

他引白石为知己。虽然他们在年龄、阅历、学识上存在许许多多的差异，但是，有一点，他是深深感触到的，这就是他的门生隐藏在性格之中淳朴的农家之子那种刚正不屈、不俗、不媚的品格；那种对于艺术如痴如狂的执着追求。当他最初接触了这个多少带点幼稚的年轻人时，就为他历经二十多年困厄磨难而绝不放下画笔的精神所感动。

胡沁园看着白石半月前送来的几张画。天暗下来了，他不想马上点灯。因为在黑幕里，可以把他心中的烛光，对于人生、对于艺术的一点烛光，衬托得更加鲜明、绚丽。

门响了一声，被轻轻地推开了，他纵横驰骋的思路被拉了回来。

"先生，怎么不点灯呢？"白石的声音。

"你回来啦！"沁园站起来去点灯，关切地问：

"家里怎么样？"白石回家已经半个月，他想了解他家里的情况。

"母亲有点病，发烧，这几天好一点了。"白石说。

胡沁园招呼白石在自己对面的椅子上坐下，慈祥地端详着他：

"肖芗陔你认识吧！"

"他是我的老师，教过我学工笔画，待我很好。"

"他现在就在家里。"

"他来了多久了？"白石急切地问。他忙于生活和学习，很长时间没有见到肖芗陔了。

"来了三天了。"沁园微笑着，"他知道你在这儿学画，很高兴，经常询问你的情况。"

顿了一下，沁园又接着说：

"我是请他来裱画的。我过去画的，你临摹的，我统统拿去请他裱了。"

"我想去看看他，他住在哪儿？"白石问。

"他刚去朋友家，晚上很迟才能回来，明天去看也不迟。"沁园看着白石，思忖了一下，接着说："有一事想同你谈一下。"

"先生有什么事，尽管吩咐，只要我办得到的，我一定尽力。"

"我想让你跟他学裱画。"沁园扬起头，若有所思地说："这裱画可是一门艺术，学会了，裱裱自己的东西，好保存起来，不求人，方便。同时也可以给人家裱点，增加一些收入，算是副业，你看呢？"

白石没想到老师为他想得这么周到，感激地回答说：

"那当然是件好事，我也想了多年了，就是家里穷，没有那么大的地方，一切用具都要买，花不起，不敢向家里提。"

"那就这样了。"沁园很高兴。"我让我儿子仙逋跟他学，你们两个就有了伴了。"

第二天清晨，胡沁园走到白石的住室，只见屋里亮着灯，推门进去，原来白石正聚精会神，伏案作画。

白石见老师来了，忙放下手里的笔，抬起头来：

"您这么早就起来了。"

沁园看着他布满血丝的双眸，知道他又在熬夜作画，怜爱地说：

"身体还是要注意，来日方长，慢慢来，不要画学会了，身体也垮了。"

"回家几天倒是都画了，不过没有临过一幅，心里挺不安的。临着临着，放不下，谁知天就亮了。"

"我们一道去看看肖芗陔吧，他是个起得早的人。"说着，他领着白石朝肖芗陔的住处走去。

白石铺这一带没有裱画铺，只有几个会裱画的手艺人，四乡走动，应人之邀裱画，肖芗陔算是一个。他是个全才，他的绝招在揭裱旧字画上。

裱画是个古老的行业，这一行的艺人，一般裱新画没问题，但要揭裱旧字画，没有多年功夫，就难以应付了。白石铺左右几十里只有肖芗陔有此本领。一件破损、陈旧的原画，经他的手，能揭得不损分毫，裱得清新悦目。凡是有破损的地方，他用自己灵巧的手，补得天衣无缝，尽善尽美，污点黑点，也冲洗得干干净净。白石在跟他学画的那些日子里，亲眼见过肖芗陔的技艺。因为他当时只忙于学画，至于裱画，还没有想到，何况自己将来干什么，不也十分渺茫吗？到他听了胡沁园卖画养家的意见后，这个问题也渐渐提到了日程上来了。

肖芗陔与白石能在这里重逢，十分高兴。白石的画比起前几年他们刚认识时，已经有了巨大的进步。他知道胡沁园为这倾注了心血，这一切都使他欣慰。

落座之后，胡沁园单刀直入地问肖芗陔：

"有一件事还要麻烦你。"

"你尽管说吧！"

"帮人帮到底。你的学生，"沁园指着白石，"跟着你学裱画怎么样？"

"当然愿意。前几年学画时，我就想教他这门手艺，当时哪有地方？你到过他的家吗？生活也实在艰难。"肖芗陔看着白石，同情地叹了一声。

胡沁园很欣赏肖芗陔的豪爽，高兴地说：

"不愧是名师啊！今天起，白石就同仙逋一样，是你的门生。"

肖芗陔闪动着快乐的目光：

"本来就是门生嘛。"他指着白石，"这孩子聪明，学什么，是什么，没错的，我看他会超过贵公子。"

胡沁园哈哈笑了起来：

"那更好，我就要他们两人比个高低。"

早饭后，胡沁园让家人将画室的字画柜子全部搬到书房，将那两大间的画室，连同隔壁一间空房，全部腾了出来，打扫干净，给他们裱画用。

三间大屋，中间排着一张红漆的硬木雕花大桌子，四壁的墙上，放着光滑平整的木板格子。所有的轴干、别子、丝条、宣纸、绫绢以及排笔、糨糊等裱画用的东西，准备得齐齐整整，应有尽有。

准备时间整整花去了三天。第四天早上，胡沁园亲自陪着肖芗陔，带着白石、仙逋来看一遍。

"怎么样？万事俱备，只欠东风了。"胡沁园十分满意地环看了一下房子。

"不错。"肖芗陔高兴地说，"我只有拿出浑身解数了。"

# 3. 龙山七子

白石开始学裱画了。

从刷浆、托纸到上轴，他跟着肖芗陔一遍遍地学。开头，他站在肖芗陔的身边，注意看他的操作，默记每道工序的手法，为他取料，做脚活。

肖芗陔边干边教，告诉他刷浆要注意什么，怎样上纸。几天之后，白石在他的精心指导下，上架动手裱画了。

开始，他进度虽然不太快，但很仔细，认真。用浆恰到好处，他特别注意选纸。根据原画画面的浓淡色泽，在颜色上做了精心挑选，裱出画来，对比鲜明、清淡雅致，受到肖芗陔的称赞。

三个月后，白石完全能够独立裱新画了。接着，他又学揭裱旧字画。

这是裱画艺人难以掌握的一门技艺，为了使白石能够很好很快地掌握这门艺术，肖芗陔集中了一段时间，边示范，边讲解。

揭旧画是重新裱成新画的关键性的第一道工序。面前展现的这幅四周压上镇尺的宋人仕女画，四尺宽，二尺四寸长。经年累月，绫绢已经很碎了。肖芗陔仔细察看了一下，便动作轻快、自如地在画上干了起来。他从右上边角开始，步步揭起，除了中午饭时间外，一直进行到下午才最后完工。白石一步不离地认真观看，不时询问要领和注意事项。这样，经过了半年多的学习，他无论裱新画，还是揭裱旧画，都裱得匀整、平贴，挂起来没有卷边、抽缩。

白石的好学和聪颖让肖芗陔暗暗称奇。像这一套技艺，一般的人，没有三四年的功夫，是不可独立地操作的。肖芗陔当年跟着老师学习时，是学徒中比较拔尖的一个，也花去了两年半的时间才学会，而齐白石只用了半年的功夫，他深深感到这位年轻人前途不可限量。自己马上要走了，但是要找个时间，同白石再长谈一下技法问题。

昨晚赶了一幅水墨山水，白石睡得很迟。他仿佛听见有人在敲门，转身一看，窗外艳阳高照。门又"咚、咚"地响了两声，他赶紧穿好衣服，下床开了门，面前站着一位中等身材、白皙的圆脸上微微有些笑意的年轻人。

"你是濒生兄吧，打搅你了。"年轻人深深鞠一躬，"我是黎丹、黎雨民。

白石忙说：

"请进吧，你莫非是胡先生外甥雨民兄？"

"正是，正是。"黎雨民十分高兴地回答，"我舅舅早就同我谈起你，一再让我好好向你学习。这阵子因为一些事，一直在外省，今天才得到这个机缘。"

"太客气，太客气。没有你舅舅的栽培，哪有我今天！"白石谦逊地回答。

"我今天来，有件事要拜托你。我有个本家叫黎松安，住在长塘，他家父亲上年辞世，托我请人绘个遗像。我同舅舅谈了，舅舅让我同你商量，不知你的意见如何？"黎雨民用期待的目光看着白石，等待他的答复。

"既然雨民兄这样看重我，我一定去。只是手艺粗陋，请多包涵就是了。"

"这就是你的客气了，谁不知道'芝美人'的手艺，就是家父也十分钦佩。"

于是，吃过午饭，白石带着画具和日常生活用品，跟着黎雨民去长塘了。

遗像整整画了三天。因为是胡沁园的亲戚，白石画得格外的精心。无论是面部的表情变化，衣着服饰的款式、颜色，都一一作了认真的设计，使画出的遗像，惟妙惟肖，十分逼真，黎家上下无不称好。

一天傍晚，松安请白石一道，带着画，到他祖父——黎老先生的住室去。

黎老先生住在后花园东隅临湖一个宽大的平房里。室外，假山嶙峋，池水环抱，修竹丛生，显得十分幽静。

黎老先生年轻时，才气横溢，是个名士，后来隐居山林不仕。平生酷爱字画，尤其是宋明大家的山水图，不惜重金，广为搜罗。一生在平静的日子里，以翰墨为友，过着淡泊的、与世无争的生活。

平时，他很少出门。儿子的早逝，给他的精神莫大的刺激。他哀伤至深，常常一个人待在屋子里，独自垂泪。

松安怕老人太伤心、太寂寞，常常约些朋友到老人这里坐坐，谈诗论画，以分散老人怀念儿子的哀思。

今天他约白石来，也有这层意思。同时，遗像是老人亲自托胡沁园找人画的。如今画成了，应该让老人过目。

绕过假山，越过池塘，是一座一进三开的旧式住房。松安轻轻开了门，带着白石进去后，反手将门掩上。

白石一看，面前的藤椅上端坐着一位胸前飘拂着银丝、面容削峻的老人，白石知道他就是黎老先生。

松安向前微微一躬，说：

"爷爷，这位就是齐濒生先生，舅舅的得意门生。"

白石赶紧施礼说：

"白石向老人请安了。"

老人听力尚好，嘴角微微一动，慈祥地回答说：

"早就听说你手艺高，只是未见过。画好了吗？"

"画好了，画得真好。"松安赶忙回答着，把遗像挂在祖父对面的墙上。

老人微微动了一下，要站起来。松安、白石赶紧上前搀扶着老人，走到遗像前，借着夕阳的余晖，遗像被照得通明。老人看着看着，止不住老泪扑簌，喃喃地说：

"画得真好，有神韵；特别是眼神和嘴角的笑靥，他活着时，就是这样。"

松安怕老人太伤心，示意一下白石。两人很快把老人搀扶回原来的椅子上。

"你多住几天吧，"老人用干枯的手拉着白石的手，"你也替我画一张，早做些准备，免得临死又瞎忙一气。"

"您老人家说哪里去了，您一定长命百岁。"白石宽慰着。

"生死自然事，谁也免不了。你给我也画一张吧！"老人心情这时平静多了，看着白石说。

"好，好。既然您老人家这样看得起我，我就给您画。"白石笑了。

黎老先生、黎松安也笑了。

白石与松安商定，黎老先生的画像，安排在每天早饭后的一段时间里，因为这时候是老人精力最好的时候。这样，他连续几天，到老人室内画像。老人见这位年轻人如此认真给他画像，很是感激。当他知道白石艰辛学画的经历后，更是感动得了不得。他趁白石休息的时候，要松安把自己历年收藏的珍贵画卷，拿出来让白石观看。

"这些画，是我毕生的心血。"老人面上放射出异彩，"张萱、周昉的作品，流传下来的不多了，就是后代的摹本，特别是赵佶的摹本，也不多见。我这里倒有一轴，是三十五岁时去长沙，在书市买到的。当时右上角有些破损，请肖芗陔给我重新裱了。其他如大涤子、朱耷的，你在沁园那儿见到了一些。我这里的，他没有，你拿去临摹吧，多住些日子，也算是我一点心意。"

老先生的山水画，胡沁园曾同他谈过，说是泼墨淋漓，清淡之中见变化，有石涛的风骨。至于老人收藏了这么多名人的绘画，恐怕沁园也不一定清楚。老人今天全数交给他临摹，他比得到什么都高兴。

松安对于祖父的这个举动，感到意外，甚至惊奇。因为在他的记忆里，他见到这些名画，还是十七岁那年，长沙来了一位名士，祖父搬出这些画，请客人欣赏、品鉴，他当时才借机看到。这是第一次，而且是仅有的一次。而今老人竟然全部把画交给白石去临摹，怎么不令他深感意外呢？

"你真不简单，得到祖父这样的信赖。"松安悄声地对白石说。

"我也没想到。"白石说，"我得好好画，好好临，以报答老人的厚意。"

白石在松安家整整住了一个月，把老先生藏画中的珍品，全部临了一遍。

白石在松安家画像和临画的消息，在长塘传开了。在黎家教蒙馆的王仲言和黎松安的许多朋友，都来看白石，大家相聚一起，谈论诗画，十分亲热。

一天夜晚，白石正在临摹，松安、仲言推门进来。他们轻步绕到白石的背后，仔细看着画卷上那匹拴在厩内、昂首嘶鸣的马，问：

"这是谁的作品？"

"唐代韩干的《照夜白》。"

"这笔法简练。"仲言侧着头欣赏着，"笔墨不多，可是这强劲的长线空勾而成的外貌，把马画活了，而且那么壮健雄骏。"

"想不到你不但工诗文，对绘画也内行。"松安在白石身边坐下，笑着看了仲言一眼。

"我只会看，可惜不会画。"仲言蹓到白石的对面坐下，"白石兄，诗画同宗，你绘画艺术这么高，一定也是个诗才！"

"诗？"白石反问了一句，"那还是仲言兄的拿手。是不是，松安？"

松安笑而不答，只顾看着白石临摹韩干的那匹马。

"哪里，哪里。"仲言未等松安开口，赶忙辩解说，"听说沁园师有一次诗会，白石兄一诗惊四座。"

白石红着脸，反问一句：

"你怎么知道？"

"百里之内，文人学士之中，谁个不晓？"仲言说着，脱口念了起来，"莫羡牡丹称富贵，却输梨桔有余甘。怎样，对不对？"

"那是过去了，白石弟一定有新的佳作。"松安露出一副幽默的笑脸望着白石，好像希望得到肯定的回答。

"这样吧，"仲言好像想起了什么似的："我们不如组织起诗会，朋友们相聚相聚，找个幽静的处所，吟诗论画，倒也有趣味。"

白石沉思了一阵，笑笑说：

"好是好，地点在哪儿？"

"是啊，在哪里好呢？"仲言附和着。他想了一想，又说：

"地点嘛，在白泉棠花村罗真吾、罗醒吾兄弟家，怎么样？那里地方开阔，他们兄弟都是熟人。"说罢，仔细介绍了罗真吾家的情况和环境。仲言办事利索，很快就把一切安排好了。

这之后的半个月，他们相聚了。起初才四五个人，围坐在罗真吾家庭院里的一棵梧桐树下，品着茶，无拘无束，谈论诗文、字画篆刻、音乐戏曲。这样海阔天空，漫无边际地聊了半天，兴尽而散，并约定了下一次相聚的时间与地点。

在这样的聚会已经进行了好几次的情况下，大家感到有必要正式成立一个诗社。地点就选在罗家附近，中路铺白泉北边的五龙山下。

山中那绿树成荫的峡谷之中，有座大杰寺，是明代的建筑。寺中的庭院里，十几棵历经百年的银杏树，葱郁、繁茂，枝叶相接，十分清静幽雅，是避暑的好地方。

罗真吾、罗醒吾兄弟先大家一天，上了大杰寺，向寺中方丈租了几间房子，作为社址。第二天一大早，白石、仲言上来了，不久，陈茯根、谭子铨、胡立三来了。除了陈茯根是新认识的外，谭子铨是罗真吾的内弟，胡立三为胡沁园的侄子，白石都会过，都是好朋友，一共七人。

诗会是在寺中大银杏树下举行的。两张方桌接在一起，上面摆着五香豆、瓜子、茶壶、杯子之类，还放着文房四宝。

就座之后，王仲言因为是发起人，首先发了言：

"今天朋友相聚，良辰难逢，总得给我们的诗会起个名吧！"

"因地得名，就叫'龙山诗社'吧。"罗真吾说，"有什么意见，大家谈谈。"

大家点头，表示赞同。

"好，第一个问题通过了。"仲言接着宣布，"第二个，得选个社长。虽然大家都是朋友，但总得有个主持的人。"

"按祖宗的惯例，年长为长，你们说呢。"胡立三看了罗真吾、罗醒吾一眼。

"这办法好。大家都报一报自己的岁数吧！"大家赞成，自报结果，白石的年纪最大，三十二岁，于是他当选为社长。

"下面就听社长的了。"仲言高兴地说，"我告退了。"说着，把白石拉上首座，自己坐到白石原来的座位上，大家鼓起了掌。

"好吧，大家信任我，我就试试看。"他看了大家一眼，"今天的盛会，是否按老规矩，每人献诗三首，依年龄，由小到大。"

到了中午时分，七人都念了各自的诗作。五言、七言、律诗、绝句都有，胡立三还写了一首长诗。

龙山诗社的聚会，开阔了白石新的眼界，使他从朋友们那儿学到了不少新的东西。龙山诗社的活动，也在这一带传为文坛佳话，人称他们七人为"龙山七子"。

有天傍晚，黎松安与白石在闲坐，谈论《沧浪诗话》，忽然望见不远处，一个高挑个子、壮实身架的中年人向他们走来。那人走近时，对着白石作揖说：

"白石兄，还认得我吗？"

白石立即站了起来。仔细一看，挺面熟的，但不知在什么地方见过面。

那人见白石疑惑的神色，忙自我介绍说：

"我是铁匠张仲飏，十多年前，在白石铺的酒店里，曾会过一面。那一天，我的酒瓶落在地上，碎了，弄了你一裤子。"

白石一听，"噢"的一声叫了起来：

"你就是登寿兄，十多年未见面了，几乎认不出你来了，什么风把你吹到这里来了？"说着，他指着松安，"这是黎松安兄。"

仲飔高兴地与黎松安见了礼：

"久仰了，很高兴见到你。"

三人入了座，黎松安忙着为他们沏茶。

"白石兄的大名，四方远扬，我是慕名前来的。"仲飔说。

"过奖，过奖。"

"起初我不知道白石是谁，后来老师告诉我，说就是雕花的芝木匠。我听了，高兴坏了，就赶着来了。"

"你老师是谁啊？"白石问。他从来没听过这位铁匠还有老师，他只知道他是铁匠，出身很苦，完全靠着自己的苦用功，读了不少书，很有一点名气，还不知道他跟哪位名师学习。

"就是湘潭大名士王相绮先生。"仲飔得意地回答说。

这一夜，张仲飔就同白石住在一起。由于共同的艺人出身，苦难的家庭生活，对于艺术的执着追求，使他们谈论得十分投机，很快成了知心朋友。

龙山诗社的影响，远远出乎白石他们的意料。在他们的影响下，黎松安也组织了一个诗社，以离他家一里之遥的罗山命名，叫"罗山诗社"。两家诗社的社友们互相来往，声气互通，热烈地讨论诗经、唐诗、宋词。从诗的演变发展、名家的长短，进而论及诗与人生、与社会、与其他艺术的关系。

这些诗友，都是二三十岁年纪，风流倜傥，诗情洋溢。他们做好了诗，写在纸上，觉得不美观，于是请白石为大家设计，绘制诗笺。白石一口承下。此后每当夜阑人静，他就在灯下，把纸裁成八行信笺大小，然后一张张地在左上角或下角，精心作画，有花卉，有山水，有草虫，有鱼虾。画完后，涂上淡淡的颜色，笔调清疏明丽，雅致大方，十分悦目。一个晚上，能画出几十张，他用了十几个晚上，画了几百张，分发给诗友们。

诗友们见到这些花笺，十分珍爱。作起诗来，也特别认真，似乎不这样，就配不上这样的好诗笺似的。

诗会上，王仲言兴奋地对大家说：

　　"这些花笺，是濒生辛辛苦苦用十几个晚上画成的。他付出汗水，让我们坐享，我们要很好地感谢他。"王仲言的话音刚落，大家热烈地鼓起了掌。

　　"天才颖悟，不学而能，一诗既成，同辈皆惊，以为不可及。"这是王仲言在四十年后回忆"诗社"时对齐白石的评价。事实也确实如此，在龙山诗社，齐白石被誉为"诗仙"，王仲言为"诗正"，罗醒吾为"诗狂"，因胡立三写诗好东抄西凑，被贬为"诗贼"。当年齐白石最敬重王仲言，他们的友谊从青年时代一直到老年，愈老愈笃。数十年中，白石每有诗作，必寄给老朋友删定。

# 4. 逼上梁山

"齐先生，我们家请来了长沙刻印名家魏先生，你何不请他也为你刻一方？"主人家的陈相公喜冲冲地推门进来，对着正在作画的白石说。

"什么时候来的？"白石放下手里的笔，急切地问。

"今天中午到的，是我爸爸特地请来的。"

"谢谢你，我抽空去看看。"白石感谢地送走了陈相公。

绘画要用印章，他是在从师肖芗陔，见到许多古代名画后才知道的。在这之前的十多年间，对于为什么用章，他没有深入的研究过。因为当时他认为，一个画家画了一幅画，题上字，盖上印，无非表明了作者的身份、姓名而已。至于印章在整个绘画中所占的分量，它与画幅相得成趣，成为整个艺术品不可或缺的组成部分，这一点，他没有深入地思考过，而且，对于古画上往往有好几个款式不同的印，感到不解。

真正了解印章在整幅画中的作用，是在拜胡沁园为师以后的事。

记得三年前，他制绘了一幅胡沁园的命意画《山村小景》。沁园见了十分赞赏。可是，老先生总觉少了什么。仔细看了一遍，发觉没有用印。

"画画应该用印，你为什么不盖章？"沁园不解地问他。

"我从来不盖印，也没有印。"白石不好意思地笑了笑，"因为我画得不好，盖了章有什么用？"

"你以为盖章就是为了这个呀！你想错了。"沁园忽然想起他所见到的白石的画，都没有用印，"印章看起来似乎与画无关，其实呢，一方小小的鲜红的印，对于一幅画，是不可或缺的，能起着稳定节奏的作用。尤其是水墨画，盖上鲜红的印章，使整个画面更为明洁、生动。"

说着，胡沁园取出元、宋两代一些名家的作品，请白石观看，细细地讲解了印的款式、种类和用法。这使白石大开了眼界，知道尺幅之内，竟有如此深奥的艺术哲理。

从这以后，白石又知道了印章是门艺术。一般的画家要有两颗章，一为白文的刻姓名，一为朱文的刻号，还有叫"印语"的闲章。

胡沁园叫他赶快托名家治几方印章。可是多年来他一直没寻到刻印高手，今天听说陈家来了长沙的刻印名手，他当然是十分的高兴。

晚饭后，他匆匆地赶到长沙来的那个魏先生的屋子，请他刻方印章，进门一看，屋里围着一大堆的人，都是请他刻印的。白石一见这情景，估计他在这里时间不会太短了，就退了回去。

第二天上午，他又去了一趟，只见来刻印的人比昨晚的更多了。

不知是他真有本事，还是乡下人听说长沙城来的就一定是高手，因而慕名而来。反正这几天，他挤不进去。他想等一两天，再去看看。

三天后的一个傍晚，白石带着一方寿山石，跨进了魏先生的门。

室内没有其他的人，那个刻印的魏先生斜倚着桌子，肘子支着桌的左手上拿着一本书，右手放在右腿上，面朝里在看书。

"先生，请你给我刻一方印章，款式由你定。我叫齐璜，是这家主人请来画画的。"白石轻声地说着。

魏先生连头也不抬，毫不理会他，依然看他的书。

白石站了一会儿，觉得这人脾气有些怪，又说："我的寿山石、姓名，都放在这里，麻烦先生一下。"

那魏先生依然没有反响，白石弄不清为什么，就退了出去。

过了三天，白石又跨进了魏先生的室内。只见那人依然在看书。这次是正面，白石看清楚他瘦长的脸上，上宽下尖，像三角形一样。大概抽了大烟的缘故吧，焦黄的脸色里带着黑影，没有一点血。小小的眼珠在浓密的眼毛掩盖下，如不仔细看，会以为他是闭着眼睛呢。

"先生，我那个印章刻了吗？"

"先磨磨平，再拿来刻！"话是从牙缝里挤出来的，带着一股傲慢的、不耐烦的味道。

白石觉得很不是滋味。而且自己的这块寿山石，是胡沁园送的，表面光滑如镜，还要磨什么呢？不过，人家是"名家"，既然这么说，他只好拿回去再磨磨。

他伸手取了桌左角上那块寿山石。第三天又送来了，放在桌子上：

"先生，这回磨光了，请你刻一刻吧，款式请你定。"白石见他没任何反响，放下石章，退了出去。

这已经是第五天了，他估计这回一定刻好了，况且自己在陈家的活儿已画完，就要走了。早饭后，他先赶到魏先生那里。魏先生见进来的是他，瘦长的脸一沉，拉得更长了。他瞟了白石一眼，拿出那个寿山石，丢给白石说：

"没有平，拿回去再磨磨。"说着，鄙夷地白了白石一眼，转过身，依然看他的书。

白石从未遭逢到这样的白眼与凌辱，他十分愤慨，天下哪有这样的名家，真是欺人太甚了。白石努力地控制住自己的感情。他毕竟是三十多岁的人了，要是年轻时，他不出这口气，是誓不罢休的。

他取过寿山石，严峻的脸上显出一股从未有过的鄙视的神色，看了那个"名家"一眼，冷冷地说："我见过一些'名家'，但像先生这样的，还是第一次见到。人应该有人格，否则，即使有再好的手艺，也不过是充满铜臭的艺匠。"说着，昂起头，走了。

那"名家"一听这后生出语不凡，转过身来，张皇地看着他远去的身影。

白石迈着沉重的步伐，缓慢地走着。他心潮起伏，连呼吸也急促了起来。从这"名家"的身上，他看到社会另一个角落里的一些人。他告诫自己，不管今天的艺术成就会怎样改变自己的身份、声誉和地位，但自己首先是个普普通通的人，一个贫苦农家的孩子，一个穷木匠。

他不相信世界上有学不会的事。何况胡沁园一再告诉他，应该学会自己刻印。这样，自己刻出来的印才能与自己的画，形成浑然一体的、协调的艺术风格。求人既然这么难，何不自己动手、自己发愤呢？

他取出寿山石，拿出细毫毛笔，写上了"白石山人"四个篆体字。尔后从布袋里取出一把修鞋刀，在微弱的灯光下，聚精会神，一刀一划地刻了起来，一直刻到子夜，总算完成了他平生以来自己刻制的第一方印章。

这是一方白文的印。布局合理，刀法苍劲，隐隐有一股刚毅之气，也许因为是"愤怒之作"，所以，盖在纸上很有神韵。他看到了自己的劳动成果，兴奋得一夜难以入眠，伴随着脑海里不断闪现的这方印，迎来了黎明。

　　起床洗完脸后，他看了挂在墙上的为主人画的那幅山水画，取了下来，在右上角上，端端正正地盖上了这方印章。鲜红、明洁的印章同淡淡的墨色相映生辉，给这幅山水画平添了不少的色彩。

　　他又把画挂到了墙上，仔细地端详了起来，以致主人进屋来，他毫无觉察。

　　"这是谁刻的印啊，这么好？"陈家主人高兴地问。

　　齐白石转过来，笑着说：

　　"自己刻的，昨天晚上刻的。"

　　"刻得真不错，有刚毅之气。"陈先生称赞不绝口，"齐先生过去治过印？怎么不露一手？"

　　白石现出苦笑，摇摇头："哪里敢露一手，我是昨天晚上才学会的，这印是我平生自己刻的第一方印。"

　　"你这第一次就这么好，我看你过不了多久，这印章一定同画一样，到处闻名。"

　　白石没有注意主人的夸奖。他忽然想起了陈少蕃老师的话："天下无难事，只怕有心人。天下的事难不难，全看自己有心没心。"他从这几年的生活里，感到了这是一条颠扑不破的真理。

　　陈家的活儿一结束，他顾不上回家，径直赶到了黎松安的家。

　　松安、仲言、黎薇荪见白石风尘扑扑地闯了进来，不知什么急事，又高兴又有些惊奇。

　　松安站起来让座：

　　"说曹操，曹操到。刚才我们还在说你呢？"

　　"议论什么？"白石从衣袋里取出毛巾，擦着头上的汗："松安，我求你来了，教我学刻印。"

　　"刚才我们说的就是这事。"松安忙着为他倒茶："画画没有印章，可是一大憾事。上次你说要快来，结果一个半月了，连个影子也不见，谁晓得你干什么去了！"

　　"唉，有什么办法呢？为了肚子啊，陈家的活儿一干就是一个多月，还不让走呢！"白石呷了一口茶，看看仲言，看看松安，说："今天是专程拜松安为师来了。"

黎松安

"你一点也没有刻过？"松安问。

"过去没有，前天晚上被逼得刻了一块。"白石拿出那块寿山印章递给松安，"昨晚又赶了二方，你们看看。"

松安赶忙去取了印泥，把三方印章盖在白纸上，三人轮流地看了好大一会儿，便议论开了。

"这刀法、构图都好，有造就，初次能这样，很不简单了。"仲言说。

"这'白'字放下一点，'石'字小一点，再有点变化，更能显得有新意。"松安端详了一会儿，指给白石看，"所以，除了刀法外，方寸之内寓变化，这也是要有艺术的匠心的。"

"这没关系，只要有松安这名家指点就行了。"仲言拍了一下松安说："别老讲个没完，快给他安顿一下住下来吧！"

松安忽然悟到了什么似的，忙问："你还未吃中午饭吧，我差一点忘了，真对不起。薇荪你让家里做的饭，送到后院西房来。走，我们看看房子。"

白石就这样在黎松安家住下了，专攻治印。每天只安排两个小时临摹。

仲言、松安从基本刀法开始，教给他进刀、用刀的方法。白石毕竟是雕花木匠出身，练就了一双操刀的灵活的手和巧妙的技艺，腕力也好，所以，学起来，并不那么费功夫。每天清晨一起床，就着晚上已经准备好了的印石，一刀一刀地削下去，倒也不觉得费劲。

他治印的最初阶段就这样开始了。每天同石头打交道，刻了磨，磨了又刻，一晃半个月过去了，刻印有了长足的进步。

一天，黎薇荪仔细看了半个月来白石刻的几十方印谱，问他：

"濒生，你听说过黎铁安这个人吗？"

"是不是那个刻印章的能手？"

"是的。他是我的弟弟，和黎松安家也是同族。我父亲黎培敬，号简堂，是咸丰年的进士，做过贵州的学台、藩台。光绪年，还做过一阵子江苏抚台，刚去世不久。我父亲共有四子，我大哥已去世了，我二哥就是黎桂坞，我排第三，我弟弟铁安最小。胡沁园不是要介绍你去他家作画吗？你去了，就可以见到黎铁安了，他一定会热心教你的。"黎薇荪恳切地说："这里已经差不多了，松安也只有那点本事，已经全数教你了，我看你现在刻的，比他还好。你要再进一步，还是找黎铁安。"

白石经他一提醒，忽然觉得眼睛一亮，忙说："那我明天就去。"

"你不先回家看看？已经两个多月没回家了，不想大嫂了？"黎薇荪打趣地说。

"不，我先找到黎铁安再说。"白石不好意思地红着脸，态度很坚定。

第二天一大早，白石就赶到皋山黎桂坞处了。

黎铁安没有想到白石会突然找他来。因为他托胡沁园找白石画画，说活儿安排满了，要等到九月份。想不到，他竟现在就来了，铁安喜出望外。家人通报后，他赶紧从后院的池子旁，赶到了会客厅。

两人虽是初次见面，但彼此情况都十分熟悉，所以一见如故，谈得也十分亲热。

"你怎么这么快来了。"铁安高兴地问。

"原定九月份，昨晚临时决定来的。一方面为你画画，主要的要跟你学刻印。"白石说得很肯定，说完，看着铁安微笑着的脸。

"原来是这样。"黎铁安笑了起来，沉思了一下说："治印好办，听说你已经跟松安他们学了一段？"

"你怎么知道的。"白石有点惊讶。

"没有不透风的墙。"铁安又给白石倒了一杯茶，慢慢地回到自己座位上："这好办，只要你肯学，先住下吧。"

在黎铁安家住下后，白天，白石作画，晚上，铁安就约白石到屋里聊聊治印的事。

"我总是刻不好，不如人意，有什么好办法呢？"白石恳切地问。

"我看了你的印谱，还是有功力。不过嘛，"铁安拉长了声音，"刻印和你画画一样，主要靠练。南泉坤的楚石，有的是，你挑一担回家去，随刻随磨，你能刻到三四个点心盒，都装满了石浆，那就刻好了。"

他语调轻松，但蕴含着平凡的哲理和他经年累月的经验积累。

白石细细地玩味他的话语，心里一下亮堂了许多。

在铁安的具体指导下，他每天潜心于刻印之中。对于印章的尺寸、篆法、布局，笔画的曲折、肥瘦、白文与朱文，都一一进行了认真的体察、构思和比较。

一连十多天的时间里，他天天刻了磨，磨了刻，以锲而不舍的精神学习着。弄得尘埃飞扬，泥浆溅身，一天下来，简直成了一个泥人，衣服里里外外，没有一处是干净的。不过，只要他治的印章有一方在技艺、布局上有突破，他都高兴得不得了。

在黎铁安家学习了一段后，他又住到长塘黎松安家，继续练习治印。松安为朋友的艺术活动，慷慨地贡献了一切。他家一间洁净、雅致的客厅，如今成了白石刻印的场所。日子久了，这里到处是泥浆，几乎没有让人插足的地方。黎松安对于这些，是不以为然的。因为白石跟了铁安学习一段后，进步更快了，他为朋友而高兴，他的客厅就成为他们学习刻印技艺的场所。他鼓励白石百尺竿头，更进一步，并且，把自己珍藏多年的丁龙泓、黄小松刻印的拓片，送给白石学习。

话说距黎松安家一里来路有个叫石潭的地方，在杉溪的下游，这个地方树木茂盛，野花常年盛开。杉溪的水，清冽见底。秋天里，这里又是另一种景致。满山的枫叶红了，像一团团烈焰，把群山装点得分外妖娆。这里又是诗人们遐思联翩，诗情勃发的地方。

胡立三约了白石、仲言、松安、薇荪几位朋友又一次地来这里游玩。

远处起伏的山峦，眼前红透的枫叶，背上驮着牧童的水牛，构成了一幅农村绚丽的景色。白石情不自禁地取下背上的画本，席地而坐，画了起来。

大家围了上来，静静地看着他画。不一会儿功夫，一幅明丽、清新的山水小品就展现在大家面前。

画面的水未干，他拣起几个石头，压在画的四周，放在阳光下晒着。

"放在这里吧，没关系，我们看得到，大家沿着溪走走。"胡立三说。

他们慢慢地走着，谈着，来到了上游的一个桥边。这个桥，其实只是一根木头，很窄，横在溪的上面。没有一定的本领，是绝对不敢在上面走动的。

松安看了一下桥，灵机一动，说："我有个建议，要是谁能倒退走过这座桥，就把这块石章送给谁。"说着，他从口袋里取出了一块青田石，长方形的，光滑明亮，青、白、红色相间的花纹，在阳光下闪耀着，十分好看。

他话音刚落，大家就七嘴八舌地议论开了。

# 5. 夹缝之中

　　仲言一听，睁大了眼睛，盯着松安问：

　　"这可是真的？"

　　"军中无戏言，我什么时候假过？"松安反问了一句。

　　"这谁能走得过去，更不要说是倒退着走。"胡立三踩了一下独木桥头，退了回来："明明不可能的事，硬要人做，这不骗人！"

　　"话不能这么说，"松安急了，不服气地说："不然，对岸的人怎么过来？淌水过来的。"

　　"试试吧，代价是真货啊？"仲言冲着松安说道。他知道松安惜石如命，何况是块难得的青田石。

　　松安一听，更急了，涨红了脖子，嚷了起来："你这人，怎么这样啰嗦，连我都不相信了。"说着把青田石放在地上："这由立三兄作个中人。"

　　仲言一听松安急了，哈哈大笑："我先来，我先来。"说着举步走上桥去。走了几步，身体不停地晃动了起来，看着桥下的溪水，心慌了起来，急急忙忙退了回来。

　　这当儿，松安急忙叫起来："不对，不对，我的条件是倒着走过去，你怎么正着走？"

　　仲言伸出右手，抹抹额上沁出的微汗说："别说倒着走，就是正着你能走过去，我送你两方。"

　　"不要两方三方的，我就要这一方。"白石打破了沉默，胸有成竹地看了大家一眼。他信步走到桥头前，转过身子，背对着桥，举脚迈步，一步一步地退到了对岸，又轻快地从对岸走了过来。

　　大家想不到白石还有这个绝招，惊讶地看着，一直到他走了回来，才高兴地欢呼起来。

　　松安取来青田石，双手奉送给白石："你有缘分，还是归你。这石我可藏了十多年，舍不得用，如今送了你，也算了却了一件心愿。"

白石被黎松安深厚的友情，深深地感动了。晚上回到家里，他就用这块青田石，精心地刻了三个字"金石癖"，第二天一大早赶去送给了松安。

松安拿着"金石癖"，不知怎样感谢白石的"知遇"之情。他一再挽留白石住几天，但白石因为家里有事，要赶回去，他说最近这几天，张仲飏要来找他。

第二天，天刚麻亮，远山天际放射出万道霞光，把山峦烧得通红通红的。张仲飏正走在通往白石家的路上，突然彤云密布，刮起了大风，接着星星点点的雨丝落了下来。

他后悔自己没有带雨具。好在离白石家不远了，他加快步伐，急急地赶路。

张仲飏此来，是为着让白石拜王湘绮为师的。

王湘绮是当时湘潭名倾一时的鸿儒，声望在胡沁园之上。他的门生故友遍天下，其中不乏出类拔萃的，杨度就是其中的一个。在当时，文人学士能够拜在他的门下为弟子，是一种很高的荣誉。无论是朝廷命官，还是乡间豪绅，只要听说是王门弟子，都要礼让三分。所以，在湖南境内，拜他为师的人，纷至沓来。

不过，像齐白石这样的"怪人"，张仲飏还是第一次遇见。人家都是求张仲飏，而今天，张仲飏反而求了他，主动向他提出，他反而说再考虑考虑，一直考虑了三年。不知他考虑成熟了否？他决定再去找找白石，何况老师一再提起这个齐璜。

雨丝丝地、飘飘拂拂地落着，路面已经全湿了。快到白石家时，他的衣服、鞋子全湿透了。

一进白石家门，便瘫倒在椅子上，眼睁睁地看着白石，一句话也说不出。

白石不知他为什么冒雨赶来，心想一定有什么急事。

他帮着仲飏换了衣服，让春君烧了一杯红糖姜汤，送到仲飏的面前。张仲飏也顾不了许多，就着热姜汤，吹着、喝着，把一大杯姜汤一口气喝了下去。

过了一阵子，仲飏好像缓了过来，苍白的脸上，慢慢地泛上红晕，白石摸摸他手，有了热气，高兴地说：

王湘绮

"你可吓了我一跳，干什么大雨天，连雨伞也不拿就跑来了？"

"我是为你而来，拜师之事你考虑好了吗？"

听了张仲飏的话，白石想了想，缓慢地说："这件事，我考虑了很久很久了，我是很敬重王先生的。不过，说句不客气的话，在他的门生中，有像你这样杰出的才俊之士，也有一些以先生的门生为招牌抬高自己的人。我是耻于与这些人为伍的，恕我直言了。"

仲飏静静地听着。白石的话语里，蕴含着他的刚毅与信仰。他暗暗称奇，想不到这样一个平常的、温良的胸怀里，却有着一颗刚阿耿直的心灵。

"你的说法不无道理。"仲飏也在沉思着，"不过王先生十分敬重你。他很器重你的画，经常问起你，这倒是真的。你先会会他，也没有什么的。"

"这样吧，"白石扬起了右手，在空中画了一个圈，说："我画些东西，约个时间，同你一起去拜访他，如何？"

仲飏高兴地说："明智之举，明智之举，这样也好，可进可退。"

时间又过了三个月，已是寒冬腊月。白石过了三十七岁生日，带着自己特意准备的诗文、绘画、印章，去拜访王湘绮了。

王湘绮比他想象中个儿要矮得多，脸色白净，两只炯炯有神的眼睛，总是紧紧地注视着人，尤其当他与别人交谈时，看上去给人一种文人恢弘的气度。

他仔细地从头到脚、从脚到头地看了一遍白石，微微地笑了起来：

"早就听仲飏说起你，也听过你刻苦学画的事。笔墨丹青，易学难工，听说你画得不错了。"

"画得不好，很粗糙，还请先生评阅评阅。"白石谦虚地说着，递上一卷自己精心抄写的作品——诗文。

王湘绮接过来，从头到尾，慢慢地翻阅着，没有出声，屋里也静得很，没有一点声音。

白石等王湘绮阅览了诗文，赶忙站了起来，将带来的二轴山水画和一幅草虫画，轻轻地展现在他面前。王湘绮看着、看着，连连点头，赞不绝口："好手笔、好手笔，又是一个寄禅黄先生哪！"

白石一听将他与寄禅画师相提并论，脸一烧，心脏好像也跳得快了起来。

他知道寄禅是他们湘潭的一个很有名的和尚。俗家姓黄，原名读山，是宋朝时黄山谷黄庭坚的后裔。出家后，法名敬安，寄禅是他的法号，又自号八指头陀。他少年寒苦，发愤攻读、潜心绘画，很有成就，远近闻名。王湘绮把他与寄禅和尚相提并论，使他很感动。

离开王湘绮的家，已是临近傍晚的时分。他始终没有弄清楚王湘绮对他诗文的看法。只是第一次相见，不便问，他要仲飏代为打听一下。因为湘绮毕竟是名儒，工于诗文，名倾一时，听听他的指点，对于自己的学习，是有好处的。

回到家里，刚跨进门，只见黎松安端坐在屋里。他一见，非常高兴地走上前去，拉着松安的手：

"什么风把你吹来了？这么长时间也不来玩玩。"语调里带着责备。

"你是大忙人，哪还记得我们。"松安俏皮地看着他。

"你等好久了吧，有什么事？"白石不理他的话，正经地问。

"让你做笔好生意，如何？"

"什么生意生意的，不爱听。谁要画画？"白石不高兴地看了松安一眼，为他重倒了一杯茶。

"别这样生气了，我是特意来的。"松安依然笑笑说，"知道谭延闿吗？两广总督谭钟麟的大公子？"

"听说过。他怎么啦！"

"人家很欣赏你的镌刻，请你治十几方印章，刻什么，都带来了，怎么样？一笔好买卖吧？"说完，松安又狡猾地一笑。

在他众多的朋友中，黎松安是他很知心的一位。在艰难困厄之中，松安对于他的倚重、帮助，他是永远不能忘怀的。今天介绍他给谭延闿治印，也暗暗包含着黎松安对他的一片心意。

黎松安知道白石这几年的镌刻，已经有了相当的水平，并且独辟蹊径，逐步形成自己的路子。他决心帮他在社会上扬扬名，以免被埋没。今天远道而来，专程等候他这么长时间，就是为了这个。

白石从内心里感谢这位患难之交。他不无感激地说："其实你刻得比我好，为什么你不刻呢？"

"这件事嘛，我想了很久了。"松安脸色严峻了起来，"你没忘掉八九年前的'名家'之辱吧？我想有一天，你的印章同你的画一样，也会远近闻名。你的印，有创新，在许多方面比我强多了，但是，说句心里话，知道的人不太多。谭家原先是找我刻的，这是真情，我想了想，还是你合适。这样，你就会有更多的机会展现自己的才艺。"他说着，有些激动，语调由缓而急、由低而高。

白石被他的深情厚谊感动了，接受了这个任务，更主要的是接受了松安的这片心意。

整整半个多月的时间里，他推迟了其他的事，使出全身解数，设计了几十种方案，最后选定了自己认为比较满意的章法、笔法和刀法，细心刻来，刻出了十几方的印章，自己细细地欣赏了一番，很是得意。于是，他带着印章和以前答应送给松安的画，找松安去了。

# 6. 借山吟馆

数天后，黎松安到杏子坞白石家，告诉他，印章已经转给了谭家，并将润资交给了白石。白石留下松安，想一起好好聊聊。

黎松安告诉白石，王湘绮老先生是很器重他的。前些日子他过生日，来了不少名士儒生，他特意把白石的画挂了起来，大大地介绍了一番。谈到这里，他不解地问：

"王先生这样器重你，你拜在他的门下，也不辱没你，其实仲飏也是一片心意。"

"我倒不是怕那个，而是担心别人说闲话，好像我是靠着名家吃饭，何苦呢？"

"那就管不了那么多了。路遥马力，日久人心，慢慢地，大家就会了解你。"

"听人家说，王先生说我文可以，诗有点像《红楼梦》里薛蟠做的，这话还真是点到了要害，我写诗完全写我心里头要说的话，很少认真修饰字面，自己看看，也确实有点呆霸王味儿。"

"不见得。我倒喜欢你的诗质朴无华，情真意切，不事雕刻，意境也开阔。"松安叹了一口气："唉，各人有各人的胃口。"

他们慢慢地谈着。时已近中午了，春君特意为这两位朋友的相聚，做了几碟可口的菜，买了一斤酒，两人慢慢地对饮起来。喝到半中间，张仲飏急急忙忙赶来了。白石高兴地拉他入座，重摆上一双筷子、一个杯子，春君又炒了一盘蛋、一盘腊肉。

仲飏连喝了几杯酒，便上了脸，红红的，一直红到脖，眼睛也布满了血丝，他带着几分朦胧的醉意，直看着白石问：

"你给谭家治印啦？"

"是呀，你怎么知道的。"

"我能不知道。有些事，你不知道，我可知道，信不信？"

"什么事啊?"松安不解地问。

"你老兄干的好事。是你介绍他给谭家刻印的吧!"他转向松安,"谭家那几个兄弟,懂得什么金石,以耳代目,干蠢事。"

白石听出他话里有话,急忙问:

"你把话说清楚,到底出了什么事?"

"什么事?"仲飏又灌下一杯,激愤地说:"他们把你刻的印全给磨了。"

"为什么呢?"松安问。

"为什么,还不是那个狗屁不通的丁拔贡。什么拔贡、拔钉的。"

"哪个丁拔贡?是不是自称金石名家的丁可钧?"松安又追问了一句。他不满仲飏这种慢吞吞的作风,可又不好发作。

"谭家听他说濒生刻的印,不知是那一路,不守章法,就统统磨了,请姓丁的重刻。你说,姓丁的刻印是哪一路?还不是和濒生一样,丁龙泓、黄小松这一路?可恨不?"仲飏解开衣服扣子,掏出手帕,不断地擦着颈上、脸上的汗。

白石没有言语,他的心像是被谁猛击了一拳,久久地缓不过气来。他平生没有受过这么大的凌辱,遇到这么难堪的事。

松安望着白石铁青的脸,感到了事情的严重性。他愤慨地放下筷子,站了起来:

"这欺人太甚了,我找谭家说说。"

白石一把按住他,努力控制住自己的感情:"何必呢!这事也怨不得谭家。人各有所好,愿意请谁就请谁,只是那个丁拔贡实在太过分了。"

仲飏后悔自己不该在这样的场合说了这么多的话,他解释、宽慰着:"丁拔贡的话,也不一定是真心话,无非是为自己揽些生意,搞江湖上的生意经罢了。其实,你的画、金石,王湘绮老先生都是赞不绝口的,他见到的精品,难道比丁拔贡少?"

松安经他们一说,倒比刚才冷静了许多,回到原来的座位上,若有所思地说:

"文人相轻,自古而然。提防着点倒是必要的,濒生以后还会遇到比这更麻烦的事。"

"那倒是。"白石淡淡一笑："不过,走自己的路,别人的毁誉,我是不计较的。"

"王老先生还很思念你哩!"仲飏换了一个话题。

"濒生还是该听仲飏的话,拜在王老先生门下,求得艺术的进益,有益无害呀。"

"那就这样吧,仲飏,什么时间登门拜师,你定吧。"

张仲飏为自己终于说服了白石而高兴,赶忙答道:"明天吧,我同你一道去,怎么样?"

天际泛着鱼肚色,渐渐地远处的群山、树木清晰地展现在眼前。窗前的几只麻雀,跳跃着,叽叽喳喳地、快乐地叫着,呼唤黎明的到来。

深夜唤起的创作激情,还在冲击着他的心。他放下彩笔,倚靠着藤椅,细细地观赏着墙上挂的一个多月来,自己潜心创作的十二幅六尺中堂《南岳全景》图,任凭飘动的思绪,在广阔的空间驰骋。

南岳是生他、育他的地方。这一片神奇、瑰丽的土地,逶迤于衡阳、湘乡、湘潭、衡东、长沙之境,方圆数百里,主峰七十二,像一条巨龙,奔腾在苍茫的云海之中。回雁峰是首,岳麓峰为足,祝融峰最高,各个雄伟峻峭。如今,他把这万千气象的南岳色彩鲜明地绘于纸上,倾注着他对故土的眷恋。

进行这样巨幅长卷的山水创作,他还是第一次。两个多月前,也就是他同张仲飏一道拜师王湘绮后的第三天,胡沁园派人来请他,说湘潭县城里的一个江西盐商,最近游览了衡山七十二峰,被那壮丽的山河景致所折服,决定重金聘请名画家绘画《南岳全景图》。他让白石去应聘,由松安带着他的亲笔信陪白石到盐商那里去。

盐商早就听说白石的山水画湘潭闻名,又是名儒胡沁园介绍来的,十分高兴。当下就请白石绘制七十二景图,一个半月完工。

白石问他有什么具体要求,盐商眯起眼睛,想了想,说:"我不懂画,你拿主意好了,不过要画出气派来。"他右手在空中比划着,"着色要浓重点,这样显得气派。"

按着盐商的意见,白石用重色画出了那重峦叠峰,层林沟壑,一眼望去,浓绿欲滴。十二幅画光是石绿一色,他足足用去了两斤。晚年时,白石老人谈及此事时说，这真是个笑话。

四天后，在那间宽大、明亮的客厅里，盐商把一幅幅《南岳全景》图挂了起来，真是气象万千，泼墨淋漓，熠熠生辉。盐商提着烟壶，一幅一幅地端详着，连连叫好，赞不绝口。

"这十二幅画，了却了我平生之愿。"盐商踌躇满志地回到座位上，乐哈哈地看着白石，"感谢齐先生的辛劳。"他伸出左手，把放在桌子，用红纸包着的一封封银子递给白石：

"这三百二十两银子算是给先生的润笔，望笑纳。先生丹青妙笔，前途无量啊！"

白石想不到他会给这么高的润格。这三百二十两银子，在那时可是个了不起的数字啊！

他装好银子，径直地回到了家里。顾不得路上奔波的辛劳，便把一包包银子放在了桌子上。全家都围拢来了，惊讶地、喜悦地看着，说着，因为有生以来，齐家哪见过这么多的银子！

婆婆颤巍巍地走到桌旁，伸出那干枯的手，一包一包地抚摸着，泪，顺着眼眶缓缓地淌下。

白石触景生情，一种交织着欢乐与痛苦的情感，涌上了心头，他忙扶着婆婆，在椅子上坐下。

"这银子来之不易。可不能轻易花,得办点像样的事。"齐以德站在门槛边，抽着烟。

"我看买点田。这年头老是租人家的，受了多少气。"齐周氏感慨地提议着。

"还是买了房子好。"春君看大家沉默了一阵，说："这几年，添丁加口，这几间房子已经住不下了。他天天作画，连个宽畅一点的地方都没有。桌子上堆得满满的。屋里进去三个人就转不开身。上次画好的画没地方放，孩子进去玩，给撕得粉碎。他回来一看，就打孩子，打了又抱着孩子哭……"春君说不下去，怜爱地看了白石一眼。

"我看春君说的在理。"婆婆接上了话题，"还不如买个空房，租也可以嘛！"

"那就这样吧，我明天去跑跑。"齐以德说。

十多天后他们终于找到一所房子，在离白石铺不远的狮子口，莲花寨下面。是所梅公祠，连同附近几十亩祠堂的祭田，正在招人典租，索价八百两银子。白石没有那么多的钱。恰巧，他的一个朋友，愿意同他合作，出四百八十两银子，要了那祭田，白石花三百二十两银子，典住了那房子。

他选择了个黄道吉日，同妻子春君，带着两儿两女，搬到梅公祠来了。

这里山清水秀。尤其是莲花寨到余霞岭这二十来里的区域内，冬末春初，梅花漫山道路开放，姹紫嫣红，生机盎然，使他好像置身于诗情画意之中，于是，他把他住的梅公祠，取名为"百梅书屋"，并做了一首诗：

> 最兴情是旧移家，
> 屋角寒风香径斜，
> 二十里中三尺雪，
> 余霞双屐到莲花。

梅公祠内有一块空地。他在那里盖了间书房，取名"借山吟馆"。房前房后，种了几株芭蕉和其他的一些花卉。夏季，芭蕉沐浴着阳光，在肥沃的土壤里，伸枝舒叶。它那碧绿、宽大的颈、叶，有一人多高，生机勃勃，特别是那红得如血的朵朵鲜花，更给这小天地增添了无限的情趣。

梅公祠前，还有一汪水塘。他春上从老远的地方取来了莲种，种在塘里。盛夏，荷花宽大的绿叶，衬托着一支支出水盛开的荷花，白的、浅红的，分外妩媚、妖娆。

一个夏天的傍晚，凉风送爽，白石信步在这芭蕉、荷塘旁漫步。莲荷出淤泥而不染，亭亭玉立。他想起了周敦颐的《爱莲说》，人爱牡丹，而他独爱这莲花。儿时读到这里时，弄不清老夫子的情怀，而今，他才悟到那其中寄寓的人生真谛。

"濒生，你搬到这里来啦？"一个熟悉的声音传到了他的耳里。他回头一看，原来是小时枫林蒙馆的学友陈先生。

白石高兴地与他见礼：

"到家里坐坐？"

"不啦，以后再专程拜访。"陈先生高兴地察看了一下周围，"这里可变了样了，真不愧是画家，简直像个花园。不过，书房为什么叫'借山吟馆'？"

白石笑了笑："意思不难明白，山不是我所有，我不过借来娱目而已！"

陈先生哈哈大笑了起来，一鞠躬，别了白石，很快消失在夜色之中。

刚才的谈话，远处的群山，一塘荷花，几叶芭蕉，轮廓清晰地呈现在眼前，把他的创作激情从心灵的深处，召唤了上来。他赶紧跨进了屋，春君见他要作画了，忙着为他展纸、调墨。他沉思了良久，提起笔，用淡墨在上方勾勒了几处山峰，接着恣意挥洒了起来，到子夜时分，一幅《借山吟馆图》便展现在眼前。

初到梅公祠的一年里，白石主要是读书学诗。这里幽雅的环境，助人诗思。白石最喜欢秋风雨夜，那潇潇簌簌的风声雨声，令他诗情不断。他写了一首诗，专门记述那情景，其中两句是"莲花山下窗前绿，犹有挑灯雨后思。"

这一年中，白石写的诗，竟有几百首之多。

李中书今天没有去衙门办公务。早饭后，他回到雅静的书房里看《湛然居士集》。这是元代耶律楚材的作品，十四卷，诗十二，文二。他的一位在京师的朋友到长沙办公务时，专程到湘潭看他，给带来的。

唐诗、宋词、元曲，是垂世公认的佳作。至于元人的诗，他一般不看。他认为，元人的诗，还不如市井勾栏的戏曲。"碧云天，黄花地，西风紧，北雁南飞。晓来谁染霜林醉？总是离人泪！"多么令人销魂！这佳句，不正是出自元曲吗？所以，即便是《湛然居士集》这样的名家之作，他还是照自己的习惯，先读二卷文，再看诗。

中书是他的官职。他原名叫祖藩，号翰屏。小时读了不少的书，做的诗也清丽、工整，一手的字，有点柳公权的味道。在人世的天平上，他总觉得自己的"砝码"比起其他同僚来要重得多。

一次长沙饮宴，席上一个官阶比他高的人，摇头晃脑，大发议论，他斜着眼，静静地听他在说什么。因为十多年的宦海生涯，这样的人，他实在遇到了不少。

谁知那人信口开河，说什么他喜欢李公主的词，不喜欢李煜的词。虽然同生在深宫之中，可是李公主是女的，感情深沉婉约，而李煜呢，却有点感伤的味道。他听着，仰天大笑，吓得同桌的其他官职卑微的官吏们，面如土色，张皇地看看他、看看那个大官。他笑完，站起来，仰着头，旁若无人，扬长而去。

在这湘潭，除了蔡中书，他是谁也看不上眼。于是，大家暗地里称他为"狂士"。

"狂士？"一天家人把这雅号告诉了他，他先是一惊，接着，哈哈大笑了起来，"狂士有什么，魏晋时的山涛、阮籍、嵇康、向秀、刘伶，不都是狂士？饮酒啸歌，佯狂放诞，大庭广众之中，还脱了裤子。我还不至于此吧。可人家是名垂千古的大诗人。哪个诗圣不狂？连李太白也狂。"

他滔滔不绝地辩解了一番，好像对于这个雅号很得意。但是，对于蔡中书，他一直是敬重的。

蔡中书名毓春，字枚功，是白石的老师王湘绮的内弟。他的诗、书、画、文，很得王老先生的赞誉。今天蔡中书要到府上，他很高兴。清晨就嘱咐家人准备下酒宴，连菜单他都一一过目，亲自圈定。

他正看着书，家人进来告诉他，蔡大人已经到客厅了。

他一听，跳了起来，边更衣，边责怪地说："怎么早不通报。"说着，转过暖阁，迎了出去，与蔡中书热情地致礼、问候。

蔡毓春似乎比他高出半个头，老是带着笑容的脸，白净而红润，穿着合身的紫檀色长衫，显得更加英俊、洒脱。

"枚功，令兄好吗？"李中书请蔡毓春落座后，习惯用这样的称呼询问蔡毓春的姐夫王湘绮的近况，"最近他老人家又收了很多门生了吧，有什么杰出的才俊之士？"

毓春沉思了一下，回答说："门生倒是不少，真正有点造诣的，只有一个。"

"谁？"

"齐白石，听说过吗？木匠出身。"

"是不是那个会画画的齐璜？"

"正是他，你见过？"毓春反问了一句。

"没有，见过他的画，是在朋友家里。"

"我姐夫很器重他。说他家境贫寒，但才气过人，敏锐好学，前途无量。我同他也有往来，常常去看他作画。"毓春侃侃而谈。

"湘潭之中，竟有这样的奇才。"李中书暗暗惊讶。

"我过去也不知道，只是姐夫谈了后，又会了他，才感到国有颜子而不知，深以为耻。"

李中书一听，脸红了起采，心里像被针扎了一下。他后悔自己任上这么多年，连眼皮底下有这么个杰出人才都不知道，他暗暗佩服毓春在识人上有过人之处。

"你能否介绍他到我家里住几天，作作画，认识认识么？"李中书试探地问。

"问题不大吧。不过，不是我请，而是你请，你是主人嘛。"

李中书知道自己说走了嘴，搭讪地说：

"对，对，我请，我请。请你代我请。"说着，两人哈哈大笑了起来。

十天后，白石踏上了去湘潭之路。

对于李中书的"狂劲"，白石早有所闻。他对于豪门、官吏向来有戒备之心，何况是这种作风的人？推辞掉吧，又是蔡中书介绍的，情面上过不去。考虑再三，还是决定去。不过他早已抱定主意，只管画画，不谈他事，画完就走。

中午时分，他才赶到湘潭县城，天很热，他跨进临街的一家茶馆，要了一杯茶，慢慢地喝着，心里渐渐的清凉多了。

现在正是中午时分，人家正吃午饭，不便登门，不如在这里随便吃一点。于是，他向店主要了几两饭、一碟辣子炒蛋、一碗清汤，慢慢地吃了起来。

# 第四章　离湘出游

历史上，李、杜不要说了，像唐宋八大家，哪个没有在年轻时代，远离家门，饱览祖国的壮丽河山，丰富自己的创作源泉？可是，他们毕竟是一代文豪，而自己不过是一个画师，虽然在湘潭这块土地上已经闻名遐迩了，但不可与他们同日而语。

# 1. 北上西安

离家转眼已经两个月了。这里的画，原在十多天前就可以完成，可是李中书一再挽留他，要他多住些日子。

他想不到这位"狂士"会如此礼贤下士，诚恳热情地款待他，对于他的画，无论是人物、山水，都十分赞赏。在办完公务之余，时常来到西厢一间特地为白石准备的明亮、宽敞的画室，看他作画，聊聊绘画、书法和金石方面的问题。

"听说白石兄金石镌刻也不错，不知学的是哪一路？"李中书取过一把椅子，坐在白石的对面。

"我主要是学黄小松一路。"

"噢。"李中书应了一句，"兄弟倒存有李阳冰的缙云城隍庙记、三愤记的部分拓片和'听松'二字的拓片。你有空，可以看看。可惜得很，谦卦铭拓片前些年搬家时，已经遗失了。"

白石听他这里有李阳冰的拓片，很是高兴。下午时分，李中书立即派人给白石送了来，白石如获珍宝，一个下午，关在屋子里，仔细地品味起来。

这样，他又住了十多天。春君怀孕，产期临近，他很想回去看看，安排安排。今晨一起床，他决定画完了这最后一幅芭蕉图，就不再接活儿了，明天或是后天就回去。

昨晚，对于这幅画，他作了精心的构思。清晨一大早，他又跑到屋前的不远处，仔细地观看了一番芭蕉挺拔宽厚、翠绿欲滴的茎叶。用过早点，潜心伏案，胸有成竹地恣意挥洒了起来。

他听到好像门被轻轻地推开了，可能是李家的佣人给他送什么。他无暇去顾及这一切，全神贯注地画他的画。

"爸爸，妈妈让我给你送信来了。"一个幼稚亲切的声音在轻轻地叫唤他。

他停着画笔，回头一看，背后站着一个热汗涔涔、喘着粗气的男孩，这就是他的大儿子。

他高兴地把儿子拉了过来，让他坐在自己对面的凳子上。忙着替他擦汗、倒茶，关切地问：

"你怎么大老远地跑来啦？"妈妈生产了吗？家里一定有什么急事？他思忖着，迟疑地看着儿子。

"妈妈让我给你送封信，说是西安来的，有什么急事。"说着，他从衣袋掏出了信件，递给了白石。

白石拆开信封一看，原来是他的朋友夏午诒写的。他从头至尾，细细看了两遍。信上说，他的内人姚无双，从小喜欢画，可是未得名师指点，西安这地方，画师不少，但没有深交，不便聘请，想来想去，还是请白石能北上西安一趟。信上又说，考虑到白石家境艰难，盘缠、润格，一并寄上，言辞婉转恳切。

白石看完了信，沉思了起来。过了一阵，他对儿子说："你先回去，告诉妈妈一下，明天上午我赶回去。妈妈怎么样了？"他蹲下身子，仔细地端详起儿子来。

"挺好的，快生弟弟了。祖母担心她一人不方便，前几天过来住了。妈妈让你放心，说家里都好。"

"好吧。你先回去，这里有几个铜板，你带着，饿了，自己买点东西吃。"白石说着，送儿子向大门走去。

"爸爸不送了。大柳公公说在东头的大树下等我，一道回去，是妈妈嘱托他的。"儿子扬起头，亲切地看着白石，依依不舍地走了。

夏午诒是白石青年时代的朋友，戊戌科翰林，前不久改官西安。他妻子是名门闺秀，诗、书、琴都粗通一些，唯有这画，却无人指教。婚后，夏午诒也曾托人找画师到家教画，但是，如意的一个也没有，于是，他想到了白石，动了邀请他北上西安的心。

夏午诒的信来得很突然，尤其是邀请他去西安一事，大大地出乎他的意料，拨动了他一颗宁静的心。

他已经四十多岁了，从来没有出过远门。应朋友之约去作画、刻印，少则在外住上三四日，长则两三个月，完了事，就回家；中间临时有点急事，随走随回。对于这样的生活，他是舒心的。因为他原先没有什么更高的奢望，淡泊明志，温饱足矣，从来没有想到要发什么大财。

他从小痛恨那些为富不仁的人。靠自己的劳动，能糊住一家的嘴，过着一个清贫、安稳的日子，就满足了。所以，在他的心目中，从来没有想到要远离家乡，外出长游。夏午诒的信，打破了他心境的长期平衡。

儿时读杜甫诗，他很欣赏这位千载垂名的诗圣那句"读万卷书，行万里路"的至理名言。读万卷书，这二三十年来，他是下了最大的苦心，创造条件，逐步做到的。搬到梅公祠，他精筑"借山吟馆"，除了作画，可以潜心于读书了，而且读得十分的勤奋。"行万里路"，他从未想过。

历史上，李、杜不要说了，像唐宋八大家，哪个没有在年轻时代，远离家门，饱览祖国的壮丽河山，丰富自己的创作源泉？可是，他们毕竟是一代文豪，而自己不过是一个画师，虽然在湘潭这块土地上已经闻名遐迩了，但不可与他们同日而语。

到家十天后，也就是清光绪二十八年四月初四，春君生了一个男孩。这是他的第三个儿子，按辈分，他给儿子取名叫良琨，号子如。

早晨，儿子呱呱坠地了，中午，他又接到了西安来信，这次是郭葆生写的，原来他也在西安。

这是厚厚的一叠信。他轻轻地展开信，一行行熟悉的、秀丽的字，展现在眼前（节选）：

> 无论作诗作文，或作画刻印，均须于游历中求进境。作画尤应多游历，实地观察，方能得其中之真谛。古人云，得江山之助，即此意也。作画但知临摹前人名作，或画册画谱之类，还落下乘，倘复凭冯耳食，随意点缀，则隔靴搔痒，更其百无一是矣。只能常作远游，眼界既广阔，心境亦舒展，捕以颖敏之天资，深邃之学力，其所造就，将无涯矣，较之株守家园，故步自封者，诚不可以道里计也。关中夙号天险，山川雄奇，收之笔底，定多杰作。兄仰事俯蓄，固知惮于旅寄，然为画境进益起见，西安之行，殊不可少，尚望早日命驾，毋劳踌躇。

言辞之间，情意恳切，剖理明晰。白石看完，一言不发，暗暗思量。原来，这次邀他西安之行，夏午诒是同郭葆生他们商量好了的。而且，信上还说，张仲飏也在西安。

他的心有些动了。能有这样一个绝好的机会，出去看看，会会友人，游历祖国的名山大川，见见各地的风物人情，对于自己的艺术进展，当然会有极大好处的，郭葆生的话，不无道理。

不几天，郭葆生又寄来了一笔很丰厚的旅费和画画的润格。他想，看来不去是不行了，那会辜负了朋友们的一片好意。可是，这个家怎么办？他决心同家里好好商量这个问题。

过了端午节，子如已经满月了。在一个风和日丽的日子里，他同春君抱着新生下来的子如，高高兴兴地去杏子坞看望爸爸、妈妈、弟弟、妹妹，郑重商量一下西安之行。

春君听到朋友要邀请丈夫去西安，远离家乡数千里，心里很是留恋。因为从她十三岁过门到齐家当童养媳至今日，他们一直恩爱如初。白石耐心地劝说她，给她念朋友的信，渐渐的，她感到画画需要开阔视野，应该支持丈夫的事业。至于家里的事，孩子渐渐大了，而且老人就在身边，总是可以安排妥当的。

到了杏子坞，齐以德夫妇见了小孙子，都很高兴，轮流地抱着，看着，逗着，小屋里充满了欢乐。

白石拿出十多两银子，交给了妈妈，作为给老人生活上的一点补贴。虽然他们分居而住，但是，经济上没有分开。白石作画的收入相当的一部分交给了妈妈，自己留了一部分，维持一家的生计。他知道父母劳累了一辈子，为他的成长倾注了全部的心血，今天，他能够独立生活，有了比较多的收入，应该使老人家的生活有些改善。

白石把郭葆生等朋友邀请他去西安的事，一一告诉了老人，征求他们的意见。

爸爸默默地听着，不断吸着烟，不说什么。齐周氏看了看春君一眼，问：

"你有什么想法？"

"开始我也是十分矛盾，几千里路，孤身一人，无人照料，有个头疼脑热的，怎么办？"后来一商量，还是让他去的好。老在家，对他的画没好处。到了大地方，总比湘潭这地方认识的人要多，慢慢地，更多的人知道了他，说不定有大造就，这样一想，我也通了。"

郭葆生

"西安是六朝古都，听说那地方是不错的。"齐以德终于开口了，"家里你不用担心，我们会照顾好，而且孩子也大了。只是你从未出过远门，西安离这里多少路？"

"两千里。"白石回答说。

"两千里。"齐以德重复了一句："是呀，这一路上，长途跋涉，怎么样，吃得消？病了怎么办？西安那里，有朋友照顾，不过毕竟是客居，总不如家里。"

"这些，我都考虑过了，问题不大。我已经四十岁了，现在身体还可以，不出去走走，就晚了。至于身体，我会注意的。人家把盘缠、润格都寄来了，不去不好。"白石回答说。

"既然这样，那就去看看吧。"齐周氏将孙子交给春君，"家里的事，就不挂念了，春君能干，我们也时常去照应。"

事情就这样定了下来。毕竟这是他第一次远游，所以，整个夏天，直至秋天，他和全家都为这次外出，精细地进行着各种准备工作。听说西安气候要比这里寒冷，春君特意为他做了棉衣棉裤，两双十分合脚的千叠白底黑布面鞋。还准备了换洗的单衣、衬衣。总之，一切生活用品，春君都精心地为他做了准备。

他给夏午诒、郭葆生去了信，告诉了自己的决定和行期。日子一天天地逝去。离行期越是临近，他的心境越是不平静。在这四十年的岁月里，他没有离开过这生他、育他的故土一步。没有这么远的、这么长时间地离开过父母、妻儿。如今，他要走了，他心里未免时时升起一股难以言状的依恋、惆怅的情感。

这几天，亲朋故友听说他要去西安了，不断来探望他，为他送行。他暂停了作画，准备了画具、颜料，以便于路上写生用。

"白石先生在家吗？"一天，他正在整理画笔，听到门外有一个女子的声音。

他开了门，面前站着一个十三四岁的小姑娘，闪忽着的两只水汪汪的眼睛，淡淡的酒窝，白皙而秀丽的面容，招人喜爱。

白石端详了一下陌生的来客，亲切地问：

"我就是齐白石，你有什么事吗？"

那姑娘一听面前这位就是齐白石，脸一红，低下头，轻声地问："有一事相托，不知先生答应否？"

"你先进来坐坐，什么事，慢慢商量。"白石热情地请她到借山吟馆坐下。

"你找我画画吗？"白石看着她不断巡视着他墙上挂着的画，问。

"不，"那姑娘闪动了一下双眸，莞尔一笑，"我想跟先生学画画，不知能纳否？"说着，脸上泛起了少女特有的羞容。

白石暗暗地吃了一惊。在他笔墨丹青的二十多年时间里，想跟他学画的人不少，但女的要求学，而且求教上门，这小姑娘还是第一个。

白石重新打量了一下小姑娘，感到她非同一般，有灵气，

"你过去画过画吗？"

"画过。不过很不像样，没有老师指点。先生画名，湘中闻名，但不知能收我为弟子否？"她投向白石以期待、殷切的目光。

白石一时被她真切的纯洁的追求艺术之心，深深地感动了。他处在矛盾之中。答应她吧，再有几天，自己就要远行了；不答应，又伤了她的心，她是从四十多里以外赶来的。他踌躇了半天，宽慰地解释着：

"你要学画，很好。可惜，我马上就要出远门了，去西安。一位朋友相邀，来信催得紧，我想不去了，他们不断来信催，我不得不去，去信告诉了他们行期。你看怎么办？"

姑娘那充满了渴望的神情，暗淡了下来，蒙上了一层若有所失的、惆怅的阴影。沉默了好半天，才说：

"我来迟了，其实一年前就想来了。那时要是坚决一点，就好了。"她自言自语，失望之中带有一种悲凉的气氛，"那只好这样了，等先生回来后再说，烦先生了。"

她站了起来，向白石深深一躬，走了。

白石送她到大门外，默默地望着她远去的身影，心里充满着一股难以言状的情绪。他想不到这位小姑娘这样醉心于艺术，把希望寄托在他的身上，而他，给了她什么呢？除了失望与惆怅，还有什么？

两天后，他接到了一封信，没有写信人的地址，字很秀丽。白石打开一看，原来是那位姑娘写来的。信上有这么几句话：

> 俟为白石门生后，方为人妇，
>
> 恐早嫁有管束，不成一枝也。

多么有追求、有理想的女子！白石视野渐渐模糊了，隐隐之中，他分明看见那位姑娘，背着画具，兴高采烈地朝他走来……

我应该去看看她，答应她，等我回来后，一定教她学画画。不能使那一颗炽热的心，冷却了。

白石想到这里，感到自己有一种义不容辞的责任。他想着，收起了信，大步迈出借山吟馆，赶了四十多里的路，到姑娘家去道别了。

白石的突然出现，使姑娘喜出望外。她有些歉意，先生马上要远行了，还要专程跑这么远来看她，她感激、高兴，眼眶里饱含着泪水。

"先生这么忙，还赶来，我实在不敢当。"姑娘深情地说。

"我应该来看看你。一来答应你的要求，一定教你学画画，二来向你道别。"白石宽慰她说。

"先生要走多久？"

"至多一年吧，"白石看了一眼姑娘："快一点，半年我就回来了。"

"那太谢谢你了，我一定等着。"她红着脸，低下了头。

"这是一幅腊梅图，前天赶出来的，送你做个纪念。"白石把一幅画着傲霜斗雪、含苞待放的梅花的画卷，展示在姑娘的眼前。

"这实在不敢当，太谢谢先生了。"姑娘高兴地接过画，品赏着。

"来不及裱了，"白石说："你如觉得有意思，再找人裱一裱。时间不早了，我得赶回去。"

姑娘默默地跟着白石的后面，出了大门，带着一缕凄然的神色，淡淡一笑，

"祝愿先生一路平安！"白石也与她还礼作别。

　　已经是深秋的季节，满山遍野的枫叶，像一簇簇燃烧着的火焰，给这寂寞的群山增添了无限的丰姿与生气。他好像第一次突然发现了家乡这样的美，家乡的父老、兄弟、姐妹是那样的纯真。如今，他要远走了，到一个陌生的地方去。对于故土，对于父母、妻儿难免会产生一种难言的深深依恋的心情。更何况，他又意外地遇到这样一件牵肠挂肚的事！

　　黄昏时分，他赶到了家，黎松安早已等候在那里了。他一看白石进来，高兴地迎上前去："来迟了，昨天从长沙回来，才知道你要远行，今天就匆匆赶来了。"

　　白石见是松安，自然分外高兴。在二十多年艰辛的绘画艺术探索中，松安对于他的支持与帮助，是难以尽述的。

　　对于人生、对于社会，对于艺术，白石有着自己独特的理解。对于存在于人类之间那种纯真的至爱至善的关系，从孩提时代开始，他就有了一种最初的、明确的态度，那就是：在他一生的道路上，曾经给过他这样那样、或多或少帮助的人，他是永远铭记在心，终生不忘。这种情感，一直维系到他生命的最后岁月。

# 2. 初识君山

"汪、汪、汪汪",一阵阵狗的吠叫声,夹杂着好像被打伤而凄厉的哭声,透过薄薄的房板,把白石从睡梦中唤醒。

他不清楚现在是几点了,伸手从枕头下掏出火柴,撩开蚊帐,就着灯,他划着了火。

灯光很微弱,好在他睡了好大一阵,现在精神特别好,所以感到灯光也明亮了许多。

他仰卧着,两手伸出被外,交叉地放在胸上。眼睛注视着蚊帐顶部绣着的一对凤凰,构图新颖,指法娴熟,颜色也清丽、柔和。这幅绣顶,有点像春君为他们圆房时,精心绘绣的那对枕头的凤凰。不过,对比之下,春君手下的那对凤凰似乎更有神韵、更灵秀,尤其是那对传神的眸子,微微张合的嘴,像是在呢喃燕语。

时间已经过去了二十多个春秋,但是,他永远忘不了那段隐没在心灵深处,他与春君灼热的恋情。这种萌生于共同的苦难经历、朝夕相处之中的情感,追逐着岁月,追逐着年龄,愈益深沉。可是,长大了,不知是哪里而来的男子汉的尊严,也不知是谁赋予了她一个女子的矜持,他们虽然同桌就餐,共同劳动,平时却很少说话。只有靠眼睛,那一双多情的、顾盼流波的双眸,在不时闪忽之中,脉脉传情。

在他即将从周之美那里出师的前半年,父母就同他们商定下了,将出师之日与他们的圆房庆典,同时举行。他们是幸福的,因为这一天终于要降临到他们的身上。

"你给我画个图案。"一天,站在僻静的猪圈旁,春君看看周围无人,悄声对白石说。

"画什么图案?"白石不解地望着羞红了脸的春君。

"我想绣个枕头,日子快到了。"这后一句话,她说的声音很小,但他听得十分清楚，也知道是什么意思。

"画什么呢？"

"画一对凤凰吧，图个吉利。"春君抬起头，带着一种探寻的口气："我小时看过《凤求凰》的戏，很有意思。"说着，她不好意思地低下了头。

他答应了。凤凰的题材，是他细木雕刻时的常用主题。但是，今天要把它变成他们爱情的信物与象征，要画好它，他感到不是一件容易的事。他不得不用去整整四个晚上的时间，画了好几幅，从中挑选出一幅自己认为最得意的，送给了春君。

这对枕头，伴随着他们度过了甜蜜的初婚之夜，度过了这以后难忘的岁月。水红色的枕头，不知经过多少次的洗涤，发白了，但那对凤凰的神韵依存，并不比帐上的一对逊色。

《凤求凰》这戏，他没看过。不过，司马相如、卓文君的那段姻缘，他是在书上读到过的。《白头吟》所倾诉的卓文君对于爱情的坚贞，曾经多少次打动过他情窦初开的那颗纯洁的心！对于人生旅途上这悲欢离合的哲理，他理解得不比春君浅，他知道春君深沉的爱恋。

临动身的那天晚上，春君依偎着他，枕着他的胳膊。他感觉到胸脯、胳膊湿湿的，他知道这是春君的泪。这么远的出走他乡，时间又是那么长，对于他和她，确是难言的苦痛。可是，为了画，为了从孩提时代开始就如痴如狂追求的绘画艺术，他不得不暂时离开她，把她一颗心带去，把他一颗心留下。

在他的思绪里，除了画，春君就是他生命的全部。

她对于他的爱是深沉的。十八九岁的姑娘，丰满而修长的身材，浓黑的秀发，隆起的胸脯，细细的腰肢，从头到脚形成很美的一条曲线。晒不黑的、笑颜常开的瓜子脸上一双明亮的眸子。这一切散布着清纯诱人的魅力，常常使许多青年驻足凝视。

她把她全部的爱奉献给白石，但是，并没有把全部的内心话告诉他，因为有一些在她看来是不必要的。她不愿在他们之间投上一层阴影……

"哎哟，妹子，别挑那么多，小心闪了腰。"水井旁，一个媒婆搭讪地上前讨好。

她扬起头，笑了笑。

"你这妹子又标致、漂亮，又能干吃苦，谁不夸？可惜嫁给了这穷学生。"媒婆叹了一声，紧走上前一步，细声地、神秘地说："你反正未圆房，不全属齐家人，不如另找个婆家。有好几个有钱人家看上了你，只要你愿意，我包了。"媒婆拍拍胸脯。

春君没想到她会出这主意，十分气愤，脸一沉："婶婶这话可不在理。人穷志不穷，齐家有骨气。我嫁鸡随鸡，讨饭、饿死，心甘情愿，你别操这个心。"说着，挑起两桶水，直向媒婆走来，媒婆一惊，赶快往旁边一躲，没站稳，跌坐在地上，春君暗暗地笑了起来。

为这事，春君生了好多天闷气。圆房后的两个月，周之美师傅把他听到的这一段事，告诉了白石，大大称赞了一番春君。

白石没有问过春君，春君也从来没有告诉过他。但是，患难之中的两颗心，贴得更紧了。他们相约，等来年荷花盛开、芭蕉吐艳之时，他，一定会到她的身边。

这是他离开长沙，来到岳阳的第一个晚上。

灯燃得很旺、很亮。他驰骋着思绪，远远越过这个斗室，回到了杏子坞、梅公祠，回到了春君的身边。她现在在干什么呢？感到寂寞了吗？

反正，他感到了寂寞。孤身旅行，举目无亲，连续几天，他没有说上几句话。他想再睡一会儿，天亮后要去游游洞庭湖，以及湖中那座多少岁月里使他梦寐以求的君山。

他吹灭了灯，发现窗外已经微微泛上了鱼腹白了。街市里不时传来行人的脚步，交织着话语的嘈杂声。他坐了起来，重新点了灯，慢慢地穿着衣服。

出岳阳的西门，远远就望见了一座重檐盔顶、金碧辉煌、气势雄伟的城楼。"洞庭天下水，岳阳天下楼"，不亲临其境，是很难体味这句话的含义的。

白石背着画具，信步拾级而上。沿着明廊，边走边仔细观察这座精湛的纯木建筑。转到楼的正面，他驻足瞭望，只见洞庭烟波浩渺，远处水天相连，被微风鼓起的浪花，在灿烂的阳光照耀下，折射出一道道耀眼的光辉。他想起了儿时读过的范仲淹《岳阳楼记》："予观夫巴陵胜状，在洞庭一湖，衔远山，吞长江，浩浩荡荡，横无际涯……"那是一点儿不假。何况这里还有"三醉亭""仙梅亭"。光是吕洞宾三醉岳阳楼的那段令人神往的传说，给这灵秀的山川平添了多少情思。他的心被这雄浑美丽的山川、楼宇、湖光、水色，深深地吸引了，把多少天来被惆怅、孤苦的旅途生活所困扰的郁郁之情，吹得一干二净。

今天是连续几天阴雨后难得的晴天，湛蓝的天空，飘着几朵白云，阳光照耀着，一切是那样的宁静、迷人。

白石看了好大一阵子，下到左边依墙的一家酒肆，简单地吃了点饭，匆匆赶到河汉港口的码头上。码头只泊着一条不大的船，船夫站在船头，同一个穿长衫、年纪五十多岁的人在交谈什么。

白石赶上前去，打听船到哪里，去不去君山。到了跟前，只听船夫在说话：

"相公，这去君山好多水路，今天逆风，一两银子哪够。那边有人回来，可以顺便走一趟，不然等于白跑了。你能找一个人同去，也好。"他看了一下白石。

那穿长衫的赶快转过身，打量了一下白石，有礼貌地问：

"先生去哪里？去君山吗？"

"正是，不知船去不去。"白石高兴地回答说。

"去君山，去君山。"穿长衫的忙不迭地说："我们两人，能否少一点？"他看看船夫。

"算了，算了，你第一次来湖南，留个好纪念，每人一两半，快上船吧！"他不容分辩地说着，伸出了竹竿一头的铁钩钩住码头的石缝，用力一拉，船慢慢紧靠了码头，然后伸出左手，扶着跳进船舱的客人说："站稳，站稳，不要急，坐下，坐下。"接着用力一撑竹竿，船离开了码头。

穿长衫那人坐稳后，仰头看着船夫说：

"我可不是第一次到这里。不过，每次来，都要上君山一趟，一次看一个景致。"

"上几次你看了什么？"船夫摇着橹，笑着问他。

"女妃墓，封山碑。"

"这次看什么？"船夫问。

"柳毅井。"穿长衫的回答着，侧身问白石：

"请问先生府上哪里？"

"湘潭杏子坞。"白石笑笑。

"噢,听你口音,像本地人。"他舒了一口气:"我是江西南昌人,常常到各地游游,先生尊姓大名。"

"姓齐,名璜,号白石山人,先生你是……"

那人一听忙答道:"姓陈,名世庆,人称陈三公子,法名觉远和尚。"说着,他凄然一笑。

"你还出过家?"船夫感兴趣地问。

"现在还是和尚。"陈三公子撩起衣角,露出里面的僧服、袈裟。

白石仔细地看了一下他的装束,的确像个出家人。他不明白这和尚为什么这样一身的装束,为什么三番五次去君山。白石默默地望着他,只是他眉宇间隐隐有一股凌然不可侵犯的逼人的英气。眼睛深而神秘,似乎要把这世事、心境紧紧地裹住,不外泄。

船在浪涌之中,缓缓地前进,君山的丰姿已经隐约地在满江的淡雾中展现着。

"遥望洞庭山水翠,白银里面一青螺。你看,那黛色、起伏的群山多像一个青螺,横卧在万顷碧波之中。"陈三公子凝视着远处的君山,自言自语了起来:"你来过好几次了吧!"

白石知道他在问自己:

"这是头一次。"

陈三公子回过头,吃惊地望着白石,似乎要猜透这位湖南人为什么到现在才来到这块神奇的、他敬仰的土地:"那为什么呢?"

"不为什么。"白石淡淡地回答。

"那么,齐先生这次是……"

"我去西安,路过这里。当然,因为是故乡的名胜去处,早已敬仰,这次有机会,想上君山看看。"

陈三公子哈哈大笑起来:"想不到我这外地人倒成了你的导游了。"

白石也笑了起来:"那实在感谢先生了。"

虽然他不清楚这人的来历,而且有点怪,但毕竟有了一个伴,能聊上几句话,解解这多日来孤寂生活的愁苦,也是幸事。

"齐先生去西安是经营还是会友？这路程不近啊。"

白石迟疑了一下，回答说："一位朋友请我教他夫人学画画，催了好几次，盛情难却，只好衔命了。"

"噢，先生原来是位画家。怪不得上船时我就看你背了不少东西，还有笔什么的，原来是这样。"陈三公子快乐地说："齐先生师承于谁？"

"我小时读了一年书，家贫辍学后，过了一段耕读生涯，从小爱画，慢慢地掌握点技法。后来，胡沁园、王湘绮器重我，收我为门生，悉心传授绘画技艺到如今。"白石问："陈先生是路过，还是专程来这里？"

"我是从苏州专程赶来的。"陈三公子看了白石一眼，脸色变得严峻了起来，语调缓慢而深沉："来看一个人的墓。"

"是二妃墓吧！"白石脱口而出。

陈三公子摇摇头："我妻子的墓。"声音很低，好像不愿让人听清楚。

白石暗暗地吃了一惊，他感到蹊跷，这个江西南昌人，为什么千里迢迢将妻子安葬在这君山上，他到底是怎样的一个人，他感到他被一层沉重的神秘的雾笼罩着。

船终于靠上了君山，付了款，他们结伴而行，款款向山上走去。

陈三公子看着白石那良善、狐疑的面容，以低沉、激愤的语调说了他悲愤的、不平凡的身世。

陈三公子出生于南昌一个书香世家。一次父亲赴任路经洞庭时，遇到大风雨，幸亏几条渔船奋力相救，上了君山避风浪。后来，他父亲为了感谢湘神的救命之恩，捐款修庙，并带了陈三公子前来君山祭奠，这是他第一次到君山。

后来，他父亲死于任上，只剩下母亲和他。因为先父为官清廉，没有多少积蓄，辞世后，家里十分清苦。二十三岁完婚后，他在家苦读寒窗，不久考中秀才，年底进京殿试。谁料到吏制昏黑，他又没有门子，结果名落孙山，身无分文，不能南归，在京师以卖字为生，寄于寺庙之中。三年后，回到家里，母亲、妻子不知哪里去了？家室一空，一片残破、凄凉的景象。

他四处打听，才知道母亲见他一去几年，杳无信息，长病不起，不久撒手去了。家里只剩下了年轻、貌美的妻子。一次在寺院进香时，被一官吏看中，先是金钱引诱，继之威逼手段，妻子终不为所屈，在一个风雨交加的晚上，她在绝望中，悬梁自尽了。

"我回到家，她们先后死去一年多了。"陈三公子沉重地说："我找到了妻子的坟地。这罪恶的土地，那能安葬她的心灵？于是想到了君山，想到二妃之墓。我请人收敛了她的遗骨装在坛里，千里迢迢，自己偷偷背着，历尽千辛万苦，来到这君山上，安葬了。不久，我落发为僧，云游四方，找那冤家对头去了。"他眼里飘动着泪花，强抑着，不让它落下。

"你这次来，是扫墓？"白石同情地问。

"不，是祭奠。告诉她，那个狗官已经死了，死于苏州的一次过江之中。"他仰着头，脸上呈现圣洁的光辉："我们先看看二妃墓如何？"

"行。"白石心情沉重地走着。他做梦也没有想到，君山还有这一段惊心动魄、鲜为人知的事，他对陈三公子油然而生一种深深的敬意。

二妃的传说，最早是爷爷告诉他的。长大后，他看到《淮南子》，感到那记载的与爷爷说的不一样。但他一直相信爷爷说的那段催人泪下的故事。娥皇、女英为寻找丈夫舜，经历了多少苦难来到君山，结果，舜早已病逝于苍梧了。她俩悲痛万分，攀竹痛哭，泪珠滴在竹子上，竟成了斑斑泪痕，二妃因悲恸而死于君山，安葬在这块土地上。这美丽的传说，真挚的情爱，多少次扣动了白石的心，如今他来要亲自看看，谁知道又耳闻了另一段的生死恋情。

他们绕过了几处，终于来到二妃墓前。

墓是石砌的。前面立着石柱，雕刻着麒麟、狮、象等，中间竖立的一块墓碑，雕刻着"虞帝二妃之墓"六个大字。

"这是前些年两江总督兼兵部右侍郎彭玉麟立的。"陈三公子指指前面十来丈远的一对引柱，解释说："你看那上面对联：'君妃二魄芳千古，山竹诸斑泪一人。'岂止是泪？是血！心里淌着血。"

白石默默地听着，看着，他理解陈三公子此时此刻的心境，他不知怎样安慰他。他想，在许多时候，沉默比任何动听的言语更有力量。

他们站立了许久，又向着龙口、龙蛇山的尾部走去。这里便是柳毅井，千载流传"传书"的故事，曾经在这里演过，留下了中华民族史上纯真爱情的又一传奇的色彩。

　　井建得十分别致，深三丈余。相传古时深不见底，传说与千里之外的苏州太湖相通。

　　井壁上的巡海神浮雕，手持宝剑，威武雄壮，栩栩如生，相传当年柳毅入海见龙王，就是他带的路。离井丈五尺的地方，一条斜道伸向井中，传说柳毅当初就是从这里下龙宫，道的两旁壁上的虾兵蟹将的浮雕，展现了迎接柳毅的生动场面。

　　白石沿着通道，下到井面，伸手摸了摸，真是遐想联翩。

　　看过"柳毅井"，日已西斜了。白石忍不住地问：

　　"陈先生夫人的墓在哪里？"

　　"前面不远。"陈三公子指着前面的一棵大树，"就在那树下面。"

　　他们快步地向那棵松树走去。到了树前，只见前面隆起的一个小小土包，长满了青草。没有任何墓碑一类的标志。要不是专门的指点，谁能知道这里还有一段生离死别的血泪隐史！

　　他们默默地站在坟前，站立着。陈三公子闭眼合十，口中喃喃着。

　　回到住所，已经是掌灯时分。晚饭后，白石挥毫画了《洞庭观日图》，直至深夜。祖国瑰丽的河山，神奇的传说，罪恶的人世间，交织成一幅矛盾的图景，使他难以平静。君山之行，给他留下了难以忘怀的记忆。

　　第二天上午，陈三公子来到了白石的住所。白石很高兴，把他让进屋来，拿出家乡带来的糖果，盛情地款待他。

　　"我明天就要走了，特来向先生话别。"陈三公子显出凄然的、依依惜别的神色。"你有机会一定到南昌来，我把地址给你留下。有件事相烦先生一下，不知当否？"

　　"你尽管说吧，只要我能办到。"

　　陈三公子看了桌上放着的一幅《洞庭观日图》问："先生能否给我画幅君山小品，作为纪念？"

　　"可以，可以，只是我技艺不高，请你原谅。"白石说着，展纸、研墨，凝思了起来。

# 3. 会樊樊山

　　夏午诒的府第坐落在城南的一个僻静处。

　　两扇朱红的大门前，一对石狮昂首屹立着。大门平日里关闭着，只是喜庆之日或是要客来访才打开。所以，这一带的老百姓，往往能从夏宅这两扇大门的开关上，知道夏家的活动。

　　今天，夏家不知又要迎接什么尊贵宾客。大门从中午开始就敞开着，不过没有张灯结彩，比往昔要清静了许多。

　　夏午诒从清早起，就不断派人到大道上去张望。三天前，他接到白石的信，说今天到达西安，郭葆生也接到内容同样的信。

　　他们找来了张仲飏。因为在他们三个人当中，仲飏与白石都师承王湘绮，过从甚密。夏午诒虽然会过白石，不过毕竟不十分了解。仲飏告诉他，白石出身虽然贫寒，但是胡沁园、王湘绮的得意门生，为人耿介傲岸，不事权贵，要他们好好照顾，不可怠慢。

　　夏午诒听了之后，暗暗钦佩白石的品格和他处世待人的态度。所以，对于白石的到来，他亲自作了精心的安排。除了派家人前去迎接外，午饭后，他约请郭葆生、张仲飏，还有长沙的徐京立到家里等候。

　　郭葆生、张仲飏、徐京立在夏午诒的书房里下围棋，夏午诒坐在客厅里，张罗迎接白石的到来。整整大半天过去了，还未见家人回来报告，他心里有些着急，信步来到书房看他们对弈，前脚刚迈进屋，后脚还未提起，忽然门人急匆匆地跑来报告：

　　"老爷，先生到了，先生到了！"

　　夏午诒一听，急忙向客厅走去，郭葆生、张仲飏等人也放下棋子，跟了出来。只见派去联系的一个家人，挑着行箧，走进了客厅，热汗涔涔地放下担子说："客人马上就到，我先走了几步。"

　　四人一听，马上向门外走去。出门远望，只见西边的路上，风尘仆仆地走过来一个身着深蓝色长衫，千层底鞋的中年人。仲飓一见，小跑步迎了上去，高兴地叫了起来："濒生，你到底来了。"夏午诒更是兴高采烈，向白石深深一躬，谦虚地说：

"蒙先生不弃，远道而来，实不敢当。"

白石经过几个月的长途跋涉，终于到了西安，与朋友们相见，也十分振奋。他们边谈着，边向客厅走去。

"你路上怎么走了这么长的时间。"张仲飓问。

"边走边画，走一路，有了兴致，停下来画，很自由。画了不少，时间就长了点。"白石笑笑回答说。

更衣、洗脸之后，大家又在客厅里叙谈。夏午诒引导他的如夫人姚无双，款款走来。白石一眼望去，夏夫人年纪十八九岁，修长的身材，仪态大方，十分俏丽。

夏午诒领着她走到白石前面介绍说：

"这是姚无双。这位就是齐白石先生，是你的老师。"

姚无双满面春风，高兴地看了白石一眼，垂着头，深深地道了个万福：

"谢谢先生远道而来。"

白石慌忙离座答礼。

"这拜礼仪式明天进行吧。"夏午诒望着白石、仲飓，询问着。

"不着急，不着急，休息几天再说。"张仲飓乐哈哈地说，姚无双慢慢地退了出去。

丰盛的晚宴至深夜才尽兴而散。夜色沉沉，什么景物都看不见了。家人提着灯在前面引路，大家陪同着白石，到一间夏午诒精心为白石布置的卧室休息。

这样，白石开始了在夏家教画、绘画的生涯。最初的日子里，姚无双每天上午早饭后，来到白石卧室外屋的那间临时画室里，听取先生授课。姚无双有一定绘画的基础，但毕竟未经过专门的严格的训练。所以，白石从笔、纸、墨、砚、颜料、水等基本画具的选择、使用开始，进行了比较系统的传授。每课后，给一些小品，主要是线条方面，由姚无双去练习。下午时间，白石就将几个月旅途中所得到的感受，逐步地画了下来。

姚无双十分聪颖，好学，闻一知十，学得十分认真，进步也快。这样，白石就教她临摹。每两天，画一幅小品，或人物，或山水草虫、花卉禽兽，让姚无双去临。他要求十分严格，对一点一划，一石、一树、一花、一叶，都要她眼看手追，反复临摹，有时一张小品，她要临好几遍，而后从中选择自己认为最满意的，给白石送去品评、题字。

白石或三天，或五天，综合讲一次技法和存在的问题，从李复堂的"笔墨关键在于水""画人难画手、画兽难画狗，画花难画叶，画树难画柳"旋至"荷叶皴""折带皴"到"四君子"的章法、题字、用章，作了全面而深入地讲解和指导。

时间过得真快，转眼将到年关了。一天早晨，白石推窗一看，到处是银装素裹，远处的群山、田野、房宇，都被皑皑的白雪覆盖着，到处是一片银的世界。

雪还在悄悄地飘落着。白石第一次见到雪，他静静地站在屋前的天井里，怀着孩子般的喜悦心情注视着雪花落下，不时俯下身子，抓起一团团的雪，捏着、闻着。

"好看吧，一片银的世界。"夏午诒披着貂皮大衣，站到白石的身边。

"美极了，把世界变了个模样。湖南是看不到这样的景致的。"白石兴奋地说，头也不回。

"雪景好画吗？"夏午诒问。

"万物都可以入画。"白石侧过脸，看着夏午诒，"关键在于选题的角度，用墨的技巧。说不定用墨画雪，别有一番情趣。走，画一幅小品。"

两人来到了画室。夏午诒帮他拿纸，研墨。白石凝神片刻，挽起了袖子，提起笔，在宣纸上一笔一画地勾勒了起来。那被雪覆盖着的群山，寒风中脱了叶子的树杈，小桥、茅屋，活灵活现地展现在咫尺之中。雪中还伫立着一个青年女子，身披猩红色的披风，给这洁白的、银的世界，增添了热烈的气氛。

夏午诒全神贯注看他落笔、用墨、上色，暗暗称奇。画完之后，夏午诒亲自将画挂在墙上，又找来了姚无双，细细地欣赏了起来。

"先生，这画实在太好了。我是否可以临一张？"姚无双兴奋地问。

"当然可以。不过，白纸上画白雪，不是很容易的。"白石说："古时有不少画家不敢画白雪，只好通过人物、鸟兽惧寒的形态来表现冬天，被人讥为'干冷景'。你敢画，这好。不过，不能用白粉。要以墨色为主，一定要把天空及水烘暗，你可以试试。"

姚无双同夏午诒走后，白石又伏案画了第二幅雪景图。正在他勾勒江边小舟时，午诒同仲飏带着一股寒气，推门进来了。

他们没有惊动他，让他静心作画。他也全身心进入了艺术创作的意境，似乎忘掉了身边的一切。

他点缀完了秃树杈上几只起落着的寒鸦，放下了笔，看着对面的夏午诒、张仲飏说：

"请坐，请坐。仲飏兄这么大雪天来，一定有什么喜事？"

"没有什么事。想到你一定会画雪景画的，特地赶来看看。"

"午诒，还能找到一些古画看看吗？"白石问。

"家父收藏的，就这些了。有些，你在湘潭时，已经临过好几遍了。"午诒看了一下张仲飏，"仲飏兄认识人多，你看谁那儿还有名画？"

仲飏沉吟了一下说："论藏画，恐怕就是臬台樊樊山了。"

"噢，你这一提，我倒想起来了，樊臬台那个'青山居'藏书室，我是常去了，有几个书柜是藏了不少的画。"夏午诒醒悟似的叫了起来。

"是那个湖北恩施人吗？"白石追问了一句。

"是的，就是他。"张仲飏说，"他是南北闻名的大诗人，名增祥，号云门。午诒何不同濒生去拜会拜会？"

"好！这事包在我身上。"夏午诒拍了一下大腿，"濒生兄是否画几幅小品，几方印章送去？"

白石没有马上回答，沉思了起来。臬台，是朝廷命官，为人到底如何？唐突前去，人家会怎样看？

张仲飏看出了白石的心思，解释说：

"这人虽为官，但为人谦和，重人才，没有架子，濒生不必多虑。"

"那好吧，等我准备准备，再去找他。"

三天后，白石带着自己的几幅画和几方石章，信步来到臬台府第。原来夏午诒要陪同他来，被他婉谢了，他认为还是自己独自来的好。

臬台府第前的门人,斜着眼看了一下白石:"你来干什么的?"

樊樊山

"会一下臬台大人,烦你通报一下,就说湖南湘潭人齐濒生拜见。"白石不卑不亢地站着。

那门人仔细地上下打量了一下白石,冷冷地说:"老爷是好随便见的。今天不在,你回去吧!"

白石一见这情况,异常生气,但又不便发作,只好走了。

"你这人也是,衙门深似海,有理无钱莫进来,你不给'门包',他哪里会给你通报?"仲飏一听白石叙述刚才碰了钉子的情况,哈哈地笑了起来。

"我平生是不沾官的,谁知道这些规矩!好了,好了,再也不去了。"

"不要着急嘛,不要说是你,就是我去,如果不认识,还不同样的受气。"夏午诒宽慰着,"这事也怨我,我应该先告诉一下臬台就好了。"说着夏午诒就起身到臬台那里去了。

午诒拜访后,臬台向门人作了专门的交代。白石如约前去,门人十分热情地接待了他。

樊樊山听说白石来了,特地在他的"静雅居室"接待了白石。落座之后,白石将自己的画和几方印章送给樊樊山,他十分高兴,仔细地观赏了起来。他尤其喜欢白石的那幅山水小品,认为有韵致、传神,赞不绝口。不一会儿,午诒、仲飏也被臬台接来了。仲飏是第一次进臬台衙门,因此感到十分的新鲜和兴奋。臬台当着大家的面,热情诚恳地称赞白石的画与印,张仲飏暗暗地羡慕。

"臬台,何不将你的藏画,让濒生看看。"夏午诒看了白石一眼,提醒说。

"对了,对了,我收藏了一些。来,来,来,大家一起去。"臬台高兴地站起来,嘱咐家人在"青山居"备茶后,就领着他们,穿过客厅,来到后庭院的一个十分雅静的住房里,这就是樊樊山珍藏名字画的地方——"青山居"。

室内除了几把椅子,一张八仙桌外,就是依墙并排放着的三个大书柜。

樊樊山径直走到柜子前，从自己腰间取出钥匙，开启了柜，把一轴轴包装得十分精致的画搬了出来，放在了桌子上，然后，一幅幅地展开，请白石品鉴、观赏。

李思训的《江山渔乐》《青山图》，他早年师从胡沁园时，就临摹得熟透了。但是，展子虔的《游春图》，他却是第一次见到。《历代名画记》里说过这幅画，唐代张彦远评述展子虔的画是"触物百情，备皆妙绝""尤善台阁、人子、山川"。赵佶也赞扬他"凡人所难写之状，子虔独易之"，给了他很高的评价。不过白石始终是只闻其名，未见其画。今天见到他的《游春图》，自然是喜出望外，十分振奋。

白石全神贯注地审视着《游春图》，图卷的首段，近处的一条倚山临水的斜径，路随山转，曲折有致，直至妇人伫立的竹篱门前，才显得宽展起来。树木掩映，通过小桥，又是平坡……整个构图运营布局严谨而多变化，色泽丰富多样。

"濒生觉得这幅画如何？"樊樊山看着入了神的白石，轻声地问。

"名不虚传，果然是好画。"白石抬起头来，"古人说他的画，'远近山川，咫尺千里'，那是一点也不假。技巧上也有变化，你看这山石、树木，不用皴擦，而用勾勒，艺术效果就非同凡响了。"

樊樊山仔细地听着，看着，不时点点头。他暗暗地感到，这位客人功力不凡。于是，他又从一大捆画轴里挑出一轴用宣纸仔细包着的画，缓缓地打开。展现在眼前的是朱耷的《溪山雨过图》。这幅画，白石不知临了多少遍了。他喜欢朱耷的风格。但是，他不知道樊樊山为什么也喜欢朱耷的画，不然为什么单独地包藏得这么仔细。

朱耷是个什么样的人，樊樊山清楚，他也清楚。他的那些画，没有一件不表现他对祖国沦亡而产生的痛苦凄楚的心境。所以，他的山水画，尽是残山剩水，一片荒凉，塑造了典型的山河破碎的意境，发泄了自己心中的沉郁与不平。

他静默地看着，不好再说什么。因为他毕竟不知道樊樊山只是艺术上喜欢朱耷的风格，还是在思想上与朱耷也有共鸣之处。

白石看着，被前辈大师的艺术造诣所激起的创作激情，在加剧、在扩展，他要作画了。

"有笔墨吗？"他问樊樊山，"小试一张。"

樊樊山等人见他要作画，很高兴，慌忙地张罗着，收起古画，准备文房四宝。白石脱下长衫，提着笔，看了一下宣纸，挥洒了起来，不一会儿功夫，一幅"苍山老鹰图"便生动地展现了出来。苍郁的群山，峋嶙山崖上仰首驻足的雄鹰，是那样的生动、韵致，使樊樊山异常高兴，不断点头称赞。

樊樊山在白石画好后，忽然想起什么似的，从案上取出诗笺，提着笔，略沉思了一下，写下了这样的文字：常用名印，每字三金，石广以汉尺为度，石大照加。石小二分，字若黍粒，每字十金。樊增祥。

他把笔一掷，亲手交给白石：

"凭我这字条，你到哪里刻印卖画，都没有问题。"

白石没有想到桌台会如此的看重他，十分感激地说："谢谢大人的提携了。"

夏午诒、张仲飏见樊樊山这样器重白石，都感到惊讶和高兴。因为樊樊山是当代名士，诗文名噪一时，他从不轻易地夸奖人。

没过几天，樊樊山会见白石，并且亲笔书写了润格一事，就在西安传开了。于是，当时在西安的湖南人中，不管是认识白石的，还是不认识的，都纷纷前来看望白石，似乎因为自己和白石一样是湖南人，也享有一份荣誉。

张仲飏、郭葆生几乎是天天来到夏府，不是陪着白石论诗观画，就是约他去碑林、雁塔坡、牛首山等处游玩。

今天是到华清池，樊樊山专程派轿送他们前去。

"春寒赐浴华清池，温泉水滑洗凝脂"，华清池是与唐明皇、杨贵妃那段爱情故事联系在一起的。他们沿着白玉雕刻的栏栅，边走边谈着。由白居易的《长恨歌》谈到唐王朝的盛衰，说到人生的追求与理想。张仲飏一直不明白，樊樊山如此厚待白石，在别人看来，是求之不得的大喜事，而在白石那儿，却是淡淡的。他难道不知道樊樊山的身价？

"桌台这样看重你，机会难得，濒生何不作进身之阶？"张仲飏终于忍不住了，打破了十多天来在这个问题上的沉默。

白石没有回答，很奇怪地看了仲飏一眼。

"像我们这样的出身，仕途也是一条道。你只要开一下口，臬台说句话就行了。人家读了几十年的书，却得不到这个机会。"

白石依然默默地走着，仲飑的话语，他好像根本就没有听进去。

"你这人真怪，那天那么多同乡劝你，连郭葆生都来了，你什么也不说，谁知道你怎么想的？"仲飑有些着急了，"你不便开口，午诒代替你转达一下就行了。"

"你不要干这蠢事。"白石终于开口了，"官，我是不会当的。"

"为什么呢？你知道那天来的那些人中，有几个人还是在这里候缺的呢！"仲飑不解地说。

"你不了解我，对于官，我是淡薄的。"白石停了脚步，看了一下仲飑，又抬头望着远处苍茫的群山。

# 4. 婉拒慈禧

白石想不到张仲飏会向他提出这样的一个难题。

十多年来，他是敬重仲飏的。他们两人，一个木匠，一个铁匠，由于共同的苦难经历，他们之间的感情是深厚的。他很钦佩仲飏的聪敏与毅力，几十年如一日，完全凭借着刻苦自学，成为很有造就的经学名家。但是，这次的争执，使他认识到仲飏的另一个侧面：热心仕途，难以脱俗。

对于仕途，他是淡漠的，厌恶的。他相信爷爷、爸爸、妈妈说过的话，"为官不仁"，当官的，有几个清廉洁身？四十多年来，官府盘剥小民，欺凌乡里的事，他耳闻目睹得太多了。

张仲飏见他这样冷淡，自知讨了个没趣，找了个借口，提前回城里去了。感情上的隔膜，把游玩的兴味，冲得一干二净，白石与午诒默默地转了几个地方，也提前回到了家里。

晚饭后，白石一人静静地坐在桌前的藤椅里，心里很不平静。门开了，午诒与仲飏走了进来。他们情绪很高，好像白天根本没有发生过那事一样。

"还生我的气吧，"白石热情地请仲飏、午诒坐下，"其实，我想了一下，你也是为了我好。不过，你并不了解我。"

张仲飏沉吟了一下，口气十分缓慢："人生在世，草木一春，应该干一番惊天动地的伟业，谁不图个光宗耀祖！你这机会多好。机不可失，时不可再啊！"

"仕途宦海，我历来淡漠。不要说七品小官，就是当个抚台，又怎么样？国家走到这样的地步，割地赔款，让外人任意欺凌，为人子不思为国效命，只图个人禄位，有什么意思？"他说到激愤处，站了起来，偷偷看了夏午诒一眼，努力抑制住自己的感情，免得伤了他们的面子。

张仲飏张着嘴，惊愕地看着白石。他第一次听到白石这掷地作金石声的言语，觉得自己脸上隐隐有些发烧。沉默了一阵，他见午诒起身告辞，也站了起来，道了别，走了。

这之后的十多天里，他再也没有见到张仲飏。他知道张仲飏生气，但是，在这基本点上，他是不苟且的。每天除了教姚无双的课，就是自己伏案作画。

时间过得好快啊！到西安已经三个月了。夏午诒要进京谋求差事，调往江西，他邀齐白石和他全家一起赴京。西安这一段，唯一使他留恋的，倒不是这舒适的生活，而是西安作为六朝古都而留下难以胜数的名胜。这里真是一片神奇的国土，那一幢幢古式的建筑，一条条街市，甚至于一山一石，都蕴藏着神秘的传说，给了他以广阔遐想的境地。他，来到这胜迹园林之中，好像到了另一个清静、美好的世界，激发了他艺术创作的灵感。

去不去北京呢？白石很矛盾。离家近半年了，他日夜思念着妻儿、父母。前些天刚接到家信，希望他早点南归。不过，去北京的机会是难得的。

他理不出个头绪，不知回去好，还是上北京好……这时，夏午诒陪着樊樊山前来看他了。

白石一见樊樊山，十分高兴，忙着让坐：

"我想最近去看你，你这……"

"我应该来看你，不必客气。"樊樊山笑了笑，巡视了一下屋里挂着的画，站了起来，一幅幅仔细地观赏着。有的画，他还站在不同的距离，不同的角度，反复地品鉴着，询问作画的时间、心境。

他不会画，但鉴赏力是很强的。他能凭借作品提供的画面，比较准确地领略作者蕴含于艺术构思中或隐或现的寄托与情感。

白石的这些画，题材广泛，格调清新、明快，洋溢着他对蓬勃生命的礼赞和对未来的憧憬。明媚的春光，争奇斗艳的花卉，青青的木草，透露着大自然永不衰竭的生命。

他听午诒、仲飏讲过白石苦难的童年，艰辛的人生旅途。但是，这压抑的生活，并没有给他的画作投下阴影。在这一点上，白石同历代文人墨客的图卷，有着根本的区别。或许他不愿将苦难的生活场景留给人们，而想以自己的画，引导人们去热爱大自然，热爱生活中一切美好的事物。

回到座位上，樊樊山问白石：

"午诒举家进京，你有什么打算？"

"一时还拿不定主意，想听听大人的意见。"

"我有一个不成熟的意见。"樊樊山品了一口茶，似乎在寻找恰当的词语表达他的想法。

白石静静地坐着。

"我的意见，你还是随午诒他们进京为好。即使不长住，看看京华盛景，了解风俗人情，会会文人画师，对于你的绘画，也不是没有好处的。"樊樊山关切地说，"你要长住，午诒他们走后，我介绍你到我朋友家住，一面作画，一面好好游玩，开阔视野。北京，毕竟是古都，精英荟萃。"

"去北京，我初步定了。"白石说。

夏午诒一听，高兴地笑了起来。

"这就好。"樊樊山哈哈地笑着，"我五月中旬也要进京，宫廷内外，我认识不少人，军机处也有几位好朋友，我想介绍你去一个地方，怎样？"他投向白石一个探寻的目光。

"什么地方？"

"'老佛爷'那儿，怎么样？"未等白石回答，他紧接着说："慈禧皇太后很喜欢绘画，她延请的宫廷画师不少，宫内有一个画师缪素筠，工笔、写意都不错，是云南来的寡妇。她给慈禧代笔，吃的是六品俸禄，为人不错，肯帮忙，艺术上有追求。我看过她的画，总感到功力上不如你。我在太后面前保举你，这缪素筠也一定会帮忙，问题不大，也许能弄个六七品的官衔。"

樊樊山神采飞扬，滔滔不绝地介绍着："这大清江山，真正掌权的是这'老佛爷'，谁不巴结她！不要说一般的下品官吏，就是皇亲国戚，军机大臣，谁不这样？"

白石暗暗地吃了一惊，他想不到樊樊山会这样器重他，又是这样不了解他。他不好难为朋友的一番心意，又不愿去做违心的事，心里矛盾着。

"怎么样？"樊樊山见他不说话，追问了一句。

"我是个没见过世面的人。"他笑了笑，"去内廷供奉，可不是一般的地方，弄不好，自己倒没有什么，连累了大人，可不是闹着玩的。"

"这可是难得的机会啊！宫廷的事，也是人干的，留心着点，也没什么。"樊樊山宽慰着。

"我原也没有别的奢望，只想卖卖画，刻刻印章，凭着这一双劳苦的手，积上两三千两银子，带回家去，够一生吃喝，也就心满意足了。宦途生涯嘛，"他把声音拉得长长的，"好像不是我这种人走的。午诒了解，我这个人连客也懒得见。"说完，他以求援的目光看了看午诒。

"京城里遍地都是银子。有本领的人，俯拾即是，三两千两银子，算得了什么？濒生，你当了内廷供奉，照常可以在外头卖画刻印。有了供奉头衔，好像把姓名贴上了金，京城里准能轰动一时，还怕不够一生吃喝的吗？"午诒的言语里带着责备的口吻。

白石默默地听着，无言以对。

樊樊山见白石意志这样坚定，一时难以说通，也不好勉强了，起身告辞，一再叮咛白石，有什么事，尽管找他，不必客气。

离开西安前，白石又去大雁塔游玩了一次，想到这几天所经之事，写了一首诗："长安城外柳丝丝，雁塔曾经春社时，无意姓名题上塔，至今人不识阿芝。"这首诗明确表达他无意为官，不求名利的态度，这也许是对几位朋友多次奉劝的一个回答吧！

三月初一个春光明媚的上午，夏午诒一家同白石一道，踏上了进北京的路。

从西安到华阴县的一路上，在山坳、田野，到处盛开着粉红色的桃花，连绵不断，长达数十里。高低起伏的山峦，蔚蓝的天空，艳丽的桃花，把这山河装点得十分美丽。

到华阴县城，太阳西沉了。白石顾不得一天旅程的疲劳，也懒得去应酬待客，独自跑去看华山去了。可惜天渐渐地暗下来，没有看清楚。第二天一大早，他拉着午诒，匆匆赶到万岁楼，把华山看了个够。

"华山自古天下雄"，那是一点也不假的。山势屹立，像刀削了一样。晚上，就着灯光，脑际浮现着华山的雄姿，他提笔画了一幅《华山图》，并题了一首诗：

仙人见我手曾摇，

怪我尘情尚未消，

马上惯为山写照，

三峰如削笔如刀。

他用焦墨，运用腕力，一笔下来，将那山势画得雄奇挺拔，气象万千，尤其是那侧峰，像刀削了一般，更具神韵。

在华阴住了两天，继续东行，不久就见到了漳河。漳河的水虽然不大，比起湘江来逊色多了，但在北方这黄土高原地带，也别具神韵。清冽的河水，在阳光下，汩汩地淌着，发出阵阵耀眼的光辉。在西安的日子里，他看的多是山和古迹，因为是冬天，没有去看一下渭河。今天突然见到了漳河，好像见到了故乡的湘江，十分兴奋。

"午诒，下车走走吧，这景致多好！"白石跳下了车，呼唤着。

他沿着河滩，缓步走着。忽然，他看见水中有一块长方形的石头，很光滑、奇特。拿它磨一磨刻字刀，倒是不错的。他想着，挽起了袖子，把那石块取出水面，仔细一看，原来是块汉砖，上面刻着字，是铜雀台的遗物。他做梦也没有想到，在这荒野水滨，竟能拾到这稀世的珍品。

他赶紧俯下身子，用清水洗去汉砖上的青苔、泥土，尔后用手帕精心地包了起来。抬头一看，马车已经走出好远了，停在路边。他快活得像孩子一样，狂跑起来，追车去了。

夏午诒见他远远地跑来，满头是汗，高举着右手：

"午诒，午诒，我拾到一个稀世珍宝。"说着，拉着午诒伸出的手，一纵身，上了车。

"什么珍品啊！这么高兴，莫非是杨贵妃的玉镯。"

他坐了下来，打开了用手帕包着的石头。

"不就是一块石头吗？那么高兴。"

"这可不是一般的石头。"白石指着上面烧制的字样，"你看，这是汉砖，铜雀台的。"

午诒一听是铜雀台的，立即接过来，仔细地看了一下："真是，真是，你是哪里拾到的，这可是古物啊！"

夏午诒的家安顿在北京宣武门外菜市口的北半截胡同。

夏家刚安顿下来，亲朋故旧就络绎不绝地前来拜访。白石不习惯这应酬，退到后院僻静的一角，潜心地画他的画，教姚无双学画。

一天，他正在整理画稿，门房通报，说有一个叫曾熙，号农髯的湖南衡阳人，要会会他。

在这之前的几天里，几个在京城候缺的湖南同乡，想找找他的门子，在夏午诒面前说说，给个差事。他很为难，决意再也不见这类人。今天来的曾农髯莫非也是这一类人？他对门房说：

"你告诉他，就说齐濒生出去了，不在家。以后这个人再来，你说我病了，不便会客。"

曾农髯一听门房的话，快快而去。数天后，他又来了，门房告诉他，齐先生病了，不见客。以后的十几天中，他又来了数次，得到的是同样的答复。他便生了疑问，不待门房通报，直闯了进来，问了白石的住房，推开了门。

白石一见面前站着的一个中等身材，白皙的脸上有点怒容的人闯进来，不知出了什么事，暗暗吃惊，不待他开口，那人说：

"我已经进来了，你还能不见我吗？"

白石一听，醒悟到来者就是曾农髯，无法再躲了。他局促不安了起来，忙乱着为他让座。

这当儿，夏午诒也推门进来，热情地拉着农髯的手：

"门房说你闯进来了，不知为什么，我赶快来了，有失远迎，失礼了。"

"这都不必了，见着濒生兄，比什么都好。"农髯笑吟吟地看看红着脸的白石，"这几次挡驾，都没能挡住。"

"濒生兄有他难处。绘画嘛，求一个安静的去处。哪知是兄长来了？"夏午诒解释说，"濒生，农髯可是个饱学之士，风雅得很。官场中有乞势利的人，他不是。他是杨度的好朋友，有骨气。"

农髯一听，连连摇手说："不敢当，不敢当。我只是听说我们湖南出了个大画家，想见见，心里很急切，就冒昧地闯了进来。"

"这没关系。我哪里知道是兄长呢？"白石笑了起来。

"你不见官，愿见客，这好。不过官中有客，客中有官，原也不同。见不见，要看他的人品，你说呢，午诒？"

午诒赞同地点着头，把话题一转，问：

"农髯兄，你在京城有些时日了，名流学士，认得不少。濒生受业于名师门下，字、画、金石俱绝，樊樊山十分器重，专门为他写了镌刻的润格，你想想办法，帮他在京城卖画、刻印，如何？"

"好办，好办。"农髯忙不迭地说："我同琉璃厂的字画店很熟。有什么作品，尽管拿来。不过，这京华胜地，人才济济，濒生第一次来，人生地不熟，不如由午诒和杨度出面，约请一些朋友，在陶然亭饯春，请濒生试试身手，不更好？"

白石、午诒高兴地笑了起来。

事情就这样商定了。送走了农髯，夏午诒反手关上了门，笑着对白石说：

"你这人也怪，你没见过人家，怎么知道人家一定是官场禄鬼？农髯可是个有气节的人，为人正直，常以伯牙自诩，从不同那些势利之辈同流合污，不然早就外放了。他的文才，谁不知道！"

# 5. 初会杨度

齐濒生这个人，杨度是在老师王湘绮那里听说过的。

那一天，他赴京之前，向老师王湘绮辞别，见到王家书房的中堂上，挂着一幅新裱褙的水墨兰花，十分清雅、韵致，不知出自哪个高手。他仔细端详了一会儿，问王湘绮：

"这齐璜是谁人啊？"

王湘绮笑了笑："算来也是你的师兄。他就是你们湘潭百里闻名的芝木匠，雕细花木的。你常年不在家，没会过，现在拜在我门下。他虽然出身贫寒，但聪颖过人，不是等闲之辈，其成就，恐怕不在于你我之下。"

"湘潭有这等人才！"杨度感叹地说。

"人才有的是。自生自灭，埋没的比被发现的多得多，历史上就是这样。"王湘绮也感慨起来："你有机会，会一会他，也是幸事。"

自那之后，齐白石这个名字在他的心目中，留下深刻印象。前天夏午诒告诉他，白石已经来到北京了，他十分高兴。所以，当夏午诒提出联合发起在陶然亭饯春时，他满口答应，时间就定在今天，三月三十日。

他很早就醒来，推开窗户一看，天气很好，万里晴空，浮着几朵白云。吃过早点，他登上马车，匆匆地向陶然亭赶去。

他穿着深褐色的、暗花的长衫，内衬着洁白的内衣，梳理整洁、乌黑的头发，更加显得俊逸、洒脱。因为要去会见一位他思念了许久的，一个从未谋过面的同乡，他心情是欢畅的。

马车转过珠市口，便向西驶去。不久，便到了陶然亭。

清代，京城一些著名的园林、楼台、水榭，如紫禁城、北海、颐和园等处，是宫苑禁地，一般人是进不去的。而这陶然亭位于城南僻静的地方，芦苇环生，风景幽静，右眺西山，南望城堞，意趣盎然。《顺天府志》说它："亭坐对面山，莲花亭亭，阳胜万志，亭之下菰蒲十顷，新水浅绿，冷风拂之，坐卧皆爽，红尘中清凉世界也。"所以，每逢清明时节，文人墨客，常常来到这里聚会，赋诗吟唱。

不过，今天他的心情像这春光，明丽、温暖。迎着湖边随风飘拂、新芽嫩绿的垂柳，看着闪烁着蓝色波纹的湖水，他快步向清香阁走去。

夏午诒远远就认出了杨度，忙拉着白石指着远处的来者：

杨度

"那就是杨皙子，杨度。京城的文人学士，没有一个不知道他的。"说着，他拉着白石去接杨度。

他们相对着走近了。杨度见夏午诒身边站着一位年约四十岁的中年人，微笑着看他，猜度一定是齐白石，便上前一鞠躬：

"濒生兄，久违了。早就听到你的大名，想不到在几千里外的京城见到你，真乃三生有幸。"

白石很兴奋，赶忙地还着礼："老师经常夸奖你，见到你，真高兴。"

"不客气了，难兄难弟。快走吧，人家都等急了。"夏午诒笑了，打趣地说。

"今天来了多少人？"杨度问。

"比哪一回都多。"夏午诒说，"一来要会会这位画师，二来要听听你的高论。"

杨度脸一红，不好意思地说："没有高论，还是看看濒生作画。"

杨度一入席，清香阁顿时活跃了起来。茶点、酒菜是夏午诒早就嘱咐家人准备下的。十多个人，围坐在桌子的四周。来客中，有许多是白石认识的，有一些是第一次见面。

夏午诒、杨度因为是东道，被大家簇拥着，坐到主宾席上。杨度拉着白石，坐在他与夏午诒之中。

菜是很丰盛的，而且全是湘菜。杨度举起杯子，扫了大家一眼，高兴地说：

"诸位，今天盛会，朋友们都来了，难得呀，我先介绍一下，"他指着白石，"这位是我的同乡、师友，齐濒生、齐白石，名倾湘中的画家。你们知道王湘绮老先生，他同我一样，都是王老先生的门人。不过，我们的见面，不是在家乡，而是在这里，京城的陶然亭，今天是我们第一次见面。来，为我们的欢聚，干一杯。"

大家站了起来，相互祝贺着，干着杯。

农髯离座，特意走到白石的身边，深情地说："人生得一知己，足矣。我有君为知己，借主人的酒，敬你一杯。"说着一饮而尽，白石也兴奋地将半杯酒灌了下去，两人相视而笑。

酒宴之后，就是这次聚会最使朋友们感兴趣的精彩的一幕，看白石作画。

可能是因为这亲厚的友情唤起了他的创作激情，也可能是这浓烈的酒，使他振奋、亢进，他在已经铺好了的宣纸上，挥毫作画了。依依的垂柳，黛色的群山，别致的楼台，一一在咫尺之中浮现了出来。空间的布局、调度，墨色的浓淡、干湿，疏密相间的山石，花木的配置，一切都是那样恰到好处。一幅精妙、传神的《陶然亭饯春图》展现在大家的面前。大家赞不绝口，连连喝彩。

杨度一直站在他的身边，仔细地看他笔走龙蛇，心里暗暗称奇，想不到他湘潭家乡竟然有这等人才。难怪王湘绮、胡沁园那样器重他。尤其是夏午诒告诉他关于白石不媚、不谄的品格，更使他仰慕、折服。今天他们相会了，又是在这样一个美好的季节，美好的地方，他真是兴奋不已。

在这之后，白石卖画、刻印，杨度处处为他张罗，所以白石的生意兴隆，收入也逐渐多了起来。

这次聚会，同样给白石留下难以忘却的记忆。过了几天，他写了一首诗，寄给远在西安的樊樊山，表达了自己喜悦的心境，诗中有四句：

> 陶然亭上饯春早，
> 晚钟初动夕阳收，
> 挥毫无计留春住，
> 落霞横抹胭脂愁。

春，留在他的笔端、他的画卷之中。在这古老的文化名城，他沐浴在艺术的春光之中。

琉璃厂的古字画店，各种流派的绘画作品使他流连忘返；四喜、三庆班的京剧，使他陶醉。中华丰厚的艺术精华，以不同的方式，滋养着他，丰富着他。

北京给予他最初的美好的印象，不是它的繁华，而是灿烂的艺术，各种流派的绘画艺术在这里竞争、荟萃。这种得天独厚的条件，湘潭、西安是无法望其项背的。

这天，他从琉璃厂回到屋里，将近傍晚时分。桌上摆着一封西安的信，是樊樊山写的。他取出剪刀，剪开信封，仔细地读着。

樊樊山告诉他，过十来天，他就要到北京来，希望白石无论如何等等他。信是在樊樊山离西安前发出的，如果没有其他变故，按信上说的日期，樊樊山离开西安已经四五天了，再过几天，就会到达北京。

白石知道，樊樊山一到京，一定要保举他去当内廷供奉。侯门尚且深如海，何况是宫廷呢！进去后，势必难以脱身了。他思索再三，决定还是乘樊樊山还未到来之前，离京返乡为好。

他思忖着，刚好夏午诒推门进来，见他桌上放着樊樊山的信。他刚才也接到樊樊山的信，请他一定设法留住白石。

"怎么样，考虑好了吗？"夏午诒单刀直入地问。

"你知道啦！"白石反问了一句。

"他也给我来信了，让我一定留住你呢！"

"我想来想去，决定还是走了好，赶在桌台来到之前。等他来了，难免不好办。"白石的语气很坚定。

"樊樊山对你倒是一片真意。这人在官场中，名气还是不错的。不然仕林中怎么会有那么多人敬重他？他很欣赏你，不仅认为你是个难得的人才，而且你的人格，他也暗自佩服。"

"这样，我更应该早走了。不然他来了，我无言以对。违心的事，我不干；碍着他的面子，又不好推辞，你设身处地替我想想。"白石有些激动了。稍停了一下，他又说："我离家半年多了，也着实有些思乡之情。你夫人聪敏过人，这半年学画，大有进步，照这样下去，日后更有长进。我就不准备留京了，这几天就要走。"

夏午诒见自己劝他不住，只好说："既然你不愿留京，只好随你便了。

不过，我想替你捐个县丞，到江西去，先到南昌去候补，款目自不用你负担。县丞虽是微职，究竟是朝廷的命官，慢慢地磨上了资格，将来署个县缺，是并不难的。何况我不久也去江西上任，总会照应你的。"

白石一听，两手一摊，苦笑着：

"我哪里会做官？你的盛意，我只好心领而已。我如果真的到官场里去混，那简直是受罪了。"

午诒见他这样，毫无退让的余地，只好作罢，但硬把原来准备捐县丞的钱送给了白石。

白石离京前，除了购买些北京特产外，还特意赶到李玉田笔铺，定制了六十根画笔。每支笔上，依次刻着号码，自第一号至第六十号，刻的字是"白石先生画笔第 × 号。"

三天后，他踏上了回家的旅程。就在他走后的第二天，樊樊山风尘仆仆赶到了北京。下榻后的当天晚上，他赶到了夏午诒的家，一见到夏午诒，就说："你这老兄，怎么把濒生放走啦！我的信你没见到？"

"信早就收到了。你埋怨我，我还埋怨你呢！你这一来，把他赶跑了。"

"这话怎讲？"樊樊山有点丈二和尚摸不着头脑。

"其实道理很简单，他就不愿当官。你一来，要介绍他去内廷供奉，不去，又怕伤了你的颜面，无奈，一走了之。你来，他反而提前走了，原准备过完端午节才走。"

"可惜，可惜。"樊樊山不无感叹地说。

"我要给他捐个县丞，一同去江西，他也不干，真没办法。"

樊樊山沉默了好大一阵，才慢慢地说：

"这齐山人志行高洁，不凡啊！"他长叹了一声，"不过，他性情却有些孤僻啊！"

午诒忽然想起了什么似的，忙从书柜里，取出一轴画，展现在樊樊山面前："这是他特意为你画的，也是他亲自动手，精心地裱的。"

樊樊山站起来，只见画面的右角，几处峋嶙的山石上，长着几株兰草。构图简洁，笔力刚柔相济，生动地勾勒了石的坚实与兰的高洁。

他看了几遍，默默地卷上了，说了句"我理解他的心情"。说罢抬脚离开了夏午诒的书房，消失在沉沉夜色之中。

白石回来了。曾经沉寂了好大一阵的借山吟馆，又顿时热闹了起来。

他离京以后，到了天津，然后由天津乘海轮到了上海，又由上海，乘江轮到汉口，回到家乡，已是六月了。久别重逢，家里充满了欢乐的气氛。

第三天，他带上这半年他最得意的画，去探望胡沁园。

胡沁园一直身体不太好，常生病。前些日子接到白石的信，知道他快回来了，没想到他会这么快地出现在面前。

他看着面前这位结实的、英气勃发的门生，十分高兴：

"身体结实了，诗也写得好，不知道画怎么样了？"

白石没有立即回答，而是拿出从北京特意给胡沁园带来的果脯，从上海买的、送给他恩师做长衫的锦缎料子，一一放在桌上，充满感情地说：

"这点薄礼，请老师收下。"

"心意领了，东西不能收，你家不宽裕啊！"胡沁园感激地说：

"千里送鹅毛，礼薄情意重，还是请老师收了。"

"好，我收下，我收下。"胡沁园说，"画呢，我要看看你的画。"

白石将一幅幅他途中画的画，铺展在桌子上，搀扶着胡沁园，一幅幅地翻动着，解说着。

胡沁园看得十分认真，从艺术构思、布局、运笔、题字用章，一一仔细地品鉴，眉宇渐渐地舒展开来，他为白石这半年艺术实践所取得的进步而高兴。这哪里仅仅是画，简直是祖国壮丽山河的真实再现，不，是艺术的再现。尤其是那幅《华山图》，更使胡沁园赞叹不已。

"历代以华山入画，不在少数。真正很传神的，不多，你这也算一幅。尤其这侧峰，一笔下来，如刀削，干、湿相济，若断若续，很有新意。你是怎样画的呢？"

"那天经过华阴，正是阳春三月，满山遍野的桃花丛中，华山雄奇地屹立在眼前，我为之一振，一回去，马上就画了，自己也觉得十分顺手。"

胡沁园不时地点点头，待白石说完，便把手中那把精巧的团扇递给白石：

"你把这华山图，缩到这扇上。"

说着，他起身要亲自磨墨、调色。白石慌了，一下把胡沁园按在座位上：

"不用老师劳累，我自己来。"

白石展开团扇，对着《华山图》，很经意地画了起来，一笔一画将《华山图》缩到团扇上。

胡沁园默不作声，静静地看他的画。过了好大一阵，白石终于画成了，送到胡沁园面前。胡沁园一看，与原作惟妙惟肖，十分逼真，很是高兴。白石重新拿过团扇，在上面题了一首诗：

> 看山须上最高楼，
>
> 胜地曾经且莫愁；
>
> 碑底火残存五岳，
>
> 树名人识过青牛。
>
> 日晴合掌输山色，
>
> 云近黄河学水流；
>
> 归卧南衡对图画，
>
> 刊文还笑梦中游。

胡沁园品味这画与诗，笑着说：

"'读万卷书，行万里路'，都是人生快意之事，你做到了第二句，慢慢地再做到第一句，那就更好了。"白石听了，不住地点头。这是他老师希望他多读书啊！

胡沁园站了起来，从书架上找了许多书，交给了白石：

"这都是历代的名人佳作，不但文字好，而且，每诗、每文展现的一个意境，便是一幅画。你好好体味，久而久之，进步就会更大了。"

他说到这里，忽然想起了什么似的，问白石：

"你这次外游，自己买了一些书吗？"

"买了一些，太多了又怕带不动。"

"现在你应该看些历代名家关于绘画的记载和论述。知其然还要知其所以然，才能融会贯通，如鱼得水。"

"我买了一卷《古画品录》。在西安的一个小摊上买到的，有一些缺页，在京时，借了人家的本子，补、校了一遍。"白石回答说。

"这就很好。还有《林泉高致》，不知你见过没有。"胡沁园看了一下白石："北宋郭熙、郭思父子合著的，对中国山水画的取景、技法提出了自己的见解，很可借鉴，应该看看。这样，我想提高就会更快一些。"

白石认真地默记着，看看天色将晚了，便告别了胡沁园，拎着袋子和画，走了。

# 6. 王门三匠

早饭后，白石踏上去那位小姑娘家的路。

去年前的深秋，她曾上门要拜白石为师，学习绘画，白石答应她，等他从西安返回故里后，一定教她学画。在他远游的半年多时间里，姑娘那俏丽的身影，清秀而热烈的大眼，对于艺术执着追求的话语，时时浮现在他的面前。当他回到借山吟馆，安排的几项重要事宜中，第一项是探访他的恩师，第二项就是教这小姑娘学画了。

还是那两扇朱红的大门，他抓住门上的铜环，轻轻地敲了三下。门开了，出来一个十八九岁的青年人，疑惑地望了一下白石：

"先生找谁？"

白石说明了来意。

那人又上下打量了一下白石：

"先生莫非是借山吟馆的齐濒生先生？"

白石高兴地点点头：

"我是来还愿的。去西安前答应过她，回来后一定教她学画，今天就来了。"

那青年男子一听，脸色暗淡了下来，一副凄凉的神色，眼睛里飘着泪花，慢慢地说：

"妹妹春天去了。"

"去了！去哪里？"白石去年接到她信，隐隐地提到她要出嫁。

"她早就死了。生前常常念叨着先生。"青年男子汩汩地淌着泪。

"为什么呢？是病吗？"白石像是迎头挨了一棒，一下子愣住了。

沉默了好大一阵，年轻人说：

"她安葬在对面山冈的松树下，上面立了一个石碑。"

他还说了些什么，白石没听进去。门是怎样关的，他是怎样来到这荒野山丘，这松树下的坟茔前，也说不清楚。

他想不到她去得这样快。她生前寄希望于他能早点回来，教她学画，赶在她出嫁之前。那是多么撕裂人心的呐喊啊！这罪恶的社会，伪善的吃人道德加给她精神、心理上的负担多么沉重，然而，谁又顾及到了这些！

他呆望着竖起的一块青石，一杯隆起的黄土，把自己采摘的一束鲜花，恭恭敬敬地献在碑前，尔后，迈着沉重的步伐，绕墓地一周，缓步向山下走去。

白石在无法排遣的思绪中，度过了一年。元宵节后的第三天，他接到王湘绮从南昌寄来的一封信，说一些画友都在南昌，希望他能同张仲飏一道，也去南昌做一次旅行。

有了第一次远游的收获与体验，他决定南下，并把自己的意见告诉了张仲飏。

西安之行，因为"当不当官"的问题，他与张仲飏之间发生过一场激烈的争论，双方彼此对于人生态度、生活目的，有了更深一层了解，这种了解虽然给他们之间的友谊投上了一层薄薄的阴影，但是，由于共同的身世与遭遇，以及对于祖国传统文化艺术的追求与酷爱，他们还是无话不谈，十分亲密的。

接到白石信后，仲飏匆匆地赶到了借山吟馆，商量了去南昌的计划。半个月后，也就是三月初，在一个春光明媚、生机盎然的日子里，他们结伴而行，过九江、登庐山，访幽探胜，一路写诗作画，到南昌时，已经是暮春的季节了。

王湘绮住在百花洲附近的一幢二层小楼里。据说，这里还是明末一位高官隐居之所。后来，清兵大举南下，抢、杀、淫、烧，无恶不作，这位高官的妻、儿、儿媳都死于兵乱之中。乾嘉年间，统治者对汉民族上层知识分子采取怀柔政策，认为他是名儒，用高官厚禄请他出山。接旨之时，他悲愤交集，拔出佩剑，割断自己舌尖，以示抗议。不久，他反锁了门，浪迹江湖，走了。这样，这幢别致的空房为一个绅士所占，在楼后门的空地，以湖石、名贵花卉、树木，造成了一个小巧玲珑的花园。十几年前，绅士捐官赴任后，托人代管，所以王湘绮就租下了这幢楼房。

白石、仲飏的到来，给王湘绮带来了欢乐。在他众多的门生之中，出身寒门而颇有成就的就是这三匠——木匠齐濒生、铁匠张仲飏，还有一位齐、张未谋面的铜匠曾招吉。"豫章故郡，洪都新府"，他竟意外地使"王门三匠"相聚了。所以，今天，他特地嘱咐设下丰盛的宴席。

太阳已经西沉，天渐渐地暗了下来。客厅里悬挂着的四盏大红宫灯，照耀通明。中间的宽大八仙桌上，排上了餐具、佳肴，专程等候曾招吉的到来。

曾招吉，湖南衡阳人，铜匠出身。少年时，家里穷，读不起书，就在学艺的空闲，自己苦读，居然书、诗、文等无所不通，后来也拜在王湘绮的门下。白石曾听说这个人，一直没见过。

王湘绮、仲飔、白石正在交谈白石创作的一幅庐山的画，忽然见闯进来一位四十多岁，穿着宽大的白绸缎衣，皂色裤子，迈着鸭子——一摇一摆的八字步的男子，向着王湘绮深深一躬：

"来迟了，一个气球出了点故障。"

"这就是曾招吉。"王湘绮赶忙介绍说："这就是齐濒生、齐白石，他是张仲飔。"

三人高兴地相互见了礼。

入席后，王湘绮亲自给三位门生倒满了酒，然后将自己的杯子举起，扫了大家一眼：

"今天是人生难得的快事。萍水相逢，尽是他乡之客，你们三匠都是我的门生，家乡碰不到一处，倒是在这里相逢了，也是有缘分。来，来，来，干了这一杯。"他扬起了头，一饮而尽。

"人生何处不相逢。"白石似有感触地说："说也怪，老师记得杨度吗？"

"知道，知道，"王湘绮急切地问："他现在在哪里？"

"去日本了。"白石说，"不过我见到他时，却在北京。那一天陶然亭饯春，也是去年这个时候。我们见了面，才知道他是老师的高足。"

"这人呀！"曾招吉喝了一口酒，慢条斯理地说："是我同乡。一天疯疯癫癫的，到处奔波。其实，一介书生，能闹出个什么名堂，戊戌维新，七君子，老佛爷一出面，把那伙新党杀的杀，抓的抓。"

"话不好这样说啊！"白石沉痛地说，"国势坏到这地步，他心境是不平衡的。他反复向我讲'和平不进步，不如骚动而进步也。'开始我也不理解，看看这一年的形势，渐渐觉得有点道理。"

王湘绮沉默着，脸色变得严峻了起来。杨度是他的得意门生，而且唯独杨度对于他的帝王之学，深研得不错。不过，杨度东渡日本，追求新学，他是极力反对的，几次劝阻都未能奏效。他不明白，有了帝王之学，还要新学干什么？日本从来是学习中国的，怎么现在倒掀起一股留洋的风潮？这一次不知为什么又受到通缉，跑到日本去了。不过，杨度虽然是"异端"，但毕竟是他门生，是一个有理想、有志气的人，所以，当白石称赞杨皙子时，他不便再说什么。

张仲飏最了解他老师与杨度在情感上种种复杂的关系与矛盾，十分了解王湘绮此时此地的心情。白石的处世为人，在西安时，他是深深领略过了。他感到这样讨论下去可能会引起这样那样的争论，伤了情面。于是，他把话题一转，扯到白石的绘画上去了。

"老师，白石的画，你看有哪些变化？"仲飏问。

"变化嘛，倒是不少。我看由工笔转而写意，是重大的转折。"王湘绮一说到画，面容舒展了开来。看着白石说："你作品的题材比过去广泛，意境也更加深邃，技法趋于完善。这跟你这次出山游历关系极大，得山水之助，我给你看一幅画。"

王湘绮离席，推门进了内室。不一会儿，拿着幅画轴，挂在墙上。白石站在王湘绮身边，仔细一看，原来是幅有三块绢拼接而成的范宽的《雪景寒林图》，全图纯用墨水画成，墨色浓厚、沉郁，浓淡相宜，把北方冬日里山川雪景的气氛，渲染得十分出色，不愧是气势夺人的不朽名作。

王湘绮指点着画，仔细地讲解着：

"你看，这村坞的农舍里，有人正推窗向外张望，这是细节，这个细节十分重要，有了它，使整个画显得静中有动，造成了在寂静的冬景中一种生机盎然、热烈的气氛，不使人感到寒冷、凝固。这是点睛之笔。试想，如果没有这个人呢？恐怕整个作品就难以成功了。哈哈，光说话，菜凉了，快吃，快吃。"

他带头又喝下一杯酒，脸上泛起了红晕，不断地给三位门生夹菜。

"范宽有句名言，'与其师人，不若师之造化。'所以，他把家搬到陕西的终南山、太华山那里去了，终日与山石林木为伴，日日观察。因此，他画里的山水，尽是北方那雄浑、壮阔、高大而坚实的山脉。见到过他画江南那曲水环境、垂柳成荫的小巧景物？没有。他师承刑浩、李成，但不拘泥于他们，否则就不会有范宽了。"

王湘绮是名重一时的名士，南昌又是江西的省城，文武官员、名流学士，前来拜访他的，络绎不绝。每次见客，他习惯让他三位门生陪着。曾招吉、张仲飏因此认识了当时不少名门贵人，达官显要，周旋其间，如鱼得水，很是自得。

白石平生怕见官，起初碍着老师的面子，不好推却，硬着头皮陪着。日子久了，他找了借口，能躲就躲，能避就避。曾招吉感到他有点古怪，私下问仲飏：

"这芝木匠可是不合群。人家朝廷命官，四品大员，平时想见都难以见到，这送上门来还不结识结识。"

"他就是这样，"张仲飏悄声地说，"在西安时，比这还那个。樊樊山，你听过吧，当代名士，陕西臬台，保举他到老佛爷那儿供奉，他说什么也不干，还同我吵了一架。"

"噢，怪不得呢？"曾招吉忽然想起了什么，"那天道台拜见老师，见白石会绘画，又是老师高足，要给个什么官儿，他说什么也不干，弄得老师不好意思。"

六月二十三日，天气晴朗。白石很早就起床了，吃过了早点，一个人出了大门，向青云谱岱山东南的八大山人故居进发。

八大山人为明宗室，朱元璋第十六子宁献王八支的弋阳支系裔孙，明灭亡时才十九岁。他伤世忧国，购民田，在南昌城南定山桥畔太正观旧址，开拓道院，作为反清活动的一个隐秘的场所。在这里，他潜心于中国的绘画艺术。"双眼自将秋水流，一生不受古人欺"，在艺术领域里，大胆创新，无论是主题思想，笔墨技法，布局构图，题款、用章，都跳出了前人的窠臼，别创新天地。尤其是他独创的泼墨一派，更使白石叹服。他这次的南昌之行，就是要去青云谱，看看这位在中国艺苑中名重千古的大匠。

他赶了十多里的路，远远看见绿荫掩映下，几座黑瓦白墙的明代建筑，坐落在小桥的北面。他估量那就是他思念中雪个的故里了。过了桥，白石绕着院子，转了一周，尔后进到室内。院落年久失修，长着荒草，显出凄凉的景况。

来到后院，一位穿道士服的长者，迎了出来：

"不知仙客从何处来，有何见教？"

白石忙施礼说："我是湖南湘潭人氏，叫齐濒生，专程来看看八大山人的故居，没想到惊动长老了。"

"先生可是齐白石？"道士追问了一句。

白石吃了一惊，仔细看了看道士：

"我就是，不知长老何以知道我。"

"我的一位友人会过先生。听先生这口音，又说是湖南湘潭齐濒生，我就猜定是齐白石先生了。"说着，道士哈哈大笑起来，亲切地邀请着："请齐先生到陋室用茶！"

室内设了几张藤椅，一张八仙桌，一切都显得简朴、雅致。

白石接过道士递给的茶杯问：

"请问长老，刚才说的那位友人是谁？"

长老一听，站了起来：

"先生跟我来一下，见件东西。"说着，引着白石，推开一扇小门，进到卧室，走到东墙边，指着一幅画：

"先生可记得这幅画？"

白石一看，原来是他送给君山上遇到的陈道士的那幅《洞庭日初图》，可是，怎样到了这里？

"记得。这是我送给陈道士的，为何到了长老手里？"白石不明白地问。

"他送给我的。"道士脸色暗淡了下来。

"他现在在哪里？我到南昌后一直打听不到他。"

"他已经不在人世了。"道士神色凄然，"湖南回来后，他把自己所有的东西变卖了，到了南昌，站在街头，把钱散发给过路乞讨的人。当天晚上，抱了一块石头投了赣江。"

他们相对无言，默默地坐着。白石思绪万千，眼前浮现出他在君山时会过的陈道士的音容笑貌。如今，他悲愤地离开了人世。想到这里，白石心头升腾起一股难以言状的沉痛、愤懑之情。

"他说过，你到南昌时会来找他。"道士任凭热泪汩汩地淌着，"让我把他珍藏的雪个的一幅图赠给你，他说你喜爱雪个的人品与画品。我一直等着你，寻问你，为了死者的遗愿，谁想到你竟不知不觉来了。"

道士说到这里，兴奋异常，擦了擦泪，站起来，搬去压在箱子上面的杂物，开了箱，从箱底下翻出了朱耷的八哥图。

一枝苍劲的树干，伸向了前方，树枝上结着一个个蓓蕾。一只八哥，仰着头，注视着天际，眼珠子点的又黑又大，神奇而夸张，一种"白眼看青天"的勃勃神韵，充溢在咫尺之间。

雪个的情怀，陈道士的寄托，白石的思绪，都在这八哥图中得到了统一、融合。多好啊！"白眼看青天"的传神之笔。

"这是他平生最喜欢的一幅画。一个绅士曾出重金要购买，被他断然拒绝。"道士说，"他让我一定要找到你，送给你。我终于完成了一个死者的嘱托。"他长长地舒了一口气。

白石眼睛湿润了，久久地凝视着那仰首苍穹的八哥。过了好大一阵子，才缓缓地问：

"他一直住在这里吗？"

"不，他原先住在九江附近的一个小寺里，好像住了好多年，这里是雪个住过的地方。这个老和尚的傲骨雄心吸引着他，前些年，他就搬到这地方来了。"道士说，"先生是来这里找他？"

"不，是看看朱耷，我很喜欢他的画和人品。"白石说，"到南昌三个月来，我一直在打听陈道士，希望能会会他。南昌的寺院，我基本都跑过了，毫无结果，想不到在这里见到他的踪迹，可惜我来晚了，他不在了。"

白石收下朱耷的八哥图，站了起来，将随身带着的几两银子，放在桌子上：

"请长老笑纳，聊表心意。"

道士一见，忙摇着手："这就不必了，今天能见过先生，了却亡人的一桩遗愿，我就心满意足了，岂敢受此重礼。"说着，把银子交给白石，

朱耷

白石又将银子放在桌上：

"请长老不必客气了。如果做功德，超度他的英灵，请代我多多致意好了。"

在道士的陪同下，他出了寺院，回过头，久久地凝视了好大一阵，挥手告别了。

回到住所，已经是掌灯时分。王湘绮他们弄不清白石去哪里了，一天也没见回来，正在焦急。因为南昌正在兵荒马乱之中，白石人生地不熟，一旦出了什么事，怎么办？师生三人正在焦急着、猜测着，白石拖着疲惫的步子，进来了。大家一见，十分高兴，围了上来，问这问那。王湘绮嘱咐家人准备洗涮用水，送到白石房间去。

白石默默地回到了屋内，颓坐在椅子上。这次意外的相逢，进一步了解了陈道士正直、悲剧的一生，他的心境悲凉到了极点。儿时，读杜甫诗："朱门酒肉臭，路有冻死骨！"其实，人世间何止是冻死！

他不明白为什么人世是这样的不平，为什么许许多多正直的、富有才华的人，遭逢这样那样的不幸。

外屋传来了王湘绮、张仲飏、曾招吉热烈讨论帝王之学的声音。曾招吉好像是眉飞色舞，高声地讨论着他今天见到枭台时，与枭台商讨经济而受到称赞的得意神色。

白石出去倒洗脸水，看到曾招吉那兴高采烈的举止，油然而生一股厌恶的情感。王湘绮问他吃过饭没有，他不觉得饿，答应吃过了，借口头有点晕，先进屋休息了。

他把家人点的灯吹灭了。他喜欢在这漆黑的屋里，静静地躺着，梳理着早已纷乱了的思绪。

他不明白，为什么在仕林之中，儒生们的情感是那么的不相通。有雪个、陈道士、杨度这样的，也有朋比为奸、祸国殃民的。

他找不到答案。尽管他在不断地、苦苦地求索着。

他决定过了秋天，就回故乡去。这繁华的城市，掩埋了多少的良知和眼泪？谁问过！他不愿待下去了，他要回到那山明水秀、清静的故乡去。

# 7. 清凉世界

背着画具，迎着这夏日的骄阳，爬到半山腰，白石已经是大汗淋漓了。

他攀着树杈，跃上了一块巨石，只见右前方有一个山洞，洞口上"清凉世界"几个朱红色的大字，历历在目。他快步登上洞口，洞内冷风习习，果然名不虚传。

这是位于桂林东北角、漓江边上的叠彩山。他一到桂林，汪颂年就要他到这里看看。今天，他不仅带了画具，还带着干粮、饮水，准备待上一天，好好画画桂林的山山水水。

汪颂年这时在广西提学使任上。他名诏书，长沙人，壬辰科翰林。他去信白石，希望画家能到这人间仙境，游览作画。桂林的奇山秀水，白石是早已仰慕的。于是，他欣然前往。自西安返回家里后，白石曾应老师王湘绮之邀，游了一趟南昌。这次桂林之行是他第三次远游。

经过几个月的跋涉，当他路过"北雪南风飞不过"的严关时。展现在眼前的，完全是一片神奇的天地。一座座互不相连、独立着的嶙峋山峰拔地而起，峻峭玲珑，形态各异，有的像春笋，有的像宝塔，有的像画屏，有的如凌空展翅的鹜鸟，有的如延颈搏击的斗鸡……真是千姿百态，令人目不暇接。这山山水水，使白石心旷神怡，乐不可支，这真是作画的好地方。

他到桂林已经十天了，每天忘情于奇山秀水之间，早出晚归，精心作画。而这叠彩山素有"江山会景处"之称，所以，他今天一早便向此地走来，一路上，千形百态的山峰，澄碧蜿蜒的漓江，历历在目。

过了风洞，他继续向山顶进发。到了晌午时分，他终于爬上了峰巅马王台，伫立峰顶，俯瞰全城，山水之美，尽收眼底。从"清凉世界"到这马王台，他从各个不同的取景角度，画了好多幅山水。然后仔细地观赏了山上众多的石刻，著名的有唐代元晦的《叠彩山记》《四望山记》；宋代朱晞颜的《访叠彩岩》诗；明代刘台《叠彩山》诗以及李秉溪的《兰竹图》、瞿式耜、张同敞的成仁碑、《浩气吟》，唐宋两代的摩崖造像，这些更给这壮丽山河增添了令人神往的韵律。

回到寓所，天已经黑了，吃过饭，汪颂年像往常一样，走来聊天，品赏他的新作。

"今天怎么样？收获不少吧！"汪颂年笑笑，看着正在洗脸的白石。

白石擦干了手，把今天的新作展在他面前："画了六幅。说实在的，同一座山，站在不同的角度看，形态、气韵迥然不同，可以画出不同风格的画来。"

汪颂年仔细地翻动着画，尔后，移过一张椅子，靠着画案，坐了下来：

"濒生兄，你认识蔡松坡吗？"

"在长沙有过一面之缘。噢，已经十多年未谋面了，他在哪里？"白石问。

"就在这里。在巡警学堂总办任上，他想会会你，你看如何？"

"会会我，有什么事呢？"白石不解地问。

汪颂年笑而不答。

"是不是要我的画？我可以送他几幅。"

白石摸不透蔡松坡的真意，因为到桂林后，他只是卖画、刻印。在汪颂年安排下，他在离寓所不远的一间临街小屋内，挂起了卖画、刻字的润格。刻字润格是樊樊山过去写的，卖画的，是他自己新定的。

每天到他这里买画、刻印的人不少，也有不少是巡警学堂的人。他同松坡虽然只有一面之交，但彼此的情况都是了解的。不过，他不明白，既然要画，为什么不直接找他，而是托人传话，会不会有其他事情！想到这里，他问颂年：

"你就直说了吧，颂年兄，只要我能办到，那是没有说的。"

"你能做到，就怕你不做。"

"当然，那看是什么事。比如当官，我是不会干的。"白石笑了笑。

"巡警学堂每礼拜日放假，学生没事，就到外面去胡闹，松坡很恼火，一时又拿不出办法。"汪颂年说，"那天他看见你挂起润格卖画，灵机一动，想请你去教习……"

没等汪颂年说完，白石连忙摇手，"不好，不好。你想想，学生在外面闹事，难道在里面就不闹了？一旦闹起来，把我轰出来，我还有什么脸见人！"

汪颂年见他那为难、慌张的神色，未免有些好笑，忙解释说，"不会的，在学堂上，松坡会管束的。况且人家每月给你三十两银子，一个月，四大课，三十两，很是丰厚了。"

"不行，不行，不要说三十两，就是三百两，我也不会干的。"白石急了，"你快替我向他道谢，就说齐某人力不堪任，力不堪任。"

汪颂年见他坚辞不受，只好作罢。

白石依然天天刻印、作画，过着宁静的艺术创造生活。在桂林的许多故旧朋友，时常请他赴宴。在一次的宴席上，他居然见到了蔡松坡。

当时，他正坐在倚窗的椅子上，与一位广东来的画友，谈论徐青藤的画。蔡松坡一进门，一眼看见了齐白石。白石没有看见他，只顾同那人在说话，松坡径直向他走来。白石隐隐感到有人站在自己身边，抬头一看，只见那人微笑着注视自己。好脸熟啊，哪里见过呢？他一时记不起来了。

松坡看着他疑惑不定的神态，笑着说：

"你不记得我，我却记得你。你是齐濒生先生对不对？"

白石惶惶地看着这位叫不出名字的熟人：

"你是？"

"我就是蔡锷，蔡松坡。"

"哎，有眼不识泰山。十多年了，你变了，发福了，我差一点认不出来了。"白石高兴之中带有一点歉意。

"你也变了。"松坡热情地拍着白石的肩膀说："成了名家，就不好请了。"

"哪里，哪里，我只会画画，教不了习，误了你军中大事，可不是闹着玩的。"白石脸红到了脖子，怪不好意思地说。

"那我拜你为师，跟你学画画，如何？"松坡两手交叉地抱在胸前，恳切地问。

白石直摇手："这雕虫小技，救不了国，有什么好学！将军英才，国家栋梁，千万不可在这上面用功夫。"

蔡锷长叹了一声，脸色暗淡了下来，白石这时哪里知道这位风云人物的心境呢！

对于白石的画，在长沙时，他就听说过。至于他艰难玉汝，走上绘画艺

蔡锷

术道路的情况，那是这几年接触汪颂年之后，蔡锷才了解到的。原来他们有一个相同或相似的出身，这使松坡很感兴趣。

长沙的那次见面，时间很短暂，但是，这位不善言谈、内向而深沉的青年画家，给他留下了不灭的印象。以后十多年间里，风云变幻，各奔东西，可是，谁想到在这风景如画的世界里，他们却意外地重逢了。

有一天，他巡视各科学生操练后，回到室内，拿起《孙子兵法》正要看时，忽然推门进来了一位朋友，广东梅县的朱先生，在给一个官儿教童生。

"你不是要刻图章吗？"朱先生问，口中喷出一股浓烈的酒味，"我从酒楼路过，那里转角的店铺，有你们湘中来刻印的。这人可能刀法不凡，找他的很多，围了一大堆。我挤进去一看，只见上面挂的润格例，还是樊樊山亲笔写的。我看他非同一般，不然樊樊山能给写润格？"

蔡锷忙问："是不是湖南的齐濒生、齐白石？"

"正是他，总监认识他啊？"朱先生惊讶地问："我看他的画，更不凡。尤其是山水，有点朱耷的神韵，室内就挂了好几幅。"

"他来广西干什么？卖画？"蔡锷问。

"听说是汪颂年请来教夫人学画的。"

"对了，对了。去西安时。他教夏午诒夫人姚无双学画，这回也准是。"蔡锷高兴地说。

第二天，他找了汪颂年，提出了请白石教学生学画的主意，白石拒绝了，这原也在他意料之中。因为颂年事先告诉他说，白石除了朋友外，一生不与为官的接触，更不要说走上仕途了。并且介绍了白石在西安、北京时，为逃避朋友的引荐，与张仲飏争论，同樊樊山不辞而别的往事。蔡锷听后，捧腹大笑。天下居然有这样的人，人家有钱的想捐个官儿做，还找不到门路，他却送上门的官不当，怪不怪。想到这里，他对这位同乡的敬仰之情油然而生。

他做梦也没有想到他们会在这里见面，而且白石居然拒绝收他为学生。

他听出，白石刚才的一番话，没有任何应酬的意味，是真诚的、发自内心的。

他尊重他。想了一下，说：

"濒生兄既然这样说，我也就不勉强了。不过，能给张画作纪念吗？"

白石高兴地叫了起来："那当然，那当然。其实，那天听颂年讲起你这意思，我就想为你画张画。正在打腹稿，过几天吧，如何？"

他们在热烈地交谈着，忽然大门推开处，进来了一位和尚，约莫三十多岁，藏青色的道服，杏黄的袈裟，手腕上挂着念珠，微笑着向里面款款而来，边走边向两边桌子旁的人们合十致意。和尚的突然出现，使许多人惊讶，纷纷投以疑惑、询问的目光。有的张望着，有的窃窃私语。

白石看和尚径直向他和蔡松坡这张桌子走来，对着松坡合十致礼后，便在松坡右边的一个空位上坐了下来。

白石很惊讶，弄不清这个和尚为什么同松坡——一个军人居然这么熟。他仔细地观察一下和尚，见他总是微笑着的脸，有一股刚正不阿的英雄之气，一双眸子活泼而充满了智慧。

"这位先生是？"满口湖南口音，和尚指着白石问松坡。

"齐濒生先生，画家，我的同乡。"松坡说得很小声。

松坡顿了一下，对白石介绍说："这位长老，姓张，你就叫他张和尚好了。"说着，递给张和尚一个眼色，两人会心地笑了笑。

"先生听口音是长沙人？"白石忍不住问那和尚。

"这个？"和尚迟疑了一下，"小时候随父母在长沙待了些日子，后来就走了。"

"你从哪儿来，广东吗？"白石又好奇地问。

张和尚支吾了半天："出家人，漂泊无定，四方云游。说不准哪儿来，哪儿去。你说呢，蔡先生？"

"说也是。你们这一行挺自由，出了家，可以自由四处走走，愿上哪，就上哪，不像我被捆在这里。"蔡锷说。

这次聚会后的第三天傍晚，门人通报，说有位张先生求见。

白石赶忙迎了出去，一看，原来是那位张和尚。不过今天却换了一身便服，长衫马褂，人也显得比那天更英俊、潇洒。

白石高兴地将他迎进了屋子，看坐、问茶。尔后，用一双疑惑的目光看着张和尚：

"张先生今天怎样穿起这样的衣服？"

和尚不假思索地说：

"没办法啊，你住在衙门里，要会你，穿那道服来不方便。所以，松坡就给我出了这么个主意。衣服还是借他的呢！"张和尚笑了起来，"你画得不错，我看了一些，有风骨，意境也开阔，可惜我不会画。"

白石见他叹息的样子，忙说："其实出家人学画，成为很著名的画家，不在少数，雪个就是一位。"

"朱耷其实不是真心要当和尚的。"张和尚语气沉着，若有所思地说："家国沦亡，他不愿向清王朝奴颜婢膝，无法生存，就落发为僧。其实，明末清初，托迹禅门的，还有石涛、石铬、弘仁他们，就是所谓'四大高僧'。我说的没错吧！"

白石静静地听着，点点头，感到这个和尚来历不平凡，谈吐不一般。可不知他为什么遁入空门？因为是初次会面，他不便问得太多了。

"说他们是和尚吗？也是，也不是。其他还有云南的担当和尚、弘智、僧诠修、僧叶舟，等等。我看他们穿上袈裟，不过是与朝廷不合作的一个表现。你说呢？"张和尚似乎比上次更健谈。

"那倒是。先生喜欢谁的画？"白石问。

"大涤子，雪个。"张和尚脱口而出，"石涛用笔纵横，以奔放胜，雪个笔墨简洁，奇古淋漓，以神韵胜。尤其是雪个的山水，尽是残山剩水，那是别有深意的。"他看了白石一眼。

"先生对绘画还是很有研究的。"白石感兴趣地说。

"我是外行，只是随便谈谈。"张和尚两手一摊，谦虚地说，"我倒想请濒生兄画幅画，不知愿意否？"

白石一听，马上应道："那当然。不知先生喜欢什么。"

"山水，最好是写意，两对条幅。"张和尚说着，离座起身，逐个欣赏着墙上挂着的白石的作品。

白石见光线不好，提着烛台，跟着张和尚，边走边看。

"这画好，把桂林山水画活了。"张和尚赞叹地说："请你给我画这样的吧，二尺四寸长就可以。"

"我一定赶快画好后给你送去，不知先生仙居何处？"

张和尚思索了一下说："我漂泊无定，没有固定的住宿，你找不到，还是我自己来取吧！"

过了几天，白石接到和尚托人送来的一个灵芝草，鲜红如血。内夹着张纸条，上面写着：

"这宝物活血通气，濒生兄可以用用。身体要紧，望珍重。"

这以后的三四天时间里，白石一步没离开过画室。一直埋头作画、刻印。一天晚上，天下起了蒙蒙细雨。白石在临街的那间小屋里，运腕走刀，潜心刻印，忽然抬头一看，只见张和尚静静站在背后，微笑着。

白石真是喜出望外。他有二十多天没有见到和尚了，很是思念。虽然他很神秘，谈到他的行止、身份时，总是闪烁其词，但那平易近人、达观大度的神情，言语锋利而又巧妙的谈吐，给白石留下深刻的印象。

条幅早已画好了，而且，白石还精心给裱了起来，一直等着和尚来拿。

"你的镌刻真不寻常。"张和尚说，"怪不得樊樊山这样的人，为你亲笔润格。"

"那都是朋友的一片心意。"白石谦虚地说，"其实，没有这么多朋友的相助，我哪有今天呢。我的一生，与其说得天助，不如说得朋友之助更符合实际。"

"这也是。"张和尚说，"那两对条幅，濒生兄画好了吗？"

"画好了，画好了。"白石取出四轴画卷，"这就是。"

"哎哟，这是谁裱的？"和尚惊讶地叫了起来。

"我自己裱的。裱不好，请方丈谅解。"

"哪里，哪里，这怎么对得起。"和尚边说，边仔细地看着画，"想不到濒生兄还有这一手，裱得实在不错。"

白石把条幅挂在墙上，一对是山水，挺拔的山峦，汩汩的流水，幽静而雅致。一对是山石、兰竹，别具一格。和尚很满意，小心翼翼地收起了画，把一包银子放在桌子上：

"这是一点薄意，濒生兄不必推辞了，一定留下，后会有期。"说着，站了起来，深深一躬，走了。

转眼又过了春节，白石要离桂的消息传开后，许多朋友都来探望他，挽留他。但是，他感到离开家里很久了，应该回去看看。

早饭后，他正准备去画店里，张和尚却跨了进来，他穿的还是上次那套便服。

"听说你要走了。"张和尚关切地问。

"离家很久了，得回去看看，家父身体不好。"白石忙让他坐下叙谈。

"行期定了吗？"张和尚有点依依惜别的心情。

"就在这几天。我一直打听你，希望能见你一面。"白石说。

"你找不到我。"张和尚笑笑，"这样吧，你哪天走，定下来，我预备着马，送你出城去。"

白石为他诚恳的话语，深切的关怀深深感动了，沉思了一下说，"不麻烦你了，颂年他们也做了准备。只是与你分别，难免有点挂念。"他从桌子上取过一方印章，递给和尚，"这是我专门为先生刻的，一点心意。"

张和尚接过一看，印章刻着"翰墨缘"三字，用刀雄浑、精细。"太感谢你了。你走那天，我不一定来了，就此握别，后会有期。"和尚说着，站了起来。

"先生能告诉一下尊名大姓？"白石忍不住又问。

"这个嘛？"张和尚沉吟了一下，笑了笑，"还叫我张和尚吧，朋友们都知道。"

到白石知道了"张和尚"原来就是同伟大的革命先行者孙中山先生一道，推翻清王朝，结束了几千年封建统治的革命志士黄兴时，已是民国初年的事了。当时他没有把名字留下，却把他崇高的品格深深地留在了白石的记忆之中。

# 8. 恩师难忘

汪颂年同许多朋友一再挽留齐白石，白石便写了一首诗作为回答：

> 无羁老马笑齐璜，
>
> 公等雕笼意气扬，
>
> 不信杜鹃啼破血，
>
> 能言鹦鹉那思乡。

汪颂年见他决意要走，不便再劝留了，只是问了他的行程，为他做了些准备。

临行前两天，白石接到了父亲的来信，说他四弟纯培和长子良元，从军到了广东。两人走时没同家里说明，况且从小没离开过家，出过远门，现在突然到了广东，家里老人心急如焚，放心不下，希望白石赶到广东，看看他们。

他接信后，对这突如其来的事情，感到十分惊讶。当时各地革命形势发展很快，大有"山雨欲来风满楼"之势。清政府运用暴力手段，镇压革命党人，民声鼎沸。白石弄不清四弟和长子为什么这时候从军？他一夜忐忑不安。第二天清晨，辞别了汪颂年，取道梧州，匆匆赶往广州了。

这是一九〇六年，也就是清光绪三十二年，他四十三岁。从一九〇五年八月到桂林，直到离开，他在这名山胜水之中，度过了近半年的难忘作画、刻印生活，创作了《独秀峰图》《漓江泛月图》等。

到了广州，已是傍晚时分。晚霞消失了最后的余晖，千家万户，青烟袅袅，和灰暗色的天际融为了一体。

广州，他是第一次来的，除了人地生疏外，粤语他也听不懂。他四顾茫茫，漫无目的地走着。长途的跋涉，十分疲倦，他希望能找到一个落脚的地方。

转过街市拐角，前面有座寺庙，坐落在绿荫掩映之中。白石眼睛一亮，挑着行箧，急急向那里奔去。

山门紧闭着，上面一块横额上，写着几个金色大字："祗园寺"。

他放下行箧，敲了几下门，擦着汗。不一会儿，门开了，走出来一个十来岁的小和尚，看了看他，问：

"客官有什么事？莫非是借宿的？"

白石行了礼："我姓齐，湖南湘潭人，第一次到贵方，请给个方便，借宿一夜。"

"你请稍等，我找一下悟净师父。"小和尚掩上了门，进去了，白石静静地等着。过了好长的时间，门又开了，小和尚引着一位六十开外的长者，缓步出来。

白石暗想这可能就是小和尚说的悟净师父。他急忙上前见礼：

"麻烦长老了，我初来广州，人生地不熟，天黑了，借宿宝寺一夜，请行个方便。"

悟净和尚合十答礼："阿弥陀佛，与人方便，自己方便。就是这荒野古刹，住宅简陋，有屈仙客了。"

白石随着他们进了山门，到东厢住下。第二天上午，他一直睡到日升中天才起床，刚洗完脸，悟净和尚敲门进来了。他带着慈祥的笑意，手里不断拨弄着念珠：

"仙客昨晚睡得怎么样？还未请教你的尊姓大名，府上哪里？"

白石答道："我姓齐，名璜，字濒生，别号白石山人，湖南湘潭人氏。这次来广州，是找我从军的弟弟和长子。"

"你第一次到广州吧？"

"是的。敢问长老，这里的军营在哪里？"

"人世的事，我是不过问的。"悟净闭起了双目，脸色严峻了起来，"你可到市肆里打听。这里不大方便，有不到之处，请谅解。仙客觉得可以，就住下，不必客气。经常过路的人，投宿这里的不少。你安心住着，再到城里从容打听。"

　　接连几天里，白石早出晚归，打听纯培和良元的下落。但是，偌大的一个广州城，军营就有好几个，戒备森严，一时哪能打听得到呢？他心里很郁闷。于是，他也顺道游玩了广州的名胜去处，五仙观、石室、白云山、光孝寺等古刹。有时带着画具，做起画来。

　　一连住了十多天。一天在游玩湾日弯时，遇到了湖南衡阳的一位老乡，才打听到纯培、良元随郭葆生去钦州了。

　　在西安时同郭葆生一别，转眼已经好几年了，想不到他辗转到了这地方来。听说他是候补道，指省广东，不久就放了钦廉兵备道。

　　白石打听清楚以后，心里踏实了许多。第二天辞别了悟净和尚，急急向钦州赶去。

　　郭葆生对白石的突然到来很疑惑，又很高兴。一边招待他坐下用茶，一边让家佣去叫纯培、良元。

　　"是什么风把你给吹来了？"郭葆生问。

　　"没这两个人，我早就到家了。"白石把他的桂林之行，准备返湘，接到家信，急急赶来一事，一一说了一遍。

　　郭葆生听着，哈哈大笑了起来：

　　"这个嘛，等会儿他们来了，你可不能埋怨他们，是我叫他们私自出来的。当时怕你父亲、母亲阻拦，只好偷偷走了，也是不得已。不过，对不起老人家就是了。"

　　"这怪你，出这么个主意，不怕人家骂你。"白石微笑着说。

　　"骂就骂吧！事到如今，有什么办法呢！"郭葆生狡黠一笑。

　　"我叫他们叔侄到这里来，没想到连你这位齐山人也请来了。这样吧，你干脆也留在这里，多住些日子，教我内人学学画，怎么样？"

　　"我离家很久了，不是因为他们，不会来的。"

　　"既来之，则安之。你能教姚无双学画，难道就不可以教我们学画？"

　　白石沉默着，没有马上回答。

　　郭葆生知道白石的脾气，官职、金钱是留他不住的。只要有名家的字画，借他品鉴、临摹，就是留上一年，他也乐意。果然，用了这种办法把他留下，让他教夫人画画。

在郭葆生家，兄弟、父子过着十分愉快的生活。纯培、良元知道白石的习惯，经常自己去游玩，让白石一人静静地在家里临摹。

金冬心，画坛闻名的"扬州八怪"之一，浙江钱塘人，久居扬州，终生不仕。白石在北京时，看过他的几幅画，造型奇古，用笔简朴，独辟蹊径。尤其是其中一幅画，仅画了三片红瓤黑子西瓜，上题《自度曲》：

行人午热，得此能消渴，想着青门门外路，凉亭侧，瓜新切，一钱便卖得。

诗和画，相互掩映，浑然一体，充溢着浓郁的生活气息。

白石仔细地、一幅幅地临了这些他久已仰慕的名家的画，受益不浅。

郭葆生有时兴趣来了，也挥毫画上几笔，虽然不大好，但也尽尽兴。在这个地方，郭葆生算是个不小的官儿，于是，趋炎附势的人来找他的不少。他们知道他喜欢画画，不管画得好不好，照例恭维一阵，然后索上一两张拿回家去做纪念，请人裱了挂起来，炫耀一下自己同这位钦廉兵备道的特殊关系。

郭葆生是个明白人，深知自己的能耐，现在白石来了，应酬画件，就请白石代为捉刀。因为是朋友的嘱托，白石也不见外，不断地替他画，反正郭家有上等的好宣纸。郭葆生很感激白石的为人，给了他一笔不少的润资。

转眼，他在这里又住了半年多了。到了秋天，他同郭葆生订了后会之约，把纯培、良元交给了郭葆生，独自回到了家里。他的爸爸、妈妈、春君听了他介绍纯培、良元的生活情况，也就放心了。

回到家里十来天左右，一天下午，一位朋友跑来告诉他，周之美于九月二十一日辞世了。

他一听，眼泪夺眶而出。周之美是他的恩师，他的艺术活动，完全得助于这位纯朴、善良的师傅的倾心相教。

几十年来，白石的绘画艺术，在湘中遐迩闻名，生活也逐渐得到了很大的改善，但是，他从未忘却他清贫的家庭，苦难的童年以及在艰难困厄之中，给予他以巨大帮助的周之美。

想不到周之美会这样快地走了。他呆呆地愣在那儿，热泪止不住地流着。

那位朋友见他这样，眼眶也湿润了。他告诉白石，周之美没有后嗣，后来生活也不好，身后十分凄凉，几个亲人、同乡凑了些钱，请了道士，埋了。

白石在沉静中，把这消息告诉了爸爸、妈妈，全家都沉浸在悲痛、思念之中。

他没有吃晚饭，呆呆坐在画室里。在微弱的灯光下，仰望着天花板，往事的一切，又一一地浮现在眼前。周之美那慈祥、亲切、乐观而豪迈的音容笑貌，历历在目。

春君送来的饭，早已凉了，她取了回去，又端来了一碗蛋，她希望他趁热吃下去，他悲痛地摇摇头。

夜已深沉，不时传来几声凄厉的夜鸟的叫声，他没有一丝的睡意。在悲痛之中，他提笔疾书，写了一篇《大匠墓志》，把周之美勤劳的一生，高尚的人格，精湛的技艺以及他对恩师的一腔情感，一一倾注于笔端，以至于写着写着，泣不成声，常常掩卷长叹。

天际微明时，他热了一下昨晚的那碗蛋，吃了，匆匆上路，赶到了周之美的家。

这里一切如旧。残破的小屋，临窗的墙上挂着几件雕木工具，一切都是那样的亲切而熟悉。

白石看着，眼泪默默地淌着。对着神牌，他点了三支香烟，恭恭敬敬地插在香炉子里，尔后，跪了下去，深情地拜了三拜。拿出了昨夜写好的墓志，默默地念着……

梅公祠的典期已经满了，人家要了回去。白石就在余霞峰山下，茶恩寺茹家冲那个地方，买了一所房子和二十亩水田。

房子很破旧，四壁通风。他在搬家之前，花了半个月时间，操起了木工器具，把房子翻盖一新，取了"寄萍堂"的名。在堂内，他又盖了一间屋子，叫"八砚楼"，把他出游时得到的八块砚台，放在了那里。

茹家冲在群山环抱之中，树木葱郁，四季如春，风景十分优美、幽静。这里在白石铺的南面，相距二十来里。西北到晓霞山，也只有三十来里。东面是枫树坳，那里长着百十来株粗大的枫树。这是历经百年的老树，枝叶繁茂，夏天绿荫如盖；秋日里，丹枫如血，远远望去，像一簇簇燃烧的火，给这绿

湖南湘潭齐白石"寄萍堂"旧居外景

色的世界，湛蓝的秋色，平添了无限的生机与情趣。西面，长满了千年的古松，郁郁葱葱，古朴苍劲，一条小溪逶迤弯曲，汨汨地缘山流着……

家安顿好了。过了年，按照他与郭葆生相约的日期，他又踏上了去钦州的路。

不久，郭葆生去肇庆，邀他同游，他又来到了肇庆。

肇庆的七星岩风景，远在晋代已经十分闻名了。这里的景致，以湖岩石洞取胜，素有"七岩、八洞、五湖、六岗"之称，兼"桂林之山，杭州之水"的胜境。重峦叠翠，形态各异，山川秀丽。七座石岩由东而西，排列成北斗星辰之状。唐宋以来，这里一直是游览胜地。

到肇庆的第二天早上，白石携了画具，同郭葆生一道，赶到了七星岩，逐个地游览了玉屏、石室、天柱、蟾蜍、仙掌、阿坡等处。黛峰银湖，交相辉映，真使他乐而忘返。一直到太阳西下，游人散尽之时，二人才尽兴而归。

第二天清晨，郭葆生备了马车，两人又风尘仆仆地赶了三十多里路，来到了鼎湖山。

鼎湖山原名顶湖山。传说黄帝曾经在这里铸鼎，所以又称鼎湖山，相沿至今。这里的湖水清澈见底，终年不涸。他们漫步，沿湖绕了一遍，眺望远处群立的诸峰，心旷神怡。

午饭后，缘山直下西北坡，又是另一番景致。只见龙泉坑的水帘洞、鹅潭、葫芦潭等瀑布，从三十多米高的峡谷倾泻而下，形似绝壁的银幕，在阳光下闪闪发亮、蔚为壮观。站到瀑布前，水珠飞射，寒气逼人，十分清凉。

白石去江西路过庐山时，曾去看过有名的庐山瀑布。遗憾的是那天天气阴沉，只见山里烟雾缭绕、山川隐形，难识庐山真面目。想不到今天在这里见到了瀑布，心里异常高兴。

这里的一山一木，一柱一石，他都看得十分仔细。到胜境之处，便拿出画具，精心地勾勒起来。一天里，竟画了五六幅的草稿。

大自然神奇、瑰丽的景物，使他深深认识到"天然造化，人力难工"的道理，生活永远是创作的不竭源泉。后来，他写了一首诗，追怀这次的肇庆之行：

> 造化可夺理难说，
>
> 何处奔流到石室，
>
> 疑是银河通碧海，
>
> 鼎湖山顶看飞泉。

肇庆的七天之行，满载而归。

回到钦州市，大街小巷，到处摆满了水灵灵的荔枝在出售。

白石买了几枝，带回屋里，放在盘子上，仔细观看荔枝的色泽、形态，叶子脉势、形状。第二天一大早，他又跑了三里路，赶到一棵荔枝树旁，仔细地观察了很久很久。

回到寓所，他顾不得吃饭，展纸、调色，思索了一下，伏案精心地画了一幅荔枝图。中午时分，郭葆生推门一看，见他墙上新画的荔枝图，构图新颖、色调明快、热烈，充满着生命的活力，十分喜爱：

"濒生，这地方荔枝多，可是以荔枝为画的，绝无仅有。你不如画几幅，挂出来卖，说不定有人要。"白石很赞同，三天里画了七八幅荔枝图，很快被抢购一空，他的荔枝画遂轰动了钦州城。

# 第五章  狭路求生

这两年间，他连续失去爱子、兄弟和恩师，在悲怆的心境里过着凄苦的生活。朋友们虽然时常来看他，但龙山结社那种欢乐的情景一去不复返了。

# 1. 生死家国

二次钦州之行，是清光绪三十三年，也就是公元一九〇七年。这时期，腐败、黑暗的清王朝处于风雨飘摇之中，孙中山领导的资产阶级革命，已经发展到了一个新的阶段。

这年六月，安徽巡警学堂堂长、光复会员徐锡麟刺杀巡抚恩铭失败，被捕就义。剑湖侠女秋瑾也以身殉国，演出了中华革命史上悲壮的一页。七月间，同盟会先是发动黄冈、惠州七女湖起义，继之是钦州起义，但都遭到清王朝血腥的镇压，不过，英烈们用鲜血和生命布下的火种，已经在广大贫苦的民众中逐渐地漫延，使白石在漫漫的长夜之中，看到了一丝光亮。

对于革命，他当时的理解是肤浅的。但他坚信，这一切能使自己的祖国和民族好起来。他当时没有直接卷入斗争的旋涡之中，然而，他无时无刻地在关注着形势的发展，革命的命运。

一九〇八年，清光绪三十四年，他由钦州返家小住了三四个月之后，于二月间，应罗醒吾之约，来到了广州。

罗醒吾年轻时是"龙山诗社"七子之一，与白石过从密切。这时，罗醒吾在广东提学使衙门任职。

罗醒吾钦佩白石杰出的艺术才华和对艺术不倦的追求精神。白石成名之后，那种刚正不阿、不媚、不诣的品格，数次辞官不仕、节守高洁的操行，都使醒吾折服。

早在白石来到广州前，罗醒吾已经参加了孙中山领导的同盟会，冒着风险，在提学使衙门文书的掩护下，做着秘密的革命工作。

白石是下午到达广州的，按照罗醒吾信上写的地点，找到了广东提学使衙门。醒吾不在，后来才知道他临时参加革命党的一个秘密会议去了。他知道白石今天到，留下了一个字条，嘱咐门人，将白石带到自己寓所，先安顿了下来。

傍晚时分，白石躺在床上，闭目小憩，罗醒吾推门而入，白石睁眼一看，一跃而起。多年未见面的两位朋友，高兴地握着手，相视着。

"真对不起你，临时有急事，分不开身，冷落了你。"醒吾闪动着一双大眼睛，歉意地说。

"都是朋友，不必客气了。"白石笑着从提包里取出一包鲜红的辣椒："给你带点家乡的山货，怎么样？"

"你想得真周到，这里的辣子怎么也不如家里的好。"他看了白石一眼，"这是嫂子特意给挑的吧。"

晚饭搬到醒吾这间住室里吃。两人都是湖南人，按他的特意嘱咐，一切按家乡的习惯筹办。饭间，他们海阔天空地畅谈起来，从家事、国事、人事直到绘画、艺术。

白石隐隐感觉到罗醒吾有了很大变化。比过去更深沉、成熟，特别是对于时局，有更进一层的看法，比起杨度来更为激进些。

"听说你连官都不做，弄得仲飏十分不满，是这样？"醒吾呷了一口酒，看着白石。

"其实，他大可不必。人各有志嘛，原是不应该勉强的。我一生誓不为官，这你是了解的。"白石说得很激愤。不知是因为杯中之物落怀，还是醒吾的话勾起他难言的隐痛，脸红到了脖子上。

醒吾点点头，沉默着。

"樊樊山要举荐我去慈禧那儿侍奉，你说我能去吗？"

"那倒是个美差。老佛爷，当今的太上皇，谁不巴结一下，你也真傻。"罗醒吾叫了起来，他瞟了白石一眼，看见白石满脸不高兴的样子，搭讪地说：

"自由惯了，哪会去做笼中鸟！你多好啊！有自己事业上的追求，靠着一双手。我有什么办法呢？为了糊口，不得不在衙门混事。"说着，罗醒吾长叹了一声，仰靠在椅子背上。

"广西革命党很活跃，我在钦州时，就发生了一些事。这里怎么样？"白石凑向罗醒吾，小声地问。

罗醒吾沉吟了很久，才慢慢地说：

"中国现在哪有一块安宁的地方？这几十年间，割地赔款，丧权辱国，谁不痛心疾首！你有时间到市里看看，那些外国人，为非作歹，前几天打了我们的同胞，闹到了衙门，结果呢，还把我们的同胞给抓了起来。"他说不下去，眼睛放射着愤怒的烈火。

"国家坏到这地步，怎么办啊！"白石长长地叹了一口气，满脸愁容。

醒吾给白石斟酒，白石忙伸出右手捂着杯口：

"不喝了，喝多了不好。"

"喝点吧，我也好久没有这样开怀痛饮了。"

"生活如意吧！"白石关切地问。

"公事不多，私事倒是不少。"醒吾回答说。

"门人说你朋友很多，每天不少人来找你。"

"都是自己人。"醒吾身子倾过桌子，凑近白石悄声说："必要时要借重你，不知你能不能答应。"

白石一听，微微震动了一下。他知道醒吾所说的"借重"是什么意思。

"朋友之道，理应互相帮助，何况为了国事，只要力所能及，无不唯命是从，但不知要我办的是什么事？"白石语气坚定，神情严峻。

醒吾眉宇舒展，高兴了起来："请你传递些文件，有困难吗？"

白石点点头。醒吾举起酒杯，与白石的杯子碰了一下，两人一干而尽，接着把革命党的情况和自己的工作，一一向白石交了底。

"事关重大，只要纯芝兄能助一臂之力，民族有幸，国家有幸。在这里，请受弟一拜。"醒吾说着，拜倒在地，白石慌忙地把他扶了起来。

"天下兴亡，匹夫有责。你别看我整天埋头画画，可是这时局，谁不忧心如焚！我也苦于报国无门啊！"白石沉痛地感慨了起来。

"现在不是给你开了门？"醒吾打趣地说，两人会心地大笑了起来。

白石按照与醒吾商定的办法，在广州安顿了下来。在离提学使衙门不远的另一条街上，租了一间铺面小屋，挂起了润格，开始了他的卖画、刻印生涯。

广州这地方，当时崇尚的是清初"四王"一派的画。太仓人王时敏的山水，王世员的孙子王鉴临摹的董源、巨然的画，以及王翚、王原祁的作品。这些画陈陈相因，毫无生气。但是，那时，不但王公贵族甚好，还影响到士大夫阶级和一般的平民。而对于别具一格、豪放恣肆的白石的画，很多人不认识、不了解，求他的画的人也不多。唯独他的印章很受广州人的喜爱，都称赞他的印布局严谨而富于变化，刀法好，每天前来求他刻印的不下一二十人，他应接不暇，生活过得十分充实。

醒吾也时常到他这里来坐坐。因为这地方往来人多，大多是士大夫和富有人家，能掩人耳目。有什么文件，交给白石，按约定的暗号，包在画卷里，秘密地递给有关的人，十分稳妥、安全。

天下起了蒙蒙细雨，醒吾提着一把雨具，走了进来，见屋里没有其他的人，悄声地对白石说：

"有一件特急文件，送给蔡府那里教蒙馆的周先生。一会儿蔡府来人请你去作画，你带去，相机交给蔡先生。"

白石已经不是第一次传递文件了，心里也踏实、老练了许多，但不知怎样交这封信。醒吾看出了白石的心思，解释说：

"你作画时，自有一位先生，三十来岁，一口湖南浏阳口音，看你作画。你与他对了暗号，顺手交给他好了。"接着把暗号交代给了白石。

将近晌午时分，来了蔡府的轿子，把白石接去了。

蔡府为什么要请齐白石呢？原来蔡府借来了一幅郭熙的《窠石平原图》，爱不释手，可毕竟是别人家的，蒙馆周先生就给蔡大人出了主意，说湖南来了个画师齐白石，功夫很深，何不请他临一幅。蔡大人一听，觉得有道理，于是就这么办了。

白石与主人寒暄、叙谈之后，便来到画室。蔡大人让家人打开长卷，一幅《窠石平原图》展现在眼前，白石移步近前，仔细地看了纸张、色泽、构图、用印，知道这是一幅摹品，不是真迹。他微微一笑，不便点破。不过，临摹到这样几至乱真的地步，也是功力不浅。要不是那个用章，和白石在京时见到的原件不同，他真不敢相信这是摹品。

好在白石不是为画而来，他心里想着醒吾交给的任务。纸已经展开了，他仔细地研究起画来。主人见他凝神构思，便悄悄退了出去。

他正要提笔临摹的时候，门被推开了，一个年约三十来岁的人，笑着向白石走来，操着一口浓重的浏阳口音问：

"先生就是湖南湘潭的齐璜吧，我姓周，周鸣，我们是同乡。"

他眼睛盯着白石，"来广州好久了？这地方不错吧！"

白石仔细打量了一下他，暗暗高兴，于是说：

"古人说得好，'等闲识得东风面，万紫千红总是春'。这广东也实在好。"

周先生轻轻点了一下头："这里的花，也不一样，有的华贵，有的淡雅，'莫羡牡丹称富贵，却输梨桔有余甘'。你说呢，齐先生。"

暗号对上了，白石从袋里取出一卷画，交给周鸣："这是名画，贵重得很，请先生珍藏。"说着，两人相视而笑。

过了夏天，白石接到家里的信，便别了醒吾，回湖南去了。在家没住多久，父亲让他去接四弟纯培和长子良元，他又赶到了广东。

醒吾似乎比过去更忙碌，形势的发展，急转直下，各地革命党的举事，使白石看到了一线的光明，心里也暗自高兴。

他虽然无法想象未来的社会会是什么样子，但觉得总会比现在的好。不然，为什么许多仁人志士，不顾抛头颅，洒热血，前仆后继，为之奋斗呢！

醒吾拎了一瓶酒，在白石眼前晃了晃，高兴而神秘地说：

"今天一定要喝上几杯，庆贺、庆贺！"

"有什么庆贺的？"白石不解地问。

"大喜事，大好事。你猜猜？"

"莫非是杨度来了。"他听说杨度已经到了广州。

"不，不不，"醒吾摇着头，"我们国家的大好事。"他凑到白石的耳边，细声地说："老佛爷死了，高兴不？"

白石惊讶地站了起来，兴奋地小声问：

"这可是真的。那应该喝几杯。"

"邸报都来了，那还有假的。要全国吊丧。我们呀，关起门来，高兴高兴。"

记得在北京时，同乡、友人同他详细谈起戊戌之变以及谭嗣同以身殉国那悲壮的一幕。他到北京后的第三天，特意赶到菜市口，也就是谭嗣同英勇就义的那个地方，默默地凭吊了一次。那时，他决心在樊樊山到京之前离开北京，决计不到慈禧那儿侍奉，谭嗣同的血，给了他深刻的启示。不过，这一点，他对谁也没有说过。

今天他和醒吾一样，确实很兴奋。两人对面而饮，一直继续到深夜。他不让醒吾离去，留在这里，抵足而眠。醒吾向他谈了孙中山、黄兴等人的革命活动，也谈到蔡锷的去向。

"松坡曾经要跟我学画画呢！"白石笑了笑。

"他也是我们湖南人的骄傲，有骨气。"醒吾说着，醉眼蒙眬地看了白石一眼，"现在他回云南去了，将来一定有好戏看，信不信？"

"我当时就看他气度不凡，不同意他学画。"白石见醒吾已经沉沉入睡，自己也纳头向里一倒，躺下了。

这年的春节，他是在广州过的。他历来不同意四弟和长子在官府混事，可是碍着郭葆生的面子，又是郭葆生叫他们来的，没有办法，只好等待着。现在时局的发展急转直下，他坚信自己过去的看法是对的，便决意去钦州接纯培和良元回家。

郭葆生听了白石陈述的理由，没有办法，只好让齐纯培、齐良元同白石一起离开。他们三人由钦州到香港，尔后转乘轮船到了上海，住了几天，赶到了南京。

他想专程拜访当时著名的书法家李梅庵，便带了几方印章去李府，可惜，李梅庵外出，他就把印章留了下来，游玩了南京的各处名胜，又乘江轮西行。到江西小姑山时，住了下来。登上山顶，饱赏山河胜迹美景，兴之所至，画了一幅《小姑山图》。

十五年后，他从湘潭回北京，又途经小姑山，便在这幅小姑山图上补题了一首诗：

> 往昔青山识我无？
> 廿年心与迹却殊，
> 扁舟隔浪丹青手，
> 双鬓无霜画小姑。

他回到故乡时，已经是九月。

从一九〇二年他四十岁起，到一九〇九年四十七岁止，八年间，他五出五归，走遍了大半个中国，游览了陕西、北京、江西、广西、广东、江苏、河北等处的名山胜川，留下了为数众多的画卷，把祖国的山山水水，古刹名胜，草虫花卉，人情世态，一一收入画卷之中，倾注了他对祖国、对故土的无限眷恋之情。

他实践着胡沁园的"读万卷书，行万里路"的期望，开阔了艺术的视野，接触到各阶层的人，了解了各地的民情风俗，临摹了珍藏于朋友之处的历代许多绘画珍品，为他以后的艺术创作奠定了坚实的基础。

三人平安到家，年迈的父亲、母亲十分高兴。多年来，一家人很难在一起团聚，不是白石出远门，就是他弟弟出去打长工，始终碰不到一块。这一次，齐家的上上下下，总算是相聚了，凑到了一起。

白石按父亲约定了的日子，高高兴兴地带着一家子，到白石铺杏子坞的老屋里来了。他给父母亲送了当归、人参等补品，给几位兄弟送了几件东西。而他自己用的、穿的，依然是几年前春君为他准备的那几件。齐以德看到白石名望高了，钱多了，但依然这样勤俭简朴，心里十分高兴，一再教育儿孙不能忘本，像白石那样，做齐家的好后代。

# 2. 炎凉世态

转眼又是春天。

漫山遍野的桃花、油菜花盛开着，掩映在青翠欲滴的树木草丛之中。在和暖的阳光里，五颜六色的蝴蝶，轻盈地飞舞着，组成一幅幅美丽的图案。

白石起得很早，这是他多年的习惯。

他穿着洁白的衬衣，外面套着一件黑色的背心，从屋前走到屋后，仔细地观察着各种花儿开放的情景。花的颜色、神韵、形态，只有清晨这个时候，才看得真切、生动。

早饭后，他带着儿子、孙子，在屋前屋后，又种上了他喜欢的花。

他相信一切美好的东西，都是可以创造的。曾经是一片荒凉的梅公祠，在他们一家辛勤的汗水浇灌下，变样了。果树生根了，展叶舒枝，花儿怒放；池塘里鱼虾，自由地游动着。

绘画是他田园劳作的延伸，田园劳作是他绘画之余最好的休憩。

这几个月，他把八年游历得来的山水画稿，重新画了一遍。

昨晚完成了最后一幅，合起来一共五十二幅画。他按时间的先后顺序，编成了《借山画图》。这既是他八年间人生旅程的一段难忘经历，也是他艺术实践的结晶。

种好最后一棵梅树，他回到画室，喝了杯茶，提笔给一些作品补题记。这时，胡廉石突然到来。他赶快放下手中的笔，招呼朋友坐下、用茶。

"什么风把你吹来了？"白石高兴地问。

"无事不登三宝殿。"胡廉石走到画案前，一张张地翻动着《借山画图》，看得十分仔细：

"你的画越画越好了，能不能给我画几幅？"

"当然可以。你画什么？是人物、还是山水？"

"当然是山水。"胡廉石回到了座位上，"我住在石门，你就以石门的景色,给我画个《石门二十四景图》,好不好?"

他边说,边从口袋里取出一张纸,纸上写着王仲言为他拟定的二十四个画题。白石接过一看,只见上面写着:日出石门、闻莺图、小桥流水……

白石把纸放在桌子上,微笑地看着胡廉石:"仲言也真有想象力,这写的景致,有的我清楚,有的我就不懂了,不知他指的是哪个景物。这样吧,石门那地方,我也熟,既然画嘛,还是要实地去看看。你约一下仲言,一道去。"

胡廉石高兴地点了点头:"这当然好。我告诉仲言,定好了日期,一同去玩玩。"

游了石门之后,他整整费去三个多月的时间,几易其稿,精心构思,终于画成了《石门二十四景图》。每一景图,在意境、技法上,各个不同,可谓各有追求,各有新意。有的以南朝梁张僧繇的"没骨图"技法,不用墨线勾勒,直接以青、绿、朱、赭等颜色,染画丘壑树石;有的则不着一色,纯用笔墨,焦、浓、重、淡、清并用,恣肆挥洒,淋漓毕现,有的或则点苔,或渲染,或烘托……把一个石门的壮丽河山,收入了咫尺之中。

这是他五出五归之后,第一次大规模地连续作画,比起十多年前的《南岳全景图》,那是不知提高了多少倍。

画完《石门二十四景图》,他应黎薇荪的邀请,去了长沙。

黎薇荪,他已经好多年没会过。去年九月,黎薇荪从四川辞官居家,知道白石回来了,很想见见。而且,从朋友那里,他听说白石的绘画艺术有了很大的长进。于是他写了一首诗寄给白石,"探梅莫负衢山约",邀请白石一同去游玩天衢山。

白石接信后,写了一首七律奉寄他:

> 滚西归后得清娱,
>
> 小费经营酒一壶。
>
> 宦后交游翻是梦,
>
> 劫余身世岂嫌迂。
>
> 梅花未著先招客,
>
> 桃叶添香不负吾,

醉矣欲眠诗思在，

怜君闲与老农俱。


　　黎薇荪在长沙岳麓山下，新筑了一所别墅，叫听叶庵。白石来到长沙，住在通泰街胡石庵的家里。

　　这时，王仲言在胡石庵家坐馆，胡仙甫也在省城。黎薇荪回湘不久，又当上了湖南高等学堂的监督，学堂就设在岳麓书院的旧址，张仲飏当教务长。昔日的朋友，几经变迁，如今又在这里相聚了，自是另有一番欢乐的情趣。

　　白石自五出五归后，深深感到自己的诗、词、文章扎根不深。于是，每天除作画不间歇外，几乎天天手不离卷，用功苦读诗、词，从诗经、楚辞到唐诗、宋词，无不下大气力。为了增加自己的艺术修养，除了作品外，对历代诗文评论，也都收集来细心研读。《文心雕龙》《六一诗话》《对床夜语》《声调谱》《诗韵合璧》，等等，他都一一阅读。

　　在这些故友新朋中，诗、画、金石，样样精通，只有白石一人了。所以，他到长沙不久，消息一传开，找他画画、刻印的不少。他原来学的是赵㧑叔、邓石如一路。这十多年间，他对汉印作了深入地研究，并将它的格局与刀法融汇到赵㧑叔的一体中，在刀法上有了新的变化，方平正直，布局严谨、古朴耐人寻味，深得大家的称赞。

　　黎薇荪趁白石在长沙，又请他刻了几方印章，白石自是倾力仔细镌刻。两方印，两句话："停车坐爱枫林晚，霜叶红于二月花。"

　　晚饭后，他正仔细观赏白石的新作，忽然门人通报，说是谭延闿前来拜见。黎薇荪忙放下印章，进去更衣，转身来时，谭延闿已经到了客厅，黎薇荪忙热情让座。

　　十多年前，谭延闿听了丁拔贡的一面之词，将白石刻的印章全部磨掉一事，黎薇荪是听白石亲口说的。那时，他十分同情白石。谭氏有眼不

谭延闿

识泰山，他很不以为然。这件事虽然过去了十多年，但没有因为时间的流逝而从他的记忆中消失。

他与谭家有些往来，但也只是淡淡的。不知为什么谭延闿今天亲自登门造访，来得突然，黎薇荪一时也弄不清楚。

谭延闿看了桌上排着的印章，十分感兴趣地问：

"薇荪兄，这是谁刻的啊？"

"一位朋友。刻得怎么样？"

"不错。是不是一个叫齐璜、齐白石的人刻的。"

"正是他。延闿兄可能认识他呢！"黎薇荪笑了笑。

"这人我未会过，怎么会认识？"谭延闿感到有些奇怪。

"延闿兄还记得十多年前丁拔贡刻印的事？"

"记得，记得。他刻的印章，我还保留着。"

"那么，那个木匠阿芝刻的印？"

"噢，你说齐纯芝刻的吧，丁拔贡说他根本不入流，我给磨了。"

"你知道这齐璜是谁吗？"黎薇荪笑笑，"他就是齐纯芝、芝木匠。"

延闿吃惊地"啊"了一声，沉默了好大一阵：

"想不到他还有真功夫，难怪这长沙的人都找他。"

"他是王湘绮、胡沁园的高足。你想，没有一定的艺术功力，王、胡两先生会收他为门生？"

谭延闿呆呆地坐着，好半天说不出一句话，也不知说什么。他后悔当初不该偏听偏信，伤了白石的情面，不知如何是好。

黎薇荪看他懊悔的神色，想想他平时对于金石只是喜好，并不得其中真谛，也就谅解了他，把话锋一转，问：

"延闿兄有什么事，要我帮忙？"

"事倒是不大，就是请齐先生治几方印。不知方便不方便。"

"这嘛——"黎薇荪估计他是为这事来，思索怎样回答好，"我同他谈谈。反正这个人是我朋友，生平耿介傲岸，不事权贵。过去你们又有那一段瓜葛，我同他先谈谈，再回你信。"

"那是我糊涂，有眼不识泰山，请你多多转达我的歉意。"

第二天一大早，黎薇荪赶到了胡石庵家，向白石说明谭延闿请治印的事。

白石沉默不语，在家里踱着步子，沉思着。十多年前的那桩往事，给予他的刺激实在太深了。以至于后来走过这么漫长的艺术道路，经历过无数次的磨难与欢乐，许多事随时间的推移渐渐淡忘了，唯有这事，却依然清晰地留在他的脑海里。

不过，事物都是两面的，那一次的"胯下之辱"，倒成了他学习上的一种推动力，促使他在镌刻上不断探索，融汇百家之长，走自己的独创之路。生活中常常有许多的挫折，倒成了后来的成功之途。

"他怎么知道我来了？"

"你这长沙城里闻名的金石家，他怎会不知？又听说是我请来的朋友，便来找我。"黎薇荪解释说。

"他要刻什么，有具体要求吗？"白石平静了许多。他决心把过去的那段往事，作为人生的一段有趣的插曲，埋在心里。人难免会干些蠢事，明白过来了就好了。况且自己当时还是无名小辈，如今人家找上门，不正是对自己这十多年艺术探索的一个肯定与赞赏吗？

黎薇荪见白石不计前嫌，很是感动：

"人家把你刻的印磨了，印谱还精心收藏着。他请你还是照着这印谱刻。"他把一本装帧得十分精美的本子，递给了白石。

白石打开本子，仔细品鉴这十多年前的作品，思绪万千，难以平复。

这以后的十多天时间里，他逐一精心地设计了布局、构思，运腕走刀，一划划地刻了起来。同时，把刻好的印章，盖在原来的印谱下面。两个印谱，蕴含着一段耐人寻味的往事。

他又精心地刻了几方印章，送给了王湘绮，王湘绮大大称赞了一番他的艺术匠心与刀法，于是，长沙城里，找他刻印的，纷至沓来，使他应接不暇。回想十多年前，同样是这长沙城，找丁拔贡刻印的盛况和自己被冷落的情景，同今天恰成了鲜明的对比。白石有感于此，曾写下一首诗，其中一句是"姓名人识鬓如丝"。

"人情世态，就是这样的势利啊！"他不无感慨地对黎薇荪说。

"自古而然，人总是喜欢锦上添花的。"黎薇荪回答说。

"我倒是喜欢雪中送炭。"白石动了感情,侃侃而谈:"在艰难困厄之中,要不是有你们这些朋友相助,我哪会有今天?我这辈子是永远不会忘怀的。"

黎薇苏没有说什么,静静地听着。白石这对人生、对友谊的见地,给了他很深的启迪,多少弄清了白石的画为什么一扫文人画那种孤寞、冷落、凄愁的氛围,而展现出明丽、生机勃勃的基调,一种新的生命力。

一九一一年清明后的第二天,王湘绮借友人瞿子玖家的超揽楼,召集友人饮宴,看樱花海棠,他曾写信给白石,说:"借瞿协揆楼,约文人二三同集,请翩然一到。"他接信后,立即赶了去。同应的,除了瞿氏父子,还有嘉兴的金甸臣,茶陵的谭祖同等。

瞿子玖,当过协办大学士,军机大臣,现隐居在家。他的小儿子宜颖,二十来岁,号兑之,也是王湘绮的门生。

饮宴在欢乐中进行。席间,瞿子玖做了一首樱花歌七古,王湘绮做了四首七律,金、谭二人也都做了诗。

白石没有作诗。虽然王湘绮再三催促,他还是没有拿出来。经历了这十多年的艺术实践,他深深感到诗易学、难工,没有新意,他是不轻易拿出来的。何况,今天的饮宴,虽然气氛活跃、欢乐,但他却是另一番的心境。昨天晚上,一位朋友私下告诉他,前几天,革命党在广州起义,失败后,有七十二人被杀害于黄花岗。这消息使他十分震动,他想起了罗醒吾,想起在广州那些日子里,为革命党秘密传递文件的往事,一夜没有入眠。

王湘绮是他的老师,他钦佩老师的才华、学识,不过对于老师的政治主张,他们从未一起讨论过,他有自己的看法。瞿子玖不当军机大臣了,告老还乡,在这乱世之中,隐居不仕,也是他这样身份的人一种退身之计。白石以为,这种不仕与他的终生不做官,是大相径庭的。因之,这个饮宴,各人带着怎样的一种心境,他不很清楚,反正他被昨晚的消息燃烧着。

王湘绮知道他的性格,见他不做诗,也不为难他,只是款款地说:

"你这几年,足迹半天下,许久没见你给同乡作画了,今天盛会,可以画一幅画,助助兴啊!"

白石赶紧站了起来,笑着说:

"老师，盛会难永，老师的厚意，我也清楚，不过，我得好好想想，怎样画才好。"

"你是说考虑好了，再画？"

"是这样。"白石回答说。

"那也好。不轻易下笔，这是你走向成熟的标志。"王湘绮沉吟了一下，对大家说，"濒生答应，他一定把今天的盛会画一幅最得意的作品。"

饮宴进行得很久了，到黄昏时分，大家才兴尽离去。

白石没有回住所，径直来到黎薇荪的听叶庵。一进客门，黎薇荪与张仲飏正在那里聊天，他们一见白石，站了起来，询问了今天饮宴的情况。白石一一做了回答。但是，对于白石今天一反常态，没有作画，很纳闷，还是张仲飏忍不住：

"你为什么不画画呢？这样的好盛会？"仲飏盯着白石问。

"一时想不到用什么题材。"白石沉吟了一下，淡淡一笑，"这是老师写的七律。"他把诗笺送给张仲飏，仲飏很高兴地看了几遍。

"这时还有这样的闲情逸致啊？"黎薇荪不无感慨地说了一句，谁也没有回答。

白石把话一转，问薇荪：

"你借一卷《沧浪诗话》给我看看。"

"前年给一位朋友借走了，没有还。这里有《诗人玉屑》，你不妨拿去看看。"

"我倒有一卷《沧浪诗话》，借别人的，你先拿去看。你在长沙要住多少日子？"张仲飏问。

"不住了。明天我去湘绮老师家，把请他为我祖母写的墓志铭取回来，后天准备回去。"

"那这样吧，我明天也去，就把书带到那里。"

第二天下午，白石补写了一首诗，带给了王湘绮。诗写道：

往事平泉梦一场，

恩师深处最难忘，

三公楼上文人酒，

带醉扶栏看海棠。

　　画，他终究未画。取回王湘绮写的墓志铭，回到了家里，他请石匠弄了一块好碑石，亲自动手，为他慈祥的祖母镌刻墓志铭，把他的思念、情怀一一汇到那一刀一划之中。

# 3. 生离死别

已经是子夜时分，凛冽的西北风，裹着枯枝、败叶和沙土，呼啸着，不时地拍打着窗户，发出阵阵低吟的、令人颤抖的声音。

春君没有睡，不时擦着那已经哭肿了的眼睛。白石坐在床沿，长长地叹息着，不知怎样去宽慰她。良黼走得太早、太匆忙了。这意想不到的遭遇给予他俩的打击，实在太大、太猝不及防。

三天前的傍晚，春君刚收拾了桌子上的碗筷，良黼推门进来了。在微弱的菜油灯下，他焦黄的脸上布满了愁云。他身上的衣服有些单薄，趿着一双破鞋，左脚拇指已经露在外面，右鞋的后跟破了，寒冬腊月，露出的脚后跟被冻裂，还淌着血。他就着烧着松柴的火盆，坐了下来，目光呆滞地望着燃起的松枝出神。

"吃过饭了吗？"春君怜爱地问。

"吃过了。"良黼无精打采地应了一声："爸爸，妈妈，给点钱吧，连盐都没有了。"

"秋天分的那些钱都花完了？"白石见二儿子这副凄苦的样子，心里涌上一股难以言状的、惆怅的情绪。

"买了一支猎枪，子弹，再弄些粮食，还能剩多少？"良黼撒娇的声音里带点悲凉的意味，"冬日，山上没有什么打的了，打猎的人比野兽还多。半个月了，连一根兔毛也没见过。这以后日子怎么过？"

他诉说着，眼眶里充溢着泪水，看看爸爸，看看妈妈，看看弟弟。

他，二十岁。童年没有欢乐，青春时期布满了愁容。为了果腹，日日上山打猎，爬山越野，早出晚归，受尽生活的煎熬。

距这次谈话五天后的中午，白石、春君发现良黼的家静悄悄的，没有一点动静。他们担心他年幼，涉世不深，上山打猎，出了什么事。夫妻俩推门进去，只见良黼直直地躺在床上，盖着被。

春君走近床，轻轻推了几下，叫着良黼的名字，没有一点动静，有点纳闷。可能他还生爸爸、妈妈的气呢，她想。又推了几下，她翻开被子一看，只见良黼的身子僵直，没有一丝热气，她知道事情不妙。白石紧上前两步，推开春君，伸手摸良黼的嘴和鼻子，忽然嚎啕大哭了起来。良黼已经走了，悲愤地离开了这个世界。

白石、春君疯狂地猛然扑到儿子的身上，用力地掀动着、呼号着，他和她的心，碎了。然而，良黼安静地闭着双眼，走了，永远、永远……

人生的遗恨，常常产生于当初认为是周详的筹划之中。

五出五归之后，白石在早已迁居的茹家冲筑室家居。他希望在这宁静、优美的山村，隐居下来，不再远游了。他已经五十岁，处世的日子不多了。清末政治的腐败，外国人的侵入，他的心境悲凉到了极点。他深感自己一介布衣，无法力挽狂涛，给多灾的祖国没有一点什么帮助。他只有一管笔，彩色的笔，只能用它抒发自己对于故土、对于家乡父老、对于祖国壮丽山河的眷恋之情，寄托他的全部爱与恨。

他决心走雪个的路，在这寂静的群山环抱之中，把他所思、所虑，都倾注于笔端。

茹家冲这个新宅，经他连年精心的整修，渐渐有些规模。白石和儿孙们一起动手，把屋后的一孔泉水引进来，从此也不必去汲水，十分方便。寄萍堂的布局、陈设、用具，都是他亲自设计、亲自制作的。

奔波、辛劳了大半辈子，如今总算有了一个比较舒适的栖身之所，可以从容地进行艺术创作了。

第二年，也就是他五十一岁时，他同春君商量，儿子都大了，长子良元二十五岁，次子良黼二十岁，应该让他们独立生活，成家立业，挑起家庭的重担，经些风雨，总比在父母的怀抱里坐享其成要好。免得自己百年之后，儿、孙尚不能独立生活，那倒是件终生的憾事。

事情就这样决定了下来。良元、良黼各自分炊，独立门户；三子良琨，才十二岁，跟着父母过。他把自己多年来画画艰难积蓄起来的钱分给了儿子们，让儿子们学会自谋生路。家就这样分了，但仍然住在一起。

良元在外边给人家打长工、做零活，收入比较多，糊口看来不十分困难。

良黼只靠打猎为生，收入十分微薄，白石不得不时常接济点。但是，孩子同他爸爸一样倔强，自尊心很重，没有到十分窘迫的时候，不轻易向老人张口。谁知良黼会穷困潦倒到如此地步，以至为了艰难的生活忧郁而死，悲愤地离开了人世！

齐白石和三儿子齐良琨

白石的悔恨是难以尽述的。要是当初不那么早分炊，也许不至于有今天这场悲剧。可是，谁能料到事情会发展到如此地步呢？

屋内寒气逼人。他站了起来，披件衣服，点着灯，坐在画案前，慢慢地磨墨，静静地思索。在沉静中，他展纸疾书，写下了祭文：

　　……幽栖虚堂，不见儿坐；盖棺痛哭，不闻儿应。儿未病，芙蓉花残；儿已死，残红犹在。痛哉心伤，膝下依依二十年，一药不良，至于如此！……

他写着，写着，泪水模糊了视野，一滴滴落在纸上。

这是民国二年的冬月，清王朝被推翻已经一年了。开始，山村的人们喜庆过一阵子，但是，没过多久，一切同过去没有什么两样。衙门不叫，称之为政府，不过做官的依然是那几个人，只是辫子剪了，马褂换成了中山装。至于乡村父老，依然纳税缴租，过着十分悲苦的生活。

转眼又到了春天。在雨水的前四天，他买了三十多株梨树苗。带着儿子、孙子，一棵一棵地种在寄萍堂的旁边。

树苗很壮实，有过膝那么高，是他精心挑选的。他想到了苏东坡就种树说过的两句话："太大则难活，小则老人不能待。"因此，他不敢选太大的苗。可是，自己已经是五十二岁的人了，到这些树苗长大结果，恐怕自己已不在人世，吃不到了。想到这里，想到早夭的良黼，不免愁肠百结，感慨系之。

过了雨水不几天，母亲派人找他回去。他连夜赶到星斗塘，才知道他的六弟纯楚也死了，时年才二十七岁。

他默默地流着泪。纯楚的音容笑貌，浮现在眼前。他喜爱这个善良、聪明、听话的六弟。记得一九〇八年，他拉着这位当时才二十一岁的弟弟，坐在庭院的椅子上，精心地为他画了一张半身的小像。这像传神、逼真，尤其是那双明亮的眼睛。

纯楚很喜欢这张画像，这是他唯一珍贵的东西。他用纸精心包了两层，不管到哪里打长活儿，都随身带着。

如今他走了，和良黼一样。他有什么遗言，临终前说了些什么？白石都不知道。一直到安葬好了以后，白石才从他的遗物中，从一包整整齐齐的包袱里，取出了这张画像，还是那个多少有点顽皮的笑容，聪明、漂亮的眼睛。他看着他哥哥，似乎在倾诉他的欢乐与憧憬。

从星斗塘回来，白石没有吃晚饭，也不觉得饿。春君为他做了两个荷包蛋，劝他忍痛节哀，注意身体。他没有听见，他沉浸在悲痛之中。这天晚上，他在素笺上写了两首诗，寄托对于六弟的哀念之情：

> 偶开生面戊申时，
> 此日伤心事岂知？
> 君正少年堂上老，
> 乃兄毛发雪垂垂。
> 堂堂玉貌旧遗民，
> 今日真殊往岁春，
> 除却爷娘谁认得，
> 天涯沦落可怜人。

连续遭逢的意外打击，使白石消瘦了很多。春君很着急，请中医为他诊脉。服了几副中药，这几天，他似乎好了点。早上，画了两幅花卉，他步出室外，到周围转转。

四月的阳光，到了中午时分，也十分炎热。但池塘里的鱼，怡然自得，上下、左右地浮动着。他仔细观看着鱼的色泽、形状和神态。忽然，良琨远远地跑了过来。

自从良黼突然离去，他对于良元、良琨倍加爱护。良琨因为年纪小，更是寸步不离地跟着爸爸。白石看着他一身合适的浅蓝色的衣服，留着刘海的头，一对招人喜爱的酒窝，心花怒放，出神地呆望着，看他由远而近，来到跟前。

"爸爸，有人找你，妈妈让你快回去。"良琨上气不接下气地说。

"谁来了，你过去见过他吗？"白石问。

"没有，他从来没有来过我们家。"良琨肯定地说："他跟妈妈说什么谁死了。我也不知道。"

白石一听，心一沉，急切地问："谁？快说？"

良琨仰着头，睁大了眼睛，怯生生地说："我没听清，我没听清。"

白石拉着良琨，三步并做两步跑回了家，跨进寄萍堂，只见画案旁坐着一个三十来岁的人，正在喝茶。

那人一见白石进来，忙站了起来：

"先生就是齐璜先生吧！我家主人派我送封信给先生。"他从口袋里取出信一封，小心翼翼地交给了齐白石。

齐白石急切地拆开了信，从头到尾，急疾地看着，看着，热泪禁不住地顺着脸颊潸然流下。

屋内充满着悲哀的气氛。春君拉过惊讶地睁大了眼睛的良琨，转过脸去，偷偷地抹泪。那个送信人也止不住热泪纵横。

白石像被万箭穿胸，透不过气来。这消息来得那样突然，使他承受不住了，眼前一阵阵发黑，顿感天旋地转起来，他跌坐在椅子上。

一个月前，他还专程去探望他的恩师胡沁园。胡沁园虽然有点病，不住地咳嗽，但精神很好，见白石来了，很高兴。

白石把自己新近创作的山水花鸟画送给胡沁园看。白石在画幅中，一改过去画石先勾勒外轮廓，再分石纹，然后皴染的笔法，只用墨和颜色点染而成。因而画中的山石自然成趣，形神兼备。

胡沁园很仔细地看着白石在技法上的新探索，连连叫好，"你这些年把笔用活了。基本功扎实，极尽变化。这顺笔、逆笔，有快慢，有轻重。转折四旋，表现出了顿挫与飞舞的节奏。色泽也明快、恰当。"

他指点着，解释着，拉白石在自己身边坐下，拿过左边茶几上的一碟花生米，请白石吃："你吃吧，边吃边读。工笔是基础，我一生止于工笔，但却喜欢写意。你这笔法有朱耷的神韵，最近还临他的作品吗？"

"还临摹。"白石说，"我喜欢他的笔法，但对于他的意境，不敢苟同，比如他画的尽是些残破的山水。"

"这也是他身世的写照。山河破碎，国家沦亡，他又是朱明的宗室，难道没有一点感触？"胡沁园说，"这也是可以理解的。"

"这我清楚。他的画、诗，都是直抒胸臆，肝胆照人的。"白石解释说，"不过，我倒喜欢明丽、热烈的气氛。我不愿给在悲苦生活之中的人民一幅阴沉的画。应该使他们在凄苦的生活中，多少看到一点前途，一点理想的光。"

胡沁园静静地听着，没有立即表达自己的意见。因为在他结识齐白石的二十多年间，他发现这位门生，不但娴熟地继承了中国文人画的优秀传统，而且把民间劳苦大众在困厄之中那种欢乐、坚韧不拔、蓬勃向上的精神风貌，融进了自己的作品之中，形成了自己独特的艺术风格。

"你的理解是正确的。"胡沁园终于开口了，"应该走自己的路。不师古，不对；泥古，也不好。我不能画了，手发抖，眼睛也不好。"说着，他站了起来，取出一卷历代评画的书——《画品》交给了齐白石。

"这是前人关于画的许多看法，有一定道理的。有时间翻翻，懂得古人是怎样品画，包括技法、墨法、构图、设色，不会没有好处的。"

……谁知道这是他们师生之间的最后一次见面了。这次难忘的谈话犹在耳边，但是，这位在自己艺术生活史上起过重大作用的恩师，却离开了人世。

白石弄不清送信人是什么时候走的，也不清楚自己是怎样回到了寄萍堂的画室。在视野朦胧之中，胡沁园的音容笑貌，时时浮现在眼前。

饮水思源，痛定思痛，他无法控制自己失去恩师的悲痛心情。上次去探望胡沁园，他看到老师身体、精力大不如前了，暗暗思忖他的处世时日不会太长了，而且，他也知道，人的生老病死，谁都无法逃脱，但是，胡沁园的过世，依然使他感到那样突然、给他的打击也是那样沉重，以至于他在得到消息后的两三天里，什么事都干不下去。

　　第四天上午，他在春君和一些朋友的一再劝慰下，心情稍有些平静，吃了一点东西。回到画室，把历年的画稿一一翻了出来，从中精选了二十多幅旧稿，这都是胡沁园生前赞赏过的。

　　他看着这一幅幅的画，眼前便浮现出他老师同他品画、论画的幕幕情景，每一幅画都勾起他对往事的深深回忆。

　　在这之后的五天多时间里，他参酌这些旧稿，画了二十多幅，然后亲手裱好，装在他亲自糊扎得十分精美的纸箱里。

　　准备好了这些，已经是接信后的第十天。他带着良琨，来到胡沁园家里，祭奠他的恩师。

　　这里的一切是那样的熟悉。二十多年前，胡沁园教他学画的房间，一切的陈设还是原样，但是，他的恩师却走了。

　　灵堂设在客厅，神位后面是一张大幅的胡沁园遗像，这是齐白石画的。那个眼神，是白石画好后，胡沁园对着镜子，又作了修改的。人生有限，而艺术和友情是长存的。

　　白石站在灵堂前，点燃了三支香，眼里充满了泪水，静静地注视着遗像，跪地拜了三拜。然后，他把二十多幅裱好了的画，一幅幅展现在灵堂前，要让恩师再次看看他的画，表示他无限敬仰、思念的心情。

　　画又一幅幅地收了起来，装在纸箱里，抬到庭院中，他亲自点燃了火，在恩师的灵堂焚化，以悼念恩师。

　　回家的路上，他专程来到胡沁园的墓地，默默地在那里看了很久很久，然后绕墓地一周，在暮色苍茫之中，缓步下山。

　　晚饭后，他没有一点倦意，取出素笺，写下了七言绝句十四首，这里仅选几首：

榴花欲着荷花发，

闻道乘鸾拥旆旌。

我正多忧复多病，

暗风吹雨扑孤檠。

此生遗恨独心知，

小住兼句耐旧时，

书问尚呈初五日，

转交犹寄石门诗。


忌世疏狂死不删，

素轻余子岂相关，

韶塘以外无游地，

此后人谁念借山。


第二天，他提笔写了一篇祭文，一副挽联。挽联上写道：


衣钵信真传，三绝不愁知己少；

功名应无分，一生长笑拆腰卑。


把他对胡沁园深深思念、感恩之情，一一倾诉于纸上。对于先师高尚的人品，给予应有的评价，也表达了自己对于人生、对于艺术的理解与追求。

这两年间，他连续失去爱子、兄弟和恩师，在悲怆的心境里过着凄苦的生活。朋友们虽然时常来看他，但龙山结社那种欢乐的情景一去不复返了。

# 4. 雪中送炭

响动声把齐白石从睡梦中惊醒。他凝神屏气一听，一阵阵轻轻的敲门声夹杂着郭葆生的叫唤声传入耳中。

这几天，北京城里风声鹤唳，风传军阀又要打仗。张辫帅已经进京督务，黎元洪跑到东交民巷大使馆去了。市民惶惶不安。郭葆生深夜叩门，到底出了什么事？

他边想边披衣开门。郭葆生神情紧张地跳了进来，惶惶地张望着：

"东城响起了零星枪声。可紫禁城那边，歌乐声声，街上行人传说纷纷，说刚才张辫帅从江西会馆出来，带了一队人马，进故宫去了，不知出了什么事。"

白石听着，沉吟良久，若有所思地说：

"会不会又把宣统弄出来，闹他的复辟剧？我看前几天报纸揭了这事。"

"难说。不管怎样，京城不大安全，我想去天津租界避些日子，待时局安定些再回来，你一同去吧。"郭葆生看着白石，"随身带几件换洗的衣服就行了。"

第二天清早，郭葆生带着眷属，同白石一道，赶到前门火车站，搭上前去天津的列车。

这一天是一九一七年七月一日。正如白石所推测的，天将黎明时，张勋身着清朝朝服，出门登车，招呼部兵，往清宫进发，演出了中国近代史上有名的复辟丑剧。随即全国群起反抗，段祺瑞由天津带兵入京，把四千余名的辫子兵打得落花流水，结束了这场闹剧，白石同郭葆生才回到北京。

郭葆生的家在前门外西河沿排子胡同阜丰米局的后面。齐白石住了一个晚上，第二天收拾了一下行李，搬到法源寺去住了。

这是齐白石第二次进京，来了不到十天，就遇上这复辟之变，他的心境很是悲凉，偌大的国土，竟放不下一张宁静的画案。

五出五归后，白石筑室山林，想在晚年潜心于中国的绘画艺术，不想远游。何况这几次接连着的生离死别的伤心事，对他的精神刺激很大。民国了，国家状况没有好起来，而是一天天坏了下去。搬走了一个皇帝，来了几个"皇帝"。军阀混战，土匪横行，民不聊生，湖南更是战场，许多人纷纷逃避他乡。他日日提心吊胆，一筹莫展。正在这时候，他接到樊樊山的信，劝他北上京城居住。他想北京毕竟是京都，比这穷乡僻壤要安定些，于是辞别了家人，简装北上，谁知道又遇到这场兵变。他原想找一块安静的地方，潜心作画，于是他搬到了法源寺。

法源寺位于北京城东南的西砖胡同内，始建于唐代贞观十九年（公元六百四十五年），几经沧桑，毁于大火，后又重建，清雍正十一年改建后更名为法源寺。

这个宏伟的寺庙是一座四层的、规模宏大的院落。跨进朱红的大门，走进第一层院落，便是天王殿；穿过天王殿，是雄伟壮丽的大雄宝殿。观音阁坐落在第三层的院落中央，最后一层的建筑便是藏经楼。白石便住在藏经楼的右厢下。

住持和尚听说他是湖南来的画家，是胡沁园、王湘绮的门生，很是敬重，特地为他搬来了一张紫红色亮漆的八仙桌，作为画案。

白石对于这个地方倒是十分满意。这里环境清静幽雅，葱茏郁郁的古树，青青的小草和到处开放的小花，散发着幽香，给人一种沁人心脾的凉爽、轻快之感，勾起他的诗情画意。

他第二天到琉璃厂南纸店，挂起了卖画刻印的润格，开始了卖画的生涯。

雄鸡头遍报晓，他就披衣起床，用昨晚早已准备好了的一盆凉水，洗了一下脸，点燃了灯，在繁星照耀下的庭院里，转上两圈，凝神思索，然后回到画案前，理纸研墨，在白瓷碟里，分别调上洋红、赭石、石黄、花青各色，再回到床上，倚着被子，闭目凝思。

这是他羁旅作画的习惯。白石绘画总是精益求精，毫不苟且，每每于提笔之前，对于所要创作的作品，从造意、穿插、构图、设色等都预先思考成熟，然后信笔挥洒，一笔写成。

他的作品，名家称之达到不能增一山一石，无法减一笔一画的炉火纯青的地步，这是他几十年艰苦磨炼的结果。

他思索了一阵，移步到画案前，取出一张画，仔细地看着画面上那盛开的莲花，宽大的荷叶下，静静浮动着的鸳鸯，白石把这幅画的线条、用色、起笔、落笔记在心上，然后将画卷起。他取出一管狼毫细笔，在生宣纸上，精心地勾勒了起来，一直到早饭后，才把一幅无款的《鸳鸯并蒂莲花双勾底稿》，精心地描绘出来。

勾好这荷叶的最后一笔，他换了一枝小笔，在画稿上写上密密麻麻的小字，对鸳鸯、花瓣、叶、茎的笔法、形状、比例、浓淡、景染，都做了详细地记载："笔墩向这边""顺笔""笔尖向这边横扫来""点外之色似朱砂，少许和墨和黄，显紫不紫"，等等，写好了这些，他满意地放下笔，把这张双勾底稿夹在屋里的铁丝上，一边盯着早已凉了的茶，一边在细细思忖着。

对于祖国灿烂的绘画艺术宝库，他是极为尊重的，下了很大的苦心去学习。临摹古人名家的作品，一直贯穿于他整个艺术生活的各个方面。不管走到哪里，只要他见到一幅别有新意的画，他都想方设法去临摹，直到把它的神韵，精华掌握到手为止。

他一生最喜欢徐文长、陈白阳、石涛、八大山人、黄疲、周少白、郑板桥、金冬心等人的作品，不管命运把他抛到哪里，只要一息尚存，他就要竭尽全力，去寻找这些大师的画。即使在前几天避乱天津那惶惶不安的日子里，他也在寻找朱耷的作品。

他在以后整理的《老萍诗草》中，记载了自己对于这些一代宗师的敬仰之情：

> 青藤、雪个、大涤子（石涛）之画，能纵横涂抹，余心极服之。恨不能生前三百年，或为诸君磨墨理纸，诸君不纳，余于门外，饿而不去，亦快事也。余想来之视今，犹今之视昔，惜我不能知也。

他不是一般地临摹，对于新获得的作品，他要花上两三天的时间，步不出画室，伏在画上仔细、反复地观察、研究，看看人家怎样落笔、着墨、设色，怎样构图与题识。

一张画，他要临三遍，先是"对临"，一边看原画，一边临摹；再是"背临",是在对临和默记原画的基础上,不看原画,一气写成。经过这几道临摹之后,再将临品与原稿对照,发现哪些地方笔墨体会不够,就要进行"三临",一直到完全出神入化时为止。

这是他几十年绘画的基本功,他从来没有满足于已有的成就。今天清晨临摹的这一张画,是在一位朋友家里见到的,虽然没有题识,不知出自谁家的手笔,但他觉得构图有寄托,笔法技巧有独到之处,就借来了,整整看了一个晚上。

他感到有些饿。转过身子,看见临窗的小几上放着一个碗,上面用碟子盖着。他信步走过去,揭开碟子一看,原来是碗粥。碗底压着杨潜庵的小字条,告诉他,他晚上才回来。

杨潜庵也寄寓在寺中,是白石的近邻。饭是杨潜庵送来的,白石竟然没有觉察,现在已经凉了。白石吃完了凉粥,又展纸准备作画。忽然门被推开了,走进来一位三十来岁的人。

"您是湘潭的齐璜先生吧!"中年男子很有礼貌地问。

"我就是,请进来。"白石微笑地将客人请进了屋,让了座。他没见过这个人,而且,从郭葆生家搬到这里,知道的人不多。这位中年男子突然上门,白石感到有些蹊跷:

"先生尊姓大名?"

那人仔细地注视着白石,笑了笑,高兴地说:"我是江西的陈衡恪。"

"噢,你莫非就是陈师曾,陈先生?幸会,幸会。"白石惊喜了起来,一扫羁旅孤寂的心境,"你怎么找到这地方来了?"说着,他轻快地出门,从茶房取了热水沏茶。

"是一个友人告诉我的。"陈师曾回答说:"不过我认识白石兄,时间还要早哩!"

"这从何谈起?"白石不解地问。因为他从来未会过陈师曾,虽然对于他的绘画才能十分钦佩。

"你的画,使我认识你,这远在你第一次来京的时候。可惜我来晚了,未会上。"陈师曾有点惋惜的情绪,"这一次嘛,我是在南纸店看了你刻的印和上面悬挂的润格,才知道你又来北京了。这一次无论如何不能错过,千打听，万打听，才找到这地方。见到你，实在是三生有幸。"

说完，陈师曾站起来，向白石深深一躬。

陈师曾

白石慌忙还礼："师曾贤弟过奖了。你的大名如雷贯耳，只恨无缘得见，想不到今天能在这里相会。"

陈师曾，江西义宁人。祖父宝箴，做过湖南抚台。父陈三立，号伯严，别号散原，是当代的大诗人。

陈师曾是当时大画师吴昌硕的高足，得到吴昌硕的亲传。他的大写意花卉画，笔势雄健，气魄雄伟，设色瑰丽，受到人民的喜爱，在京城里久负盛名。到京后，白石经常听到友人谈起陈师曾。想不到这样一位名家竟然专程登门造访，使白石十分兴奋。

陈师曾环视了一下室内，仔细看了白石新作的几幅画，说："我看了你的印，雄伟刚劲，有高深的造诣。俗话说，'宽能走马，密不通气'，构思不一般。先生治印多少年月了？"

白石沉吟了一下："说来也有二三十年的历史了，但是总不如意，请你多指教。"

"你的画，我见过，功夫不浅，在京城怎样？"师曾关切地问，远远看了一下悬于铁丝之上的那幅双勾图稿。

白石一听，笑容为之一敛，低沉地说：

"京华买我的画，不多，对于我的画，说法也不一样，不知贤弟有什么高见。"

当时的北京，画苑精英荟萃，各种流派、不同风格的画师，竞相争艳。许多享有盛名的大写意画家，如吴昌硕、王一亭、陈师曾、凌直支、陈半丁、姚华、王梦白等，都是群众十分喜爱的。白石初来这京华胜地，人们不认识他，真正能了解他的画的人，为数不多。

"我很佩服你的画，大胆创作，笔墨高超。不过，凡人不识货，奈何？"师曾叹了一口气问："能不能借见你的画，一饱眼福？"

"那好，那好。"白石高兴地忙不迭说着，走到右墙边的长桌上，打开行箧，取出了他精心保存着的《借山画图》，一一展示在师曾面前。

陈师曾仔细地品着《借山画图》，白石在一边逐一解说。

"你的画格是高的，但还有不够精湛的地方。"陈师曾恳切地指着一处山峦的皴法和设色，说："这地方改为干湿相济，而远近群山，大胆删减，画面就显得更为简练而明快。这些意见不知对否？"

白石一听，哈哈大笑了起来，"贤弟不愧是苦铁的高足，说得实实在理。"

师曾看了一下怀表，站起来说：

"时间不早了，今天拜见你，十分荣幸。请借用一下笔砚。"白石知道他要作画，非常兴奋，轻快地理纸、磨墨、调色。

陈师曾略略思忖了一下，在展开的宣纸上，潇洒地写下了一首诗：

> 曩于刻印知齐君，
>
> 今复见画如篆文。
>
> 束纸丛蚕写行脚，
>
> 脚底山川生乱云。
>
> 齐君印工而画拙，
>
> 皆有妙处难区分。
>
> 但恐世人不识画，
>
> 能似不能非所闻。
>
> 正如论书喜姿媚，
>
> 无怪退之讥右军。
>
> 画吾自画自合古，
>
> 何必低首求同群。

师曾的题诗，不正是希望白石坚持走自己的艺术创作道路，创作自己独特的风格，不取媚于世人吗？而这，不也正是白石一生孜孜不倦地追求的画风嘛！

这样一位名震京华的画师了解他，敬重他，鼓励他，使他十分激动。他紧紧地握着师曾的手，一句话也说不出来。

这以后，他引师曾为挚友，经常去他家里玩，一起谈诗论画，成了陈家的常客。

陈师曾的书室取名"槐堂"，里面挂着白石的作品。他逢人便说："齐白石的《借山图》，思想新奇，笔墨志趣高雅，不是一般画家所能比。可惜一般人不了解，我们应该特别帮助这位乡下老乡，为他的绘画宣传宣传。"

八月中旬的一天下午，案牍劳顿之余，白石信步沿着弯曲的长街，独自走到城南的游艺园，远视黄昏景色。只见霞光满天，千家万户，炊烟袅袅，别有一番情趣。回到住室后，顾不上吃饭，他信笔画了几幅纪实。其中一幅《北京城南远望写生小稿》上，画了一个门楼，两道浓烟。寥寥几笔，以极概括的笔法，把所见的景物概括地表现出来。然后题记说："远观晚景，门楼黄瓦红墙乃前清故物也。二浓墨画之烟乃电灯厂炭烟，如浓云斜腾而出，烟外横染乃晚霞也。"注记画意，是他长期养成的习惯，是他观察生活的忠实记录，积累素材的一个办法。从这里，可以看出白石对于绘画艺术倾注了何等的心血！

第二天，陈师曾约了其他几位画家前来探望他。昔日冷清的住所，笑声盈盈。老和尚见这么多文人雅士，画苑高手来看望这位湖南老农，自是十分高兴，好像也为寺庙增色不少，十分殷勤地进献茶水。

他们品古论今，一直热烈地谈了很久。白石一时兴至，就着桌上的宣纸，从容挥洒，画了一块巨石，栩栩如生。

画毕，他换了一枝小楷笔，躬下身子，在峋嶙山石的右上角写着：

> 凡作画欲不似前人难事也。余画山水恐似雪个，画花鸟恐似丽堂，画石恐似少白。若似周少白，必亚张叔平。余无少白之浑厚，亦无叔平之放纵。

周少白，清末山阴人，画石名家。这题记，十分鲜明地向同行们表白了他不以模仿前人为满足，要不断地创新的艺术进取精神。大家看了他的题款，都不住地点头赞许。

时间过得真快，转眼来京两个月了。听说北海的荷塘，莲花怒放，千姿百态，游人如梭。白石一大早就乘了车，赶到了那里，放下画具，观赏了半天，选择了一处好的角度，精心地画了起来。

白石画荷花，五十岁才起步。试笔的第一幅作品是《荷花翠鸟》。他不满意，嫌花、叶拘滞，梗茎呆板，没有多少的情趣。但毕竟是起步，他也高兴地题了跋：

> 懊道人画荷过于草率，八大山人亦画此过于太真。余能得其中否？尚未自信……

五年后的今天，面对荷塘，白石已能挥洒自如地写生了。如今，他一反自己过去简叶疏枝的技法，向繁密的方向发展。几个展开的荷叶，十多朵怒放的荷花，以及许多含苞待放的花蕾，将画面充溢得满满的，真是繁花似锦，一派欣欣向荣的气氛。

他很得意，没想到今天收获这么大。回到家里，整毕画稿，他题款道：

> 余画荷花觉盛开之荷不易为。一日雨后过金鳌玉蛛看荷花，归来画此，却有雨气从十指出。

樊樊山派人送信来，希望见见他。他是有些日子没有见到这位诗友了。于是，第二天下午，便带了诗草，来到樊樊山的家。

樊樊山对于他的诗评价很高。他知道白石学诗同学画一样，走过了一段艰辛的道路。他最喜欢唐宋诗词名家的作品，尤其是杜甫、苏轼、陆游和辛弃疾的作品读得最多。五出五归后，他无限感慨地说："身行半天下，虽诗境扩，益知作诗之难。多行路，还须多读书。故造借山吟馆于南狱山下，熟读唐宋诗，不能一刻去手，如渴不能离饮，饥不能离食。然心虽有得，胸横古人，得诗尤难。"

# 5. 定居北京

　　白石的诗，樊樊山很是赏识，一卷"白石诗草"在樊樊山的指点下，白石又仔细推敲、整理，最后装订成册。樊樊山为之题记，称赞他的诗是"意中有意，味外有味"，给予了很高的评价。十年后，这卷诗稿以《借山吟馆诗草》的名义刊行于世，樊樊山的这篇序印在卷首，这是后话了。

　　二次进京，认识陈师曾，两人成为莫逆之交，是白石一生中最值得纪念的一件事。

　　朋友之间的情谊是很难用时间来衡量的，有人相处了一辈子，却没有成为患难之交，有的只有数月的过从，却肝胆相照，生死与共。白石从这几十年的生涯中，悟出了这深刻的道理。

　　离京前的一天晚上，他写了一首诗寄给陈师曾：

　　　　　　槐堂之月爽如秋，
　　　　　　四壁嘉陵可卧游，
　　　　　　尘世几能逢此地，
　　　　　　出京焉得不回头。

　　回到茹家冲，已经是十月初十。春君和孩子避难在外，尚未回来，他的家被洗劫一空。土匪横行，兵匪一体，肆意抢掠。他几年苦心经营的花木、房屋被破坏不少，到处是一片残破、凄凉的景象，过了些日子，春君得到消息，听说他回来了，才带着孩子返回茹家冲。

　　这一年的冬天，异常寒冷。春节时，全家团聚在一起，虽然没有什么大事操办，但却因为经过这次离乱之后而能安全地重逢，在清苦之中也感到十分的欣慰。

可是，谁料到，过了元宵节不久，乡里又谣言四起，听说几个军阀又在摩拳擦掌，要在这一带打一仗。湘潭城里，来来往往净是军队，也不知是哪一部分的。而且，他们的服装各异，穿什么的都有，凶狠残暴，见东西就抢，随时随地乱派捐征税，弄得贫苦农民苦不堪言。

六月间，一位朋友忽然三更半夜来敲白石家的门，告诉他，到处盛传："这几年芝木匠发了大财，倒是个绑票对象。"风声一天天紧了起来。附近几个村庄，稍有点像样的人家已经被绑过不少了。

白石无奈，只好悄悄地带着家人，匿居于紫荆山下的亲戚家里。

在这动荡、颠沛的生活中，他度过了将近一年的时间，饱尝人间的苦与涩。

北京回来后，他原来打算筑室山林，潜心作画，平静地度过晚年，不与尘世来往。谁知道这里没有他容身之地，他后悔自己不该回来。但是，这里毕竟是生他养他的故土。父亲已经八十一岁高龄了，母亲也七十五岁，还有妻儿家小。这许许多多骨肉之亲，怎不使他踌躇再三？

父亲、母亲看到这里的情况，同他商量了好几次，希望他到北京去。春君也一再催促他快下决心。经过数次反复的商量，他决意离开他无限眷恋的家乡，离开他多年苦心经营的寄萍堂。他在给朋友的诗中有这样两句"借山亦好时多难，欲乞燕台葬画师"，表示了他打算定居北京的想法。

一九一九年三月初，局势稍稍有些平静。白石决心北上，他去看了祖父、祖母的墓，看了梅公祠那座借山吟馆。

因为担心人多，招人眼，几个兄弟都来不及谋面，告辞。头天晚上，他去看望了父母，给老人留了一些钱。

老人多皱、饱经风霜的脸，不断地滚下了热泪。他们知道，白石这次出门，不是暂时的出游小住了，而是要永远永远地定居北京。风烛残年，遭逢生离，谁不为之洒泪？

"这里是你的家，我们祖祖辈辈在这里生活。"父亲擦着眼泪，喃喃地说："时局好了点，你要常常回来，我同你母亲都是不久人世的人了。"说着呜咽了起来。

母亲只是不住地淌泪，一句话也说不出来。白石含着泪，朝着父亲、母亲跪了三跪，才依依不舍地离去。

齐以德同齐周氏相互扶着，走到门口，默默地望着儿子的身影消失在夜幕之中，久久没有离去。

夜很深了，白石回到寄萍堂，只见春君在微弱的油灯下，做着针线活等他。

他曾经多次劝春君携着儿女同他一道到北京。但是，春君舍不得撇下家乡的父老与部分产业，情愿领育儿女，留在家里。

白石愁绪满腹，无言地坐了下来。春君知道他已经吃过饭，便拉过一把椅子，在对面坐了下来：

"你放心走好了。我们孤儿寡女，不怕。公婆、叔叔都在，他们会照顾好的，只是你只身在外，客居异乡，举目无亲，很不方便，有一件事想同你商量一下。"她看了白石一眼。

"什么事，你尽管说好了。"

"我想给你找个配室，送到北京，好照顾你。"春君经过了长时间的深思熟虑，胸有成竹地说。

白石做梦也没有想到她会提出这样的问题。白石先是怔了一下，接着被春君的真挚情感深深地感动了。

他没有马上回答，因为这个问题，对于他是太突然了。沉思了好大一阵子，白石才缓缓地回答说："这事就不必了，我自己会照料好自己。"

"我考虑了好久，我无法照料你，一定要找一个人代替我照料你。不然，我怎么放得下心呢？"春君有些激动，恳切地说："我对于你就这一条要求，平生无他求，就这一件事了。"

"以后再商量吧，我到了那里再看看。"白石不好伤她的心，宽慰地说。

这一夜，他们都没有入眠，白石对家里的生产、生活，一一作了具体的安排。早饭后，他强抑着别离的痛苦，踏上了去北京的路。

湘潭的阳春三月，是多雨的季节，黛青色的群山，葱郁的树木，沉浸在烟雾之中。寄萍堂前的梨花，在细雨中绽放。

白石满怀离情别绪，在春君的相伴下，支着伞，迎着雨，匆匆上路。道路旁，水珠顺着青青的竹叶静静地淌着，好像是她和他的泪。

到长沙住了一夜，买了张车票，他登车北去。但他的心还留在杏子坞、寄萍堂，留在春君的身边。列车昼夜不停地奔驰着。错落的群山，闪光的江湖，碧绿的田野，不断地、匆匆地从窗前闪过，他无心眺览。一种从未有过的空落、孤寂的情感，充溢着他的脑海。后来，在他的诗草自序中，有这样一段文章，记述了他当时的心境："过黄河时，乃幻想曰，安于手有嬴氏的赶山鞭，将一家草木，过此桥耶！"

到北京后，他仍然住在法源寺。安顿好了的第三天，他依然在南纸店挂起了润格，卖画刻印。日间朋友们来探望他，或是打听湘中战事，或是谈诗论画。到了夜晚，更深人静，他常常通宵达旦，难以入眠。只要一闭上眼，父母、妻儿的音容笑貌，就会浮现在眼前。

藤萝花还开着吗？芭蕉的大叶已经青郁葱绿的了……这幕幕园中小景，交织地呈现在眼前。

他披衣挑灯，宁思了片刻，取出诗笺，写下：

> 春园初暖闻蜂衙；
> 天半垂藤散紫霞，
> 雷电不行茄鼓震，
> 好花时节上京华。

在郁闷、痛苦之中，他送走了夏天。

北京的四季分明。立秋之后，金风送爽，西山的丹枫如血，勾起了他对那孕育他童年艺术灵感的故乡的情思。

中秋那一天，郭葆生接他去小住了三天。在那小小的、洁净的庭院里，郭葆生约了几个朋友，在树荫下摆上小几，放着瓜子、糖果、茶水之类，赏月闲聊。

他们都了解白石的心境。闭口不谈有关中秋或是望月思乡之类的诗、词，以免白石触景生情，感伤怀念。但是，今晚千家万户笑声盈盈，欢度佳节，白石的心哪能不思念数千里外的亲人呢？他想起苏轼那千古流传的名句："人有悲欢离合，月有阴晴圆缺，此事古难全。但愿人长久，千里共婵娟。"他的思绪伴随着飘动的、轻纱般的浮云，飞到了湘江，飞到了那充满奇异色彩的寄萍堂。春君和孩子们也在赏月吗？父亲、母亲他们呢？

他不知在座的朋友谈论了什么。他只静静仰首，凝视着明月、白云，什么也不说。

那晚，他喝的酒特别多。要不是几位朋友夺了他的杯子，他还要喝。

他不知道，自己是怎样回到寺中的。反正他执意要回来，谁也留不住，朦胧中好像被几个朋友送了回来。

可能是酒精的麻醉作用，这一夜是他近半年来睡得最好的一夜。要不是和尚送信来，他可能要睡到中午。

信是春君来的。他一听说，一跃而起。那工整的笔画，实在太熟悉了。在过去的三十多年岁月里，他闲时教春君识几个字。春君聪颖、好学，几年下来，竟然能写信了。字写得虽不太好，但秀丽、工整、一丝不苟。她告诉白石，给他聘定了一位配室，几天之内，她将携她一同来京，要白石预备下住处，准备成亲。

春君一片诚意，白石非常感动，忙着托人找房子，后来就在陶然亭附近的龙泉寺隔壁，租下了几间房子。朋友们知道白石要办喜事，帮助筹划，不多时间，桌椅板凳，锅盆碗筷，一一准备停当。一天下午，陈春君带着一位年轻女子赶到北京了。

女子叫胡宝珠，原籍四川丰都人，生于清光绪二十八年壬寅八月十五中秋节，当时才十八岁。她父亲名以茂，是篾匠。胡宝珠在湘潭一亲属家当婢女，出落得十分标致。白石一见，满心喜欢。当天傍晚时分，三人一同到了龙泉寺新居，在陈春君的操持下，简单地举行了成亲之事。

春君遂了自己的心愿，总算为自己找到一个代替照料白石的人，心里十分高兴。她待胡宝珠亲如同胞姐妹，精心地照料她、教导她，把白石的起居、饮食、生活、作画、刻印等习惯，一一详细告诉了她。胡宝珠默默领会，一一照春君教她的去做。

过了立冬，报纸上连篇登载湖南战事再起的消息，春君一听，心急如焚：

"这里的事安排停当了，我得早点回去。"

"也好，我同你一道回去，看看家里情况。"白石答应着，"这里的事就托付宝珠了，有什么急事，找一下郭葆生他们，我同他们谈一下。"

三四天后，白石伴着春君，南下回到湘潭。一九二〇年元旦，白石在自己的故土上，度过了五十八岁的生日。二月，带着三儿良琨、长孙秉灵到北京上学。这时，良琨和胡宝珠都是十九岁。他们同庚，但辈分不同，比起个头来，良琨比宝珠更高一些。临行前，春君特意嘱咐良琨，到了北京之后，一定要尊重婶妈，并且讲了许多有关宝珠为人的事。

宝珠也十分尊重、关怀他们。处处以长者的身份，无微不至地照料他们。在这个偏僻的城南小平房里，他们度过了一段难忘的欢悦的生活。

由于童年苦难生活的煎熬，所以宝珠很成熟、懂事，勤俭地操持着这个家。在白石南下的两三月间，她一人住在北京，一步也没有随便离开过家门，整天关在家里做针线活儿，把白石的衣、裤、被、褥拆洗、补缀得整整齐齐。

白石同春君临行前，一再嘱咐她安排好生活，不要太苦了自己，但是，她有她的主意。她知道生活的不易，总把细粮留起来，尤其是大米北京这地方不多，白石又爱吃，她就省下来。自己跟着邻居学会了蒸窝头，每天就着青菜、咸菜吃窝头。

生活虽然是清苦的，但她的心充满了欢乐。她到底有了一个家，这颗曾经悬着的心总算落到了实处。丈夫是个著名的画家，也是穷苦人家出身，为人正直、善良。大妈妈（她对原配陈春君的称呼）深明大义，待她如同姐妹，这些都给她以极大的慰藉。

在那样的一个时代，像她这样穷苦、弱小的女子，还有什么更高的奢望呢？

她对现在的一切都感到十分的满意。她唯一的愿望就是通过自己的双手，为白石创造一个尽可能温暖、舒适的家，让他有更多的时间与精力，画他的画，刻他的印。

龙泉寺是个偏僻的去处，交通也十分不便。到了春暖花开的时候，经过几次寻找，白石又将自己的家搬到了石镫庵去了。

说来也凑巧，三次搬家，从法源寺、龙泉寺到这石镫庵，他住的都是庙宇。他暗自思忖，自己可是与佛有缘了。画画之余，感怀记事，他写了一首诗：

法源寺徙龙泉寺，

佛号钟声寄一龛，

谁识画师成活佛，

槐花风雨石镫庵。

有了宝珠精心的操持，家里安排得有条有理。白石再也不思虑油、盐、柴、米了。他有了充足的时间，安心作画、刻印。

可是，石镫庵这地方较乱，老和尚养了不少的鸡犬，从早到晚，鸡鸣、犬吠，不绝于耳。

没多久，宝珠托人找到了新址。不久，全家又搬到了象坊桥观音寺内。不料，观音寺内烟火兴旺，佛事繁忙，晨钟暮鼓，昼夜不绝，比起石镫庵，有过之而无不及。白石根本无法潜心作画、治印。

住不到一个月，在朋友们的帮助下，白石全家又搬到西四牌楼迤南三道栅栏六号。这里是居民区，环境比较幽静，白石比较满意，总算把家安顿了下来。

# 6. 生计问题

南纸店的几幅山水、草虫画，已经挂出二十多天了，顾客只是随便看看，一掠而过。而陈师曾、陈半丁等人的画，常常一挂出即被抢购一空。这与他在湖南时的景况，形成鲜明、强烈的对照，不能不在白石的心灵深处引起巨大的震撼。

自二十七岁迈上绘画艺术的创作道路，时间已经过去了三十个春秋，遭遇这样冷落、惨淡的境况，他，平生还是第一次遇到。

湖南，有家不能归，北京，有画卖不出。

一个星期前，白石去南纸店，将润格压得很低。一个扇面，只定价两元银币，比起别的画家的价码，便宜了一半。可是，今天下午去那儿一看，依然无人问津。

原先他靠刻印生活，因为只有一个人，尚能维持生计。如今增加了三个人，有了一个家，小孩还在上学，一年下来，各方面的开销也是不少的。

昨晚，宝珠见他愁思苦想，一筹莫展，怕他弄坏了身子，沽了半斤酒，与他解解闷。他也想借酒解愁，沉醉入眠，好好睡一觉。谁知只迷糊了一两个时辰，就怎么也睡不着了。

已经是子夜时分。月有些西斜，刚好把它那皎洁的清辉，透过临窗的树枝、叶隙，斑斓地倾泻在画案上。

他披衣起床，点着了灯，走到画案前。纸已经铺好了，上方压着铜镇尺。

这是宝珠为他理的纸。在短短的这段时间里，她把自己全部的爱恋、希望和生命，统统奉献给了白石。他比她大四十岁，他们的结合，和旧式的千百年延续下来的习俗一样，没有罗曼蒂克的恋爱史，只是由于偶然的机遇，才走到一块来了。她对这种情况的唯一解释是命运，她只是希望家庭和顺，安安稳稳地度过这一生。

她最初是怀着一种对于自己命运无可奈何的心境，惴惴不安地来到北京，去同一个她从未见过面、年纪比她大得多的人结合的。经过了一段时间的生活，她暗暗庆幸自己，这位由木匠出身的画家，依然保持着农家人质朴、善良、刚直的品格。

他爱她。这种开始于蜜月里的恋情，随着岁月的推移，愈益深沉、浓烈。她是他的妻子，而他更多地把她看作小孩，无微不至地照顾她、关怀她。这种含情脉脉、充满人生乐趣的家庭生活，使他们忘却了年龄上的差距。

每次他外出作画或是宴饮，宝珠都静静地在家等他。白石一进门，她忙着接过他的衣帽，尔后端上一盆热热的洗面水，沏上可口的茶。而他做的第一件事，就是把娇妻搂在怀里……

他作画，她展纸，静静地站在他身

齐白石作画，副室胡宝珠研墨

边，看着一张洁白的纸，怎样在那神工般的手腕下，绽出了一朵朵美丽的花，出现青绿的树，绵延的群山，以及山脚下水边泛舟的渔夫……

她知道他常常夜间起来作画。每天睡前，她就在画案上为他理好纸。

白石一般用生宣纸作画。尤其爱用生宣纸中最薄的、吸水吃墨很厉害的"料半"。这种纸最容易展现笔痕，显现笔墨技法，但是，没有一定的艺术功力，很难掌握与驾驭，因为它渗水太快，不易掌握，下笔运笔之中，稍有迟疑、停顿，就会在墨线中出现疙瘩，无法修改。

他能娴熟地驾驭这种技法。他炉火纯青的笔墨技法，只有在这种特殊的纸上，得到了得心应手、挥洒自如的展现。寥寥几笔下来，无论是小鸡、飞蝶，还是一汪清塘，几枝残荷，笔墨无多，形神兼备。

……他静默了一会儿，挥笔画了一幅山水，杂以花草。尔后换了一枝小楷笔，在左上首题款：

未工招著先招笔，

画到如今不值钱，

> 秀管有灵空变化，
>
> 忽然花草忽山川。

　　这画，这诗，寄寓他怎样的一种心境！三十多年来，他下了很大的功夫学习八大山人，并有所开拓、发展，但在这繁华的京城之中，却吃不开，除了陈师曾外，真正懂得他的画，了解他艺术的理想与风格的，有几人？

　　记得第二次进京时，他遇到了一件不愉快的事。那是在郭葆生的一次宴饮中，来宾中除了他熟知的朋友外，还有些他第一次见面的文士、画师。

　　经过清末民初那段风云变幻的岁月，夏午诒、樊樊山、张仲飏、郭葆生都是五十多岁的人了。宦海浮沉，仕途艰辛，使他们无所事事，整日里借酒浇愁，谈诗论画，打发时日。这次聚会由郭葆生出面主持，傍晚时分，夏午诒、张仲飏等陆续来了，陈师曾来得比较晚。在这些朋友中，算起来，陈师曾年纪最小，但名气最大。原来他先有约会，一位日本友人约他去画画。接到请柬后，他回了郭葆生一封信，说自己先有约会，可能来不了，争取来，但时间迟一点。他的突然出现，郭葆生自是十分高兴。

　　"师曾兄来，是赏脸了。"郭葆生接过他的衣帽，交给家人，高兴地说。

　　"哪里，哪里，我应该来。只是耽搁了些时间，实在对不起。"

　　他还着礼，谦虚地说。张仲飏、夏午诒也围了上来，互致问候。

　　"听说夫人的画画得不错！"陈师曾笑着问夏午诒。

　　夏午诒脸一红，不好意思地说："先生怎么知道的？妇道人家，闲时随便画画，拿不到桌面上来。"

　　陈师曾连连摇手，哈哈地大笑了起来："你这是旧观念，现在是民国了，大家思想都开通了。在日本，女子学画，成为名画家的不在少数。闺房出秀才，我们历史上出了不少。只是先生不要垄断，只是自我欣赏哟。"

　　"这样吧，由师曾贤弟做主，办一个女画展如何？"仲飏插上了话："还有这位老兄的夫人，也是画家。"说着，他拍了一下郭葆生的肩。

　　"噢，"陈师曾叫了一声，"原来在座的各位夫人都是画家啊！跟谁学的？"

　　"齐大山人，齐白石。"郭葆生不假思索地说，"夏午诒的夫人也是拜在齐家门下。"

陈师曾这才发现白石不在场，急问："怎么白石兄没有来？"

"还能少了他。他是我们湖南的骄傲。"仲飑环视了一下四周，也疑惑了起来，"怎么今天姗姗来迟？"

"一个木匠，肚里没有一点墨水，画得俗不可耐，还骄傲？"一个骄横之声从后面传来，刚才热烈的议论戛然而止。大家不约而同地转过头去一看，原来是那位李先生。

李先生个头不高，消瘦的脸上依稀有几根胡须。脸色灰而黄，没有一丝血色，眉宇间有一股自命不凡的神色。他时常自命科榜的名士，也不顾现在是民国之年，这一套已经吃不开了。他能诗能画，没有职业。清朝倒台后，仕途不通了，就靠祖上一点产业过日子。

他在背后议论、中伤白石的话，陈师曾、樊樊山已经听过不止一次，并且与他有过激烈的争论。今天，他又在这里，在白石的许多同乡、朋友面前说这样的话，师曾感到十分不快，便冷冷地问：

"俗与不俗，先生有什么标准？"

那李先生一听，来了精神，走到张仲飑为他腾出的一个位置上，对着师曾，笑了笑。

"这问题，陈先生比我清楚。街头摆摊上换几个铜板的小品，怎能同有墨味的真品相比较？"

"白石的画，是街摊上的小品？"陈师曾严肃地反问了一句。

"我看也差不了多少。木匠出身，诗、赋、骚、词，读了多少？有王维、吴道子、顾恺之的功力？"他说完，仰起头，呈现出令人厌恶的鄙夷的神色。

陈师曾看看周围人不平的神色，坚定地说："你这看法，实在无知。历代画苑有多少名家出自寒门，自古寒门多名士，先生不是不知道的。不过，一些纨绔子弟，倒是只知灯红酒绿，最后功名两空。"

李先生像是被什么锋利的东西，重重刺了一下，搭讪地解嘲说：

"那么，依先生高见，你说他的花鸟好在哪儿？"

陈师曾突然仰头，高声大笑："无知何以论短长！你看过他画的兰花吗？"师曾摆出挑战的姿态："'喜气写兰'，这是古人的审美追求。所以，兰的叶子，画得极为飘逸。花朵姿势舒展，花蕊吐露，令人欢悦。但是，白石的兰花不同。

叶子粗而健，花朵大而厚，在健爽、厚重之中，使人感受到蓬勃的生命力。这是神化了的兰，脱了前人窠臼的一种创新，而不是那种就着画谱画些'鲫头''鼠尾''破风眼''螳螂肚'之类。"

这后一句话，陈师曾说得很重，并且斜了李先生一眼。

李先生知道陈师曾话中有话，是对着上次他在一位友人那儿，即席作兰花图而发的。他不理会这一套，继续说：

"不过，可惜的是，楚人送璞，无人识宝啊，一幅小品一个银币也无人问津。"

夏午诒觉得他太不像话了，插了一句："口味不同嘛。湖南人爱吃辣，北方人好吃面。濒生的画，在我们湖南价码很高，一出来就被抢购一空。南派北宗，自不是一路，岂能以市侩的目光论优劣！"他说得很激愤，顾不得对方接受得了，接受不了。

"照夏先生高见，艺术就没有客观标准了？"

"标准？"夏午诒重复了一句："当然有，那就是历史的尺度。真正的艺术珍品，终究会流传下去的。历史上有多少被当时一些人看不上眼的名作流传下来，而那些时髦一时的货却常常湮没无闻。"

大家都赞许地点点头。

李先生不以为然地摇摇头："仁者见仁，智者见智。你们都为他辩护，连樊樊山先生也为他的诗作序。他的诗就那么好？合格律，平仄吗？樊先生一代名士，对这样没有一点文才的人这样吹捧，实在让人不好理解。"

樊樊山显得很平静，淡淡地说："只有懂诗的人才能真正懂得他的诗。当然，我们不只是为他辩护，而是为这种勇于创一个新的艺术风格辩护。"

"你说得对。"陈师曾站了起来，"明清以来，画坛有一种不好的风气，崇尚仿古，脱离现实，陈陈相因，玩弄笔墨，毫无生气。这一点，'四王'是有责任的。白石好，好在于他放开拓，脱了窠臼。"

说到这里，他环视了一下四周，忽然发现齐白石早已坐在远处的一个角落里，平静而自如。陈师曾一见，高兴地叫了起来：

"哎哟，我们的齐大山人来了。"

白石站了起来，坚毅的脸上，现出一丝淡淡的笑容。他看了大家一下，从容不迫地走了过来，与大家见礼。

他来了很久了，刚进门时就听到这里在激烈地争论他。这些意见，都是他平时很难听到的。他在窗外静听了好大一会儿，这才悄悄地进来，刚坐定，就被师曾看见了。

李先生见白石来了，心想他一定听到他刚才的发言，让这个木匠听听也不错。

刚才的唇枪舌剑，已经被现在丰盛的宴席所取代，菜是地道的湖南风味。郭葆生举杯逐个地敬酒，当他走到李先生面前，开玩笑地说：

"李先生吃得惯吗？这是地道的湖南菜，南北不同宗啊！"大家哈哈大笑了起来。

李先生也笑了笑，自负地说："人各有好恶，原是不能强求的。不过，这和画不一样。"他瞟了白石一眼，"画要有书卷气，肚子里没有一点书底子，画出来的东西，俗气熏人，怎么能登大雅之堂呢！讲到诗一道，又岂是易事！有人说，自鸣天籁，这'天籁'两字，是不读书的人装点门面的话，试问自古至今，究竟谁是'天籁'的诗家？"

陈师曾一听，脸色变得铁青，感到这李先生太不自量，一点面子也不给，待要发作，驳他几句，忽然觉得脚被谁踩了一下。只见身边的白石朝他笑了笑，递了个眼色，他才压住了怒火。

白石知道他话中有话，而且在不同的场合，他听过好多次了。"文人相轻，自古而然"，他看过这位自诩科榜名士的诗与画，极为平常。至于自己的诗与画好不好，百年之后，自有公论，何必现在去争个高低，显得气度不大！

晚宴后，余兴未尽，郭葆生邀请各位到他的书房作画、赋诗。

白石请师曾先试笔，师曾看着白石说："今天应该你来画。"

白石一听，毫不客气地走到画案前，边调色，边思索，接着，挥笔画了一幅秋天残荷。墨色浓淡相宜，艳丽与苍色相衬，活现出白石心中的富丽秋色，没有一点颓废、衰败的景象，给人一种秋高气爽的情趣。

笔一掷，他长长地舒了一口气。

他从来没有画得这样的随心所欲、淋漓尽致、酣畅圆润。陈师曾赞不绝口，提笔在左上方题了款。

这是几年前的一桩小事，但是，在他一生的事业中留下了永远难以磨灭的印记。

他坚信自己的艺术道路没有错，也自认为几十年的艺术实践是扎实、丰厚的。不过为什么在北京受到这样的冷落？除了地域性的群众趣味、喜好外，也许自己对于艺术还应该有新的追求、使自己的画更加完美。

他并没有消沉，他知道他的画，迟早会被社会所认识，为世人所喜爱。他在一位门人的一幅画上，题诗言志：

雕虫岂易世都知，

百载公论自有期，

我到九原无愧色，

诗名未播画名低。

天已经亮了，雄鸡的报晓声，把他从回忆中召唤了回来。

宝珠送孩子去上学前，把早点端到白石的画室。早餐十分简朴，一大碗

胡宝珠与儿子

大米粥——这是他爱吃的，一小碟咸菜，一小碟辣椒。宝珠看他已是年过花甲的人，终日不倦地伏案作画，会弄坏身子，因之，想每天早上做两个鸡蛋，给白石补补身子，但是，被白石拒绝了。

"粗茶淡饭，延年益寿。"白石拉着她的手，亲切地说："你知道和尚为什么长寿？是菩萨保佑？我看不是。主要是饮食有节制，粗茶淡饭。你信不信？"

宝珠用食指轻轻地指着他的鼻子：

"你都有道理，引经据典。我没读书，说不过你，反正，身体不能坏了。"

白石把她拉在自己的怀里。她细细地看了一下白石，怜爱地说："这胡子

一天天变白了，你要注意一下身体，也替我想想。"这后一句话，声音很轻、很低，但很清楚。

白石沉默了。他知道她话的含义，她对他一片深沉的爱。他正处在一个几十年来未有过的艰难时刻，只有她了解他，带给他以温暖和希望，他不能使她失望。

"我不吃那些乱七八糟的东西，不正是为了活得更长、更好吗？"白石注视着她，反问了一句。

"我看不一定。"宝珠说，"没有一点营养，身体能行？前几天，葆生他们来这里，讲了一大堆养生之道，我觉得有道理。到了老年，就不要勉强，你说是不？"

"当然是。不过，你信不信，别看我这样，一定活得比他们长。"

"那算你命好，八字好。"宝珠高兴起来了，笑得满脸红晕，神采飞扬。忽然她想起了什么似的：

"哎哟，差点忘了，炉子上煎着药。"

"什么药？谁的？"白石不解地问。

"你还不知道啊！是杨度送的人参，东北带来的。"说完，宝珠转身走了，不一会儿，端出了一碗人参汤："你喝了吧，人家一片心意。"

白石接过碗，慢慢地吹着、喝着。

"这杨度也真是，湖南回不得，在这里身无一文，多苦，应该帮帮他。"宝珠关切地说着，叹了一口气。

"墙倒众人推，这世风坏到了极点。我看他还不错，为人正直，爱国。"白石说着，转头问宝珠："家里还有什么东西？准备几个菜，请他过来聊聊，他还要跟我学画呢！"

"东西都是现成的。"宝珠高兴地答道："就是要割几斤肉，等下我去办，今天来吗？"

白石沉吟了一下，说："今天就不必了，后天吧。今天我要赶几张画，明天陈师曾约我去，我一定得去。后天请他来，做几道我们湖南菜，多放些辣椒。这杨度，吃上辣，就什么都忘了。"说着，两人相视而笑。

# 第六章　走向新岸

从一个木匠到走上绘画的道路，他走过了多么艰难困苦的道路。尤其这居京之后在画坛上遭遇的种种孤寂、冷落的景况，他是永生难以忘怀的。如今，他开始送走了寒冬，迎来了明媚的春光。

# 1. 衰年变法

刚送走林琴南，又听到叩门的声音。陈师曾趿着鞋，匆匆去开门。

白石站在门口，望着师曾笑笑：

"我只剩下你这地方好跑跑，冤家对头啊！"

陈师曾忙开大了门，高兴地拉着他的手，说："说曹操，曹操到。刚才还同朋友谈起你呢！"

走进中厅，转入画室，白石看着墙上挂着他的《借山图》，问："你说那个朋友是谁呀？"

"他前脚走，你后脚到。早来一步，就碰上了。"陈师曾把家人送来的热茶递给白石，"看过《巴黎茶花女遗事》这本书吗？他就是这本书的翻译家林纾、林琴南。"

"噢，这人还在北京呀！"白石叫了起来，感到惊奇，"我是在广东时，断断续续从《春江花月报》上看到这小说的。他懂得西文啊？"

"和你一样，一窍不通。"

"那样，西书能看得懂，翻译得了吗？"白石感到纳闷。

陈师曾没有立即回答，呷了一口茶，然后才慢慢地，一字一板地说："这可是个秘密，你可亲自去问问他。这样吧，下次你约个时间，会一会，怎样？反正他刚才看了你的画，很愿意见到你。"

说着，陈师曾指了指墙上的《借山图》。白石这才弄清他突然挂出这幅画的原因。

"如果贤弟愿意做东，愚兄唯命是从，"白石说。

"这好办。你是楚璞玉，还被泥土掩埋着，世人目光短浅，难识货。我就当吹鼓手，到处介绍你。"陈师曾说得很认真，语调里充满着感情，"最近情况怎么样？"

白石知道他问的是画的出售情况，便爽快地说："还是老样子，光顾的人不多。"

陈师曾没有说什么，他知道白石正处于一个转折的关头，他了解这位比自己年长几十岁的老人的心境与处境。

绘画艺术作为一种美，是有选择性、时代性的。这是他就读于日本东京美术专科学校，老师在上绘画的美学原理课时，一再强调的，一代人有一代人的美。这就希望画家不能陈陈相因，落于旧的窠臼，不然要走入死胡同，艺术的生命在于开拓。

他全部、仔细地看过白石的作品。他认为，作为一个杰出的画家，白石是具备了这种素质的，他是永不停止的。但是，要形成自己的独特风格，他还必须从朱耷那儿出来，彻底地走一条属于自己的路。

陈师曾想到这里，站起来回到里屋，取出了他的老师吴昌硕的真迹请白石欣赏、研究。

排在画案上的是师曾精心收藏的吴昌硕送给弟子的画以及一些素描初稿，大多是蔬果、花卉，有二十多幅。

画店里很难买到吴昌硕的作品，白石虽然重金买了几幅他所崇尚的同时代的这位画师的作品，但是，真正比较系统地见到他这么多画，这还是第一次。

他一幅幅地品味、观看，十分仔细。这是白石几十年练就的一项基本功。他见到一件不可得到的艺术珍品时，就采取为人所不知晓的"背临"的手法，对每张画的构图、意境、起笔、用墨、设色，仔细地、反复地研究，然后一一记识在心，回到家里的第一件事，就是展纸、挥毫，把熟记的画幅，真实地、艺术地再现出来，留存起来。

今天他看得更仔细，因为这是师曾最心爱的珍品。他听许多人谈过师曾珍藏吴昌硕的绘画，不过，从不轻易示人，爱如生命。今天全数拿出让白石观看，机会难得。白石全神贯注，以致师曾悄悄离开时，他丝毫没有觉察。

吴昌硕和白石是同时代人，白石向来敬仰他，但一直没有见过面。今天的这些画，笔酣墨饱，浑厚苍劲，自开了新貌。白石听说吴昌硕也精心学习雪个的技法，但却自己开了新路，这一点，给予白石很深的启示。

陈师曾又悄悄地走了进来，站在白石的背后，白石正看到最后一张。这是一幅写生素描，是师曾在一个春天里，陪同老师去看山茶花时，吴昌硕挥笔画下的。见到这张画，勾起了师曾对这段往事的回忆。他感慨了起来：

"这画是我同老师去郑州郊外踏青，看见了满树的山茶花，老师当场画的。你看这线条，似断却连，但设色明快艳丽，充满了生命的力度。"

白石静静地听着，放下手中的画，回到座位上，继续听师曾的侃侃而谈：

"他告诉我，他年轻时，学过任颐的笔法，也吸收了徐渭、八大山人、李蝉的技法。但是，他有创造，走上了大写意画的道路，把文人画推向了新的高峰。"

白石听了很感慨。若有所思地说："一个杰出的画家，不但要敢于、善于突破前人的窠臼，还要突破自己几十年形成的框框，这后一条也实在重要。"

师曾知道白石话的意思，很是高兴："我看你要自出新意，变通画法，闯出一条新路。你功底深厚，条件是十分不错的。"

白石只是望着他，思索着，心里油然而升起一种感激之情。在居京这几年艰难困厄之中，师曾是他唯一的知音。过去的一些朋友，虽然还有往来，但他们在大革命的浪涛下，感叹于自己身世的浮沉，无心顾及其他了。师曾虽然有点少年意气，但对他，却是真诚的。他对白石讲的那些话，意味深，耐人寻味。白石不愿多说什么，只是默默地听着，思索着，从中吸取丰富的营养。

师曾见他听得认真、诚恳，也一股脑儿地把心里话都倒了出来。

"工笔画梅，前人已经画了不少了，没什么新意。现在还那样走路，费力不讨好，你信不信？依我意见，不如改了。"

话音刚落，家人推门进来，悄悄走到师曾身边，耳语着。师曾突然笑了起来："哎哟哟，差一点忘了。濒生兄，先吃点饭，再谈谈。"

白石抬头一看，窗外艳阳高照，时近中午了，忙摇手说："不了，不了，我得赶快走，有点事。"说着，与师曾道了别，向门口走去。

师曾一见，急了，三步并做两步，窜到门口，伸开两手，迎面拦住："为什么？到哪里也得吃饭。又不收你饭钱，怕什么。"

白石哈哈大笑了起来："来你这里，我从来不带饭钱，白吃，还怕你不管饭。"

师曾正色说："你吃了，才走。答应这一条，昌硕师的画，你全部可以带回家看，否则，你以后别来。"

白石一听可以把吴昌硕的画全部带走，真是喜出望外，惊叫了起来："这可是真的？"

"君子一言，驷马难追。"

"好，好，好！吃饭，又借画，这买卖做得。"他操着浓重的湖南口音说。

转眼又是初秋的时节。北京的秋天，天高气爽，万里晴空。宝珠陪着几个孩子早上出去玩了，原来白石也准备去，因为从开春以后，他一再答应孩子和宝珠，陪他们去玩玩。可是，他的时间安排得那么紧，上次与陈师曾推心置腹交谈之后，他决心要全盘考虑自己的创作道路，找出自己的长处与短处，闯出一条新路。

他平时很少外出，尤其是最近一段时间。原先同宝珠商量好了，今天一起出去，可是，起床后，他又犹豫了起来，他舍不得花这时间。

宝珠隐隐感到他这段时间不同于往常。平时他起床就作画，然后去南纸店，下午刻印，最近一段不一样。

先是，她看见白石翻箱倒柜，将过去的画，一张张用夹子夹在画室里的铁丝上，然后坐在藤椅上，仔细地看着，有时一坐就是大半天。

她不知他为什么这样做，以为是要搞画展。北京的一些画家不是都搞了个人画展吗？可又不像。只听他口中不断地自语着："要变，要变，不然就没有出路。"

她感到他有些异样。后来，才从他与朋友的谈话里，了解到他要改变自己的画法，走出一条新的路子。今天白石不去，她也就不勉强。这样也好，让他有一个清静的环境，潜心于他的艺术天地。

宝珠悄悄地掩上门，走了。白石没有觉察，他翻开日记，看着昨夜写下的最新的一页：

> 余作画数十年，未尽己意，从此决定大变，不欲人知，即饿死京华，公等勿怜，乃余或可自问快心时也。
>
> ……余画犹过于形似，无超凡之趣，决定从今大变，人欲骂之，余勿听也；人欲誉之，余勿喜也。

他合上日记本，回味本子上记载的这些话，脸上流露出刚毅的神色。

看了这几十年珍藏的自己的画，他对变革，充满了信心。因为从年轻时代开始，他的每一次飞跃，都是在突破前人和自己后取得的。

名家是什么呢？他以为是永无止境的追求。敢于否定自己的过去，这对于一个杰出的画家是最难的啊，可也是最宝贵的。

白石已经是五十七岁的老人了，在当时的画坛，名重一时。但他现在对自己提出了新的要求，希望自己有新的发展，新的创造。

检讨了自己几十年的绘画之后，他今天把吴昌硕的画，统统挂了起来。一幅幅，一笔笔仔细品味。然后采取"三临"的办法，画了想，想了画。一稿有时画好几张，"涂黄抹绿再三看，岁岁寻常汗满颜"。

他与陈师曾约定，每隔三四天，请师曾到家里品一次画。

一幅大写意凤仙花，挂在铁丝上，这是黎明前画好的，陈师曾一进门就看见这幅画。他不知来了多少次了，高兴地看到白石的画风一天天在改变，脱尽了朱耷简笔写意画的窠臼，已经鲜明地表现出画坛上从未有过的红花墨叶派的气势。

"谈谈，这幅画怎么样？"白石与师曾并排站着。

"这画，比前几天更酣畅、豪放，古朴圆润，苍劲有力。这树枝的勾勒、皴擦、点虱也好。"师曾边指点，边说，"这个枝芽，用逆笔，在起、收、提、按、顿挫、转折上做文章，可能更有情趣。"

"这话有道理，你等着。"白石走到画案前。展开宣纸，按着师曾的意见，又画起了凤仙花。一会儿，画好了。他把新画的凤仙花挂在昨晚画的那幅的旁边，仔细地品玩起来。

"怎么样，效果不一样吧！"师曾说，"你看，这样就更好地表现了物体的状态与质感。"

白石高兴得像孩子一样，点点头："你这老兄还真有眼力。"

"不简单，功夫不负有心人。我实在佩服你，在这花甲之年，还不断地进取。"陈师曾敬佩地说。

白石没有说什么，只是笑了笑。走到画案前，信笔在纸上写了他昨晚构思好了的诗：

扫除凡格总难能，

十载关门始变更，

老把精神苦抛掷，

功夫深浅自己明。


陈师曾看着，点点头说："现在不是自己明，京城谁个不知道！"他兴高采烈地站了起来，"我要走了，一会儿还有人到家里找我。"

这以后又过了半个月，白石夜以继日地作画。一天下来，到傍晚时分，画好了五幅。他隐隐感到有点饿，这才想起宝珠他们已经外出了。厨房里，宝珠已经为他准备好了饭菜，只要一热就可以吃了。可是，他怎么也找不到火柴。

他来到院子里。太阳已经西斜，他想出去买盒火柴，顺手去开门，门被反锁了。他忽然想起宝珠同他曾经约定，如果他准备在家待一天，宝珠要外出，就把门从外面锁上。一来免得有人来打搅，二者，半年前还发生过这么一件事。那天，白石让宝珠找樊樊山取回诗草，白石在家作画。宝珠嘱咐白石把门关好，以免坏人进来偷东西。到了中午时分，宝珠回来一看，门大开着，里面空无一人。她急匆匆地跑进画室，见白石正伏案精心作画，忍不住问：

"刚才有人来过？"

"来过，来过。"白石问答着，头也不抬，继续画他的画。

"谁来了？"宝珠又问。

白石这时好像才清醒了过来，答非所问地说："谁来了？"

"你不是说有人来了？"宝珠看着白石一副呆呆的样子，忍不住笑了起来。

"我？没有说呀！"白石惊讶地说。

"哎哟，刚才你还说有人来过。"

"没有，没有人来。是我听错了，信口说的。"白石搭讪着，放下手中的笔，"诗草拿来了？"

宝珠把诗草交给他："我让你关门，关了吗？"

"噢！"白石如梦方醒，"忘了，忘了，没丢东西吧！"

"门被人开了，谁知道丢没丢。"

"不会吧，可能是风吹开了的。"

宝珠赶紧走到厨房，发觉早上买的两斤肉，几斤菜连同篮子，一把斧头都被人偷走了。她慌忙地叫了起来："贼偷了东西了。"白石一听，赶忙跑到厨房。

"你真是，人进来都不知道。"宝珠看了一下白石，责怪地问："中午吃什么？本来想给你做点好吃的。"

白石无可奈何地摊摊手，苦笑着：

"就这一会儿功夫，偷了。算了，算了，就算是送给人家好了。中午吃面条，简单点。"

这以后，宝珠每次外出，就把门从外面锁上。来人一看，以为主人不在就走了。

谁知道今天倒好，白石连门也出不去。无奈何，只好回到厨房，简单盛了一碗饭，夹了几个辣椒，回到画室，慢慢地吃了起来。

饭是冷的，但他心里没有一点凉意。

今天他画的梅花，有了突破，很得意。现在情绪正高，加之这辣椒，也实在有点辣，够味，所以，他觉得今天的饭菜特别香，连吃了好几碗。

坐在藤椅里，他边吃边品赏他画的梅。

画梅，他有几十年的历史了。"君子三品"，他喜欢梅。

五代徐熙画梅用勾勒填色法，到了他的孙子徐崇嗣那儿，又变了一法，不用勾瓣，运用颜色直接点花瓣。到了宋代的崔子西那儿，用纯黑色，不用颜色，更有超然的神韵。这些白石都下了一番功夫，认真地学。

但是，白石最崇尚的，是宋代杨补之的梅，和他同时代尹和伯、吴昌硕的梅，他特别喜欢尹和伯的。

尹和伯是白石的同乡，湖南湘潭人。自从上次陈师曾谈了画梅的看法后，他深入研究了尹和伯梅画的风格，吸取了他的长处，转而又学习了金冬心的水墨技法，现在又学习吴昌硕的没骨法，用洋红点花瓣，生动而自然，意趣无穷。

他看得正入迷，连宝珠进来也毫无觉察。慢慢地，他感到背后好像有人，猛然转身一看，见是宝珠，笑着问：

"怎么样，玩得好吗？一定是尽兴而归。"他拉着宝珠在自己身边坐下。

"不错，孩子们也玩得很开心。"宝珠说："我看你也是尽了兴。"她说着，注视着梅图。

"这是今天画的，我可下了功夫。你看怎么样？"白石探询地看着宝珠。

"不错。我看比箱子里的梅图好。"

"你也真有眼力，能看出好坏了。"白石高兴地大笑了起来，头向后仰着，仰着……

宝珠看见画案上的碗，突然问："你现在才吃饭啊？"

白石笑了笑，点点头。

"都什么时候了，才吃中午饭。热了吗？"宝珠急切地问。

白石摇摇头，微笑着。

"为什么呀？怕麻烦？"宝珠有点生气。

"不为什么，没有火柴了。"

"没有火柴？"宝珠巡视了一下四周，突然指着画案边上的火柴："那不是火柴吗？"

白石转头一看，拍拍自己的脑袋："我真糊涂，还到处找呢。"说着，两人会心地相视而笑。

# 2. 南吴北齐

　　林琴南讲一口地道的福州话。居京这么多年，乡音难改。

　　日常生活、教书上课，他讲的都是京话，但是那京话到了他的口中，却变了味儿，带有浓重福州味，熟悉的朋友有时难免拿他的语音同他开玩笑。

　　光绪八年，他三十一岁时才中了举，以后考进士，屡试屡败，最终未能爬上进士的阶梯。

　　辛亥革命风起云涌的狂涛，把他仕途的残梦席卷得无影无踪了，进士再也考不成了。不过，他倒不在意，只是对于现实中剧烈地变化着的这一切，看不顺眼，有时路过紫禁城，望着那金碧辉煌的皇帝宫苑，难免油然而生思古之幽情。

　　他能画画，尤其是山水。在教习课余，兴来提笔，画上几幅，挂起来，自己看。

　　他做梦也未曾想到，自己一生会在译西书上名噪一时。一部《巴黎茶花女遗事》，竟然使他闻名遐迩，从此使他把毕生的全部心血花费在外国小说的翻译上。莎士比亚、狄更斯、托尔斯泰、易卜生、雨果、塞万提斯、笛福等巨匠的名著，经他的手，一部部介绍到中国读者之中，使千百万文人士子、平民百姓为之倾倒。

　　但是，他自己的艺术欣赏领域，还是中国式的、古老的传统与趣味。

　　前天，易蔚儒到他这里借《堂吉诃德》，手中拿着一把团扇，扇面上一幅用没骨法画的梅，十分古朴而艳丽，他忙从易蔚儒那儿接了过来，仔细地品赏了起来，赞不绝口。他转过头，看看正在书架前找书的易蔚儒，问：

　　"你这扇面谁画的？这么好！"

　　"齐璜，齐白石。"易蔚儒双手拿着打开了的一本书，转身看着林琴南。

　　"噢，是他的，画得真好。"林琴南称赞说，"这风格像吴昌硕，却又是他自己的。'南吴北齐'，可以媲美。当代中国画坛，称得上大师的，只有这两位了。"

易蔚儒一听，觉得林琴南的话很有见地，于是捧着书，走到琴南对面的一张椅子上坐了下来，认真地说：

"我这位同乡可是不简单。他原来是朱耷的那一路，比较冷逸，前些年听了师曾的话，自创了红花墨叶派，画风大变。一个有名气的画家，追求不止，这实在难能可贵。"

"我就喜欢这种永不满足、有追求的人。"林琴南站了起来，若有所思地走到窗前，望着院中的花草说："人就怕故步自封。我看他将来还有大的作为。"

"你是不是想见见他呢。林先生？"易蔚儒问。

"恨见无门啊！"林琴南感叹着。

"他也想见见你。"

林琴南一听，眼睛一亮，高兴地问：

"是吗？他也想见我？"

"当然啰，你的翻译小说受人欢迎嘛，齐白石就拜读过你的《巴黎茶花女遗事》。"

"那你引我去见见他吧。"林琴南有点迫不及待了。

易蔚儒连忙摇摇手："不着急，不着急，我先同他谈谈。"

这以后的第三天，林琴南接到齐白石的信，感谢他对他的画的褒奖，说一定抽空去看看他。林琴南当即回了一封信，说要亲自前去拜访他。不久，白石回信来了，说今天来看林琴南，请他稍候。

林琴南辞去了一切约会，静静地在书房里等候白石。过了约莫一个时辰，只见前门大门开处，易蔚儒领着一个人走了进来。他知道这就是他渴望见到的齐白石，忙迎了出去。未等易蔚儒介绍，两人已高兴地紧握着手，亲切注视着，相互致意了。

到书房坐定后，林琴南仔细地看了一下白石，只见他穿着白绸衫衣，黑色长裤，银丝依稀，有神仙飘逸之神韵。

"先生的画，堪称当代画苑一绝。'南吴北齐'，你完全可以同吴昌硕媲美。"林琴南说得很诚恳。

"先生过奖了，"白石谦虚地说："这丹青笔墨，各有造化，很难一一比较。"

"当然，你这话不无道理，但总有个高下、雅俗之别。我看先生的画是雅俗共赏。"林琴南说到兴奋处，用手在空中比画着，好像在给学生上课，"我收藏不少先生的作品，有花卉、鸟虫、山水。"

"听说先生也会画。"白石问。

林琴南一听白石知道自己会画，高兴了起来，起身到里屋，取出了自己认为最好的画，送到白石面前：

"这是我的拙作，实不敢示人。好在你是名家，又是知己，送你看看，便于请教。"

白石打开几幅画轴，都是花卉、山水。没有什么新意，技法也较呆板。因为是初次见面，不便说出口。

两人虽然都同住在京城里，彼此的情况也都熟悉，但见面，这还是第一次。他们谈得很投机、热烈，真有相见恨晚的感觉。一直谈到午饭后，毫无倦意。

白石怕耽误人家休息，于是起身告辞。离了林琴南的家，他赶到了前门的南纸店。他已经好几天没有来了，不知那儿刻印的活儿如何。到店里一看，才知道前几天挂出的墨荷已经被抢购一空，约他刻印的也有十多件。

他收了润金、刻印的取货单，款款地朝前门走来。

这一带的城墙底下，不时有些小买卖的摊子出售一些古玩。大多是河北、山西那边来的，间或也有山东、关外来的。

这地方，一般有身份的人不大愿意来。但是，白石不一样。因为他曾在此购到一些历史上的名画，如巨然等人的真迹。

将近傍晚了，人群渐渐地稀疏了下来，一些小摊也在收货。白石转了一圈，除了一些山货、中药和家制的布匹之外，似乎没有什么值得他留意的。他沿着墙脚往前走，忽然见到城墙转折处的凹部，一个衣衫褴褛，头发灰白而蓬乱，年约六十开外的老太太，张皇地观望着。她的脚下一块黑布上排着几个古瓷瓶、碗、壶之类。白石眼睛一亮，紧走几步，趋向前去。

老太太仔细地看了一下来者，见他的风度打扮，知道不是等闲之辈。她黝黑的脸堆出了笑容，露出被烟熏黄了、残缺的牙齿。

"先生，你要哪一件？这可是宋代的珍品。"她嘶哑的嗓子带着一种讨好的语调，"这个壶是元代的。你不信？你看这记号？"她捡起一把铜壶，倒过来，底朝上，指点着给白石看。

白石瞟了一眼，摇摇头。她又赶紧拿起另一个彩瓷，凑到白石的身边，说："这也是元代的，真货，假不了。你看这形状，花纹，只有那个时候才有。"

白石听着，仔细看了一下，淡淡一笑，依然摇摇头。

她失望地放下彩瓷，冷冷地站到一旁去了，注视着白石弄这弄那。

白石好像没有觉察她失望的情绪。他虽然不是古玩鉴赏家，但是，元、宋、明、清的一些古玩，见过不少，对于它们各自的艺术风格、特征，还是比较熟的。一次，师曾托人买了一件元代的青花瓷，不知是真品还是赝品，拿不定主意，担心受骗，刚好白石来了，他仔细一看，断定是真货。为了验证白石的鉴赏力，两人一起到琉璃厂古玩店请行家鉴定，果然不错，这使陈师曾折服、钦佩。

今天这女人摆的都是真品，可是自己经济有限，否则，他想买下一些收藏起来，因为这是中华民族的国宝。

他看了一件又一件，没有自己所需要的。正要转身走时，忽然见到半边被压在那女人布袋下的一件瓷盘，十分可意。尤其是盘面上那幅山水画卷，引人注目，他好像在哪里见过，一时又想不起来了。

他立即伸过手，取出那个盘，原来是个白瓷画盘，直径有三十五厘米。那女人见白石对画盘感兴趣，赶忙凑了过来，撩起衣角，擦了盘上的尘埃，只见洁白的盘面上，有一幅风格清适、恬静的山水小景。

"先生知道这是谁的画吗？"那女人以内行的口吻问，眼睛盯着白石，"这是钱舜举、钱选的《浮玉山居图》。"

噢，白石忽然想起来了。他在西安时，在一位友人家里见过《浮玉山居图》。可是，怎么会到瓷盘上呢？

那女人见他一副疑惑的神色，解释说："那幅《浮玉山居图》画好后，他送给了一位友人。后来，他的另一位朋友见了，也向他要，这样，他就照着画了一幅小的。那朋友就拿了这幅小的，到青瓷窑定制了这个盘，烧了出来。"她指着上面的印记、题识接着说："这上面还有钱选的自题诗呢，你看。"那女人拿出了一个放大镜，递给了齐白石。

齐白石接过镜，仔细地看了那几行小字，果然是钱选的一首诗：

瞻彼南山岭，

白云何翩翩。

下有幽栖人，

啸歌乐徂年。

丛石映清沚，

嘉术澹芳妍。

日天无终极，

陵谷从变迁。

神襟轶寥廓，

只寄挥五弦。

尘影一以绝，

指隐奚足言。

款署为"右题余自画山居图吴兴钱选舜举"几个字。

果然是钱选的真迹，这使白石十分高兴。

"要多少钱？"白石问。

那女人沉吟了一下，看看白石，笑吟吟地说："我看先生不是等闲人物，识货，你就给个价吧！"

"五十两。"

"请先生再加三十两如何？"她伸出右手，拇指与食指支开，像个"八"字。

"不能再少点？"白石问。

"先生，这可是真品啊！你一转手，翻上三四番，不成问题。"

"我不是古董商。"白石淡淡一笑，"既然谈不成，就算了。"

白石无可奈何地放下盘子，抬脚走了。

钱选的作品，他十分喜爱。在元代的画苑中，钱选不独以他杰出的绘画技艺称赞于世，而且，他的人品也一直为人们所崇尚。他的山水、花鸟，没有士大夫阶层闲情逸致的成分，而是深深地蕴含着亡国之痛。在元代的画林里，白石对于他是另眼看待的，能收藏到他的画，实在不易。可惜今天刚从南纸店取来五十两银子，加上身上原有的一些碎银，不够数，不然，他就买下了这个画盘。

他怀着一种"千金一面，难以再得"的心境，缓缓地走着。

忽然身后传来那女人的叫唤声，他站住了，转过身来。只见那女人背着袋子，气吁吁地赶了上来，放下口袋，说：

"先生，你给个折中吧，六十两行不行？"

白石想起盘上的那幅画，感到这一次失去机会，以后就难办了，于是答应了下来，对那女人说："六十就六十吧。不过我身上没带那么多，怎么办？"他考虑了一下，接着说："这样吧，明天上午，我还到这地方来，把钱带来。东西就我买了，你不可再给别人。"

那女人听着听着，十分高兴地说："一定，一定，不给别人了。不过，让先生再跑一趟，不好。如果方便，我送到先生府上，如何？"

白石仔细打量了她一下，点点头："那也行，不过上午一定来，我等候你，不可太迟了。"说着把家庭地址告诉了她。

那女人站着不动，搭讪地问："有一句话，不知该不该说？"

"什么事，你尽管说好了。"

"我身上没有分文，先生能否先给一两银子，让我先住住店，弄点吃的。"这后半句话，声音凄凉，几乎让人听不见。

白石感到她倒像个善良之辈，便从口袋里取出一两银子，给了那女人。那女人深深一躬，千谢万谢走了。

回到家里，天色很晚了，屋里点上了灯。宝珠和孩子们都焦急地张望着，忽然听到门响，知道是白石回来了，赶紧去开门。

白石满脸春风，毫无倦意。她不知他为什么这样高兴，这多年来，他处在变革自己绘画艺术的关键时期，备尝艰辛，很少这样快意过。虽然近年创造了红花墨叶的技法，逐渐得到社会各阶层的欣赏和购买，心境舒畅多了，但像今天这样，还是不多见的。

白石拿出银子，拉过宝珠的手，郑重地放在她的手掌上，高兴地把她搂在怀里，吻了她的前额，温情脉脉地说：

"你看出了吗？我很高兴吧！"

吴昌硕

"看出了。不过，我又不是你肚里的虫。谁知道你高兴什么？"宝珠说。

"我买到了钱选的画，不，一个画盘。"他松开了宝珠，落座在一张靠背椅上，高兴地说："多少年了，我一直在寻找他的作品，今天也算是意外事。"

原来高兴的就是这个！这种情况，宝珠可不是第一次见到。

记得前几年陈师曾借给他一套珍藏的吴昌硕的手迹，他兴奋的那个样子，简直把宝珠也弄呆了。他低吟着诗，把自己锁在画室里，将吴昌硕的画一幅幅挂在铁丝上，沽了一壶酒，要了一小碟花生米，一个人，边吃边欣赏，连饭也忘了吃。从早到晚，直至三更时分，肚子有点饿了，才开门进来，找宝珠要吃的。吃完面条，又拉着宝珠，去画室看他的临摹，品评哪些一样，哪些不一样，高兴得像个孩子。

除了那飘动的线条，那从阳光、绿原采撷来的色彩，他似乎没有什么喜好。

宝珠理解作为画家的丈夫的喜怒哀乐。晚餐，她特意为他准备了酒。

他对于这一切很满足。举起杯子，看了宝珠一眼，一饮而尽，然后伸出右手抹了一下嘴唇和胡须，不住地称赞："好酒，好酒！这是你买的？"

"不，人家送的。"

"谁送的？"

"齐如山先生，下午来了。"

"他来了？"白石又问。

"来了，等了你好半天，看看天晚了，就急着走了。"

"你怎么不留他吃饭？"

"留了，可他说要去看戏，是京戏，梅兰芳演的《贵妃醉酒》，他来约你一起去。"

"原来这样，梅先生的《贵妃醉酒》实在好。"说着，他又干了一杯。

宝珠怕他喝得太多，便添了饭，收了酒杯说："不要再喝了，齐如山明天晚上还要约你去看梅兰芳的戏。"

白石高兴地叫了起来："真的？"

"那还有假？他自己说的。"

第二天凌晨，白石一大早就起床了，用冷水洗了一把脸。大概昨晚喝点酒，睡得好，所以早上精神特别好。到宝珠起床，做完饭，他已经连续画了三幅画，挂在铁丝上。

上午，他不准备出门，一来要等那个女人，二来手头的活儿不少。不知过了多长时间，宝珠进来告诉他，说有一个女的，拿着一个画盘，站在门口，找他来了。白石一听，忙放下笔来，说："你让她到这里来，再给我准备六十两银子。"

宝珠出去了，不一会儿领着那女人走了进来。今天，她换了一身干净衣服，梳洗了头发，看起来比昨晚精神、利索多了。

她走到画案前："先生，我把盘子带来了。"

白石接过盘子，在灿烂的阳光下一看，那山水画幅更显得有神韵，十分可爱。

白石收了盘子。将一包银子递给那女人：

"请你数数，一共六十两。"

那女人接过银子："不用数了，错不了。"说着从中取出一两银子，递给了白石，感激地说："先生，这是昨晚借你的，还你。"

白石笑笑："萍水相逢，你就留着用吧，不必客气。"

那女人见他不收，作色说："这做买卖，原是不能多收的。如果先生不收，我这盘子也不卖了。"白石一听，才收下了这一两银子。从昨晚到今早，他与这女人接触中，感到她不同凡人，有些来历。初见面，不好问。

"有一件事，不知好不好说。"那女人看着白石的画。

"你尽管说吧，什么事？"

"我想要先生一张画。"她恳求着，"我知道先生就是齐白石。'南吴北齐'，吴昌硕先生我会过了，想不到今天居然见到齐先生，真是三生有幸。我只求先生一幅小品，行吗？"说着，她目不转睛地注视着白石。

# 3. 寒岁三友

白石见这个女人出语不凡，便试探地问："你是哪里人氏，似乎对画很有研究。"

那女人一听打听她的身世，脸色顿时暗淡了下来，摇摇头，什么也不说。

白石不好再问。提笔很经意地画了一幅墨竹，尔后盖上印章，送给那女人。

她自始至终看着白石运腕作画，全神贯注，一直到画完，才接过画，小心翼翼地收藏好，深深地鞠了一躬，走了。

白石与宝珠都感到这女人有些来历，可是为什么沦落到这地步，做古玩买卖，十分纳闷。两人正谈论着，齐如山闯了进来，高声地说：

"你让人好找啊，昨晚到哪里去了？一台好戏没看成。"

宝珠慌忙站起来，为齐如山让座、沏茶，忙个不停。

"你不是说要看梅兰芳的戏吗？"齐如山慢慢地品着茶，"昨晚他主演《贵妃醉酒》，十分精彩，可惜你没眼福。"

"今天晚上还有吗？"白石不无惋惜地问。

"他连演三天。你还看不看啦？"

"看，怎么不看！"白石回答说："我是没时间去排队买票。"

是的，他是没有时间去买票，因为他年事渐高，自己去买，确实不易，何况，他每天治印、作画，十分紧张，抽不出一点空闲时间。同时，梅兰芳的舞台艺术，誉满京城，当时很难买到票。所以，梅兰芳的戏，他是听到的比看到的多。

齐如山见白石这样高兴，也沉醉在昨晚戏园的兴奋之中，手舞足蹈地唱了起来：

"好一似嫦娥下九重，清清冷冷，在那广寒宫，哎哎哎，广寒宫……"唱着，他站了起来，两手抱肩，装扮出嫦娥在月宫里的那副孤单、冷清的情景。

完了，他突然跳到白石面前，俯下身子问："如何？像不像？"

白石一见他这滑稽的样子，推了他一下，哈哈地笑了起来："去你的。这唱得还不错，表演倒有点像孙猴子，什么嫦娥。说说，买到票了没有？"

"没有票就不到你这儿来了。"

"什么折子？"

"当然是《贵妃醉酒》，我是百看不厌。"齐如山说，"晚上六点半，我来接你。"他从口袋里取出了一块怀表，仔细看了一下，起身告辞了。

宝珠见他要听戏，难得松松脑子，很高兴，早早做好了饭，侍奉他吃了。

从少年时代开始，他就十分喜欢音乐。他有一个好朋友会吹一口十分动听、悦耳的箫与笛，

齐如山和梅兰芳

劳动之余，就耐心地教白石。白石聪颖好学，没过多久，就学会了吹、拉、弹、唱。傍晚时分，两人相邀为伴，来到杏子坞的一处景致优美的地方，望着美丽的晚霞，吹奏着深沉、凄婉的曲调，常常吸引来了好多乡邻来看他们的"演出"，度过劳动之余的美好时光。

那时节，花鼓戏是乡中父老十分喜爱的、唯一的艺术享受。逢年过节，这里常常有从城里来的戏班演出。白石是百看不厌，而且一进场看，就要从头看到尾。后来到了北京，接触了京剧艺术，使他耳目一新，看到天外有天，山外有山。他想，绘画又何尝不是这样呢？

艺术有许多共通之处。他看戏时，十分注重舞台艺术形象，那别样的服饰与装扮，勾勒出人物个性与身份的面部造型与色彩，那一招一式的表演与舞蹈动作……这些都给他以新的启迪，使他兴奋，使他陶醉。

齐如山按时随着骡车来接白石。白石出门一看，只见高大的骡子后面，拉着一辆上圆下方、两旁有窗的，油漆得十分漂亮的车厢，门前的车帘是浅蓝色的亮纱，装饰得十分雅致。

白石知道这是一辆叫"后挡车"的骡车。在清代，那是专供王府贵妇乘坐的。当时，坐车也有"品级"，不能随便乱坐。民国了倒是破了这森严的等级，汽车也渐渐多了起来，但是一般人家坐的还是这类车。

齐如山扶着白石上了车，放下了亮纱。车在骡子"嘚、嘚"的清脆声中走了，直向广和楼奔去。

广和楼，又叫月明楼、查家茶楼。据说是清康熙年间就有的戏馆子。人世沧桑，几经改造，这时的广和楼，已经不是白石原来见到的那个样子了。不过，舞台的样式没有多少变化。方形的戏台，前后有两个大柱子，台前的柱子上挂着一副木刻的楹联，不知是哪家名人的手笔。

今晚来的人很多，非常热闹。齐如山领着白石，走到前面三排的一个位子上坐下不久，开场锣鼓便敲开了，喧闹、嘈杂的戏场静了下来。

《贵妃醉酒》原是路三宝先生的拿手好戏。梅兰芳是在翊文社搭班时，跟路三宝学的。剧情很简单，讲的是唐明皇与杨贵妃约好在百花亭摆宴。可是，唐明皇爽约了，改往梅妃宫去了。杨玉环只好独自痛饮，发泄内心的郁郁不欢之情。喝着喝着，酩酊大醉，说了许多醉话，做了许多醉态。夜阑人静，她才带着满腔的怨恨回宫去了。

舞台上，梅兰芳以他特有的魅力把贵夫人"奉旨侍宴"的欢悦心情和她突然听到"驾转西宫"后的抑郁怨恨的情感，对比强烈地做了淋漓尽致的表演。将近两个小时，白石再次领略了梅兰芳高超的京剧表演艺术，以致在齐如山送他返回住所的途中，还沉醉在刚才激起的情感的旋涡之中。

齐如山见他一路不说话，不知他在想什么，也默默地坐着，渐渐快到家门口了，才忍不住地问：

"怎么样？不错吧！有时间咱们去他家玩玩。"他知道白石不事权贵，不慕名家的个性，担心他不愿去，又赶紧接着说："人家对你也是挺敬重的。"

"能去结识结识，当然是好的啰，"白石高兴地说："不过，去拜访他的人，一定很多吧！"

"那还少得了，都不是一般人物。不过，那有什么呢？人家找你的，不也挺多的吗！"齐如山说。

"好吧，请你定个日子，告诉我。"白石话音未落，车停住了，已经到了家门口。他请齐如山到家里喝杯茶，齐如山看看夜已经很深了，说了句"就这么定了"，跳上了车走了。

齐如山是梅兰芳家的常客，梅兰芳认识齐白石是从一幅梅图开始的。那是十多年前，他去南纸店玩时，看到一幅梅图，笔法不凡，超然脱俗，用的全是没骨法。于是，他买下了这幅画。后来从齐如山的口中，他断断续续地听到了齐白石由木匠而成为当今一位杰出画家的事迹，很想一会其人，但始终没能如愿。

齐白石和梅兰芳

他酷爱表演艺术，为之倾注了全部的心血。对于丹青之精妙，也如痴如狂。繁忙的演出之余，他就在宁静的、古色古香的书斋"缀玉轩"里，精心地临摹前人的名画。

对于画家，他是敬重的。尤其是像白石这样品格很高、造诣很深的画家，他更是敬重。所以，齐如山约定今天白石来家造访，他十分高兴，推辞了一切约会，在家等候这位老画家的到来。

原来，在齐如山同他谈了齐白石的意愿后，梅兰芳一再坚持要先去白石府上拜访。但是，白石坚持要先来。最后，达成了妥协的办法，他委托齐如山驱车前去接白石。

他静静坐在书斋里看《千金一笑》的戏文，忽然听到齐如山的喊叫声，他知道白石来了，便匆匆地迎了出去。

他看见站在齐如山右边的一位穿着皂色长衫的老者，银须飘逸，站在五彩缤纷的牵牛花丛中。

他知道这就是齐白石，立即迎上前，深深一躬："晚辈在这里给先生敬礼，实在是久仰了。"

白石慌忙伸出手，扶起梅兰芳："我可不是久仰，而是一再看了你满台生辉的表演。实在是美啊！今天见到你，也是三生有幸。"

梅兰芳很兴奋，搀扶着老人朝书斋缓步走去。走了几步，白石停住了脚步，看着这五彩缤纷的牵牛花，看得仔细而专注。

梅兰芳从他的眼神里，知道白石被这花吸引住了，他停住脚步，默默地陪着他看。

"你还喜欢这种花?"白石转过头问梅兰芳。

"他是花神。"齐如山抢着介绍说:"冬养腊梅盆景,秋养菊,春是海棠、芍药和牡丹,夏天就是这牵牛花了。这牵牛花是他最爱的花。"

说着,齐如山神秘地看了梅兰芳一眼。

"为什么呢?"白石不解地问。

"你问他吧!"齐如山笑了笑。

梅兰芳略作沉思,回答说:"我喜欢。"

"还不如我直说了呢!"齐如山接着说:"这牵牛花,俗名'勤娘子'。顾名思义,你就知道这种花不是懒惰的人所能养的,物以明志。你画画不也一样?心中有郁结、有块垒,就拿画来抒情达意,对不对?"

大家一听,哈哈大笑了起来。白石笑得更是开怀,头微微向后仰着。

"还是到屋里慢慢谈吧!"梅兰芳再一次邀请白石到书房去。

"缀玉轩"窗儿明净,从宽大的玻璃窗投射进来的阳光,照得满屋生辉。墙上悬挂着名人字画,案头上摆着文房四宝,还有不少书籍,一切都是那样简朴、典雅、古色古香的。

白石往窗前的一张软椅上坐下,品着梅兰芳送上来的一杯飘着清香的茶,环视了一下左右,抬头问道:

"梅先生倒是喜欢画。"

"喜欢,尤其是您老人家的作品。"梅兰芳回答着从书架上取下白石早年的一幅工笔画《洛神图》,慢慢地展在白石的面前。

"您看,这洛神多有生气!"梅兰芳指着画上人物的体态,服饰的线条变化说:"这飘动的衣服,更显得体态轻盈,似神、似人,妙不可言。"

白石仔细地看了一下,说:"这是我早年的作品,现在这种画不画了。"

说到这,他转而又问:"你自己还画画吗?"

梅兰芳看了坐在对面的齐如山一眼,抿笑不语。

白石又说道:"顾不过来啦!这丹青笔墨,也实在费神费时,很难说有一个止境。好像登山,爬着爬着,累得满头大汗,似乎到了峰顶了,抬头一看,还在山腰上,于是又爬呀爬的,恐怕这辈子还到不了顶峰。"他不无感慨地转身问齐如山:

"你说呢？"

"您已经不简单了，'南吴北齐'，在当代杰出的画家中，您是当之无愧的。"

梅兰芳恭敬地点点头，表示赞同。

白石一听，直摇手："不敢当。画，贵在似与不似之间。太实了，就俗媚，不能传神。中国历代画家，尽管风格各异，但却抓住了神韵这一点。简洁的几笔，把景物的神态、作者以物言志的内心世界表现得淋漓尽致。"他指着墙上的一幅花鸟画，"这幅画上的鸟，它的神气全在于眼睛。西人说，眼睛是心灵的窗户，那是一点也不假。你看过雪个笔下的鸟，像八哥、鹰，那眼睛夸张得奇特。有时，他就把眼画成方形，眼珠子点得又黑又大，往往顶在眼眶的近上角，显出'白眼看青天'的神情。至于是否生动，那要看嘴与爪子了。形式、姿态、羽毛的颜色，我以为还是比较次要的。"

梅兰芳静静地听着，不时地点着头。

共同的、对于艺术真谛的追求，使他们一见面就十分亲切。白石今天因为高兴，所以话也多。而且像梅兰芳这样一位名倾中外的艺术家，没有一点架子，性情温和，礼貌十分周到，而且谈论诗画，也十分在行，这使老人深深地有相见恨晚的感觉。

朋友的友情，融洽、欢悦的交谈，启发了他的灵感。

齐如山知道他要作画了，丢给梅兰芳一个眼色，还未等梅兰芳动手，白石笑盈盈地说：

"借用梅先生的纸、笔，画几张作纪念，如何？"

梅兰芳高兴地跳了起来，连连点头说：

"那实在是求之不得，老先生这样抬举我，无以报答啊！"

说着，他敏捷地理纸、取颜料、磨墨。

白石见梅兰芳理好了纸，从笔筒里抓起了一把笔，仔细看了看，都是上等的好笔。他取出一支，饱蘸着墨，提在空中，凝视画纸片刻，便悬肘运腕，恣肆自如地挥洒了起来。于是美艳的牡丹、墨叶荷花、紫色的辛夷，枝头上落着的蝉、蜻蜓……一一跃动于纸面之上。

他画得笔墨酣畅，一连画了好几张。

梅兰芳第一次看到他作画。白石那雄健的笔法，工笔细描的功力，造意巧妙的画面布局以及别具一格的设色、题识，都使他惊叹不已，禁不住地连连叫起好来。

白石掷笔落座之后，长长地舒出了一口气。梅兰芳赶忙敬上一杯茶，双手捧到白石的面前，崇敬地说：

"老先生实在是国手、神笔。今天使我开了眼界，我无以报答，这样吧！"他想了一下，接着说："我为你清唱一段《贵妃醉酒》，不知喜欢不喜欢？"

白石放下已经送到嘴边的茶杯，说：

"最好，最好，我就爱听你唱。"

齐如山赶忙搬开了一些椅子，腾出了一块空间，自己取了一把椅子，挨着白石坐了下来，看梅兰芳的即兴表演。

梅兰芳整了一下衣服，酝酿着感情，然后以轻盈的舞姿，装着醉态，唱道：

> 这才是酒入愁肠人已醉，平白诓驾为何情，啊啊啊为何情……

唱得凄婉、动人，使白石笑逐颜开，不由自主地点着头，打着拍子……

第二天午休起床之后，白石洗了一下脸，觉得清醒、爽意。

昨晚他睡得很迟，因为赶刻几枚印章，尤其是送给梅兰芳的那一方，刻了几次，仍未尽意。他磨了，昨晚再刻，采取了别样的构局，这才心满意足，刻好已经三更之时了。

这是他多年来的老习惯，夜间刻印，白天绘画。上午已经画了三幅草虫。挂了起来，他看了半天。除了那只小鸡的脚需要修改一下外，其他都很满意。

现在修改不行了，时间不允许。三点钟，他要到一个大官家参加新婚盛宴，对于白石来说，这是不得不去的应酬。

车已经准备好了。他喝完了茶，更了衣服，便匆匆上路。

白石好像到了另一个世界，一个他陌生的、阔人的世界。相形之下，他感到自己的服装是有点不那么讲究。深褐色的长衫是他最爱穿的，洗浆得十分整洁，不过在这些阔人眼中，就显得十分寒酸了。他感到他们投向他的不是鄙夷的目光，就是惊叹的神色。他发觉，这里没有一个熟人，谁都不理会他，他窘迫地坐在旁边的一张桌子上。

他后悔自己不该这样贸然地到这地方来，不如在家画画，或是找陈师曾、梅兰芳去。

走嘛，又不好，毕竟是喜庆的盛会；不走吧，实在如坐针毡，度日如年，他觉得自己的手心出了汗。

他静默地坐着。突然看见人们都把眼光投向了门口，自动地让开了一条道。

谁来了？一定是个大官儿或大名人来了，他不由自主地站起来想看个究竟。噢，梅兰芳，他来了，大家热情地、献媚似地走上去同他握手、谈话。

梅兰芳跨进门，与人们应酬着。他扫了一下人群，忽然看见齐白石孤单地端坐在那儿，便拨开人们伸出的热情的手，径直朝白石走来，深深躬了一个礼，恭敬地说：

"您老先生也来了，实在难得，实在难得。"说着，亲切地搀扶白石坐下。

梅兰芳的举动，引起了来宾们的震惊。人们打听着、议论着，这才弄清了这位衣着有点寒酸的老人，是当代杰出的画家齐白石，怪不得像梅兰芳这样的人都那么敬重他。于是，人们纷纷拥了过来，亲切地同白石寒暄、叙谈，将白石紧紧地围在了中间……

# 4. 名播海外

连续画了几幅草虫，白石有些疲劳，他躺在藤椅上，闭目小憩。

年事渐高了。慢慢地，他感到精力与体力比起过去差多了。这十多年来，闭目养神是他最好的一种休息方法，也是他酝酿、构思新作的准备。

现在，他躺在椅子上，不由自主地又想起了梅兰芳。如果说，梅家的牵牛花开拓了他创作的新境地，那么，结识梅兰芳这样一个讲情义、有胆识的人物，则是他人生的一大快事。

时间虽然过去半年多了，但是，那次婚宴上的往事，却仍像昨天才发生的一样。在那样的一个窘迫困境之中，梅兰芳解救了他，给了他一个人应有的尊严，他对于梅兰芳的感激之情是难以言尽的。

为了报答梅兰芳的厚谊，用他的话来说，"金不换的友情"，回到家里的当天晚上，他按捺不住一颗激动的心，顾不得休息，一脚踏进画室，展纸作画，十分经意地画了一幅《雪中送炭图》，上面题了一首诗：

> 记得先朝享太平，
>
> 草衣尊贵动公卿，
>
> 而今沦落长安市，
>
> 幸有梅郎识姓名。

画好后，他精心地裱了，专程送到了梅家。不久，他十分高兴地收了梅兰芳为门人，教他学画。

今天，他又画了一幅牵牛花，同其他的新作一起，挂在铁丝上。

他的花卉，大多是大写意的粗枝大叶。运用笔墨中的浓与淡，干与湿、动与静、工与写、空与实、凝重与明快、沉着与艳丽的浓烈对比，千变万化地表现笔下事物，摆脱了旧时文人玩弄笔墨的画法，使画面热烈、鲜明、和谐。

在粗笔写意中，他十分注意细节。多年来，他对花卉的细节精心观察，因而他笔下的形象跃然纸上，出神入化、栩栩如生。

梅家的牵牛花，他不知去看过多少次了，各种形态、色泽以及它们在一天之中的不同变化，他都一一细察，牢记在心。

今天这些牵牛花的画，是他酝酿了好多天的经意之作，因为再过些日子，就要将这些画送到日本去展览，参加中日联合绘画展览会。

这个由东京府厅工艺馆主办的展览会，是陈师曾告诉他的。

几天前的上午，师曾急匆匆地闯了进来，还没落座，就从口袋里拿出一封信给白石：

"齐先生，这是荒木十亩和度边晨亩的信，你看看。他们要办画展，请我们参加。"师曾说得很急、很兴奋，竟然忘记了白石不懂日文。

白石知道荒木与度边是日本两位著名的画家，他看过他们的画。但是，他不懂日文，笑着把信还给了师曾：

"我看不懂，请你念给我听听，好吗？"

陈师曾这才发觉自己的失误，笑了起来：

"你看我糊涂了，我念给你听听。"说着，他把信从头到尾念了一遍。

白石倚着窗户，静静地听着。

"这是个很好的机会。我在日本学习时，看过他们一些著名画家的作品。你的画拿去展览，一定会成功。"师曾话里充满了信心。

"参加画展当然好，把中华传统艺术介绍给世界，我一定努力办好这件事。"白石回复道。

陈师曾兴奋地说："你一定多画些山水、花鸟，什么都行。"他沉吟了一下说："一个月后，我就要东渡日本了。"

所以，这一段时间里，白石除了必要的应酬之外，一般的新活儿暂时不接了。他把过去几十年积存起来的旧画稿，翻了出来，细细地挑选了一些他认为十分满意的作品，然后进行再创作。

他决心把第一流的作品送到国外去。这不仅是他个人的事，而且关系到国家和民族的声誉。

师曾来看了几次，他请他仔细品评，提出意见。他尊重师曾，对师曾的每一点意见，都认真加以考虑。有的作品，一经指出毛病，他马上重新画过，一直到他和师曾都认为满意时为止。师曾看到这位老画家经过多年变法，画艺达到如此炉火纯青的地步，感到异常的兴奋。

白石闭着眼，任凭一幕幕往事在脑海中交织闪现。

门什么时候被推开了，他只听到宝珠附着耳朵告诉他，画家姚华来了。他马上站了起来，同站在眼前的姚华亲切拉着手，让坐。

姚华微笑着向白石请安后，没有立即坐下，他仔细地品评着白石新作的牵牛花图。

牵牛花画得很大，一朵有小碗口那么大，十分传神、精巧、有新意。上面那个题词也有味："为本牵牛花碗大，三年无梦到梅家。"

姚华饶有兴味地看着，突然转过身子问白石：

"齐老先生，这牵牛花可有点离奇。"

"为什么呢？"白石不解地问。

姚华侧身指着花和枝叶说："哪有这么大的花啊！你看，它盖住了多少的叶子？这夸张，是否有点离谱。"

他说得很大胆，但白石喜欢这种爽直的品评。只要是艺术上的有益切磋，他是不分老幼，不分贵贱，平等对待，洗耳恭听。

姚华的意见虽然有点尖刻，但态度是诚恳的。于是，白石做了说明。姚华还是坚持自己意见，直摇头，两人意见相持不下。

"这样吧，古话说，眼见为实，你有时间吗？咱们现在去梅家看看如何？"

于是两人来到了梅兰芳的庭院。

今天天气很好，风和日丽，满院的牵牛花，开得十分娇艳。那一朵朵绽开了的花朵，招人喜爱。

梅兰芳听说白石来了，忙从书斋里跑了出来。白石笑着指着姚华：

"认识吗？这是画家姚华。"

姚华高兴地同梅兰芳握手寒暄。

"我们之间有一桩公案，不到这里，了结不了。"白石神采飞扬地说。

姚华不好意思地红着脸。他细细地看着这朵朵小碗大的花，在明媚的阳光下，千姿百态，暗暗佩服白石对于事物观察得精细入微。

他看了好大一阵，内心不免有一种负疚的心情。他惭愧自己的唐突、主观。自己没有对牵牛花作过精心的、长期地观察，做那样的结论，实在太不应该了。

"我很对不起您，老人家。"姚华诚恳地说。

"那有什么，不都是为了艺术吗？"白石很坦然。

梅兰芳呆呆地站着，弄不清他们谈的是什么意思，也不知道他们为什么突然来到这里。

姚华似乎觉察到了梅兰芳的疑虑，解释说："这都是我，我不相信他画的牵牛花，就一起到这里来，打搅你了。"

"这没什么。"梅兰芳说，"白石师长观察这牵牛花，已经好几年了。他经常来看，还到齐如山家去看，他从来不画自己没有看见过的东西。"

梅兰芳说得十分肯定而自信，言语间，充溢着对他的师长在艺术上一丝不苟、精益求精的敬佩。

姚华告别了梅兰芳，送白石回了家，一再向老人表达自己的歉意。

三天后，陈师曾来到了白石家，他是取画来的，后天，他就要东渡日本参加画展去了。

"船票买好了？一切都准备停当了？"白石关切地问。

"船票拿到手了。走的那天，时间不允许，我就不来道别了。"师曾说："我对这次画展是充满了信心的，尤其是你的画，听说姚华来你这里了？"

白石笑了笑："来了，我们还一块儿去了趟梅兰芳家。"

"他感到很惭愧，他十分钦佩你对艺术创作的严肃态度。"师曾说。

"绘画上的互相切磋，互相勉进，自古就有，他也不必太难为情。"

师曾听完，起身告辞。白石知道他很忙，不便挽留，一直送他到家门口，再三叮咛他注意身体和安全。

陈师曾走了的第二天，他去了南纸店。十来天没有去了，积了不少的活儿。他取了回家，夜以继日地劳作着，没有一点空闲，生活过得十分紧张而有节奏。不知不觉已是五月了。今年的天气似乎暖和得早，室内的炉子拆了后，显得宽敞得多了。师曾昨晚托人捎信来，说他已经从日本回来了，今天来他这里，请他不要外出。

早晨起床后，他洗了脸，作了一幅牡丹图，吃了早点，然后躺在藤椅上，等候师曾的到来。

过了半个时辰，陈师曾果然来了。他着一身西装，神采飞扬。进屋后，他把一袋子东西往桌子上一放，松了松领带，高声地说：

"画展举办得实在太好了。说是中日画展，简直是中国画展了。"他伸开双手，"你看看，这么多的画，三天被抢购一空。真后悔，应该多带一些去。"

是的，东京的这次画展的确是成功的。尤其是齐白石的大写意红花墨叶的作品，山水和花鸟，受到日本同行和各界人士的高度赞扬。无论是在展览馆、座谈会，或是见面会、接见记者，陈师曾都详细介绍了白石的艺术成就和他在当代中国画苑中的地位，齐白石轰动了整个日本。

在日本同行们的眼里，以为清代以后，中国的画家一味走"四王"的路子，以临摹为唯一宗旨，使传统的中国绘画艺术走进了死胡同。看了白石的画，他们耳目一新，为之倾倒，许多美术史家称赞中国的绘画进入了一个新的世纪。

"你知道，三天，我带去的画就被抢购一空了。"陈师曾手舞足蹈，谈得很兴奋，似乎要用他自己的言语，再现一幕幕激动人心的场景："一天晚上，我参加一个酒会返回住所时，已经很晚了，一进门，饭店的招待员指着一位等候着的、年已五十来岁的人对我说，他要找齐白石，要买他的画，并且说，他在这里已经等了很长时间了。我向他表示深深的谢意，邀请他到我房间去坐。他说他看了展览会上齐白石的画，十分喜欢。说他从来没有见过这么好的画，可惜当时没带钱，他不得不驱车回家去取款，返回时，那幅画被别人买走了。他看了还有几幅，就找展览会的工作人员，那些人告诉他，那几张画，别人已经订购了，他只好打听住址，赶到我这里来了。"

白石静静地听着，没有插话。但他的心里却奔涌着感情的波涛，他高兴，为画展的成功而高兴；他感激，对师曾那种无私、真诚的帮助而深深地感激他。

师曾把袋子打开，将一封封的润金和他带给白石的一些日本礼物，一一放在桌子上。

"你的画价码非常丰厚。主办人很后悔，说本来就应该订得更高一些。"

"这应该感谢你。"白石无限深情地说："人生得一知己足矣，这是一点不假的。"

"不谈这些了。首先是你的画好，你看，不但日本人争先恐后，就是在日本的外国人也赶去了。法国人抢去了两幅，说要拿去参加巴黎艺术展览会。不少人买不到你的画，说将来到中国，要找齐先生。你可要准备准备啰！"陈师曾余兴未尽，似乎还沉浸在这次画展的欢乐之中。

这个意外的奇遇，打破了白石心理上的平静，他夜不能眠。从一个木匠到走上绘画的道路，他走过了多么艰难困苦的道路。尤其这居京之后在画坛上遭遇的种种孤寂、冷落的景况，他是永生难以忘怀的。如今，他开始送走了寒冬，迎来了明媚的春光。

他怎么也睡不着。夜阑人静，远处不时传来了阵阵更声，格外清脆。他披衣起床，提笔写下了一首诗：

> 着点胭脂作杏花，
>
> 百金寸纸众争夸，
>
> 平生羞煞传名姓，
>
> 海国都知老画家。

东京画展的成功，他的名字在日本同行和众多读者心中引起了强烈的反响，他的名字不仅震动了日本画坛，还传到了欧洲、美洲、大洋洲。

许多不同肤色、操着不同语言的友人千里迢迢，远涉重洋，来到北京，寻找他，求他作画。

南纸店的老板，突然发现了一个神奇的现象，平时不太为人们所注目的白石的画，突然被一批批黄发、碧眼、白皮肤的外国人抢购一空。

于是，他们就把白石的画价，提高几倍、几十倍，不过，仍然满足不了这些操着不同口音的远方来客的胃口。

他们来到画店，拿着一张写着"齐白石"三字的纸，口里叽里呱啦，指名要他的画，京城的几家古玩字画店都出现了在世俗眼光看来的神奇现象。

白石的家，那个曾经冷落了相当一段时间的院落，突然热闹了起来。古玩店老板的态度，一夜之间突然来了一百八十度的转变，他们一个个眉开眼笑，亲自上门要白石画画，而且润格日渐上涨。来者都态度谦和，笑容满面，彬彬有礼。

白石知道这是为了什么。画，当然是要画的，因为这是他毕生为之呕心沥血的事业，何况，这岂止是他个人的荣誉？难道不也是养育着自己的祖国的荣誉吗？这一切发生在一九二二年的春末夏初之交。

第二年，也就是一九二三年，他由三道栅栏搬到了太平桥高岔拉一号。

高岔拉，现在叫高华里了。人世沧桑，昔日的面貌已经消失得无影无踪了。当年白石住家的附近，有一条叫鬼门关的胡同，是明代刑人的地方，现此地名叫贵门关。白石搬入新居后，把早年湘绮老师亲笔书写的"寄萍堂"横额挂在画室内，他做过一首《寄萍堂》的诗，其中有两句："马面牛头都见惯，寄萍堂外鬼门关。"

日本画展后，他的画名大震，生活、作画也更加忙碌了起来。天气是那样的炎热，但他没有一天停止作画。

八月十二日下午，他无精打采地回到了家，什么话也不说。宝珠吃惊地搀扶着他回到画室坐下，为他沏茶。只见白石呆呆地望着墙上挂的陈师曾的画，眼眶里充满了泪水。

"你今天怎么啦？遇到了什么不顺心的事？"宝珠不解地问。白石止不住泪水夺眶而出，顺着脸颊淌下，口中喃喃地说："师曾走了，实在太惨，太可惜了。"

宝珠吃了一惊，预感到陈师曾可能出了什么事。不过，他不是一个月前还来过这里吗？当时，他谈笑风生，说要到大连去，特地同白石辞行。前些日子，白石还接到他的信，说继母病逝于南京，他从大连去奔丧。

她不相信，也不敢相信会发生不幸。但白石的眼泪，使她感到问题的严重性。

"他得了痢疾，八月初七，死了。"白石哭着说。

师曾真走了，才四十八岁的年华，病魔夺去了白石患难与共的忘年之交。

他的视野被泪水模糊了。在朦胧之中，陈师曾那潇洒、飘逸的身姿又浮现在眼前。如今他走了，白石手中只有笔，他用诗来纪念这位知己，他写道：

哭君归去太匆忙，朋友寥寥心益伤，此后苦心谁识得，黄泥岭上数株松。

# 5. 艺专任教

一九二七年立春后不久，一位穿着西装、风度儒雅的中年男子在白石的一位朋友陪同下，来到了跨车胡同十五号（这里顺便交代一下，齐白石于一九二六年将家搬到了劈柴胡同西口跨车胡同十五号，在此一住三十年，直到逝世，再没有搬家）。来者就是当时国立北平艺术专门学校校长林风眠。

互相通了姓名之后，林风眠单刀直入地、诚恳地说："齐先生，我们想聘请您担任学校的教授，讲授中国画这一课。希望您支持我们一下。"他操着浓重的广东口音，态度很是恭敬。

白石一听，忙摇手说："不行，不行，我是个乡巴佬出身，不要说教书，就是上学，自己也才上了半年，教不了，教不了。"

北平艺专，他未去过，但情况多少了解一点。学校创于一九一八年，设有中画、西画和图案等科。

"先生的绘画艺术，北京没有一个人不知道的，我也十分钦佩。这教习，我想来想去，只有先生能担当。"林风眠还是坚持他的意见。

他虽然是第一次见到齐白石，不过，他的画却见到不少。北京画家云集，他们的作品，风格各异，千姿百态，但白石的画以大写意开创了一条新路，可谓独树一帜，这使林风眠对他很是敬重。

林风眠就读于巴黎国立美术学院，曾在世界油画权威哥罗孟教授的画室里学习素描和油画。去年他担任了北平艺专的校长，作为一校之长，在聘请什么人担任中国画教授这个问题上，他进行了长时间的了解与考虑。艺专里，在这个问题上，人们意见也不尽一致。经过再三的思索，他最后还是毅然决定聘请齐白石出任，想不到被老人坚决谢绝。

白石站起来，亲自为林风眠斟茶，坚定地说："兴趣来了，画几件还可以。教书，我可从来没教过。怕误人子弟，请林先生三思。"

林风眠

"这些，我们都考虑过了，此任非先生莫属。"林风眠也毫不退让。

"其实，这北京城里名气很大，画得不错的人，也不在少数，先生何必独独找我？"

"当然，会画的不少。但像先生这样继承了中国绘画艺术的精髓，并且大大地加以发展、创造的人，还是不多见。"林风眠很诚恳。

白石没有再说话，好像在思索什么。

"每次上课时，我们派车来接，下课后，再送先生回来，这你不必担心。"林风眠进一步宽慰白石。

"这件事，我实在难以接受，请先生谅解。"

林风眠见白石态度坚决，没有办法，只好起身告辞了。他坐在车里闭着眼，仰靠着，想起两年前，他从巴黎回到上海那一幕有趣的往事。

一九二五年冬，新婚不久的林风眠带着夫人亚丽丝乘坐巨轮，踏上了回国之路。当时他身上只剩下了几文钱，他四顾茫茫，一种失落、惆怅之情涌上心头。到了上海，连雇黄包车的钱都不够。船靠码头后，人都渐渐下完了，林风眠依然站着，他不知走向何处。忽然他看见码头上几个人打着一块红布条，上面写着："欢迎林校长回国"，并且向船上高声叫喊："哪位是林校长？"张聿光跑上了船，见着林风眠问："你是林校长吧？"林风眠说："我姓林，但不是校长。""我们找林风眠。""那就是我。"一群人热烈地拥着林风眠，将他接到了住所。于是二十五岁的林风眠登上了全国最高艺术学府的校长宝座。后来才知道这是蔡元培先生推荐的。

蔡元培等前辈希望他任职期间，能网罗人才，开创艺术创作的新局面。想到这里，他笑了，他觉得应该像前辈对待他那样去对待白石这位杰出的画家。是否动员他周围的朋友做做白石的工作呢？

两天后，齐如山、樊樊山等朋友们先后来到白石家里当说客，动员他去。

"其实，这有什么关系呢。你是木匠、乡巴佬，仲飏不也是个铁匠、乡巴佬吗？人家就当过湖南高等学堂的教务长，还不照样当得蛮好嘛，对自己，要有信心。"樊樊山说。

　　"收一两个门生，这还可以。到课堂上给几十个学生讲课，那可不一样。讲不好，学生一轰，不把你赶了下来？那有什么脸见人！"白石说着，脑中浮现出前些日子报纸上登的一些学校闹学潮，学生赶走教师的消息。

　　"你不知道，被赶走的那些人都是些什么人？那是什么师长啊！简直是误人子弟。"樊樊山感慨地说。

　　"对啦，我就怕误了人家。"

　　"你是那样的人吗？自己还不了解自己。人家那样一个高等学府，聘请教师，是随便来的啊！我看你还是可以去，不行再说。"

　　白石沉默了。樊樊山和几位朋友的话，他认为都是对的。他对于自己的创作道路，绘画技巧，从来都充满了自信。教学有什么秘密？无非是把自己几十年的创作经验，无保留地讲出来就是了，有什么可怕的！他有些心动。几天之后，林风眠又来到了他的家。

　　"齐先生考虑得怎么样了？希望先生能支持我们一下。"林风眠眼睛一直在观察着白石的脸部表情变化。

　　白石笑了笑："林先生没有去请其他的人？"

　　"没有。因为我考虑先生是最合适的人选。"林风眠从白石的语气里，觉察到他有些松动，"学生方面，你就不必顾虑了。我们是艺术院校，艺术是不问政治的。我的学生都是很听话的，况且，校有校规。我们会全力支持你的工作，请放心好了。"

　　"那我就试试吧，盛情难却。"白石无可奈何地说，但心里总是不安。因为他已经六十五岁了，上课堂给学生讲课还是第一次。

　　事情就这样定了下来。

　　三天后的清晨，一辆车将白石接到了艺术专门学校，他开始了有生以来第一次的教学生涯。

　　他的教学很有特色，就是按照事先的约定，带着一幅自己很满意的画到了课堂，挂在黑板上，让学生临摹。

　　他的一生是反对死临摹的，认为这样会灭尽了生气，陈陈相因，会把本来十分有生气的中国绘画艺术推上绝路。他在一幅山水图上题诗自况：

山外楼台云外峰，

匠家千古此雷同，

卅年删尽雷同法，

赢得同侪骂此翁。

但是，谩骂、误解，丝毫没有阻止他不断探索、不断创新的决心，因为他自己最了解自己。他并不一般地反对临摹，作为绘画艺术的基础，临摹毕竟是十分重要的一环。在从事绘画的漫长岁月里，他临摹了多少历代名家的画品？在这方面，他的功力是十分深厚的，几乎可以达到乱真的地步。

正因为临摹毕竟是基本功，他在同林风眠商量具体的教学安排时，提出了临摹课，并且详细阐述了自己对于临与创的看法，得到了林风眠的肯定。所以，他的艺专教学第一课就是临摹。

这第一天给他留下了难以忘却的记忆。林风眠校长亲自搀扶他下了车，然后陪他到了一间明亮、宽敞的教室。教室里，三十多个学生安安静静地坐着。

他站在黑板的右角。林风眠恭敬地请他坐下，尔后走到讲台上，看了一下学生，说：

"今天是中国画的第一课，我们请了当代杰出的大师齐白石先生给大家授课。"说着，他侧身向白石亲切地点点头，学生们几十只眼睛一齐投向了齐白石。

白石端坐着，白皙的脸上，微微泛上红晕，银白的胡须飘拂在胸前，给人一种庄重、亲切的印象。

"齐先生在绘画艺术上造诣很高，他亲自任教，这是我们学校的光荣，也是在座每个同学的荣幸。大家一定要认真学习，尊重老师。"

说完，林风眠走下讲台，俯着身子，轻声地对齐白石说："您看，开始吧，齐先生。"

白石点点头，站了起来，走到讲台上，取出那张山水画幅，挂在黑板的钉子上，然后对大家说：

"今天是临摹，这是学习中国画的基本功，一定要达到乱真的地步。"

说完，他下了讲台，回到座位上，一动不动地端坐着。

教室里十分宁静，学生们全神贯注地在临摹。他悬着的心，随着学校下课钟的鸣响，放了下来。

林风眠早已等候在教室门外，一见白石出来，忙上前搀扶着他走向早已准备好了的车旁，探寻地问：

"齐先生，感觉怎么样？"

"一切都好，谢谢你了。"

"要说谢，首先应该感谢您。"林风眠一颗悬着的心也放了下来。

教授的生活，开辟了白石艺术实践的新天地。虽然他每周的课程不多，但是，他教学准备的时间远远超过了课堂的时间。

学生们对于白石敬重的情感，使这位老画家深深地感动了。师生之间，虽然接触不多，他的教学也刚刚一个月，但是，他与他们已经建立起亲密的感情。每次课间休息，学生们就围了上来，拿着自己的作品，请他品评，与他谈论绘画上的许多艺术问题。他把自己所知道的，毫无保留地告诉了学生。

后天又有课了，今天他在精心地做教学上的准备。他准备教学生临摹他最得意的蟹画。

画蟹，他已经有十几年的历史了。"寄萍堂"外那片碧绿的荷塘、水田，每当秋季稻子金黄的时节，他就常常到稻田里抓蟹，拿到家里，养在一个很大的瓷盘上，放在画案的一角，仔细地观察蟹动、静时的形态和色泽。

今天的这幅蟹画卷，是他去年画的。上面的题识，记述他当年观察蟹的情景：

　　余寄萍堂后，石侧有井，井上余地，平铺秋苔，苍绿错杂，尝有肥蟹横行其上。余细视之，蟹行其足一举一践，其足虽多，不乱规矩，世之画此者不能知。

他展画仔细看了几遍，然后又精心地"背临"了起来，一直到十时左右才画好。挂在铁丝上，仔细地欣赏起来，不断提笔改动，直到满意为止。

宝珠买菜刚回来，正同她说话，齐如山进来了，未等白石起身，就在白石对面的一张椅子上坐了下来，开玩笑地说：

"齐教授，学生没有把你轰走吧！"

白石笑了笑，伸手取出一小碟瓜子，送到齐如山面前。

齐如山抓了一小把，推开了碟子，又说：

"人家对你的教学还挺满意的哩！"

"你从哪里听说的，莫不是你自己编的。"白石问。

"我编那个干什么，又不想讨你好，得张画。"齐如山说。

"这些学生真可爱，有的功夫还真深。我还从他们那里学到了不少的东西呢！"白石很诚恳。说完站起来走到柜前，开了门翻了一下，取出一张画，说：

"你看看，这梅鸡图多好，不落俗套，有新意。这下面的鸡很有趣，鸡的尾巴也特别生动。"

齐如山仔细看了一下，指着"谢时尼"三字问："这谢时尼是谁？哪个时代的画家？"

白石一听，突然大笑了起来，笑得齐如山有点不好意思。

"哪个朝代也不是，他是我的学生。"白石得意地说。

原来前些日子，一位叫谢时尼的艺专学生课后拿着一幅《梅鸡图》，怯生生地走到白石面前，请白石指教。

白石仔细看了一下，觉得这梅、鸡都画得十分生动。看了半天，他笑着对谢时尼说：

"你画的这鸡太有味了，你看这尾巴，借给我回去临一张吧！"

谢时尼简直不敢相信自己的耳朵，一位当代蜚声画坛的艺术大师，居然要借他的学生、一位二十来岁的青年人的习作去临摹，这太不可思议了。

他困惑地抬头看着白石恳切、慈祥的面孔，看看周围同学一张张惊奇的脸，难为情地说：

"画得不好，哪能让先生去临摹？"

"那有什么呢，先生也不是什么都会、什么都好。青出于蓝而胜于蓝，自古而然。学生没有超过老师的勇气与决心，那老师也会愧对家乡父老的。你说呢？"

白石坦诚、平易近人的神态，深深地感染了同学们。他们没有想到，这位听说是木匠出身的画家，不但艺术造诣深，而且人品也是这样的高尚。

谢时尼把画卷了起来，郑重地交给了白石，深深地敬了一个礼，走了。

白石回到家的当天下午，很精心地临了起来。画好后，又将这两幅画挂在铁丝上，仔细地对照、修改。

第二个星期上课时，他找到了谢时尼，亲切地问他："你的画，我留作纪念，我临的这一张送给你，怎么样？"

说着，他展开了自己临摹的那一幅，临得十分的精妙，传神。上面题识着他的话，意思说，你那幅《梅鸡图》，画得很好，我要永远留作样本，现在将我临你的一张作为交换。

谢时尼非常激动，不知说什么好。同学们都跑来了，把他们紧紧围在中间。

白石的这种学习精神，在艺专很快传开了，在学生中引起了巨大的反响。

齐如山看着画，听着白石介绍。虽然有些情况白石说得很简略，但齐如山也受到了感染。

"你简直是活到老，学到老。"齐如山叹服地说："先生向学生学习，过去只听到过，今天却实实在在见到了，不简单。"

"摹古师今，这是我对自己的要求。"白石说："今人陈师曾、王梦白的画都有独到之处。我的学生中，有不少人功力不浅，他们当然也是我的老师。"

说话间，宝珠急忙跑进来说：

"一个外国人要找你，叫什么克利多？"

白石听说克利多来了，高兴地站了起来："我的同仁，一位法国人。快请，快请。"

克利多，高挑的身材，黄发、碧眼，操着一口不太流利的中国话，笑哈哈地在宝珠引导下，走进了画室。

白石高兴地与他寒暄，向齐如山介绍。

克利多刚要坐下，忽然看见挂着的蟹画，十分感兴趣，仔细地看了起来，口中不断地发出赞许的话语：

"齐先生，这画不错，尤其是行走的神态。不见实物，难以画得这样传神。"

克利多是教西洋画的，对于中国画，很有研究。他认识齐白石，是在南纸店买画时开始的，会见齐白石是在一个多月前，白石到艺专任教时。

他敬重白石的画，认为中国画苑传统的真正继承者是齐白石。有关中国画的许多问题，他都十分虚心地请教白石，两个人谈得十分融洽、友好。

克利多知道白石不吸烟，只递给了齐如山一根，自己也吸了起来。

"你们两位是老乡，这很难得。我也算是你们的半个老乡。"他仰着头，高兴地说。

"算，算，你是中国学生的老师，又这样爱中国画。"白石点点头。

"离了马赛。马赛你们听说过吗？"克利多问："这是一个海港城市，同你们上海一样。我从那里乘船，到了日本、南洋、印度，现在又来到中国，整天同画打交道。我总觉得，画得令人满意的，白石先生算是头一个。你到我们法国，不但当教授，就是当院长也绰绰有余了。你这位老乡，实在值得骄傲。"他把脸转向齐如山。

"这不但是我们湖南人的骄傲，也是我们中国人的骄傲。"齐如山回答说。

"这话对，这话对。你知道吗？齐先生的画参加了巴黎艺术展览会。我们欧洲出过达·芬奇、米开朗琪罗，还有现在的毕加索。你们有齐白石，并驾齐驱，值得骄傲。"克利多说得很有感情。

白石很兴奋，倒不是因为克利多这样恭维他，敬重他，而是一位外国人这样理解他、理解中国的艺术。荣誉不但是他个人的，也属于养育他的祖国。

# 第七章　气节凛然

日本侵略者驻华头目坂垣、土肥原曾经多次诱逼白石加入日本籍，到日本去，遭到了他断然拒绝："齐璜中国人，不去日本。你硬要齐璜，可把齐璜的头拿去。"

# 1. 国难当头

转眼到了一九三〇年，白石度过了六十七岁生日。他迁居北京已经十来年了。这十年是他含辛茹苦、艰难奋进，进行"衰年变法"的十年，也是他绘画艺术大放异彩的十年。

在社会这个大舞台上，他备尝了世态炎凉的滋味。东京画展的成功，使他的声名大噪，许多人对他的态度骤然间由冷落变成热情异常。对于这些，他的脑子是清醒的。

这年夏季的一天，艳阳高照，天气炎热，人们挥汗如雨。白石到照相馆，不顾盛夏酷暑，穿上皮马褂，手里拿着白折扇，照了一张相。并且，在白折扇上题词曰：

> 挥扇可以消暑，着裘可以御寒，二者须日日防，任世人笑我癫狂。

照片陈列于海王村照相馆。人们一见，议论纷纷，都说，哪有穿皮袄而扇扇子的呢？这消息传遍了京城。许多有识之士，从白石的"狂"态里，看到他对于这个社会世态炎凉的绝妙讥讽与抨击：已"热"时要防人趋炎附势，已"凉"时要防人落井下石。他亲身体验了其中的酸、辣、苦、涩，把这思绪与情感，愤激同慨叹，凝聚在这一帧小照上。

第二年的秋季，也就是一九三一年的九月十八日，日本帝国主义发动了九一八事变。民族危机到了一个新的关头。北平市民声鼎沸，抗日救国的呼声日渐高涨。北京大学、清华大学学生成立抗日救亡组织，北平各界人民召开抗日救国大会，与会代表向张学良请愿，要求武装捍卫国土，收复失地等消息，不断地传到了他这宁静的画室里。他再也安静不下来了，陷入了深深的悲愤之中。他想到街上去走走、看看。他穿上那件蓝色的长衫，叫来了宝珠：

"你陪我出去走走，买些报纸，看看东北的局势。"

宝珠没有回答，站在那儿，一动不动。她知道他自从九一八事变后，心境一直沉郁苦闷，可是，她不知怎样去劝他。

"你怎么还站着！"白石有点生气了，大声地说："同我出去一趟，多买些报纸。"

"不要去了，街上乱得很，你年纪这么大，一旦有什么事，不好办！"

"乱什么？"

"学生、市民坐不住了，连续这几天上街游行、示威。"

白石一听今天还有示威的，眼睛里放射出光彩，若有所思地说："中国的希望还在于民众之中。走，去看看。"

宝珠见他态度十分坚决，无可奈何，穿好了衣服，同他一道上街去了。

他们从跨车胡同出发，经过西单、宣武门到了前门，又到了天安门。一路上，人山人海。许多学校学生高举着标语，呼着抗日救亡的口号在行进。

天安门前，各路的游行示威队伍在这里汇集成人的海洋。口号声此起彼落，震天动地。人群中不断有人挺身而出，站在高台上，慷慨激昂，悲愤陈词，控诉日本侵略者的对华战争，痛斥当局退让投降的政策。

宝珠同白石静静地穿行在人群之中，听着他们的演讲。活了六十多岁，他第一次走入盛大的群众队伍之中。那一篇篇气壮山河的慷慨陈词，倾诉了对祖国、对民族深沉的爱，催人泪下，尤其是那位从沈阳逃命入关的年轻妇女，哭诉她一家在日本飞机大炮下，家破人亡的惨状，把全场群众的情绪推到了高峰。

白石情不自禁地流下了热泪。他从衣袋里，取出了身上带的全部钱，交给宝珠，让宝珠挤进人群，把钱交给了东北来的那个妇女。

宝珠想到他曾经生过一场大病，身体还很虚弱，何况已经是六十九岁的老人了，一再劝他早些回去，说要雇一辆车送他回去，但是，他忘却了饥饿与疲劳，还想留在这里，留在这千千万万的血性男女之中。

下午三时半，他才回到了家。除了早上吃的一碗稀饭，他们还未吃任何东西。不过，他没有一点倦意，心情异常沉重。他做梦也没有想到形势的发展会如此急转直下。几十万东北军哪里去了？国民党为什么采取这种不抵抗政策？他心潮起伏，难以平复。

草草地吃了午饭，宝珠劝他休息一会儿，因为这是他多年的习惯。他烦躁地挥挥手，仍在屋内踱步。宝珠从来没有见过他这样的悲愤，悄然退了出去，掩上了门。过了一会儿，门推开了，他以为是宝珠又来劝他休息，转身一看，原来是黎松安。他高兴地迎了上去，两手紧紧地抓住松安的胳膊，不由淌下了泪。

松安脸色严肃而庄重。他见白石饱经沧桑的、多皱的脸上，流下了热泪，也抑制不住内心的悲愤，热泪盈眶。

"你不回湘潭去避避啊？"松安在白石躺椅前的藤椅上坐了下来，"东北亡了，北平是首当其冲呀！"

白石摇摇头，胸有成竹地说："生死寻常事。国家坏到这样的地步，我是顾不得更多的了。"

"谁不是这样的心情啊！不过嘛，我们毕竟还有一个家。"松安语气缓慢、沉痛，"不少人已经做了南迁的准备。现在为时还不晚呀！"

白石还是摇摇头，站起来，踱着步子，突然站住问松安：

"东北军的领袖，现驻北平，倘不率领军队，打出关外，收复失地，专以不抵抗为苟安之计，只恐亡国之祸，迫在眉睫了。古人常云，吾能往，寇亦能往。大好河山，哪里是乐土呢？"他激愤地用指关节敲着桌子："七十之年，草间偷活，还有什么可留恋的！"

说完，他转过身子，看着窗外。夕阳的余晖照耀着，透过宽敞、明亮的玻璃窗，照射在他脸上，把他那坚毅的神态照得分外鲜明。

松安理解白石的心情，他们是几十年的老朋友。但是，日本侵略军在沈阳烧、杀、奸、掠的罪行，触目惊心。这些惨状，是一位到沈阳出差的朋友死里逃生跑了回来，告诉他的。他自己倒是不怕，从辛亥革命以来，他风风雨雨，也遭逢了不少的险事。可是，他想到了白石，这样一位杰出的画家，应该回家乡，避避战祸。在送走那位朋友之后，他立即赶到了白石的家，想不到白石不走的决心是那样坚定。

三天之后是九九重阳。那天，他与松安相约，要去宣武门城楼看看。四点多钟，他披衣起床，轻轻推开了门，信步走到庭院里。

清晨有些凉意，但空气十分清新。他紧了紧衣服，深深地吸了几口气，抬头仰望满天的繁星。他的心飞了，飞过长城，飞到了那遥远的、从未去过的东三省。

这些天来，他天天看报纸，东北的局势已经到了不可收拾的局面了。五天之内，日本侵略军不费吹灰之力，几乎全部占领了东三省。政府当局却不叫军队抵抗，白白丢掉了一片大好河山。

北平城里，虽然有几万重兵把守，前面还有山海关、天津，但是，东北的战事给予人们的教训太深了。对于当局，人们已经失去了信心。除了一般的平民百姓外，城里的许多人家做了南迁的准备，一些巨富官宦人家，听说早已悄悄地迁走了。

白石不准备走，这是他早已抱定的主意。虽然朋友们都来劝他，他仍决意留下来，与这个养育着他的第二故乡生死与共。他想，国难当头，作为炎黄子孙，有何颜面在大敌当前之时，弃城而去呢！

他就是带着这种心境，去宣武门登高。早饭后，宝珠特意雇了一辆车，送他到宣武门。

他下了车，付了钱，看了一下四周，见松安还没有来，便信步向城楼走去。

松安在远处高兴地向他招着手，快步走来。

"我还以为我来早了，结果你比我还早。"白石说。

"也是刚到。晚上睡不着啊！"黎松安感慨地说："形势一天天坏下去，人心浮动。"

白石与黎松安互相搀扶着，绕过墙角到东边，沿着长满了草的台阶，缓步拾级而上。

北平的城墙是古代为防御外来的侵略、屯驻重兵而修建的。宣武门修建于明代的中叶，清定都北京后，又重新进行了修缮。但是，到了现在，城墙久已失修，呈现出残破衰败的景象。

他们两人迈着沉重的步伐，走走，停停；停停，看看，爬到城楼时，前额已渗出了汗水。

站在城楼上，极目瞭望，远处的炊烟四起，好像是遍地的烽火，一股难以言状的悲怆情绪涌上了心头。

白石脸色严峻，愁眉紧锁，一言不发。松安忧心忡忡，默默无言。他们沿着城楼走了一周，看了一下正在拆除的瓮楼，沿着来时的路，缓缓地走了下来。

"有人说我们到了这时候，兴趣还这么高呢！"黎松安打破了沉默，自言自语地说。

白石听着，站住了，转过身子看着松安，苦笑着说："九九重阳，古人登高，原是为了避灾。国难当头，大灾在前，我们盼望早日转危为安，登高眺望，倒也并不是毫无意义的。"松安赞许地点点头。

中午时分，回到家里。午饭后，白石感到疲倦，倚着躺椅睡着了。醒来时，已经是三点了。室外阳光灿烂，万里无云，把他的画室照耀得通明。

跨车胡同十五号是一处典型的北京老式房子，在一个不大的院落里，套着一个小三合院。院内正房三间，东边一间用板壁隔了起来，是他同宝珠的卧室。中间和西边这两间就是"白石画室"了。朝南的窗上装上了玻璃，光线十分充足。房廊外面他请人安了铁栏栅，所以，又号"白石铁屋"。

齐白石的北京跨车胡同居所

画室的正中，放着一张可方可圆的桌子，周围放着四把椅子，这是他吃饭的地方。靠墙的一把年久的躺椅，是他长年休息和思考的地方。南窗下面，放着一条紫漆长案，这是白石的工作台。工作台有六尺多长，三尺多宽。一切陈设，异常的简单、朴实，像主人的品格一样。

他走到了工作台前，坐在古老的竹椅上，纸已经展放在台子中间铺着的一块二尺多宽的能吸水的深绿色毛呢上。

他凝思了片刻，站了起来。这也是他多年作画的习惯，每当画小幅画时，他就坐在这张竹椅上，作大幅画时，就站到竹椅的前面。

他捏起笔，看着台子左边摆着的大小一样的十几个白瓷碟，碟上已经调上了洋红、赭石、石黄、花青等颜色，接着，运肘走笔，在纸上汪洋恣肆、错落有致地勾勒了起来。

随着他笔的行走，青山绿水，或浓或淡，或简或繁地呈现在纸面上。虽然是水墨山水画，但墨色里有绿意，有艳红。

这是一幅《石岩双影图》。他初作这幅画时，是六十三岁那年。画面上那苍郁的山峰，耸然屹立，气象雄伟，像桂林的独秀峰。他把祖国壮丽的河山，淋漓尽致地表现了出来。今天这一幅，是对他六十三岁时作的《石岩双影图》的"背临"。

三年前，也就是一九二八年，画家胡佩衡先生正在编辑《湖社月刊》的雪景专刊，他专事请白石画一幅雪景山水画。

白石画山水画是三十多岁后的事。他五出五归，祖国壮丽的山河打动了他的心，他抱着"用我家笔墨，写我家山水"的情怀，以独特的风格，高超的笔墨技巧，描绘祖国的山川大河。他的《借山馆》是他山水长卷的结晶。

对于山水画，他有自己的见解和追求："前人作画空言六法，而不能形神俱似，余深耻之。"他对清代以来的一些画品，脱离实际，毫无生气之风，深为耻之。所以，他推崇写生，大胆创新，不落前人窠臼，自成一家。但是，像他这样的现实主义创作态度，在崇尚仿古的那个时代，经常遭到了"时流"画家的诽谤、漫骂。

定居北京以后，他专事画花鸟人物。在日记里，他记道：

> 余画山水二十多年，不喜平庸。前清以青藤、大条子外，虽有好事者论王姓（王翚）为画圣，余以为匠家作。然余画山水绝无人称许，中年仅自画借山图数十纸而已，老年绝笔。

但是，胡佩衡的约请，是不好推辞的。于是他很经意地画了一幅《雪山图》，尔后在上面题款：

> 余数岁学画人物，三十岁后学画山水，四十岁后专画花卉虫鸟。今冷庵先生一日携纸委画雪景，余与山水断缘已二十余，何能成画？然，先生之来意不可却，虽丑绝不得已也。

这是三年前的事，当时画山水是一种心境。今日画山水，是把他的一腔忧国忧民的情感，全部倾注于笔端，又是另一种心境。

他感到自己年事已高，无法效命疆场，但是祖国山河破碎，金瓯残缺，怎能不牵动他的心？

他把这幅山水画，夹在北墙的铁丝上，仔细地端详、品味着。

今天他倒不是在欣赏自己的笔墨技法，他是在寄托他的情感。

他细细地看了好大一会儿，然后从工作台下面，取出那本装订得十分整齐，上面写着《三百石诗草》的本子，慢慢地打开，翻到空白的地方，从笔筒里取出一枝羊毫小笔，蘸了墨，略略思索了一下，写了一首诗：

> 百尺城门卖断砖，
>
> 西河垂柳绕荒烟，
>
> 莫愁天倒无撑着，
>
> 犹峙西山在浪前。

这首诗的前两句，写的是他上午登宣武门时亲眼见到的景象：北平当局正在拆毁城墙，出售城砖。后两句，则是对于国民党当局在敌兵压境之时，不去组织民众奋起抗日，而把国家、民族安危寄托于各国调查的辛辣讽刺。

天渐渐暗了下来，饭桌上已经摆上了饭菜，宝珠站在身边等着他，他抬头看了一下宝珠，亲切地说："你先吃吧，不要等我了。"

无奈何，宝珠只好自己去吃饭，她知道白石不干完手中的活，是不轻易放下来的。

白石脑际继续交织呈现着今天的情景，又提笔写了一首诗：

> 东望炊烟疑战云，
>
> 西南黯淡欲黄昏，
>
> 愁人城上余衰草，
>
> 犹有虫声唧唧闻。

这首诗揭露了南京政府的日暮途穷，投降卖国的嘴脸。

写完最后一个字，他把笔一掷，气愤地站起，在南北墙之间踱了起来。

宝珠再次催促他吃饭。这时，他才隐隐感到有点饿，可是，拿起饭碗，又吃不下去。他把碗里的一半饭拨给了宝珠，剩下的他三口并作两口，胡乱地吃了下去，喝了一口汤，又回到了画室里。

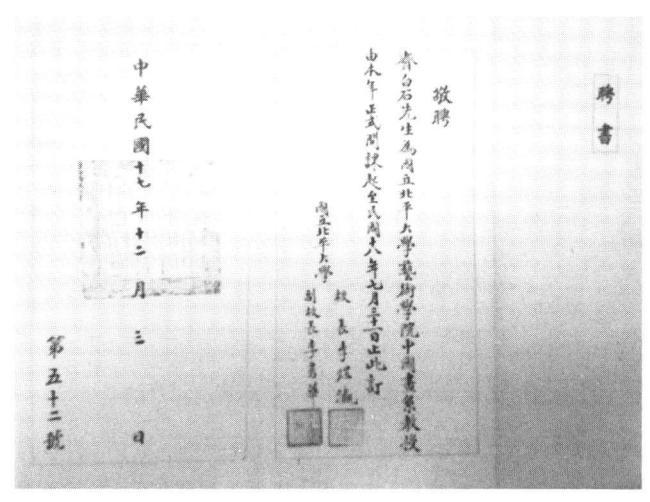

一九三八年，齐白石被聘为北平大学艺术院中国画系教授的聘书

宝珠忧心忡忡地走了过来，点上了灯，轻声地说："你老是这样下去，不行呀！身体要弄坏的。这么大年纪了，要保重。"说着，哽咽了起来。

白石长长叹了一口气，仰着头说：

"这年月，日本人打进来了，我们要当亡国奴。你知道亡国奴是什么滋味？"白石声音沉重，"我们国家多灾多难。民国了，大家都盼望有一个好日子，可是时局一天坏似一天。过去都骂西太后，'宁赠友邦，不与家奴'，可是，现在这不战而降，不是同西太后一路的货！"

他顿了一下，又关切地说：

"你先收拾一下，去休息吧，明天我还要去讲课，做些准备。"

北京艺专后来改为艺术学院了。院长也换为青年画家徐悲鸿，徐先生十分敬重白石，"三顾茅庐"，聘请白石担任中国画教授。除了艺术学院外，他还受学生之邀，担任了京华美专的教学任务。

学生当前的思绪如何？他决定明天换一下课程，把临摹花鸟改为山水。让学生以自己彩色的笔，去画自己的故土，去画那生我育我的山山水水，一草一木……他对自己的这个决定十分满意，脸上现出了笑容。

# 2. 难辨真伪

李苦禅劝说了半天，白石愤慨的心情才渐渐地平静了下来。

苦禅走后不久，宝珠来搀扶他去吃午饭，他端坐不动。最近，接二连三的伪画。无端地耗去了他不少的时间与精力。他毕竟是七十一岁的老人了，"人生七十古来稀"，已经是风烛残年，到了灯油将尽的时候，还不得不拿出时间与精力，同伪画做斗争。他之所以这样做，是为了一个艺术家的声誉，为了绘画艺术，为了千千万万热爱着他的人们。

在五十多年的艺术生涯中，他创作了数以万计的艺术珍品。伪画是随着他声誉的提高而出现的。"衰年变法"之后，白石的画风大变，独创了墨叶红花一派，而且，被称之为"五绝"的他的草虫鱼虾之作，名震海内外。

人说成名累，如今他尝到了成名之后被人托名伪作的连累。几年间，伪造他的假画不断出现在街市上。这些假画手法极为巧妙，有的到了真假难辨的地步。

起先，他对此不太清楚，也不太相信。有一次，梅兰芳前来探望他，告诉他，在一个朋友的家里，看到了一幅他的《春耕图》，画得很有神韵，并且大大地称赞了一番。

白石听了，有点奇怪。他是画过《春耕图》，那是五十岁左右时的事，这他很清楚。但那以后，他就再没有画过了。而且，梅兰芳讲的，与他原来画的那张并不一样。

"你是在哪里见到的？"白石问。

"在我一位姓李的朋友家里见到的。"梅兰芳很奇怪他为什么这样重视，"上面有你去年的题款，我朋友花了二百两银子买来的。"

"可是，我这几年没画过这样的画呀！"

"你老记错了吧，画得太多了，或许记不清。"梅兰芳解释说。

"不会的，我脑子还清楚，这几年画了些什么，我大体上还记得。"白石不高兴地说，"我过去画的《春耕图》，与你说的不一样啊！不信，我给你看看。"

说着，他移步到画案前，取出行箧，打开盖子，慢慢地翻着，从底下取出了一幅画稿，慢慢地展现在桌面上：

"你看看，这是我的《春耕图》，像你见到的吗？"

梅兰芳仔细看了一下，说："不像，不像，那耕牛的头朝右，可不是朝左，这后腿露在外面。怎么，你最近真的没画？会不会是别人的冒牌货。"

"这世道，什么无奇不有的事不出现啊！"白石气愤地叹了一口气，落在躺椅上，"听说市肆上已经慢慢有伪造的我的画了，不知你朋友的这一幅是不是，你能借来看看吗？"

"可以，可以。"梅兰芳似乎感到问题有些严重，连忙回答说。

"不过不要让你那个朋友知道，只说你要看看，借出来让我辨认一下。"

第二天，梅兰芳送来了那幅《春耕图》，白石一眼看出，果然是一幅伪作，气愤地从躺椅上跳了起来，走到画案前，指着画说：

"你看这树干的线条是一气呵成的吗？还有这图章。"白石取出《三百石印斋》递给梅兰芳，"你翻翻，印章像不像？"

梅兰芳也十分气愤。他虽然听说过历史上曾有过伪作传世，但伪造当今一个画家的作品，他还是第一次见到。他知道他朋友上当了，但还蒙在鼓里。那天晚上他去借画时，那位姓李的朋友沉吟了好大一阵，才从保险柜中取出来，小心翼翼地交给他，一再叮咛这是他一生唯一珍重的宝物，速借速还。他哪里知道，重金买到的仅是一幅伪作。

"你可得采取些措施，白石师。"梅兰芳关切地说。

"我有什么办法呢？防不胜防，实在是无耻之尤。"白石按捺不住自己激愤的心情，"你那位朋友同你要好吗？"

"一直不错。他教书，为人正直忠厚。对老师的画很崇拜，不然，怎么花重金去买呢？可惜他被人欺骗了。"

"不能使好人受到无端的损失。你说，我是将这画买下，还是另给他画一幅？"白石关切地问。

"能画一幅当然最好。真品嘛，无价之宝。"梅兰芳眼睛一亮，高兴地说。

"来，我送他一幅《春耕图》。"白石边说边理纸研墨，在梅兰芳的帮助下，凝思片刻，悬肘提笔画了起来。

二十多分钟后，一幅《春耕图》画好了，他盖了自己的印章，交给了梅兰芳：

"不裱了。请你同你朋友说清原委，请他谅解吧！这一幅，我收下了。看来，我的画只有从我屋子里拿出去才不会是假的。"说着，他笑了起来，笑声里他含着苦涩，含着他对这黑暗社会的痛恨。

这是半年前的事。自那以后，他才逐步留意市肆上伪造他的画的情况。

不久，接踵而至的，是许多人渐渐也知道了商店里有白石的假画，一传十，十传百，在偌大的京城里，在喜爱白石绘画艺术的千百万读者之中，辨别白石绘画真假的问题，成了人们茶余饭后议论的话题了。

于是，又出现新的情况。许多买画的人唯恐买到的是假画，便千方百计打听到了白石的地址，持着画上门请白石鉴定。鉴定是真品后，有的人还不放心，担心后人说这是假画，常常请求老人在原画上题记："此余旧作，××年重见记之"等一类的话，才满意地走了。白石理解他们的心情，不厌其烦地为来者辨识、题款、盖章，每一个月，这类事不下十几件。

他到了古稀之年，却不能不站出来与这些市侩们做斗争。这些困扰对于一位已经七十多岁的老人，实在是件沉重的、额外的负担。但是，他还是乐于去做。每当看到买者惶惶而来，满意而归的时候，他也感到了无限的欣慰。他在一个人买的一幅四开大册页的工笔草虫上题道：

> 余之画从借山馆铁栅门所去者无伪作，世人无眼界，认作伪作，何也？

又在一本花卉草虫册上题道：

> 白石之画从来被无赖子作伪，因使天下人士不敢收藏。

这题词显露出画家的心情是多么沉重、愤慨。但是，伪作他的画的情况，一直没有能平息下去，这使白石十分苦恼。后来，在万不得已的情况下，白石请人铸了一颗"齐白石"三字的铜印，并且专门花钱登报声明，以后凡是他的画件，都有"齐白石"三字的铜印印章，以杜假冒。他曾天真地认为，这样就可以使假冒者没有市场，从此销声匿迹了。可是，他哪里能料到，过了没多久，假冒者也仿制了同样的铜印，使假画更加放肆地流传于世。白石气愤难平，不得已，自己又亲手刻了一方"吾画遍行天下蒙人伪作尤多"的图章，盖在每张作品上，把自己的一腔忧愤通过这几个字，淋漓地倾诉了出来。

这"笔墨"官司打了多年，使他进一步认识了一些世人的真面目，也真正领教了这些伪造者不断翻新的手法。有时，有些画连他自己也很难辨别得出真假来。

造假画的手法是多种多样的。有的是真假画掺杂相混，这种情况是四条屏或一本册页的居多，不易分辨；有的是假画真款，画是假的，但奸商找裱工安上了真题款，在同一张画上，有真有假。真真假假，合为一体，不是行家是难以辨识的，有的甚至于在一幅画中，只有部分不是白石的，比如在一幅原作上添加上细笔草虫，以此取得高利。总之，黑暗社会里种种的丑恶现象，也在假画上表现出来了。

今天，也是为了一件假画，他不得不放下手中的工作，在李苦禅的陪同下，前去观看、鉴定。

清晨一大早，李苦禅来了，白石正在洗脸。苦禅的到来，使老人十分高兴，但觉得有些突然，因为他没有特殊情况，一般很少这么早就来。

苦禅看出白石的心思，说：

"昨天我在店里，看到一幅《蔬香图》，很有笔墨，不过题款的字不大像是您写的，老师是否去看看？"

白石一听，关切问："那笔墨怎么样？"

"笔墨不凡，确有老师的风骨。尤其是那棵白菜，实在像极了。我拿不定主意，标价又高，想来问问你。"

白石不假思索地说："一起吃点早饭，陪我去看看。"

早饭后，白石带上了钱款，在苦禅的陪同下，乘车来到了古玩店，从新油漆的门面和横额看，这是一个新开张的专营古玩字画的商店。因为位于十字路口，前来观看、购买的人倒也不少。

到了店里，抬头一看，昨天悬挂在墙上的那幅《蔬香图》不见了。苦禅有些着急，他安顿老人在墙边的一张长椅上坐下后，赶紧去找老板。

李苦禅和齐白石

老板姓张，三十来岁，白净的脸，浅灰色的长衫。他笑盈盈地随着苦禅来到白石的面前。

他不认识白石，白石也不认识他。

"老先生有何见教？尊姓大名，府上哪里？"那店主恭敬一躬，问。

苦禅刚要介绍，白石忙丢了一个眼色，抢着说：

"我姓陈，就叫我陈老先生吧！"白石自我介绍说："听说你有一幅《蔬香图》，是齐白石手迹，能否让我看看。"

"噢，你老要买画啊！"张老板堆下笑脸来，"你老请里面坐，请里面坐。"说着忙把白石搀扶进了内室。

这是一间与店堂相连的小屋，但十分雅静、古朴。四周的墙上挂着明、清两代以及当今一些画家的字画，有的裱好了，有的没有裱。显然，这是一间供文人学士、高官巨贾购买、品鉴字画的地方。

张老板大概看出来客不是一般的人物，所以招待得十分殷勤、周到。他送上上等的杭州龙井茶，看了白石一眼，说：

"这《蔬香图》可是齐白石老先生的真迹，是他在一次盛大的宴饮后，很得意的一幅杰作。"

白石听了，很感兴趣。心里在想，平时除了几位挚友之外，我很少参加什么盛大的宴饮，而且，一般情况下，我从来不即席作画的，哪来的这件事。于是，他试探地问：

"张先生说的是哪一次的宴饮？"

"那是今年春天，市府举行招待文化界的一次盛会，齐老先生去了。"他说得活灵活现，好像身临其境一般。白石微笑着，看了苦禅一眼，苦禅也会意地笑了。

"张先生也参加了那次盛会？"白石问。

"参加了，参加了。"

"那你一定会过齐白石了？"白石又问。

"我没同他讲话，隔得很远，但看到了，看到了。"白石听了暗自发笑，又问："这幅画可是当时画的？"

"那是一点不假。这市上他老人家的假画不少，我可不作那亏心事。"他低声地、神秘地说。

"那好。"白石淡淡一笑，"那幅画呢？"

张老板忙开了柜，取出了一幅已经裱好了的画卷，展现在白石面前，得意地说：

"您老看，这才是名家的得意之作呢！"

白石同苦禅来到近前，仔细地看着这《蔬香图》，心里不免暗暗称奇，这伪作者的笔力不凡，技艺、笔墨十分到家，可见，仿效、临摹他的画，不是一日之功了。他很佩服这伪作者能达到这样乱真的地步。但是，在他的眼里，真假一看就分明，这幅画到底太"形"似了，而"神"不到。

张老板不住地观察老人的神情，知道这位老人一定是金石行家，不是等闲之辈，想打探一下，但一时又不便问。

看了好大一阵，白石回到了座位上，看着张老板，慢慢地问：

"张先生，这画标码多少？"

"不瞒您老，齐白石的画，当今一绝，一出来就抢。不要说我们这里，南纸店那地方，已经很少有他的画。也是，他已七十多岁了。这画不是懂行的，我才不卖呢，昨天挂在外面，今天我就收了回来。"他口气一转，笑着说："您老要，价格好商量。"

"你给个价吧！"

"那您给这个。"张老板的右手拇指和食指伸开，做了个八字状。

"八千？能不能少一点。"白石说。

"这已经是最低了，不是您老，我还不出这个价。南纸店那儿，他的一幅草虫小品，还要两三千。这幅可不一样。"

"三千如何？"

"三千？您老开玩笑了，这我可不卖。"说罢他走到桌边，慢慢地卷起了画。

"你这画只值三千。"白石坚定地说。

"为什么？"张老板不满地转过身，反问了一句。

"因为是假的。"白石严峻的脸上显现出神圣不可侵犯的神情。

张老板一听，急了："您这老先生好不识货啊！假画？您可说出个究竟来。"他又把卷了一半的画，展了开来，摆出一副挑战的姿态。

"说句老实话，伪造他的画，我见过不少，但数这幅最好，一般人看不出来。"白石说得十分自信，脸上露出笑容。

张老板一听，惊讶地，仔细地打量了一下齐白石："先生是什么人，会鉴识画？"

"会一点，尤其是自己的画。"白石笑了笑。

"这位就是齐白石先生。"苦禅脱口而出。

那老板一听，惊呆了，口里说不出什么，尴尬地站在那儿，两眼直直地看着白石。

白石点点头，笑了起来，说：

"我就是齐白石，这是我的门人李苦禅。市肆上伪造我的画不少，昨天苦禅告诉我，你这里有幅我的《蔬香图》，今天我来了。请先生原谅。"

那人堆下笑来，兴奋地、忙不迭地点首：

"小人有眼无珠，不识泰山，请先生海涵。"

"这不必。"白石说："你刚才还告诉了我不少情况，我要感谢你了。"说着，他与苦禅相视而笑。那人一听，满脸羞容，问："老先生，你说这画哪里是假的？"

白石站起来，移步到画前，指点着，然后深有感触地说："一个有名气的画店，经营这样的赝品，实在可惜。画有画格，人有人格，店也要有店格，你说，这样的作品流传出去，岂不坑害了别人？"

"其实，我也不懂画，是一个朋友受人之托送来的。我一听是您老人家的作品，这店又刚开张，找都找不到，哪能不借您老人家的画装点门面？干这行买卖，也有我们的苦衷。"他说得诚恳、实在，使白石很感动。

"这样吧，你这画多少钱买来的？"白石问。

"两千五百。"

"我给你三千五，买了这张假画如何？"白石站起来，看了张老板一眼，若有所思地说："留得真迹在人间，这是我的责任，要对祖国、对民族负责。希望张先生能协助我。今后见到这类画，你尽管找我好了，我统统收购，至于你的店，我可以为你再作些画，补偿你，如何？"

张老板被白石这情深意切的话语深深感动了。他第一次见到这位老画家，想不到他的胸襟竟是这样开阔。

"齐老先生，既然这样，还是两千五好了，我只收回本钱就行了，哪能多要你的？"

"不必客气了，你也不容易，区区几个钱算什么！荣誉、信任，这是金钱买不到的。我买的岂止是一张画呢！"

回到家里，把画放在案子上，他思绪万千。大千世界，无奇不有，令人欣慰的是他从这事情中看到了另一面，看到千千万万的人对于他绘画艺术的真诚的爱。

正在沉思着，宝珠跨进了画室。对他说："门口有一个从黑龙江来的老人，说要请你给他鉴定一张你的画。他说他第一次到北京，想买你的画，想了好几年了，这次路过北京，跑了几家商店，特意买了一幅，花了三千元。回到客店，住客说你的名画有人假冒。老人一听慌了，又找到店里，请鉴定，店主说是真品，两人还争吵了起来。后来老人无奈，走了出来，旁人同情他，就告诉了我们家的地址，他绕了一大圈才找到这里来了。说无论如何要求见一面，明早他要坐火车走。你看怎么办？"

"快请他进来吧！"白石感叹了起来，"人家也不容易啊！今后有这类事情，尽管放他进来好了。"

# 3. 世事难料

北京的冬季是寒冷的，凛冽的北风裹着阵阵的雪花，不停地敲打着门窗。他的心境也十分的悲凉。辽沈沦陷，锦州失守，国民党不放一枪一弹，将东北的大好河山，拱手送给了日本。战火已经迫近榆关，平津一带岌岌可危。

京城内的谣传很多，真假难辨。前几天杨度告诉他，日本军人、特务，川流不息地来到了北平。在街市、酒肆、宾馆，随处可见。他说他在南纸店买纸时，见到几个日本人在购买齐白石的画。

今天午饭后不久，门人张纪梅送来了一些信，其中有一封信的信封很别致，白石剪开一看，里面装着一张请束，还有信。这是一个名叫三木坂一的日本人寄来的，信上说他是研究美术史的，尤其对于中国传统绘画艺术十分崇拜，接着把齐白石恭维了一通，希望白石能到国际饭店一会云云。

这样的信，白石的案上已经放着十几封。岂止是信呢，不少来京的日本人，还给他寄来这样那样的礼品，有的用盒子装着，有的用布包着，他原封不动地放着，没有打开。

九一八事变之前，许多来华的日本人士，特意前来探望他，求他作画，他都一一以礼相待，常常信笔挥毫，为之作画。但是，如今他感到情况起了根本的变化，他怎能为侵略自己国家的日本人作画呢？他的尊严，他的感情不允许他这样做，他耻于做这些有愧于国家和民族的事。

沉默是他唯一可以采取的反抗办法，对于日本人，信他是不回的；宴饮概不参加；来人能不见的就尽量不见。

前些日子，一位朋友告诉他，来华的日本人中，也不乏友好之士，他们对于日本军国主义政府的侵华战争也是深恶痛绝的。因为这种不义的战争，不仅给中国人民、亚洲人民带来灾难，也给日本的民族和人民带来了痛苦。然而，这么多人，这么多的来信，他哪里知道谁好谁不好，谁是朋友，谁是敌人？这正如市肆上他的真画与假画混杂一样，真假难辨。所以，他决定回避一切与日本有关的人和事。

这是一九三三年的年初，他刚刚度过了七十一岁的生日。他一边同假画斗争，一边又不能不抽出一定的时间与精力，同这些在他看来是神秘的日本来客斗争。前者是为了捍卫他的画格，后者则是维护他作为一个中国人的尊严与气节。

这些困扰，虽然无端地耗去他不少的精力，但是，他仍倾注全力于他毕生所热爱的艺术。而且，只有在这斑斓的色彩之中，他才看到了春光的明媚，生命的多彩，人生的丰富。只有绘画艺术，才能使他一颗被现实深深刺痛了的心得到安宁和慰藉。

张次溪来请他编印诗稿。作为全面展现了卓越才华的一位艺术大师，白石的书、诗、画、金石冠绝一时。

在谈到自己一生的艺术成就时，白石作了意味深长的概括："诗第一，治印第二，绘画第三，写字第四。"

他的诗，质朴而清新，洋溢着生命的光彩。他一生酷爱诗，五言七律，唐诗宋词，他无不精通。杜甫、苏轼、陆游和辛弃疾等大家的作品，他读得最多。

他写诗，千锤百炼。一首诗写出来后，又翻来覆去不知要改多少遍。"只字得来也辛苦，断非权贵所能知""平生诗思钝如铁，断句残联亦苦辛"是他的真实写照。

对祖国的热爱，对童年、对故土的怀恋，对和平、自由生活的憧憬，对黑暗势力的抗争，都一一在他的诗中得到了最充分的反映。

他的诗和画浑然一体。所以，在当时，不少的人说白石"诗中有画，画中有诗，画意诗心相与追。"这种评价是中肯的。

前些年，他曾经刊印过《借山吟馆诗草》一卷，是将他手写的原稿用石板影印的。里面收集了从光绪壬寅到民国甲寅十二年间的诗作，数量不多。

而这次编定的《白石诗草》是壬寅以前和甲寅以后作的。先是樊樊山选定，后来王仲言又重选了，收入的诗不在少数。

诗稿付印前，他感慨系之，又题了五首诗，印在前面，其中的第四首写道：

画名惭愧扬天下，

诗咏何必亦世知，

多谢次溪为好事，

满城风雨乞题词。


　　仿宋铅字印制的、八卷本的《白石诗草》，如今摆在了他的面前。这是他几十年血汗的结晶，也是朋友们友情的见证。他信手拿过来，仔细地翻阅着，每一首诗，都勾起他对一幕幕往事的回忆，牵动着他一缕缕的情思。

　　今天画了大半天，有些疲倦。他站了起来，伸伸腰，在这充满了阳光的画室里，走动了起来。

　　他忽然看见窗外有人进来。对，是齐如山来了。他好久没有见到齐如山了，便高兴地迎了出去，热情地拉着他的手到画室来。

　　齐如山没有坐下，走到炉子前，俯下身子，双手靠近炉子，烤着、搓着，尔后，侧转过头望着坐在藤椅上的白石问：

　　"齐老先生好久没出门了吧！"

　　白石点点头。

　　齐如山又问："听到什么没有？"

　　白石摇摇头，不解地问："你问这些干什么？现在人心惶惶，有钱的都往南跑了，我的命没那么贵重，不走了，哪里也不去。"

　　齐如山边听边坐下，心事重重地说：

　　"有一件事不能不告诉你。日本东京最近举办了你的画展，日本报纸上也大肆宣扬，你知道这件事吗？"

　　白石一下站了起来，惊讶地张大了口，急切地追问："这可是真的啊！你听谁说的？"

　　"一位朋友从日本回来告诉我的。他带回来了一些日本的报纸，你看看。"齐如山从放在旁边的公文袋里，取出了几份日本报纸，递给了白石："情况，这报纸上说了一些。我那个朋友还特意赶去看了展览，参观的人倒不少。因为日本人只要是喜欢画的，尤其是文化艺术界、政界，知道先生名字的不少。你的名声大，所以，展览盛况空前。不过我那位朋友说他看了画展，觉得里面不少是假画。"

白石惊愕地听着齐如山的叙说。很奇怪，这样大规模的画展，为什么事先不告诉他一声？

"这是哪个单位举办的。"白石问。

"是一个叫佐藤的人个人举办的，上面还有你同那个佐藤的合照，你看看。"齐如山站起来，走到白石跟前，指着报纸上的照片说："这就是。这照片放得特别大，挂在画展大厅的正中，很醒目。"

"在这样的形势下，办这样的画展，事先也不同我商量一下，不知葫芦里面卖的什么药。"白石转而愤恨地说："这个佐藤什么的，我好像面熟。你让我想想。"

他仔细地端详着报纸上的照片，忽然想起了去年夏初的一件事。

五月的一天下午，好像是端午节过后的第三天，他正在画梅花。忽然门人带进来两个西装革履、文质彬彬的客人，一个高瘦个子，一个矮胖、戴眼镜的。

两人向白石深深一躬，矮胖的那个人满脸笑容，恭恭敬敬地将一包十分精美的礼物放在画案上，说着话，白石听不懂。

那个瘦个子的忙翻译说："这位是日本朋友佐藤先生，他从东京来，专程拜访您。"

那日本人又说了什么，翻译点点头，接着说："他是搞艺术的，对中国画有研究，他很欣赏齐先生的绘画，这次来北平，把市场上的全部你的画，都买了，今天特意来探望你。"

那日本人不知懂不懂中国话，一面看着翻译说，一面向白石竖着拇指。

白石严峻的脸上，没有一丝笑意。他请他们坐下，冷冷地问那翻译：

"他来这里有什么事？"

翻译把这话说给那日本人听，日本人忙操着生硬的中国话说："没什么，没什么。只是想见见，见见。中国有句古话，一睹风采，我是来看先生风采的。"

白石没有说什么，只是请他们用茶。

佐藤又笑吟吟地说："先生现在还作画吗？我们日本国民很喜欢齐先生的画。你到日本，一定能竞选个议员。"

翻译把这些话一一翻译了过来。白石一听笑了笑，淡淡地说："多谢贵国民众对我的推崇。"

当翻译把这话讲给佐藤听时，佐藤高兴地说："我国国民见过你的画，可没有见过你本人。"说着，示意了翻译一下。

翻译马上取出了照相机，佐藤立即跳到了白石的身边，还未等白石反应过来，那照相机上的闪光灯，已经一闪一灭了好几次。

照完了相，两人站了起来，恭恭敬敬地与白石道别，走了。

谁能料到，他们竟是采取这样的卑劣手段，来达到不可告人的目的呢？

白石的内心升腾起一股难以压抑的受人愚弄、欺骗后的愤慨。他的脸由涨得红红的变成铁青，渐渐的变为苍白。

齐如山知道白石此时此刻的心情，不想再说下去了。七十多岁的老人，他不愿让他受到太大的刺激。但是这件事关系太重大，而且处于中日关系这样一个重大的时刻，画展在日本又成为一件轰动一时的大事，他是不能不告诉白石的。

"以后呢？你接下去讲。"白石语气冷静而坚定。

"以后的情况，你就可以想象了。"齐如山说："那个佐藤利用这个画展，大肆宣传他和你的关系如何如何密切，你是如何如何的尊重他，关心他。更可恨的是市肆上的不少假画，他当作真品全数买了，带回国展览。一些日本的名画家、美术史家已经看出其中的假画。"

听到这里，白石苦笑着说："这假货竟然还能出国？可见这佐藤也是无知到了极点。他到底是什么样的人？"

齐如山没有立即回答，低首沉吟了良久，慢慢地说："这人嘛，听说有些背景。他是情报部门的人，据说是关东军的谍报员。"

"我猜也是。正直、善良的日本人，是不干这类事的。"白石语气坚定、自信。

"不过话又说回来，会不会有人说你与敌人勾结呢？特别是在国内？"齐如山不安地问。

白石思索了一下，泰然处之："这我想过。我虽是个没有能力的人，但多少总有一点爱国心。假使愿意去听从敌方人员的使唤，那至少是对不起我这七十岁的年纪了。"

说到这里，他脸上显得异常的庄重、严肃，神圣而不可侵犯。

齐如山离开时，他特意送到大门口，他内心十分感谢这位朋友对他的关怀与信任。他深情地对齐如山说：

"十分感谢你把这重大的消息告诉我。我活了七十余岁，没有做过一点对不起国家和民族的事。过去是这样，今后也是这样，这一点，请你放心好了。"

送走了齐如山，他想，对抗这黑暗的势力的唯一办法，只有把自己隔绝起来。不是至亲好友，谁来了也不见。他想把大门安上铁锁，昼夜关着，门里面再加上一把锁。

这是他与齐如山交谈后，心中萌发的第一个防范措施。他把宝珠叫了来，要她让门人赶快找人安锁，今天晚上必须安好。

宝珠不明白为什么这样的突然和紧急，惊愕地望着他。只是等他有些生气地催促着她的时候，她才匆匆地出去找人安锁了。

从此，齐家的大门终日紧闭着。客人来访，门人问清了姓名、什么事之后，去告诉白石，白石听到是熟人，还要亲自出来，从门缝里看清了来人，同意见，才开门，请人家进来。不想见的，他站在那儿一声不响，由门人回答说"主人不在家"，不给开门。

闭门拒客，他是有难言的苦衷，因为这是他在这样险恶的形势下，能够捍卫自己权益和安全的唯一措施。虽然每天来访叩门的人不少，他常常不得不放下手中的笔，跑去从门缝里看看，然后决定接不接见客人，空耗了不少时间，不过这多少也给他带来一点的安宁与宽慰。

一个星期天的下午，白石接到一封信，是张次溪写来的。信上说他到齐家拜访，门被锁上了。他轻轻地敲了几下，听到里面有些动静。

"找谁？有什么事？"是一个女人的声音。

"找齐先生，看看他。"张次溪就着门缝往里看。

"不在，出去了。"那女人远远地站着，说完往里走了。

张次溪急了，又重重地敲了几下门，女仆却头也不回地进去了。

他无可奈何地等着。忽然听到白石的小儿子跑了出来，小声说："我爸爸在画画呢！他不见客人。"

"连我都不见？"张次溪隔着门缝问。

那孩子摇摇头，天真地指着门上的锁，说："这锁我开不了。"

张次溪生气地走了。

张次溪生气地来信问老人，这是怎么回事？

白石一看来信，无可奈何地苦笑了一下，提笔写了回信，信上说：

> ……从来忘年之交未必拘于形迹，嬉笑怒骂，皆有同情，是谓交也。一访不遇，疑为不纳，吾贤非也。一函不复，猜作绝交，吾贤尤非。虽往返有年，尚不见老年人之心，猜疑之心长存，直谅之心不足，吾贤三思……

三天后，张次溪高高兴兴地来到老人这里。白石亲自开了门，高兴地拉着张次溪说：

"你又不是外人，下次来时，只要听到门内我的脚步声音，你高声报名，我知道你来了，就开门接你。免得你伏在门缝上，悄悄窥探。"说着，两人开怀大笑了起来。

到了画室，落座后，张次溪不明白地问：

"为什么把大门锁上，夜晚还可以，白天多不方便！不是有门人吗？"

白石听他一问，笑容消失得无影无踪，叹了一口气："这也是逼出来的。"接着他把半个月前，齐如山告诉他日本画展的事，简略地告诉了张次溪。

"我知道这要得罪亲朋好友的。可是，我有什么办法，只好这样。"白石说这话，口气中隐隐流露出悲凉。他只有用这一把锁，把他同这罪恶的世界隔绝开来，虽然难免会招致人们的不满与误解，可还有更周全的办法吗？

# 4.画鬼论人

立春过去了半个月，可是前天依然下了一场大雪。远处的群山、楼宇，光秃着的树木，都被大雪重重地覆盖着。到处是洁白、银装的世界，没有一丁点春的讯息。

今天，白石约了张次溪，来到了右安门外的草桥边。天，依然是寒冷的。强劲的西北风不时卷着雪花迎面袭来，打在脸上，落在脖子里，冰凉冰凉的。从基本与世隔绝了的画室，来到这广垠的世界里，他感到一种舒畅、心旷神怡。银白色的景物，在初春的阳光照耀下，放射着耀眼的清辉，他的精神不免为之一振。

吸引他在这寒冷的天气里，到这荒野之中来的原因，不仅是因为他居京二十多年，仅仅听到"花之寺"的名称而未来过，主要的还是来凭吊罗两峰——"花之寺僧"的遗迹。

罗两峰，名罗聘，清中叶扬州画坛颇负盛名的画家。历史上称他的画"梅能写其香，佛能写其善"，形神兼备。他二十四岁时拜了当时七十一岁的金农为师，是金农得意的"入室弟子"，为扬州画派艺术的继承与发扬，做出了自己的贡献。

这样一个独步扬州画坛的名画家，他的事业的盛隆与他生活的潦倒几乎是同步的。在相当的一段时间里，他几乎陷于缺粮、断炊的境地。他的好友袁枚不得不赠米帮助他，以解燃眉之急。对于这种困境，他在《谢简斋太史馈米》一诗中，曾这样写道："正报诗粮尽，行厨冷餐熏；且临乞米帖，不作送穷文。情况谁知我，交情独成君；炊烟看乍起，一缕袅秋云。"但是，这困厄的境况并没有动摇他对于艺术的孜孜追求。

在他的一生中，曾经三次到京，而最后一次在京居住了二十年。白石看过他的一些画，对于他用笔奔放、简练、传神的技法，很是赞赏，也耳闻了他生前的一些轶闻趣事。前几天，不知是什么原因，触发了他这次郊游的兴趣。

他们踏着深深的白雪，缓步朝面前不远处的一座庙宇走去。近前一看，山门已经坍塌了一半，门前台阶上的条石不知被谁拆走了。瓦上的枯草，在寒风中摇曳着。从破败的门窗里卷进了一股股雪团，敲打着室内的佛像。到处是一片凄凉、寂寞的景象。白石默默地站了一会儿，这哪里有一点儿罗两峰的遗迹呢？他转身问张次溪："你过去来过这地方吗？"

"小时候家里人带我来过，不过那时香火很盛。才几年，就这样子了。"

白石没有说什么。沿着小径，缓步绕到右边，凝视着正殿旁边那颗千年古松在大雪重压下峥嵘的丰姿，沉思了起来。

张次溪站在他的旁边，看了看他的神色，问："你说，罗两峰的《鬼趣图》，怎样看？"

白石笑笑地仰起头，继续观察古松的枝枝杈杈，缓慢地说："罗两峰的《鬼趣图》，早年的偶然机会看过一些。听说是他第一次到北京前画的。张问陶曾经写过一个'鬼气拂拂'的介绍，说这个图一共有八图，都是画鬼的。"白石口气一转，接着说："当然，对于他的鬼画，历来有不同的看法。和他同时代的人批评他的也不少。他的一个朋友叫吴肖钦批评说，'卖画人海边不若，卖鬼宛市囊余钱，朝吞三千暮三百，又手笑辍吹藜烟。'说他以'异奇去换取金钱而已。'后来他在一幅画的题跋上，也谈了他自己的看法：'有鬼无鬼不须说，风云雷雨瘦日月；若教尽力驱除之，世上懒鬼打个结。'可见，这个论争，从《鬼趣图》出世不久，就开始了。"

张次溪饶有兴趣地听着，禁不住又问："那你的看法呢？"

白石看了一下次溪："扬州八怪，都有独特的画风，好标新立异。这种精神很值得后人取法，决不像今日之时流，开口以宋元自命，笔情死板，毫无生气。讲到鬼嘛，世界上谁见到鬼了。罗聘自己不就说'有鬼无鬼不须说'吗？"他顿了一下，望着远处起伏的群山，思索了一下："他的鬼图，依我看，无非是指着死鬼骂活人，有他的用意。笔墨志趣天然，不光是新奇可喜而已。"

"不了解他的人，只当他是和尚，画神仙，画鬼魅，自在情理中。至于个中的深意，谁也不去体察，你说是这样的吗？"张次溪问。

白石赞同地点着头。虽然刚才的残破、萧瑟的气氛使他有些扫兴，但提起罗两峰的《鬼趣图》，又勾起了他的兴趣。

"一个人，心中有郁结，无处发泄，又会画，自然是借这笔墨丹青，寄托胸臆。这一般懂得画的人都知道。世界上哪有为画而画的呢？"白石说着，缓步向回走。

"我平生画了不少的不倒翁。形体姿态，各不一样。意义和罗两峰的《鬼趣图》有点相似，也是指着死鬼骂后人，却比《鬼趣图》有趣得多了。"说着，他脸上露出得意的神色，"这不倒翁到处都能买到，人人都玩过。你有吗？"

张次溪笑了起来："有，小时候爸爸给我买了好几种。好像家里还有一个。"

"世间类似不倒翁的人，到处都能见到。这几十年来，我跑了不少地方，见到、听到这样的人，实在不少。前清时代，花翎顶戴；民国了，把辫子一盘，穿着中山装，依然是革命党中的大官儿；日本人来了，摇身一变，又是什么什么的长。把他们相貌画出来，岂不比那个《鬼趣图》更有趣！"

说到这里，白石情绪有些激动。他站住了脚，未等张次溪开口，脱口而背出了一首题不倒翁的诗：

秋扇摇摇两面白，

官袍楚楚通身黑，

笑君不肯打倒来，

自信腹中无点墨。


"你说，像不像？"他兴趣极浓，又顺口念出了两首：

乌纱白扇俨然官，

不倒原来泥半团，

将汝忽然来打破，

通身何处是心肝。

能供儿戏此翁乖，

打倒休扶快起来，

头上齐眉纱帽黑，

虽无肝胆有官阶。

"你说，是不是这样？"白石充满着鄙夷的神色，笑着问张次溪。

的确，他画不倒翁，是别有深意的。他念的这几首诗，是十年前他所做的那幅不倒翁图上的三首题款，诗的后面还有小注：

> 大儿以为巧物，语余；远游时携至长安，作模样，供诸小儿之需。不知此物天下无处不有也……

白石利用戏台上鼻抹白粉的小丑形象来画不倒翁，手持折扇，摇摇摆摆，丑态可掬，栩栩如生。而这幅画蕴藏着白石一段不平常的经历。

十年前初秋的一天下午，他在睡眠中被门人唤醒，睁眼一看，只见一个戎装的军人站在面前。白石看了一下问："长官有什么事到这里来？"

军人听到白石问他，马上回答说："先生难道不记得我了！我可记得先生啊！"

白石仔细看了一下，记不清了，摇摇头，"实在记不清了，人老了，眼也花了，记忆力不太好。你请坐吧！"

那军人坐下后继续问："老先生记得桂林酒家的那次聚会吗？我就是当时席上姓吕的那个年轻人。"

噢，想起来了。桂林的那次聚会，是几位朋友专为他南游举行的。席上有一个姓吕的年轻人，是前清的小官，到桂林办军务，不知是谁约请的，也赶来参加。那次宴饮的情景，他已经淡忘了，但是这个青年人同那个神秘的、可亲的和尚之间剧烈的争吵，却使他永远难以忘怀。

记得争吵是由席上一位朋友的感时诗引起的。那和尚听罢讽刺清王朝的诗，也可能因为多喝了几杯酒，感奋了起来，趁着酒意，说了许多不满当时政局的话，谁知引起了这位吕先生的强烈不满。吕先生认为，清朝皇恩浩荡，国家坏到这地步，都是士子们搞的。戊戌变法不就是康有为、梁启超这伙人弄起来的？内部乱了，结果给外夷入侵提供了借口。似乎这民族的危亡，国家的沉沦，倒不是腐败的清王朝造成，而是那些爱国的知识分子弄的。

吕先生话音未落，立即遭到和尚的有力驳斥，于是在宴席上，两人激烈地争论了起来。大家一看情况不妙，便不欢而散了。

吕先生愤然离席后，大家劝那和尚快躲一躲，说这吕先生是朝廷命官，派来查一个案子，和尚神秘地笑了笑。

可是如今站在面前的，已经不是清代的命官了，俨然是国民党中的显赫军人。最具有讽刺意味的是，那个神秘的和尚是推翻帝制，缔造共和，建立民国的元勋——黄兴先生。黄兴先生为革命而出生入死，民国初年与世长辞了，而曾经激烈反对过他的吕先生，却在国民党里当起了官。这件事使白石大开了眼界。

"先生在哪里供事？"白石饶有兴趣地问。

"在滇军当高参。"吕先生有点踌躇满志，"你日子过得可好呀，多少年没见了，你也变了。"

"我？哈哈，"白石开怀大笑，转而冷冷地说："也变，也没变。人老了，一变。没变的，我仍然画画。"

吕先生心上像被刺了一下，脸唰地红了起来，搭讪地说："没法不变啊！这世道也变，人还能不变？那清朝实在腐败，就得变。我也变了。"

吕先生要了张画走了，但白石还沉浸在往事的回忆里。三十多年前的那场争吵，吕先生前后判若两人的变化，他这几十年间看到的官场种种黑暗现象，一起涌入脑海。突然，幼年时见到的不倒翁那笑容可掬的形象和吕先生的身影，叠印在他的脑际，于是，他提笔画下了不倒翁图，接着又写下了那几首诗和小记。

他把这些告诉了张次溪，边走边谈，不知不觉回到了右安门。他邀请张次溪明天到他的家看不倒翁图。

第二天早饭后，张次溪如约来到了白石的画室。只见白石把一张张的画，早已挂在铁丝上了。大的两三盈尺，小的有几个方寸，都是他几十年间画的不倒翁画。只见或站或坐着的不倒翁，形态各异，服饰不一，但那眼神，那似乎晃动着的乌纱帽，却招人喜爱、发笑。

"你看，这是我三十来岁时画的。"白石指着其中五寸来长的一幅说："这一幅是前几年画的。你看看，有什么不同？这小的，过于写实了，没有深意；这大的，就不同了。像不像那些翻手为云、覆手为雨的角色？"

张次溪点点头，全神贯注地品赏着。他知道老人从不轻易向人展示他自己的素材，今天给他这样的殊遇，使他十分高兴。

"让你再看一张吧！"白石说，"前几年我还画过一幅《发财图》，也是很有趣的。"他走到柜前翻了半天，终于翻出那幅《发财图》。次溪一看，其实只是画了个算盘，用墨十分简洁。

"你先看看上面的题款吧！"白石笑着说。

张次溪走到画前，只见算盘的上方，写着如下的题款：

> 丁卯（一九二七年，民国十六年），五月之初，有客至，自言求余画发财图。余曰，发财门路太多，如何是画？曰，烦君姑妄言著。余曰，欲画赵元帅否？曰，非也。余又曰，欲画印玺衣冠之类耶？曰，非也。余又曰，刀枪绳索之类耶？曰，非也，算盘何如？余曰，善哉，欲人钱财，而不施危险，乃仁具耳。余即一挥而就，并记之。时客去后，余再画此幅，藏之箧底，三百石印富翁又题原记。

张次溪仔细看了一遍，沉吟了好大一阵子，转过身子，不解地问白石：

"这里为什么要题三百石印富翁？"

白石只是笑笑，不回答。他想次溪应该是明白的，无非是故意问问他。

"那么这友人又是谁呢？"次溪又问，眼睛一直盯着白石。

白石笑而不答，转而反问道：

"这画你觉得怎么样？有点意思吗？你觉得这些画比起罗两峰的《鬼趣图》如何？"

"有过之而无不及，实在太妙了。"次溪兴奋地回答说："我看过不少名人之作，但不倒翁、算盘入画，赋予这样的新意，在中国的画坛上是从未有过的。"

"不在于画什么，而在于怎样去画。"白石望着窗外，接着说："这几十年间，我看的实在太多了。有些人好像生来就有福气，清朝时，他为旧王朝效命，那是很卖力的，革命了，他摇身一变，又成了革命党，依然很卖力，官运亨通。这怎不让人感慨万端呢？我想了半天，那到底是为了什么？为了钱，为了利，什么道义、廉耻都可以不顾了。"

他越说越愤激，似乎要把几十年间，他倾注在画卷中的那一腔愤恨，一并倾诉出来。

"前些日子，来了一个日本人，一个翻译官陪同，一身戎装。中国人与日本人都是黄种，本来就没有多大区别，两人站在我跟前，我实在难分真假。后来一开口，才知道那高一点的是中国人，翻译官。我戴眼镜一看，你知道翻译官是谁？"白石好像自问自答："是张勋复辟时，我到天津避难遇到的一个革命党人。才多久呀，摇身一变，又成了日本的红人。这也算人啊！"

张次溪直摇头，叹息着，没有说话。

白石沉浸在许多沉痛的往事回忆之中。他似乎忘了时间，忘了自己之所在，忘了张次溪。

这次谈话后的三个月，春天姗姗来迟，终于到了人世间。屋子里刚拆了炉子，早晚有点凉，但是，到了中午时分，艳阳高照，透过宽敞的窗子，倾泻到屋内，仍然十分温暖。午饭后，他接到四川姓王的一位朋友的来信，盛情邀请他在这春暖花开的时候去四川玩玩。

这封信不长，但却给他带来了欢乐，带来了春意。在京城这乱哄哄、压抑的环境里，他感到窒息，很想到广阔的大自然里去看看。何况，那个"天府之国"还是宝珠的故乡呢！

宝珠从小离开了故乡，一直漂泊在外，孤身一人，直到同他结合后，才算有了一个安定、温暖的去处。如今，时间流逝了二十多个岁月，她如何不思念故乡那山山水水，那生她育她的父老兄弟？

按那时的习俗，他也应该陪她到娘家走走。一晃二十多年过去了，始终没有这个机会。朋友的一封信，使他下了决心，实现自己多年以来的愿望。

他把宝珠叫了进来，拉着她那双长年劳动十分粗糙的手，兴奋地告诉她四川朋友来信的事，接着，念起了信来，念完后，问宝珠：

"怎么样？我们一起回去看看如何？先去你家里看看，再去成都。"

宝珠一听，兴奋地睁大了一双惊讶的眼睛，问："这可是真的？"

"那还有假？走吧，在这里闷得慌，我们应该出去走走。"

"什么时候动身？"宝珠急切地问。

"说走就走，就在这几天，你看怎么样？"白石站了起来，"不然形势一变，打起仗来，又走不成了。"

宝珠偷偷看了一下白石，见他已经老态龙钟，动作都有些迟钝了，心里蒙上了一层阴影。这样的长途跋涉，他身体吃得消吗？

"我不想走。"宝珠说。

"什么，你不想走？"白石奇怪地看着宝珠，"为什么呢？"

"不为什么。"

"刚才不是说得好好的吗？"

"我担心你身体不行。七十多岁的人了，又这么远，要是生病怎么办？在外总不如在家里方便。"

白石一听原来是因为这个，哈哈笑了起来："我可以活一百岁，死不了，你放心好了。"说着，他隔着窗子，唤来了门人，嘱他去办理南下武汉的车票。

# 5. 停止见客

一九三六年四月，白石在宝珠的陪同下，带着良芷、良年两个孩子，离北平南下武汉，再搭乘太古公司万通轮船，西去四川。

这一次的四川之行，先到了宝珠的娘家丰都县转斗桥胡家冲，住了三天，祭扫了胡宝珠母亲的墓，接着到了成都，会见了方鹤叟旭、金松岑、陈石遗等人。原先毕业于北京艺院和京华美专的学生，听说白石来了，都纷纷前来探望他，热情地款待他，重叙师生之谊，陪同他游历了青城山、峨眉山等名山胜水。

白石以他杰出的绘画艺术，开拓了中国传统的文人画的新天地，赢得了各阶层人民包括同行们的敬仰。成都的艺术家们都来了，以一睹他的丰采为平生一大快事，不少人拜在他的门下为弟子，请他题字留念。

蜀游的时间很有限，但是，留给他美好的回忆是永恒的。

这一年是一九四〇年，按齐白石自己的算法，到年底，他就该八十岁了。

记得过去在长沙时，有人给白石算八字，说他"在丁丑年，脱丙运，交辰运。辰运是丁丑年三月十二日交，壬年三月十二日脱。"当时迷信说法"男怕逢辰"，算命人也说白石在丁丑年（一九三七年）"丑辰戌相刑，美中不足"。白石在算命人批的命书的里页，写了几行字：

> 宜用瞒天过海法，今年七十五，可口称七十七，作为逃过
> 七十五一关矣。

所以，他采用"瞒天过海法"，在一九三七年将他的岁数由七十五岁改为七十七岁。在这一年所做的画中他自署七十七岁（白石老人的岁数，他自己一直是按中国"虚一岁"的习惯来计算的，本书也遵从老人这一算法，书中年龄皆是"虚岁"）。

对于他的这个举动，外间有这样那样的猜测与传闻，他一笑了之，他自有他的想法。

生死寻常事，他是达观的。四年前的春天，白石应邀到张园同好友陈散原、杨云史、吴北江等相聚。午饭时，他兴致正浓，喝了几杯酒，忽然想起平生的几位好友都相继辞世，在座的都年过古稀，不觉感叹了起来，对大家说：

"我本打算在京西香山附近，找一块风景比较好的地方，预备个生坟。几年前，托过我的同乡汪颂年，写了一块'处士齐白石之墓'七个大字的碑记，墓碑虽然写好了，墓地还未找到，拟趁今日机会，恳求诸位大作家，府赐题词，留待他日，俾光泉址。"

话音刚落，他站了起来，向大家深深一躬。

陈散原马上接着说："这也是人生一大快事，我们当是义不容辞，你们看呢？"

大家一致赞同陈散原的意见，答应写好后，将诗词给白石寄去。

如今，诗词犹存，但杨云史、陈散原先后辞世了。

他知道，死神或迟或早会降临到他的身上，刻碑作记，精选身后安息之所，是他为这一天所做的准备。

在他看来，人世间如果说有什么苦痛，倒不是死亡的威胁、生活的清贫，而是亡国之恨。

卢沟桥事变后，北平沦陷了，他第一次亲身体验到亡国奴的痛苦与耻辱。他愤然辞去了北平艺术学院和私立美专的教授职务，闭门谢客。尽管这样，当时北平的敌伪人员，形形色色的人物，走上门来，请他作画，邀他宴饮，与他合影留念，日见其多。

他痛恨他们，但当面又不敢太多地得罪他们，又无法解脱这些人的无聊的纠缠。想起前几年日本特务佐藤利用他的声望在东京办画展，大肆宣传之事，他愤怒之心，久久难以平静，常常彻夜难眠。以后还会出现什么花招，谁能料到？

所以，去年一开春，在彻夜难眠之后，他提笔写了十二个大字："白石老人心病发作，停止见客。"

是的，他是有心脏病。但这"心病"二字，同过去"瞒天过海"法，增加二岁的情景是一样的，深含着他多少难言的隐痛！

北平的物价，一日三涨，家里开支增加，他不得不重操旧业，卖画刻印，于是，又在"停止见客"的字旁，补写了两句，"若关作画刻印，请由南纸店接办。""客"，他是不见了。他想用这一纸把他同那罪恶的世界隔开来。

一九四○年春节初三。清早，他起床洗漱后，吃了一小碗宝珠特地为他做的年糕，便回到了画室。

儿孙们都去玩了。难得有这样清静的时间，他想趁早晨精神比较好，把黎明醒来时已经构思好了的虾图画出来。

宝珠为他理好了纸。白石从笔筒里取出了一支笔，蘸了淡墨。左手拿起小勺，在笔头根部滴了几滴水，看了一下纸，然后横斜着中锋一笔，上尖下粗、顺手一顿，纸面上出现了上尖下圆，上灰下白的光圆柱。他提笔看了一下，又在圆柱下外侧再加了中锋一笔，和上笔构成了虾的胸部，接着，画了虾的头、钳与须，一条条透明的、游动的虾，活灵灵地展现了出来。

画是线条的组合，是浓淡色泽的运用。白石充分运用纸、笔、墨的性能，掌握了水墨在宣纸上自然渗透的作用，丰富着、展现着虾的阴、阳、白、背，轻、重，厚、薄，软、硬等质感。

你看了这虾的墨色浓淡鲜明，稍有晕开，像是永远没有干的样子，表现了它在水中漫游的神态。

白石静静地画着，连李苦禅什么时候到的也不知道。李苦禅被老师千锤百炼的神奇功力深深吸引了，以至于忘了向老师请安。

白石长长舒了一口气，放下笔，才发现李苦禅站在身边，惊喜地问："你什么时间来的？"李苦禅慌忙答礼说："进来好一会儿了，怕影响您作画，所以不敢作声。"

"外面情况怎么样？"白石问。

"这东洋鬼子，到处抓人、搜家，弄得鸡犬不宁。学生也无心上课了。"李苦禅一脸愁苦的神色，"报上说汪精卫在南京成立了临时政府，都骂他是汉奸政府。"

白石仰靠在躺椅上，眼睛看着天花板，自言自语地说："国家就坏在这些人的手里。南宋时有靖康之乱，那都是中国人打中国人，现在是真正受异族的统治了。谁想到民国了，国家会一天坏似一天，我们居然当起了亡国奴。"

他说着，眼泪沿着苍白、多皱的脸不住地流着。

李苦禅不想让老人过分伤心，把话题一转问："我看您门外贴的，现在又开始卖画了？"

"有什么办法，不死就得生活。物价飞涨，坐吃山空啊。"

"这也是，不过，那些人听说老师卖画，一定要找上门来的，要小心些才好。"

"我写得很明白，到南纸店去，我不见客。"白石口气斩钉截铁。

"那管什么用，前几天，日本兵带着翻译到一家画店里，用刺刀逼着人家给画。"李苦禅说。

白石沉默不语，好像在思索什么。忽然他坐了起来，从画案上取出一张纸，提笔写下了几个大字："画不卖与官家，窃恐不祥。"放下笔，他好像又想起了什么，从笔筒里取出一管小楷笔，在大字旁写道：

中外官长，要买白石之画者，用代表人可矣，不必亲驾到门。

从来官不入民家，官入民家，主人不利。谨此告知，恕不接见。

他把笔重重一掷，回到了躺椅上，苍白的脸上泛起了红晕，呈现出一种神圣不可侵犯的神情。

他叫来了门人，说："把这条纸贴出去，贴得牢固一点。"

李苦禅沉思了一下，规劝着："这样写，方便吗？"他实在为老师的安危担心。这个告示摆出了一副挑战的姿态，太刺眼了，日本侵略者杀人成性啊！

白石站起来，把纸给了还在迟疑之中的门人，坚定地说："快贴出去吧，有什么不方便的，反正我什么都想过了，画就是不卖与官家。买卖自由嘛，我为什么卖给他呢？至于南纸店卖给谁，我不管，反正，到这里来的，一概不卖。"

他知道这样做，可能会给他带来什么样的后果，但是，他是顾不了这些了。

"苟利国家生死以，岂因祸福避趋之。"此时此刻，他想起了林则徐这著名的两句诗。国难当头，他也已经是古稀之年，无法奔赴沙场，效命祖国了，但他决心以自己的特殊方式，进行特殊的抗争。

在这之后，他又在门外室内贴了声明、告示："绝止减画价，绝止吃饭馆，绝止照相。"在"绝止减画价"下面，加了小注："吾年八十矣，尺纸六圆，每圆加二角。""卖画不论交情，君子自重，请照润格出钱。"表明了自己与黑暗的恶势力决绝的姿态。

二月初四，午饭后，宝珠照应好白石午睡后，出去买块布，准备给他做件内衣。因为天渐渐暖和了，白石的那几件内衣已经破旧，早就想添置些，他一直不同意，今天，她下决心不告诉他，自己去办。

跑了几个商店，回到家里，已经是下午四时了。她轻轻地推开房门，只见白石早已坐在画室的躺椅上，眼泪汪汪，止不住地淌着。她一下呆了，不知发生了什么事，赶快丢下手中的布，跑了过去，急切地问："怎么啦？出了什么事？"

白石无言以对，只是悲痛欲绝地流着泪，默默地把手中的信，递给了宝珠，泣不成声地说："她走了。"

"谁？是春君大妈妈？"宝珠睁大了眼睛，简直不敢相信。但是，信是长子良元写的。陈春君逝于阳历正月十四，她确确实实地走了。

宝珠忍不住一阵心酸，悲痛万分，热泪纵横。

春君在人世间度过了七十八个春秋。她十三岁到齐家，与白石患难与共，备受艰辛，毫无怨言。白石一生的事业，饱和着她的血汗、她的愁苦与欢乐。可以说，没有她，他也不可能成就他的艺术事业。她的贤惠，她对他的一往情深，使他镂骨铭心，永志难忘。如今，她先他走了，这怎不令他心摧欲碎呢！

在沉静中，他点上了灯，移步到画案前。宝珠知道他要干什么，含着泪，为他理好纸，磨着墨。白石提笔疾书，一口气写下了一联挽联：

怪赤绳老人，系人夫妻，何必使人离别！

问黑脸阎王，主我生死，胡不管我团圆！

宝珠把挽联轻轻地夹在铁丝上，她请白石吃点饭，白石什么也吃不下去。他让宝珠早点去休息，自己又坐了下来，沉思了片刻，写下了一篇祭文叙述了春君的一生，接着写道："吾居京华二十三年，得诗画篆刻名于天下，实吾妻所佐也，吾于贤妻相处六十八年，虽有恒河沙数之言，难尽吾贫贱夫妻之事。今年庚辰二月之初，得家书，知吾妻正月十四日别吾去矣，伤心哉。"

写着写着，热泪又止不住地滴落在纸上，沾湿了祭文一大片。夫妻风雨几十年，他不能在最后的一刻守在身边，使他深深感到遗恨啊！

他写不下去了。往昔几十年间的幕幕往事，清晰地浮现在眼前。

宝珠没有走，一直在画室的一角饮泣着。她想起，她迈进齐家的第一天，怀着惴惴不安的心境，开始了一种完全陌生的生活。她不知等待她的，是一种什么样的命运。春君作为白石的原配，到底会怎样对待她？她们能和睦地相处下去吗？

在最初的岁月里，这种担心时时环绕在她的脑际。随着时日的推移，她发觉春君有一颗善良、质朴的心。她处处关心她、爱护她，情同姐妹。在她生育第一个孩子时，春君不顾年老体弱，千里迢迢赶到了北京，精心地照料她坐月子，亲自买菜，为她做可口的饭菜。为了使宝珠休息好，也同样为了使孩子健康地成长，春君把未满月的婴儿接到自己室内哺乳。她真挚地爱白石，也爱宝珠，她希望宝珠能代替年迈的她，照料好远离家乡几千里的白石。

这个家庭里，由于春君的善良、贤惠、豁达、大度，从没有出现过旧社会大家族内部那种尔虞我诈的争斗。他们融为一体，患难与共，都用自己真挚的爱，温暖着对方。在这中间，春君表现了一个农家女子多么善良、美好的品格啊！

宝珠和春君相处的时间，远远比不上白石。但是，此时此刻，她对于春君的怀恋、思念，对于春君去世所感到的悲痛心情，是丝毫不亚于白石的。

天际已经泛上了鱼肚白，时钟指向了五时四十分。从昨天中午开始到现在，白石粒米未进，她劝了几次，无济于事。她觉得他一夜之间消瘦了许多，背似乎也更驼了。看到这，她鼻子一酸，把早已做好的荷包蛋，再次送到白石的面前："吃一点吧，垫垫肚子，要弄坏身体的。"

他呆呆地坐着，好像什么也没听见。过了好久、好久，才慢慢地说："你准备些钱，一起去邮局汇回去。"

"我去就行了，你休息一会儿。"

"我一定得去。这是我对她最后的一点心意，可惜迟了点。"说着，眼睛里又浮着泪花。

款和信，是宝珠进邮局去办理的，白石在门外呆呆地站着。不一会儿，宝珠出来了，搀扶着白石说："叫一辆车回去吧，挺远的。"

白石摇摇头，默不作声地走着。拐过胡同口，远远看见自己的家门口站着两个人，一个胖胖的穿着浅灰色西服，瘦个子的穿着长衫，两人同门人好像在争论什么。白石很纳闷，赶紧走上前去问："你们干什么？"

"我们是找齐先生的，看看他老人家。"胖子仔细打量了一下齐白石，堆下笑来。

"先生尊姓大名，找齐白石有什么事？"

胖子一听这口气，忙问："您莫非就是齐老先生？我姓朱，这位姓李。"胖子高兴地指着瘦子，介绍着："刚才门人不让进，想不到在这里碰上齐先生，三生有幸，三生有幸！"

白石看了一下门首上贴的告示，看着渐渐围拢过来看热闹的路人，说："到屋里谈谈吧，既然碰上了。"

到了画室，还没落座，白石冷冷地问：

"你们找我有什么事？"

姓朱的胖子翻了一下眼，指着姓李的说："这位李先生是日本大佐的翻译官，刚从日本帝国大学毕业。他很敬仰先生，想请先生画个画。"说着看了姓李的一眼，姓李的翻译官不住地点头。

白石一听是日本侵略军的翻译官，一股厌恶的情绪涌上心来。脸沉了下来，冷冷地说："我门口已经写了，买画到南纸店去，不必到这里来。"

李翻译一听，慌忙解释说："去了，去了，那里你的画一出来，就被抢购一空，实在无法，才找上门来。"

"是啊，是啊！李先生对于艺术是感兴趣的。老先生想必不会让我们白跑一趟。"言语间隐隐有要挟的味道。

白石一听，怒从中来，待要发作，只见站在一旁的宝珠不断地向他示意。他按捺下怒火，心想，这伙无耻的奴才不达到目的，是不会罢休的，于是他取出了一幅画，递给了姓李的。

李翻译官一见画，欢喜得不得了，连连点头称谢。

姓朱的见没有他的，便堆下笑来，做出一副令人恶心的媚态，恳求说："先生请给我一张小品，你不要的。"

无奈何，白石把那幅昨天画的《蛤蟆图》给了他。

等两人的身影消失在大门外，一股难以压抑的愤怒之情涌了上来。他高声喊着：

"快给我磨墨！"

宝珠马上过来为他磨墨、理纸。

白石站在画案前，对着纸，不假思索地写道：

　　　　　　切莫代人介绍，心病发作，断难报答也。

宝珠把这写好了的取了下来，又铺上新的宣纸，白石提笔又写着：

　　　　与外人翻译者，恕不酬谢，求诸君莫介绍，吾亦苦难报答也。

他把笔往桌上重重一掷，眼睛喷射着异常的仇恨的烈火，高声说：

"把这两张贴在最明显处，看这些家伙还耍无赖不！"

# 6. 知音难觅

已经是谷雨时节，室外的树枝上都长出了嫩绿的小叶片。路边的小花、小草，在春光里舒枝展叶，生机盎然。

白石今天的精神特别好，早饭后，在庭院里活动了一会儿，回到画室里，看着铁丝上挂着的新作菊图，又提笔改了几处。

菊花是高洁的象征。宋人郎欣南的《寒菊》诗里说："花开不并百花丛，独立疏篱趣未穷；宁可枝头抱香死，何曾吹落北风中。"

白石喜欢菊花，一生中以它为题材，丹青泼墨，抒发胸臆的画是不在少数的。

他的菊图，种类是很多的。他最喜爱画的有千叶重瓣、花头如球、花瓣如舌。同时，在设色上也十分讲究，比如有乳白色的，有娇黄、朱红色的，还有墨绿、深紫色的，最常见的是粉红和正黄两种。

这幅菊图，他用的是朱红。中锋淡墨双勾，两笔一瓣，那笔墨异常的灵活而有力。那花色由外及里，从淡到浓，深浅相宜，简练而明快。旁边几朵含苞未放、初放、大放之状的花，错杂其间，把菊花的各种神态，一一收录于笔下，十分招人喜爱。

画是昨天完成的，但是，在脑海已经酝酿、成熟了三天。他画菊之功已有几十年了，在艺术表现的技巧上，达到了炉火纯青的地步，不过，每一次提笔前，他都极为认真地进行构思，一丝不苟，全力以赴。今天这幅画，更是他倾注了全力，着意加以提炼、构思而成的。

因为这不是一般的一幅画，而是他要送给一位友人，一位他还没有见过面的知音的画。

三天前，他接到了一封署名司马明秋的信。信上写着：

白石先生：

　　向先生表达我深深的敬意与思念。

我没有了家，没有了父母，漂泊无定，由吉林长白山下的一个小镇，来到了古都北平。春天里的许多梦，圆圆而甜甜的梦，破灭了，如今只有几个残片，飘忽在空中，像水中翻着的鱼鳞，耀眼的一闪，勾起自己对于人生、对于艺术的一点情思。

你大概没有想到，我这样一个平凡的女子，对于您的画，竟是如此的热爱。中学时，我是在我的美术老师那儿，见到您的一幅菊图。我爱画画，在班上还算拔尖的。美术老师器重我，特意把我叫到他那间破旧、狭小的画室，从箱底取出了那珍藏了好多年的菊图。他说，白石先生的画，是世间的一绝。他为了得到这一幅画，用去了他五年积攒起来的钱。

生活并不尽如人意。战火烧起来了，他死于三年前的一场空袭。我跑去时（我们家离得很近），他躺在血泊之中，奄奄一息，不能说话，用手艰难地指指箱子。我知道他要我找出他那视如生命的画。可是，菊图只剩下四分之一了。他看了一下，闭上了泪眼。

画是同他合葬在北山坡上的白桦树下。在这次空袭中，我也失去了父母。弟弟被姥姥接走了，我同几个爱画、爱艺术的同学，漂到了北平。

我是在南纸店，偶然见到了先生的画，一幅虾图，可是没有菊，那象征着高洁、生命的菊……

在失望中，我提起了笔，把这一缕的思绪，写给先生……

还有几周，我们就要踏上南下的路，去寻找人生，寻找艺术了。

……

这是一封感情真挚的信。虽然它是用包装纸写的，但是，写信人那一颗跳动着的、灼热的心，白石似乎已经触及到了。

在他六十多年绘画艺术的生涯里，接到过各种各样的信，不过，像这位姑娘这样的充满了深沉感情的信，他还是第一回见到。

他的情绪被这一纸来信深深地鼓动了起来，久久不能平静下来。"宁可枝头抱香死，何曾吹落北风中。"写得多好！它不就是倒在血泊之中的美术老师和这位姑娘的写照吗！

白石的第一个念头就是赶快给司马明秋回封信，告诉她，他正在为她画菊图，一两天内亲自给她送去，希望她不要走。

回信是按照她来信的地址寄去的。今天，他将按照这住址，给她送画去，去探望这位身世凄凉、热爱艺术的姑娘。

他收起了画，精心地用宣纸包好，然后走到厨房里，看着正在洗菜的宝珠说：

“不要洗了，先陪我出去一趟。”

宝珠一听他突然要出去，有些奇怪。因为七七事变后，为了摆脱日本人、汉奸的纠缠，他深居简出。除了几位亲朋至交相邀，他是不轻易外出的。她见他今天精神特别的好，没有一丝愁苦的样子。

“去哪里，到外面走走吗？”宝珠放下手中的菜，不解地问。

“不，去看一个人，一位朋友。”白石笑了笑。

“下午去吧！去张先生家？”

“不，去看一位未见过面的朋友。恐怕她快要走了，得赶紧去。我给她送一张画去。”白石语气坚决，有点不容商量的口味。

宝珠一听他要亲自送画去，更是感到奇怪。在她的记忆里，他除了几个几十年患难与共的朋友外，从来很少送画上门，何况是亲自送去。

“什么人啊，值得你亲自送去，让门人跑一趟不就完了。”宝珠有点不高兴了。

“不行啊！人家从东北老远的来，我得亲自去见一见。”

宝珠见他态度坚决，急不可耐的样子，便放下手中的菜，解下围裙，擦干了手，微笑着说：“你呀，就是这犟脾气。什么样的人，难得你这样器重。”

白石哈哈笑了起来：“知音难觅。是一位知音，见到后就知道了。”

他们按地址下了车，沿着一条长满了野草的小街，打听顺泰客栈的地址。找了几个小胡同，弄得满头大汗，人们都说不知道。

时间已经十点多了，宝珠怕白石劳累了身体，劝他先回去，让家人打听清楚后再来，或是派人把这位客人请到家里来。但是，白石还是执意要亲自上门去找她。

齐白石在北平举行胡宝珠扶正仪式

于是，他们由沙滩沿着南皇城街，不断地打听。正在失望时，白石见到对面来了一辆黄包车，空着的。他三步并作两步，走上前去。

"请问师傅，这附近有个顺泰客栈吗？"白石急切地问。

那拉黄包车的人，约莫四十来岁。他一见一位银丝飘拂的长者在打听客栈，慌忙停了车，说：

"沿着这街往前走，到了第三个胡同，往东拐，走五十多丈，见到一棵大枣树，朝里走，再拐个弯，就是了。"

"远不远？"宝珠问。她看了一下白石，如果路远，她就让白石坐这黄包车去。

"三里路吧！"车夫说："送先生一趟吗？"

白石赶紧摇摇手："不啦，慢慢走，认认路也好。"

顺泰客栈果然坐落在这僻静的小胡同里。破旧的平房倒也收拾得干净、利落，门首挂着一块牌子，写着"顺泰客栈"几个字。

进了门，院子里沿院四周放着好像是客人的挑担。旅客来来往往，从白石身边擦过，从衣着、口音看，大多是下层跑小买卖生意的人。间或也有一两个面目清秀、身着学生装的年轻人进进出出。

白石来到东厢的一间客室，一个戴着小帽子的老者正在算账。白石探着头问：

"请问先生，有一位从东北来的叫司马明秋的住在这里吗？"

管账先生抬起了头，仔细看了白石一眼，自言自语地问："司马明秋？"他转身看着身边的小伙计："有这样一个人吗？"

小伙计，十六七岁，机灵的双眼忽闪了一下："有。吉林来的吧，女的。"说着，他盯着白石。

"是的，是的。她可在？"白石高兴地问。

"好像走了吧，"小伙计又忽闪了一下双眼："前两天说钱花光了，住不起店，就要南下。"

"还没走。"一个男子粗声粗气的声音插了进来。他接着问："谁找她啊？"

"这位先生。"管账先生指了指齐白石。

那男子四十多岁，长衫马褂，白净的脸。他看了一下宝珠和白石问："先生要找她？"

"是的，麻烦你查一下，还在这里住店吗？我们有急事要找她。"白石急切地说。

"请问先生尊姓大名？"那男子说："我是这儿的掌柜。"

"我是齐白石。"白石坦然地说。

掌柜的一听，惊讶地问："哎哟，您就是大画家齐白石先生啊！怠慢了，怠慢了，快请屋里坐。"说着忙请白石到里面一间清净的小室坐下，小伙计马上献上了茶。

白石落座道谢后，关切地问：

"她走了吗？"

"没有走。"掌柜回答得很肯定，"她说要等一个人。前些日子住在后厢的三人一间的房子里，这几天钱花得差不多了，她又搬到一间十多人的大屋住下了。"他叫来了小伙计，"你快去查一下，看看司马明秋到底住在哪儿，忙叫她来见见先生。"

"不必，不必，千万别叫她来，你查一下她的房间，我去看她。"白石说。

不一会儿，小伙计来了，一脚刚跨进门就说："住在西边的那间大房子里。"白石一听，赶忙站了起来，"就烦小兄弟指引一下。"

小伙计引着齐白石，进了后院，朝着西边的那间房子去了。

这西房大概因为年久失修，已经有些倾斜了。几个破旧的窗子，有的横七竖八地钉着些烂木板。院里地上到处堆放着垃圾，好像很久无人清扫了。

白石和宝珠站在那里，小伙计冲着其中一间屋，大声叫道：

"东北来的司马明秋在吗？有人找你。"他连叫了三声。

不一会儿，白石见门帘掀动处，走出了一个年轻的女子。中等的个儿，约莫十八九岁光景。圆圆的脸上，长着一双多愁、沉思的眼睛。上身穿着浅红色的棉袄，围着一条很大的雪白的围巾，显得典雅、文静、端庄。

她慢步走下台阶，绯红的脸上充满了愁云和疑惑，以审视的目光看了一下白石与宝珠，怯生生地问：

"先生是找我吗？我就是司马明秋。请问先生尊姓大名，找我有什么事？"

白石眼睛一亮，高兴地说："我是齐白石，这是我内人。我们看你来了。"白石慈祥地微笑着。

司马明秋高兴地叫了起来，眼睛里放射出兴奋的色彩："果真是白石老先生。请受学生一拜。"说着，就要跪下，白石慌忙伸出双手，把她扶了起来。

由于激动和兴奋，也可能是感怀自己身世的凄凉，泪水沿着姑娘的脸颊，止不住地流着。她不断地擦着泪，强抑着自己的情感。

"先生请到屋里坐一会儿，这外面冷。"她上了台阶，掀起了门帘，请白石、宝珠先进去，最后自己也进去了。

这是一间大屋，沿西边并排一溜的大通铺，有十二三个铺位，一个紧挨着一个。被子、床单好久没有洗了，变黑了，连原来的纹理也看不出来。地上到处是纸屑、果皮，又乱又脏。

"这里条件差。请先生和夫人坐在这里。"说着，司马明秋将自己一件干净的外衣铺在床沿，让白石、宝珠坐下。

白石把衣服拿起，放在一边，坐在床沿上。

"你的信，我收到了，今天特意来看望你。"

"实在不敢当。先生这么大年纪了，跑这么远的路。那天接到先生的信，我直后悔，自己不该给先生写信，麻烦先生。"司马明秋内疚地说着。

"我应该来看你，虽然我们素昧平生，但是，都是中国人，是同胞。何况你对艺术是那样的热爱。"说到这里，白石脑际闪现着司马明秋给他写的那封信，心情有些激动。

"我一到北京，就打听先生了，还到府上去了，见门口贴着的字条，不敢打搅先生，可是又不甘心，谁知道什么时候能再见到先生，于是就冒昧地写了那封信。"

是的，司马明秋在十多天前，就打听到了白石的住所，兴冲冲地提着一包点心和从东北带来的两支人参，跑到了跨车胡同。可是当她看清门上贴着的条子，暗暗想到白石的困境，不敢上前叩门。又怕这一机会错过，终生遗憾，心情十分矛盾。于是，来了几次，都是在门外徘徊。最后她决定不打搅他，回来就写了那一封信，谁料到第三天就接到白石的回信了，而且，今天白石果然如约地来了。

她小小年纪，经历了这动乱、颠沛流离的生活，遭逢了家破人亡的惨剧，心灵的创伤是难以言状的。如今她见到了日夜思念的亲人——一位当代杰出的大师，她怎能不思绪万千。

"我给你带来一件小小的礼物。"宝珠帮助白石轻轻地打开了菊图，白石说："这是专为你画的，专门为你那位美术老师画的。"他把画送给司马明秋。

司马明秋双手接过这精美的画。对了，是菊图，和她在她美术老师那儿见到的差不多，只是这花儿更艳丽。她看着，热泪盈眶，不能自已，喃喃地说："我不知道应该怎样感谢先生。要是老师九泉有知，他也会感激不尽的。我没有什么报答先生，这是我从家乡带来的高丽参，留给先生，一点薄意。"她双手将已包好的人参递给了白石。

白石赶忙伸出双手，拉着她的手说："这情我领了，东西断断不能收。你留着，困难时还用得着。"

姑娘坚决要白石收下，相持了好大一阵子，白石无奈，只收下一支。

"这也好，你一支，我一支，留作纪念。"白石说，"不知道你还要去哪里？"

司马明秋一听，惨淡一笑："家乡沦亡了。好在还有几个同学，我们都爱画，准备到四川、云南一带去，边做工，边学画。只有这一条路了。"

白石静默地听着，心里升腾起一种怜爱的情感："你还有什么困难吗？"

"没有，请先生放心。而且这种情况，千千万万，不只我一个。人家能活下去，我相信我也能活下去。"

白石看看窗外的天，站起来与她依依惜别，一再叮咛，今后有什么难处，尽管找他。

时间已经是午后了，宝珠叫来了一辆车，扶上白石。车动了，姑娘不断地招着手，目送着车消失在拐弯处。

白石靠着后座，闭着眼，什么都没有说。这是一个多好的姑娘，可是，正在她如花的年华，却遭受到风霜，他愧恨自己无法给她更多的帮助。使他感到多少一点慰藉的，是宝珠在他们交谈之时，将专门带来送给姑娘的两百元钱，偷偷地连同一张纸条留言，塞在司马明秋的那件衣服里。

他能做到的，就是这些。但是，他希望带给这位姑娘的不仅仅是这些，应该是人生的希望，明丽的春光，生命的勇气。"千花万卉凋零后，始见闲人把一枝。"他把这一枝经霜的艳菊献给了她。

想到这些，他笑了，这是一种苦难中欣慰的笑，一种期待胜利曙光的笑。

# 7. 磨墨山姬

湖南公墓位于西郊一隅的荒野之中。一抔黄土，掩埋着多少年来逝于燕京这块土地上的湖南人士，掩埋了多少死者亲人的怀恋与泪水。

年复一年，新土渐渐地长出了小草，变成了黑褐色，但在它的旁边，又不断堆起了新土。

两块墓碑屹立在西南隅一角的新坟前。碑是用坚硬的、花白色的花岗石制成的，右边的一块上刻着：

湘潭齐白石墓

左边一块上刻着：

继室宝珠之墓

十二个小篆体大字，是白石亲笔写的。齐白石的墓穴是空着的。

他还没有走完生命的最后历程，胡宝珠却已安眠在这里，在仁慈的地母的怀抱里。

她是前天——一九四四年一月七日，那个最寒冷的日子里逝去的。

他曾经运用一切办法，延请名医，希望能妙手回春，给她那即将枯竭了的生命，注入新的源泉，但是，一切都无济于事，她去了。

她才四十二岁，却先他走了。

葬礼是简朴的，留给他的创伤剧痛是难以尽述的。他一连几天里，夜不能眠。室内的一切依然是她先前的那样摆设，他不愿改变它，希望在触景生情之中，能时时见到她。

她十八岁时，走进了他的生活。二十多年间，他的起居、寒暖、饥饱，她都随时随地予以精心的照料。

他偶有小病，她整日整夜，衣不解带，寸步不离地守候在身旁。

她由家庭生活，逐渐步入了他的艺术生活，他作画时，她为之理纸磨墨，取水、调色，然后静静地站在一旁，看着他泼墨挥洒。

> 谁教老懒反寻常，
>
> 磨墨山姬日日忙，
>
> 手指画中微笑道，
>
> 问鸥何事一双双。

这首诗，真实地记述了他们夫妻作画的生动情景。

耳濡目染，见他的作品多了，渐渐地她也能指出笔法上的工拙，这使白石十分高兴。因此每创作一幅画之后，只要没有旁人在场，他总叫宝珠来品评。而这时，宝珠不管手中的活多忙，都先放下来，前来观赏，指点议论。他尊重她的意见，择其善而从之。

七年前的一个夏天，宝珠兴冲冲地跑回家，对他说："你不是说没有见过假冒你的画的吗？现在街上的古玩店里，就挂着一幅，是紫藤，你的名字写得特别大，标价也很高，不妨去看看。"

白石一听，拔脚就走，同宝珠一道直奔那古玩店。宝珠远远指着店面上的那幅画，悄声地说："就是那一幅。"

白石来到店里，仔细地看了好大一会儿，果然是假画，但是假到了几乎乱真的地步。他没有作声，默默地付钱买下了这幅画，返回家里。他十分惊讶宝珠的艺术鉴赏力，轻声地亲切问："你是什么时候学会鉴别真假画的？"

"这还用学，"宝珠笑了笑，"守着个大画家，一年三百六十五天，天天在一起，还不知道你的风格，心里有了真的，假的一看就知道，对不对？"

她移步到画案前，站在白石的对边，指着那幅假画，一一地解说了起来。白石不停地点着头，十分佩服她的眼力与功力。

她退回了厨房，赶快去准备午餐。但是她留给他的激情，还未退去。白石从桌下取出了"诗笺"，沉思了片刻，写了一首诗：

休言浊世少人知，

纵笔安详费苦思，

难得近朱人亦赤，

山姬能指画中疵。

这些逝去了的往事，如今都一一地浮现在眼前。

夜阑人静，远处不时传来一两声犬吠，给这寒冷的夜晚平添了凄苦、寂寞的气氛。

他久久无法入睡。家里显得空旷、冷清。炉子的火不旺，他披衣而起，捅了下炉火，加了几块煤。这些，过去都是宝珠的事。每天夜晚，她趁他睡熟了，要起床看一次火。如今，她却永远走了。想到这里，热泪又止不住地流着。

寂寞的生活，日寇汉奸的困扰，使他的心冰凉到了极点。他毕竟是八十多岁的老人了，哪有精力同这些人周旋、应酬。日本侵略者驻华头目坂垣、土肥原曾经多次诱逼白石加入日本籍，到日本去，遭到了他断然拒绝："齐璜中国人，不去日本。你硬要齐璜，可把齐璜的头拿去。"在盛怒之下，他不顾自己八十岁高龄，亲自持刀，把院子里亲自栽种的花木、葡萄藤全部砍伐，连根拔去。一气之下，他毅然决然地写出了"停止见客"四个大字，贴在大门上，表现了一位艺术大师决不同恶势力同污合流、维护祖国尊严的高风亮节。

齐白石照，拍摄于二十世纪四十年代

家乡的父老、兄弟、朋友，关心他，常常来信询问他的生活起居，他十分感动，回赠了一首诗：

晚学糊涂郑板桥，

那曾清福及五曹，

老云扶病逃吞药，

小未啼饥苦骂疱。

名大都防人欲杀，

年衰常梦鬼相招，

寿高不死羞为贼，

不丑长安作饿饕。

　　这首诗倾诉了自己宁可饿死，也绝不取悦于敌人的坚定信念。

　　画虽然不卖了，但他没有一天放下手中的画笔。他把一腔的忧郁，国家沦亡的愤恨，丧偶的苦痛，对故土眷恋之情，对友人的思念，一一倾注于诗、画、镌刻之中。

　　诗与画同熔铸于一张宣纸上，相得成趣。在《蛤蟆图》上，他题诗道：

四月池塘草色青，

聒人两耳是蛙鸣，

通宵尽日挝何益，

不若晨鸡晓一声。

　　借金鸡报晓，来寄托他在黑暗、沉寂之中，多么渴望胜利的黎明曙光。在《鸬鹚图》中，他题诗道：

大好江山破碎时，

鸬鹚一饱别无知，

渔人不识兴亡事，

醉把扁舟系柳枝。

　　这诗把他对那伙人坐收渔人之利、不顾国家兴亡行径的愤慨都充分地发泄了出来。

六月七日下午，他午休起床后，精神觉得好多了。他仔细观赏了挂在铁丝上的《群鼠图》和《螃蟹图》，整整看了好大一会儿，尔后，从铁丝上取下那幅《螃蟹图》，放在画案上，提笔在上面题了一首诗：

处处草泥乡，

行到何方好！

昨岁见君多，

今年见君少。

他耳闻目睹日本侵略军已经日暮途穷了，心中十分兴奋。以老鼠、螃蟹为题材，作画抒怀，借以讽刺日本侵略者和汉奸。

这一时期内，他的螃蟹画很多。朋友们见他这样，担心敌人借故寻事，劝他明哲保身，平安度日，他深不以为然："我残年遭乱，留一条老命，还有什么可怕的呢！"他依然这样画下去，进行着自己特殊的斗争。

门，被推开了。门人把一封信递给他，白石放下手中的笔，接过了信。

信是北平艺术专科学校送来的，这出乎白石的意料。因为日本侵占北平、华北沦陷之后，北平艺专派了日籍的顾问之类，一切大权都操在顾问之手。学校里来了不少日籍教员，进行奴化教育，监督中国教员的行动，许多有识之士侧目而视。在日本人进校不久，白石在极度的悲愤之中，毅然辞去了艺专的教职。而且，从那时到现在，时间已经过去七年了。在这七年里，他与学校断绝了一切往来，可是为什么学校今天突然给他来了信？

他拆开一看，原来是学校通知他，去领取配给煤。

他望着这通知书，真是百感交集。日寇占领北平后，人心浮动，百业凋零，物资奇缺，尤其是生活必需品，如粮、煤、盐、菜、油等，常常限量供应，有时虽然限量，但也不一定能按量供应。买煤之艰难，非亲身经历这段生活是难以体味的。

如今，通知领煤的货单就摆在眼前，数目还是可观的。但是，白石也同时警觉了起来。他想，我与艺专已经脱离关系七年了，他们为什么凭空配给我这么多的煤，一定有原因。

敌人的阴险毒辣，这多年他耳闻目睹的实在太多了。他不能拿这份煤，是的，否则就要上当。他又仔细地看了一下信，提笔写了起来，回信说：

> 顷接艺术专科学校通知条，言配给门头沟煤事。白石非贵校之教职员，贵校之通知错矣，先生可查明作罢论为是。

信写好了，他如释重负，长长地舒了一口气，把门人叫了起来，嘱咐说："这通知连这封信一起退回去，煤断断不能要。"

"为什么呢？先生。你看今年冬天，就准买那么一点煤，要烧饭，要取暖，

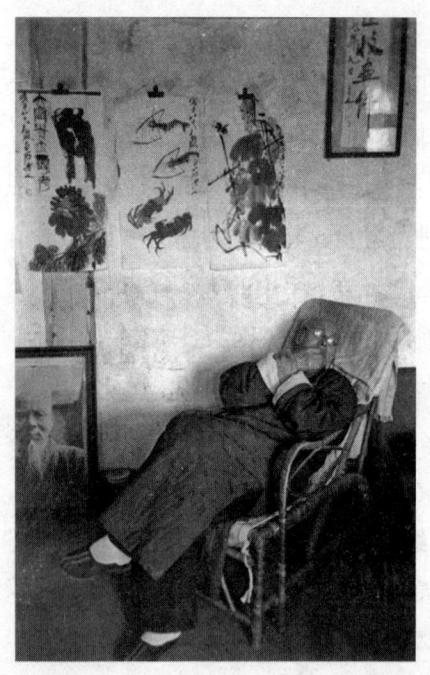

齐白石在画室躺椅上休息

哪够用。"门人为难地说。

"我知道煤不易弄到。可是，我齐白石岂是没有骨气的人！他们真是错看人了，请我请不动，就来这一套。"白石说得很激愤，雪白的胡须在颤动着。

"不过，先生要考虑一下，这样退回去，不给一点面子，好吗？"

"有什么不好。"白石脸色铁青，"人活着不就是这口气。他们是黄鼠狼给鸡拜年，没安好心。你还是趁早给我邮寄回去。"

门人退了出去。白石仰靠在躺椅上，思绪万千，难以平复。他想起了雪个，这个在悲愤与凄苦之中，度过灿烂的艺术生涯的一代宗师。

一个年轻有为的贵胄子弟，在国家沦亡之际，雪个是多么的痛苦！摆在面前的路只有两条，要么向清统治者奴颜婢膝北面称臣，要么傲骨冰心以布衣了却一生。他选择了后一条路，一条艰辛的、充满着风险的路。

那时候，雪个才十九岁，这是一个充满幻想与青春活力的年华。他走上自己选定的路后，迫害接踵而至，他削发当了和尚，还俗后又去当道士。他

装过哑巴，在门上贴上了一个大大的"哑"字；他"疯"了，披头散发，着布帽长衫、烂鞋，奔跑于酒肆、街巷，长歌当哭……他以这特殊的生存方式，特殊的活动方式，逃避过一个个政治迫害，顽强地生活在世界上，执着地追求他的艺术。

白石曾设想，在将来的某一天，他一定画个雪个的像，把奔突于脑际的雪个的音容笑貌付诸一页宣纸。

他常常提起笔来，但是，又放了下来。因为他毕竟没有雪个那亡国之痛的遭逢与思绪。如今，他全都体验过了。他感到自己与雪个贴得更近，难分难解，似乎他就是雪个，雪个就是他……

煤票退了回去，他是多么的高兴。要是宝珠在，她也会和他同样感到高兴的。如果所有的人都顾及自己的后果，顾及一己的利害得失，那还有什么人格？

白石笑了，笑得十分的开心。他在想象之中，沟通了历史与现实、雪个与自己的联系。

# 第八章　走进光明

"您是人民杰出的艺术家，您为人民，为我们的国家做出了非常大的贡献，人民永远不会忘记您。"周总理亲切地说，"您得到这份荣誉是当之无愧的。"

# 1. 第五知己

从傍晚开始，疾风裹着骤雨，一阵紧似一阵，不停地敲打着门窗。倾盆的大雨，洗刷着青山、道路、楼宇，拂去了多日来困扰着人们的燥热的暑气。

白石在沉沉的酣睡中被人叫醒。雨早已停了，清晨的微风，带着丝丝的湿气透过半掩着的窗户，不断地飘流到室内。

夏文珠女士照料他穿好衣服，告诉他，刚才叫他的是他儿子齐良已。

"他有什么事吗？"白石穿上袜子，困惑地问。因为一般情况下，他家里的人从不打搅他的休息。今天一定有什么急事，不然这么早叫他干什么呢？他仰着头，注视着夏文珠，希望得到肯定的回答。

"他要告诉你一个好消息。"夏文珠显得也很兴奋，"日本投降了。"

"这可是真的？你再说说。"白石惊喜地睁大了眼睛，直视着夏文珠。

他虽然坚信日本侵略军的占领是不会长久的，而且这一年来也听到不少好消息，但胜利的喜讯，来得这样突然，这样迅速，他是没有料到的。

夏文珠看着他一脸郑重的神色，解释说："他是刚才从收音机里听到的。"

"噢，那倒好，我也听听。"白石说着，赶紧套上了件背心，跑到收音机旁，伸手扭开开关，可是里面没有一点声音。他急切地找了几个波段，依然没有一点声音。他有些着急，不知哪里出了毛病。

"你看，这怎么不出声了？"他朝着正在叠被子的夏文珠问。

夏文珠放下手中的活儿，走过去，仔细看了一下，忽然笑了起来，"你这人，天天弄收音机，今天怎么连电源插头也没插上，怎么会有声音。"说着，她从收音机底下拉出了电线，插上了插座，收音机里传来了音乐。

白石笑了，笑得十分的开怀。他仔细地扭着旋钮，寻找今晨的新闻。果然，收音机里传来了振奋人心的消息，日本无条件投降了，抗战胜利了。

突如其来的胜利让白石非常激动，热泪止不住地夺眶而出。他收听完一个台，又转到了另一个台，他似乎在品味这消息中每一个字的分量与含义。

白石心花怒放，激动得不能自己。吃完早饭，他拉着正要收拾碗筷的夏文珠，迫不及待地嚷着："算了，算了，先别忙这个，我们上街去看看。"

他拄着拐杖，在夏文珠的陪同下，走出了跨车胡同，夹杂在欢乐的人群之中，来到了西单的路口。

这里已经是人的海洋，欢乐的海洋。人们三三两两，扶老携幼，流着泪水，带着欢笑，不管是否相识，都互相点着头，打着招呼。

对面那一堆人群，越聚越多。白石隔着街市观望着，只见不断有人从人群的里层往外挤，腋下夹着一张报纸，满头大汗。挤出的人一展开报纸，人们呼的一下围了上来，伸长着脖子，急切地看着报纸上刊登的日本投降的最新消息。

在晴朗的天空下，迎着雨后夏日灿烂的阳光，白石兴致勃勃地来到了六部口、新华门、天安门，到处都是欢乐的人群。时候已经不早了，夏文珠担心老人太累了，便劝老人返回休息。

画室里还挂着他前几天画的《毕卓像》。

毕卓，晋朝人，少年时好饮酒，常常酩酊大醉。但是，在民间流传的传说里，这个人十分可爱。他官至吏部侍郎后，不肯贪赃枉法，无钱买酒，只好夜间去偷邻居家的酒，醉后被人捉住，天明一看，竟是毕吏部，因而传为千载佳话。

这个故事是他十多岁时他的祖父给他讲的。后来年岁渐长，听到有关毕吏部郎的轶闻轶事多了，甚至于同一件事，有不同的说法，像一颗钻石，有多少个面，就有多少色彩，各具特色，斑斓多姿。

而他的这幅画，把毕卓醉后的神态：微红的面部，似睁似闭的眼睛精妙地描绘了出来。而且，画上那题款，更是别有深意：

宰相归田，囊底无钱，宁肯为盗，不肯伤廉。宁肯为盗难逃，不肯食民脂膏。

今天，在庆贺胜利的欢乐日子里，看着这幅画，他笑了，似乎那毕卓也陶醉在胜利的欢乐之中。

午饭过后，一些朋友、侯且斋、董秋崖先后而至。他们刚落座不久，余個也接踵而至。

齐白石在画室门前

白石一见他们到来，像是久别重逢，十分喜悦。他挽起袖子，从夏文珠手中接过茶壶，逐一给大家斟茶。

"十四年啊，真是苦到了头了。"侯且斋仰靠着椅背，轻轻地舒了一口气，"齐老先生，你这十四年是怎样过的啊？"

白石苦笑了一下，眼睛湿润了："一言难尽，好在一去不复返了。"

"他比我们强，泼墨丹青，寄情于斯啊！"余倜感慨了起来。

"那也实在是件苦痛的事。你看这毕卓。"白石指着那幅《毕卓像》，自嘲地说："没有这样的体验，是画不好毕卓的，是吗？秋崖老兄。"

董秋崖总是微笑着，点点头。因为胜利了，他即将与他的亲人们团聚了，当然难以抑制自己的喜悦之情。

白石趁着他们谈兴正浓，便悄悄退了出去，来到厨房，问夏文珠："有什么好吃的，还有酒吗？让我们高兴高兴。"

夏文珠笑了笑："还有两斤白干。啤酒中午你喝了，还有一瓶。"

白石忙从口袋里取出一把钱，交给夏文珠，说："你去筹办吧，最好快一点。"

夏文珠收起钱，点点头，拎着菜篮子出去了。

夏文珠是他的朋友介绍来照顾白石的护士。她聪颖、机敏、善良、忠厚，来到这里没有多久，很快地适应了环境，适应了白石的生活和工作的习惯。

她默默地、勤奋地工作着，为她敬仰的这位艺术大师创造尽可能好的创作、生活条件。她的幸福，就是老画家对她辛勤劳动的赞许，对她聪敏、好学的褒奖。

她知道这胜利的消息，给予白石带来多么大的欢乐！她愿意用自己的劳动与汗水，把这欢乐的气氛，渲染、安排得更加浓重，更加富有色彩。

酒菜很快做好了，她站在门口，示意了一下白石，白石马上出去。

"是不是马上就开始？"她问。

"做好了？做好了就搬来。"白石高兴得像个小孩子，回到画室，对大家说："今天欣闻大地重光，人生一大快事，请诸位小酌几杯如何？"

他话音未落，夏文珠笑吟吟地摆上了酒具、碗筷。侯且斋站了起来，高声地说："这酒得喝，大家都不必客气了，我带头。"

酒菜十分丰盛，大家入座后，边吃边聊，一直到了掌灯时分。

白石今天喝得特别多，话也特别多，好像要把蓄积在胸中十四年的话，今天一股脑儿地全倒出来。

喝完了几杯白酒，他取过大杯子，自倒了半杯子的啤酒，边喝边走到画案前，注视了一下案子上展好的宣纸，提笔乘兴地写了一首诗：

柴门常闭院生苔，

多谢诸君慰此怀，

高士虑危缘学佛，

将官识字未为非。

受降旗上日无色，

贺劳樽前鼓似雷，

莫道长年亦多难，

太平看到眼中来。

他又恢复了卖画刻印的生涯，这是一九四六年的年初。

琉璃厂一带的南纸店，重新挂出了他的润格。他的第五个儿子良已，就读于辅仁大学美术系。他聪颖好学，平时，常常站在白石的身边，看老人作画；白石也悉心指点笔法，他专心领会，所以，他的作品日见进益，朋友们见了都十分高兴，夸奖他"青出于蓝"。

到了十月，北京的初秋，天高气爽，晴空万里。在四子良迟和夏文珠的陪同下，白石以八十六岁的高龄，乘坐飞机，前去南京。

这次南行，是十四年抗战后的第一次。日本投降后，南京方面来人，请他南下一游，参加中华全国美术会为他举办的他的作品展览，先南京，后上海，而参加上海的画展，还有溥心畬、张半陶。

南下之行，白石高兴的不只是他这十四年间的创作能与世人见面，而且他也想见见久违了的许多朋友，特别是要了却一桩心愿，探探与他心心相印而从未谋过一面的"第五知己"朱屺瞻先生。

一提朱屺瞻，白石平静的心田就泛起了波澜，久久难以平静。他们之间的忘年之交，开始于一段十分有趣的佳话。

齐白石在画室

数年前，朱屺瞻前去拜访徐悲鸿先生。在徐先生的画室里，他见到徐先生一幅马图的右下角，有一方朱红的名章，刚健粗犷，气满力雄。好画名印，深深地吸引着年轻的朱屺瞻。他凝视着这方印章，从布局、章法、进刀，都一一仔细地观看了好久、好久。当他的目光转移到室内挂的其他几张画时，也见到了图上同样风格的印章。

镌刻者是谁呢？"这方印章出自何人之手？功力不凡啊！"朱屺瞻惊讶地赞叹着，转向徐悲鸿。

徐悲鸿从沙发上站了起来，顺着他的指头看了一下，笑着说："这是齐白石先生的印。你认识他吗？"

"原来是他老先生的印，怪不得这样的传神。不过，我没有见过他。"

一提起白石，悲鸿的脸上，显现出光彩"这可不是一般人啊。白石的诗、书、画、印，独树一帜，自石涛、朱耷之后，没有第二个人能赶得上他了。林琴南先生看了他的画，有'南吴北齐，可以媲美'的评价。不过，我看他的画，在许多方面，成就在吴昌硕老先生之上，当然，吴先生也是当代的绘画大师。"

朱屺瞻没有插话，静静地听着徐悲鸿说。

"他可贵之处，在于他永无止境地探索，追求形神兼备。他曾说：'作画要形神兼备，不能画得太像，太像则匠；又不能画得不像，不像则妄'，'我画实物，并不一味求形似，能在不求似中得似，方显出神韵'，'作画好在似与不似之间，太似为媚俗，不似为欺世'。你看过他的虾图吗？"徐悲鸿看了一眼朱屺瞻说："那上面有首诗：'写生有赖求形似，不厌声名到老低。'他一生孜孜不倦，在进击，在探索。要论正宗，中国传统的文人画，白石承先启后，开辟了一个新的境地。"

徐悲鸿讲到激动处，微微仰起头，隐隐地流露出他对这位老画家的敬仰之情。

"当然，在北京的画界里，骂他的人也不少。"徐悲鸿看了一眼朱屺瞻，笑笑地说："说他没有'书卷气'，斥他离经叛道，讥之为'野狐禅'，等等。甚至于民国之初，林风眠先生聘他到北平艺专当教授，许多人，连同一些学生，群起反对。但他却独辟蹊径，一反明清以降，画苑那种泥古、因袭、毫无生命力的颓败之风。"

徐悲鸿对齐白石的极力推崇，使朱屺瞻十分倾心齐白石，恨不能一识为快。

第二天一大早，朱屺瞻赶到刚开门营业的荣宝斋，通过他们请白石治一方印章。

朱屺瞻是驰名中外的艺术家。他的画同他的人品一样，他从不轻易麻烦友人去求别人的字画。所以，他不愿找徐悲鸿，虽然徐先生问过："要不要请先生刻印？如要，一定代为效劳。"他知道徐、齐友谊非同一般，但他不愿开这个口。

就这样，他与白石老人开始了通信交往。白石先后为朱屺瞻治印六十枚，他们之间的了解与友情，随着印章的增多而不断加深。

为了表达他对白石的敬仰之情，永远纪念他与这位老人之间的忘年之交，朱屺瞻几经思虑，精心绘制了《六十白石印轩图卷》，整整花费了好几天的时间。

他把"印轩图卷"送给了白石，白石十分感动，欣然命笔，在这长卷上作跋：

> 人生于世，不能立德立功，即雕虫小技亦可为。然为则易，工则难，识者尤难得也。余刻印六十年，幸浮名扬于世，誉之者故多，未有如朱子屺瞻，既以六十白石印自呼为号，又以六十白石印名其轩，自画其轩为图。良工苦心，竟成长卷。索余题记，

欲使白石附此卷而传耶？白石虽天下多知人，何若朱君之厚我也。

遂跋数语。甲申秋，八十六岁白石，尚客京华寄朱君海上。

百余字间，把老人对于朱屺瞻的深情，倾诉于纸上。

随着时日的推移，他们之间的交谊日见其深。

他们都爱梅。梅花那傲霜斗雪、淡泊自若、高洁不阿的品格，使两位艺术家找到了共同的人生乐趣。三十年代末，朱屺瞻请远在千里之外的白石画梅花草堂图，白石欣然命笔，并在上面题了首绝句：

> 白茅盖瓦初飞雪，
>
> 青铁为技正放葩；
>
> 如此草堂如此福，
>
> 春帘之子看梅花。

一九三八年，白石又十分经心地为朱屺瞻画了一幅墨梅，题款道：

> 屺瞻先生既索余画梅花草堂图并题诗句，又索刻石，先后约四十印。今又索画此墨梅小幅，公之嗜痂，可谓有癖矣。当此时代，如公之风雅，欲再约未必能有，因序前事，以记知己之恩，神交之善，非为多言也。戊寅春三月，齐璜白石居燕京第二十一年矣。

过了没多久，白石又整个用了一天的时间，刻了一方"第五知己"的印章，送给朱屺瞻，在另一印章的边款上刻着，"屺瞻仁兄最知予刻印，予曾自创知有恩印，先生不出白石知己第五人。甲申，白石。"

神交知己，一北一南，翰墨往来，谈画说艺，伴随着他们度过了那一段令人永远难以忘怀的岁月。但是，他们却一直没有见过一次面。

南京的画展热闹了一阵子，齐白石被"招待"在宪兵司令部内。失去蒋介石宠信的张道藩，穷极无聊，闹出了大张旗鼓地拜齐白石为师的闹剧，弄得齐白石的心情烦闷。昨天，应了友人的邀请，他重游了秦淮河、玄武湖，湖光山色洗刷了几天来的沉闷氛围，他的情绪略略好了一点。他想快离开这个地方到上海去，希望能早一天见到朱屺瞻。

当他刚跨进住所时，接待人员告诉他，上海派人接他来了，过一会儿再来探望他，具体商洽到上海的事宜。

九点多钟，汪亚尘来了。

"齐老先生，上海画界热忱欢迎大师前去。一切都准备好了，我代表他们前来迎接您老人家。"汪亚尘敬重地说。

白石一听是上海代表，笑逐颜开，拉着汪亚尘的手坐下，献茶，风趣地说："上海不请我也要去。多少年了，那里的山山水水，人情风俗，我是永远不能忘怀的。这次去，主要的不只是为了画展，还要特别去看三个人，"他伸出了三个指头："一个是梅兰芳，我的学生；一个是符铁研，湖南老乡；再一个是朱屺瞻，那是我的'第五知己'。'第五知己'啊，可我们未谋过一面。这一次可是千载难逢。通了十年的信，到如今才见面，你说可喜可贺吧！"

他说完，开怀大笑了起来。

# 2. 画品人品

到上海已经好几天了，画展的盛况是空前的，同在南京时一样。他做梦也没有想到，南方人民对于他那洋溢着生命力的画是那样的喜爱，以至于画被抢购一空，他还时时不得不泼墨为他们临时作画。这样一天下来虽然很累，但精神很好。

国民党达官显贵，附庸风雅，时时前来请他吃饭，他能推就推。但是，也有推不掉的，只好违心地前去应酬一下。这期间，国民党上海浙沪警备司令宣铁吾生辰，举行了盛大的宴会，大事铺张。宣铁吾虽然一介武夫，但他也多少知道齐白石的声望和地位，于是派人专程请白石赴宴，白石起初没有理会，不置可否。宣铁吾见白石没有回应，又再三派人前来。白石考虑再三，答应赴宴，但心里是十分不愿意的。

席间，宣铁吾亲自走到白石身边，请老人对客挥毫，说，一切绘画所用之物，已准备停当。白石满口答应，这使宣铁吾喜形于色。因为回到上海后，宣铁吾多少听到抗战十四年，白石铮铮铁骨，公然以巧妙方式与日本侵略军斗争，终不为之所屈的事。这样置生死于度外、绝不向权势屈服的老头，竟然会欣然答应命笔，宣铁吾觉得自己的身价不知抬了多少倍。

白石走到中间一张画案前，宣纸是上等的，早已展现好了，他凝思了一下，几笔粗、细的泼洒、勾勒，一只斗大的大螃蟹，带着淋淋的水气，爬在纸上，跃然欲动。

今天来赴宴的，都是上海军界、政界的显要人物以及新闻、文化界的名流。他们在前几天的画展里，看过白石的画，但是，却没有机会亲眼看他作画。今天的机会确是千载难逢，大家都放下手中的碗、筷，走过来，一睹一代丹青大师作画的丰采。螃蟹图是白石的一绝，只见白石画出的螃蟹似乎在爬动，人群里发出阵阵"啧啧"的称赞声。

白石换了一枝中楷羊毫，看了一下宣铁吾踌躇满志的神气，暗暗发笑，提笔在右上方题了几个大字"横行到几时"接着又写了"铁吾将军"字样，尔后签字、用印。

围观的宾客一看"横行到几时"几个字，有的吓得脸色灰白，偷偷离去，有的看了宣铁吾一眼，暗暗发笑，有的朝白石投以敬仰的目光。宣铁吾面红耳赤，无地自容。

白石对于这一切似乎毫无觉察、毫不理会，放下笔，向大家一拂手，朗朗地说："老朽失陪了，就此告辞。"拂袖而去。

回到住所，他为南下以来做了一件最遂意的事而高兴。今天，他把这段时间来的闷气、怒气统统地发泄了出来，心里有一种从未有过的舒畅。他不觉得累，请夏文珠展纸、磨墨、调色，他又要作画了。这一幅是一定要作的，这是他的一桩心愿。

在画展举行的第四天下午，他返回住所，招待员指着客厅里等候着的一位老太太，悄悄地对白石说："她等您好久了，先生，好像要买您的画。"

白石一听，马上朝老太太走过来，俯下身子，轻声地问："您是找我吗？我就是齐白石。"老太太一听是齐白石，高兴地站了起来："真是不容易，我到底在这里见到你了。你的画，真好。二十年前，我老伴去北平，买了一幅你画的梅。日本人来了，炸上海，房子炸毁了，画也没了。老头子难过了好多天。如今，他瘫痪了，躺在床上不能动，听了广播，说你来办画展，叫我赶去买一幅。可惜一个老太婆，抢不过人，没买到，就打听到你这儿来了。"

白石静静地听着，深深感动了，他不能使她失望。略为思索了一下说："这样吧，带来的画，已经卖完了，我另外给您画一幅梅图，如何，过两天，您再来取吧！"老太太一听，千谢万谢地走了。

画这幅梅图，他整整用去了一个晚上。第二天上午，他又仔细地作了修改，才满意地盖上图章，然后驱车去参加汪亚尘的宴会。因为他将要见到他神交十年而未谋一面的画友朱屺瞻，白石的心情是欢悦的。

朱屺瞻先白石到来，随后梅兰芳也来了。朱屺瞻的心情也不平静，他不时透过明亮的窗子，凝视着门口。忽然见一位老者，神采飞扬，拄着拐杖来了，他知道这就是齐白石，马上迎了出去，双手紧紧地拉着白石的手，久久凝视着。

"想不到在这里见面了。"白石感叹地说。

齐白石在作画

"我十年盼望的就是这一天。您老人家可好啊!"朱屺瞻兴奋地搀扶着老人往里走。

"你们一老一少,一北一南,十载神交,今次见面,画坛佳话。编成戏,我还可以唱一段啊!"梅兰芳风雅地说。

白石、朱屺瞻哈哈大笑了起来。

宴席是丰盛的。他们畅怀痛饮,从十四年抗战,绘画艺术,京剧流派,梅兰芳拜师,海阔天空,无所不谈,尽欢而散。

南京、上海之行,带去的两百余幅画被抢购一空,盛况空前。到他回到北京时,带回的"法币",一捆一捆的,十分可观。可是,谁能料到,这一大堆的"法币",数目十分可观,拿到市场上,连十袋的面粉都买不到。

他活到八十六岁,经历了从清朝到民国这段漫长的历史,遭遇到这样的笑话,平生还是第一次啊!他真是哭笑不得。

到了一九四八年,也就是他八十八岁那年,"法币"已经成了一张废纸。物价一天几涨,早上卖出一头牛,到了晚上,只能购换回几斤面。十万元买一个烧饼,十万元一个小面包。吃顿早点,要花上好几十万元。上馆子吃一顿普通的饭,更得千万元以上,真是骇人听闻啊!

不久,国民党当局变换法子,改换了"金圆券"。一圆折合"法币"三百万元,结果物价更是直线上升,一日千变,波动得大,崩溃得快,比起"法币",更是变本加厉的了。

这种烂纸,谁敢放在手中久留。不少人纸币一到手,马上拿去购买实物。北京城里,人心惶惶,许多人,见到什么买什么,不管需要不需要。不少人将抢购的目标,偷偷地瞄准了齐白石的画。他们岂是为了欣赏艺术?而是看准了白石的画奇货可居,价值连城,于是争着去购买他的画。许多人还越过了南纸店,直接找白石订购,而且,一订就是几十张、几百张画。

一个诚实、善良的画家,哪里知道这些呢!他还以为南京、上海画展之后,喜欢他画的人越来越多了。后来感到有些异样，但是，也没有去更多地探个究竟，依然是来者不拒。因为这也是他唯一的一条生路。结果呢，订画的纷至沓来，画愈订愈多，案头上积纸如山。

后来，他发现自己耗费了大量心血所做的画，换来的仅是一堆废纸，一张画钱只能买两个烧饼。他长叹一声，搁下了彩笔，换上一管狼毫，在一纸上写下了"暂停收件"的告白，贴到了大门之上。

四个字，深含着大师多少的血与泪、憎与恨。

这是民国最黑暗的一幕。他在宁静的画室里，从这一件件奇异的事情上，已经多少看到了国民党必将灭亡的历史趋势。

抗战胜利之初，他是怀着喜悦之情，欢庆祖国大地重光的，盼望自己能有一个起码的、比较安定的生活条件，潜心于他的绘画艺术。可是，他失望了。

国民党不顾人民的死活，抗日战争刚结束，又悍然发动了内战，隆隆的炮声把白石的和平之梦打破了。他的心，融汇在北平街头声势浩大的"反饥饿、反迫害、反内战"的群众示威洪流之中。

对于生活，他没有太高的企求，唯温饱、唯安宁。从少年、青年至成名以后，他一直过着十分清贫、简朴的生活。他只希望偌大的一个中国，九百六十万平方公里的土地上，有一块能让他放下一张画案的安静的土地。然而，这基本的要求，却未能得到满足。华北又处于内战的前沿，战火已经烧到了北平。

最近以来，他不断地接到南方朋友、学生的来信，劝他南下居住，避避战火。他看着这一封封的信，心想，华北可以是战场，难道华东、华南倒会是世外桃源？

对于形势，他有自己的主意与看法。他是一个有主见的人，几十年的艺术生涯，无论是作画、刻印、写字、作诗、为人，他从不袭人皮毛，拾人牙慧，而是认定真理，独立地走自己的路。

年前，他给门人丘石冥题了一篇短文，里面有这样几句话：

画家不要（以）能诵古人姓名多为学识，不要（以）善道今人短处多为己长，总而言之，要我行我道；下笔要我有我法。虽

不得人欢誉，亦可得人诽骂，自不凡庸，借山之门客丘先之为人
与画，皆合予论，因书与之。

其实，白石的"为人与画"，又何尝不如此呢？对于共产党，他没有直
接接触过。但是，他听到共产党为穷人打天下的事，不比他的画友们的少。
他生长在一个狂飙突进的年代，他的故乡是孕育着当今中国最杰出的领袖人
物——毛润之先生的地方。湖南二十年代暴风骤雨的农民运动，使多少土豪
劣绅、达官贵人为之丧胆，给了他这位贫苦农民的儿子多少的欢欣！

国民党的败势就在眼前。他朦胧地感到未来的社会是一定比现在的好，
虽然他无法想象出未来社会的具体蓝图。

冬天是寒冷的，滴水成冰。国民党要员纷纷南下了，北平一片的惊慌与
混乱。他看出，逃跑的大多是一些寄生虫。作为国家，他是劳动者。几十年，
一管彩笔，一笺素纸，他不间断地在耕耘，努力给在这黑暗、凄苦社会中生
活着的民众以一点斑斓的色彩。

前些天，有人告诉他，说共产党有一个名单，记着北平一大批有钱人的
姓名，进城后，共产党就要按名单杀人，这名单上就有齐白石的名字。

白石对于这种说法，淡然置之，他不相信这一套，他最了解自己，他不
在有钱人之列；他的钱是用他自己的劳动、自己的血汗换来的。共产党不是
提倡自食其力吗？他的一生，就是一个自食其力的劳动者的一生。

但是，时局已经发展到了这样一个地步，战火何时能熄？未来究竟如何？
对此他还是忧心忡忡。

昨晚三点来钟，他醒来了，隐隐听到了远处隆隆的炮声。黎明时分，他
穿衣起床。毕竟是八十多岁的老人了，手脚已经不那么灵便了，穿了好大一
会儿穿不上，才发现是袖子穿错了。他脱了下来重穿，费了好大的劲儿，才
穿好了衣服。早饭后不久，他坐在躺椅上，正在构思作画，只见门被推开了，
徐悲鸿带着一身的寒气，走了进来。

悲鸿是白石几十年患难与共的朋友。在他一生最为艰难困苦的年代，徐
先生向他伸出了友谊之手。

悲鸿从欧洲回国后，看到白石在绘画艺术上的追求与突破，力排众议，

给予白石大力的赞誉和支持。他知道，他支持的不仅仅是白石这样一位杰出的画家，而是对明清以来，画坛上一味模仿、不事创作的毫无生命力局面的一个抗争。

他们之间的友情与了解，经历了漫长的岁月，在重大的人生转折关头，他们总是互相关怀、互相商量。

徐悲鸿在这关键时刻的到来，使白石十分高兴。他站了起来，招呼他坐下。

徐悲鸿问了老人的生活起居，看了挂在室内的新作，移位到白石的身边，亲切地交谈了起来。

白石的听力逐渐减弱了，他把身子往前靠了靠，用关切的眼神直盯着悲鸿："这局势怎么样了？听说不少人都已经走了。"

徐悲鸿微笑着，凑到老人的耳旁，胸有成竹地说："国民党已经不行了。北平的解放只是个时间问题。"他沉吟了一下，"至于走嘛，该走的都走了，没走的，留下来迎接解放。"

"你走吗？你们家呢？"

"不走。"徐悲鸿语气坚定，"不但我们全家不走，北平艺专的许多先生也不走，等待解放。"

白石听着，脸上显出欣慰的笑容。他知道，徐悲鸿是一个诚实的人，他不会也从来没有骗过他。

"不过，这几天，北平城里乱得很，兵痞、特务横行，您老人家还是注意一些好。"徐悲鸿关切地说。

白石感激地点点头。徐悲鸿带来的这些消息，实在太好了，更加坚定了他留在北平的决心。他指着桌上的一叠信说："南京、上海都来了信，劝我南迁。我想了半天，还是这里好。跟着国民党，哪有安定的日子。几十年了，从辛亥革命以来，哪一天没有战争！"

白石有些激动，脸上的笑容为严峻的神色所取代。

"告诉您。"徐悲鸿小声地说，"北平和平解放的可能性极大。我得到可靠消息，共产党也不愿战火破坏这文化古都。两方面正在谈判呢！"

"那就好，那就好。"白石又高兴了起来。

临告别前，徐悲鸿还告诉他，北平艺专的学生都组织起来了，决心保护学校。如果白石在家住着不安全，可以到他们那里去，如有紧急情况，他们一定会来接白石的。

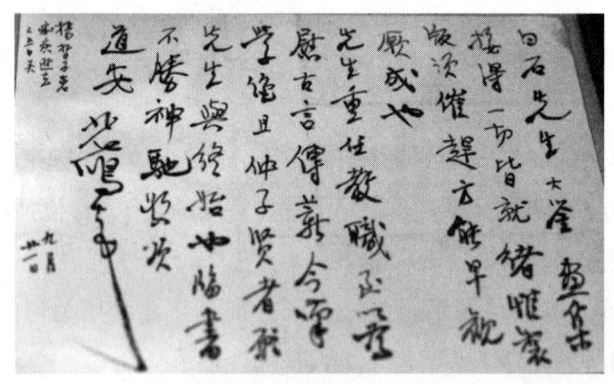

徐悲鸿信件

"解放了，一切就好了。你的画会得到更多人的喜爱，这一天不远了。"徐悲鸿很兴奋，把将要站起来的白石轻轻按在座位上。

白石还是站了起来，拄着拐杖，送徐悲鸿到庭院，他静静地站立在寒风中，望着徐悲鸿离去，才回到室内。

这时，夏文珠拿着一封信，走到跟前俯下身子，悄声地对白石说："陈先生派人送信来了，捎话说，问你决定了没有，他们准备后天走，说现在不走，以后飞机票就难买到了。"

白石接过信，不假思索地说："不是早就同他说了吗，我们决定不走了，昨天就去航空公司把预定的机票给退了。"

夏文珠点着头，退了出去。不一会儿，夏文珠又跑了进来，急促地说："那送信的人又来了，说先生要是现在不走，将来会后悔的。"

白石一听，气愤地用拐杖敲打着地板，冷冷地一笑：

"告诉他，我不走了，请他不要再来。我这一生，从来没有后悔过，我的路是我自己走的。当局的腐败、无能，我岂是今天才认识的？抗战十四年，光复后的这两三年，我算是看清了。我何必跟着他们走呢！"

他自言自语地说着，抬头一看，见夏文珠女士还站在那儿，便说："你快去告诉他吧，我是坚决不走了。"夏文珠这才抬脚，快步走了出去。

白石又仰靠在躺椅上。他对于徐悲鸿的话，是深信不疑的。共产党是得人心的，不然为什么这么多人，许多有真才实学的名士不走呢？

他望着新近画的那幅《腊梅图》。三天前他到一位朋友家里，看到他会客室里那枝古松、花蕾满枝的腊梅，正暗暗传递着春的讯息。这情景，唤起了他的灵感。回来后，他顾不得疲劳，泼墨画下了这腊梅图。画上，一枝枝含苞待放的梅花，仿佛正呼唤着春天的到来。他凝视着那梅花，觉得花儿飘动了起来，在他眼前展出了一幅春光明媚的色彩。

他梦寐以求的这一天终于要来了，虽然现在还是严冬季节。但是，过了冬天，不就是明媚的春光吗？

# 3. 走进光明

历尽了苦难与耻辱，古都北平终于获得了新生，回到了人民的怀抱。北平和平解放了。

这激动人心的喜讯，通过无线电波，通过报纸媒介，传遍了千家万户。在苦难中煎熬的劳苦大众，含着喜悦的泪水，奔走相告。

一九四九年一月三十一日，全市举行了庆祝北平和平解放的盛大游行。欢乐的工人、农民、学生和市民，拥上街头，高举标语，高呼口号，载歌载舞，欢庆人民革命的伟大胜利。

街市上如潮澎湃的口号声、锣鼓声，震天动地，一阵阵地传到了白石老人这宁静的院落里、画室里。白石按捺不住那颗激动的心，他拄着拐杖，在夏文珠女士的陪同下，缓步来到了胡同口。

几十万人排着整齐的队伍，笑逐颜开，兴高采烈，走过了一队，又来了一队，还有高跷、小车会和秧歌队。鼓乐声，震耳的鞭炮声和雄壮的口号声，惊天动地。马路旁人山人海，非常热闹，北平处于从未有过的欢乐之中。

白石刚度过八十九岁生日，在将近一个世纪的生命历程中，他见过辛亥革命、北伐战争和几年前抗战胜利后人民欢庆胜利的场面，但是，都不如今天的景象，他真正看到了劳苦大众庆祝自己翻身之日时那种发自内心的欢乐之情。

回到画室，他抑制不住自己激动的心境，一连画了十几幅画，一点都不觉得疲劳。他笔下那振翅嗡嗡欲飞的蜜蜂，粗犷、浓艳的牡丹、鸡冠花，也像是在笑着，跳着，欢乐着。

三天后，一个晴朗的下午，夏文珠领着三个身着军装，青春焕发，佩着臂章的人来到了他面前。

他们是由画家李可染先生陪同来的。白石静静地坐在那儿，向李可染点点头，仔细地看了一下三位不速之客。李可染凑近老人的耳朵，大声地——

将三位来宾介绍给了白石老人。

白石一听，多皱、疑惑的脸舒展开了，露出了慈祥的笑容。原来他们是著名的诗人艾青、画家江丰和沙可夫同志。他们作为共产党解放军的第一批代表，来到了白石的身旁，看望这位蜚声中外的国画大师，向他表示深深的敬意和慰问。

艾青同志早年曾经学过绘画，对于白石老人的画，从学生时代开始就非常喜爱。由于时代条件的限制，他始终没有见到这位画家。北平解放，进城不久，他就四下打听白石老人的情况和住址，知道老人还健在，没有走，很是高兴，于是，他就约了沙可夫、江丰一道，前来探望这位他敬仰已久的老画家。

齐白石和李可染

李可染介绍完，艾青高兴地趋向前去，亲切地对着白石说："我在十八岁的时候，看了您老的四张册页，印象很深，多年都没有机会见到您，今天特意来拜访。"

白石一边听着艾青讲话，一边招呼大家坐下，然后侧身问艾青："你在哪儿看到我的画？"

"一九二八年，已经二十一年了，在杭州西湖艺术院。"

"谁是你们艺术院院长？"白石问。

"林风眠。"

"噢，林风眠。"他想起了北平艺专那段难忘的任教生活，想起了林风眠对他的一段难以忘怀的友情，"他喜欢我的画。原来你们也是文化人，好，好。"他又仔细地看一下艾青他们的军服戎装,笑了。

他精神很好,叫来了夏文珠研墨、展纸,自己拄着拐杖,移步到画案前,挽起了袖子,凝思了一下,精心地画了三张水墨画。

给艾青同志画的是只虾,半透明的,上面有两条小鱼。画完后,在上面题款:

艾青先生雅正　　八十九岁白石

尔后又分别在画上,盖上了"白石翁""吾所能者乐事"的印章。

不久,他受湖南一位友人的相托,给毛主席代转去了一封信。这时他才知道毛泽东主席是他湖南湘潭的同乡。过了些日子,他收到了毛主席向他问好的亲笔信,这是他做梦也没有想到的。毛主席,人民敬仰的领袖,在中华人民共和国成立之初那样一个紧张繁忙的日子里,仍然想到了这位老画家,亲自写信问候,字里行间,敬老崇文,谦虚有礼,这怎能不使经历了人生沧桑的白石激动万分呢!

他反复看着毛主席的信,不由视线模糊了。他操起刻刀,精心地镌刻了"毛泽东"的朱、白两文寿山名章,托人献给了毛主席,表达了他对人民领袖的崇敬之情。

十月一日,中华人民共和国成立了,在天安门广场举行了盛大的开国大典。中国人民从此站立了起来。北平从这一天开始改称为北京。

在党的关怀下,人民的艺术事业得到了振兴和发展。中央美术学院成立了,白石老人的好朋友、著名画家徐悲鸿出任院长,徐先生郑重地聘请齐白石为名誉教授。白石想起中华人民共和国成立前后,悲鸿两次聘他任教的不同情境、心境,感到时代变了,真是换了人间。

一九五○年四月的一个春光明媚的上午,毛主席派他的秘书田家英同志驱车来到跨车胡同十五号,看望白石老人。田家英转达了毛主席对老人的问候,详细地询问了白石的健康、生活和绘画创作的情况,并且相约,第二天下午,毛主席将派车接他到中南海家里作客。白石兴奋得一夜没有休息,第二天,他不时地看着时针,好不容易到了下午,突然门外响起了汽车的喇叭声。他知道毛主席派人接他来了,他整了整衣服,在大家的搀扶下,拄着拐杖,高兴地上了车。

汽车出了胡同口，缓慢地驶过西单路口，向东而去，拐了一个弯，进了新华门，随后沿着碧波荡漾的湖岸，平稳地驶着，不一会儿，在一幢古式的庭院前停了下来。

这就是著名的中南海丰泽园，是毛主席工作和居住的地方。白石下了车，抬头一看，毛主席神采飞扬，慈祥地站在前边，同他家里那幅的照片一样。毛主席走到白石身边，搀扶着老人，操着浓重的湘潭乡音，亲切地说："我们是老乡。在家乡没见过，想不到在这里见面了。"

白石紧紧地握住毛主席的手，激动得一句话也说不出来，他的眼睛湿润了。

在工作人员的搀扶下，他进了丰泽园，来到毛主席的书斋兼会客室，坐了下来。毛主席亲切地请老人品茶，吃糕点、糖果，同白石交谈了起来。

毛主席问："您老人家好多年没回去了？"

白石板着指头算了一下说："也有六七年了。长沙大火后，就再没有回去了。"

"旧社会，你受了不少苦，现在好了，解放了，你可以安安心心画画了。"毛主席欣慰地说。

"这都托共产党、毛主席的福。我想不到活了八十多岁，到底还是盼来了这一天。"

他们谈得很多，从家乡的山水、风俗，谈到他们相识的许多友人的往事，谈到绘画艺术上的继承与创新，谈到白石的生活和家里的情况，一直延续了好几个小时。

天渐渐地暗了下来，工作人员悄声告诉毛主席：一切都准备好了。毛主席点点头，对白石说："请齐老先生在这里吃便饭。我们是老乡，都是湖南口味。"说着笑了起来。

晚宴在家人般的亲切气氛中进行，朱德总司令出席作陪。席间，毛主席、朱总司令不断举杯祝愿老人健康长寿。毛主席还频频地为白石夹些烧得软的菜。

晚宴后，白石起身告辞，十分感谢毛主席给予了这样高的礼遇。朱德总司令亲自送老人上了车。

这是他一生中最难忘的一天。他做梦也没有想到，自己到了这风烛残年，居然能逢此盛世，过上幸福的生活。回想几十年前，迁居北平，担心会饿死京华的情景，他怎能不热泪盈眶！他把见到毛主席的情景和他的心情，详细地告诉了家里的人，让他们也分享这幸福的时刻。

"这一天，是我一生中最难忘的一天。我一辈子见过有名望有地位的人，不计其数，哪有像毛主席这样诚挚待人、和蔼可亲的，何况他是人民的领袖、国家的元首。"他兴奋地说着，还沉浸在刚才的幸福之中。

为了感谢毛主席，这年的国庆前夕，他从历来珍藏的绘画精品中，挑选出了一幅立轴《鹰》和一副对联"海为龙世界，云是鹤家乡"送给毛主席。《鹰》是白石一九四一年画的；立轴是一九三七年写的。两件都是老人平生最为得意之作，平时精心收藏，不肯轻易示人。如今他把它送给了毛主席，同时又把自己使用了半个世纪、质地坚硬、发墨快而滋润的石砚，一并送给毛主席，表达了自己对领袖的崇敬心情。

毛主席收到这些珍贵的礼物后，很快给他送来了一笔丰厚的润例表示谢意。

他像一颗百年的老树，在和暖的春风里，重新焕发了青春的活力。他的绘画创作又进入了一个崭新的时期，产生了从未有过的、惊人的创作力。虽然年近九十的高龄，但他每天作画不辍，有时一天下来，作画十多幅，毫无倦意。在将近一个世纪的生涯里，他"为万虫写照，为百鸟传神"，创作的题材大部分取自自然景物。通过对花鸟、走兽、草虫等的描绘，表现了他对现实社会的爱憎立场与情感，表达了对祖国壮丽山河和故土的眷恋之情。

在解放了的今天，他依然用他多彩的笔，歌颂和平的新生活，歌颂渴望和平的愿望，以自己的绘画，参与了祖国的社会主义建设。

中华人民共和国成立初期，美帝国主义发动了侵朝战争，战火烧到了鸭绿江边。他痛恨不义的战争，他以自己十多幅精美的画，参加了北京市举行的抗美援朝书画义卖展览会。

几十年丹青耕耘的锤炼，他的笔墨技巧，已经达到了炉火纯青的地步。但是，他并不因此而满足，他从来不画他不熟悉的东西。鸽子，善良，温文尔雅，人们常用它来象征和平。白石过去还未画过鸽子。为了画好它，他让孩子们买了很多鸽子，养在家里。

每天，他都要来到院子里，仔细观察鸽子的行走、哺雏、觅食、起飞、落地等动作和神态。他曾亲自数清了鸽子的尾羽是十二根，因此，他笔下的鸽子，栩栩如生，异常传神。

一九五二年的春天，北京的郊野到处是绿叶和鲜花。一大早，白石就起床更衣，准备去颐和园参加拍摄电影。

颐和园的湖光山色，在明媚的阳光下，更加妩媚动人。今天天气晴朗，风和日丽，游人很多。进了门，白石沿着湖边的长廊，拄着拐杖，缓步地边走边看。湛蓝的天空下，吐翠的垂柳，碧波宜人的湖水以及湖上飘荡的扁舟，充满诗情画意。

二十世纪五十年代，齐白石为北京少年示范作画

在长廊的一边，乐寿堂附近的藤萝架下，白石在一个石刻的凳子上，小憩了一会儿。

"老师，您老人家也来了。"他抬头一看，原来是梅兰芳他们。

白石高兴地伸出一双手，拉着梅兰芳说："你也来啦！最近还画画、演戏吗？"

"天天都在画，都在演。您老人家什么时候要看，我就给您演。"说得白石满意地笑了。

拍摄中，有鸽子的镜头。梅兰芳一见鸽子就同白石讲了许多关于鸽子的故事和养鸽子的方法。他最初接触鸽子，还和梅兰芳有关，这是两年前的事。一九五〇年，《人民画报》约他画一张和平鸽，他凭过去的印象，画了一张。觉得不满意，就特意到了梅兰芳家中观察。后来为了创作上方便，自己也养起了鸽子。

讲完后，梅兰芳取过几只鸽子，亲自放了出去。鸽子凌空而去，在蓝天里盘旋。那只白色的鸽子，尤其可爱，在阳光的照耀下，一上一下，自由地飞翔着，闪烁着耀眼的银光。

亚洲及太平洋区域和平大会在北京召开时，为了表达自己对于世界和平事业的拥护，白石在整整三天的时间里，伏案作画，精心地画了一幅"丈二匹"的大型图画《百花与和平鸽》。画面上，在百花盛开的春光里，一群仪态万千的鸽子，安详地在百花丛中憩休、觅食。一切是那样的和平、宁静、安详。这画境，曲折地传出了白石老人的心境，把一个中国老人经历了将近一个世纪的动乱颠沛生活之后，对于解放了的新生活的歌颂，对于人类和平的呼唤，淋漓尽致地表达了出来。

《百花与和平鸽》送到大会上，立即受到了中外人士的热烈欢迎。来自不同国度、各种肤色的人们，操着不同的言语，异口同声盛赞老人的卓越艺术天才和他对于和平事业的善良愿望。

白石用和平鸽表达了他对于和平事业的期待。在大千世界上，有这种愿望的，何止他一人！一天，胡佩衡先生给他送来了一张法国绘画大师毕加索的飞鸽画的复制品。老人自己画了黑色飞鸽。他对比了自己笔下的鸽子与毕加索画的，意味深长地说："他画鸽子飞时要画出翅膀的振动，我画鸽子飞时翅膀不振动，但是，要在不振动里看出振动来。"从而将中国传统的绘画技艺与西洋画作了区别。

在这一年里，中央文化馆成立了，白石被聘为馆员，同时，他又被选为中国文学艺术界联合会主席团成员。他的画册由北京荣宝斋用木版水印法复制出版，这是新中国成立后，我国第一次出版他的专集。

喜事接踵而至。跨车胡同十五号这座普通的小院里，热闹了起来。前来探望他的各界人士络绎不绝。他，人已经衰老了，但艺术的创作力却进入了一个新的旺盛时期。他勤奋地作画，一天三四幅，七八幅。他还常常去荣宝斋，看望那里的工作人员，与他们愉快地聊天。

齐白石参加中国文学艺术工作者第二次代表大会

十一月，苏联木偶戏剧院的艺术指导、人民演员、斯大林奖金获得者奥布拉兹卓夫，以苏联艺术工作团代表的身份来到了中国，参加中苏友好月。到京的第三天，他专程到跨车胡同探望白石老人。

白石亲切地接待了这远方来客。他通过翻译，表达了自己对于苏联人民、苏联艺术工作者的深厚感情。

奥布拉兹卓夫很激动，他俯下身子，紧紧地握着白石的手说："能见到中国当代的一位绘画大师，是我的荣幸。中国人民有您这样一位杰出的儿子，是值得骄傲的。"他祝老人健康长寿。翻译把他的话，一一翻译给白石听，白石微笑着，不时地点着头，不断地伸出手，与这位苏联客人握手、致谢。

白石站了起来，当面为奥布拉兹卓夫画了一幅《三蟹图》，送给了这位远道而来的苏联朋友。

奥布拉兹卓夫十分高兴地接过画，亲切地走到白石的面前，感激地说：

"您不愧是位创造了自己风格的革新者。在画中表现了对自然的理解，然而您的作品的整个性格，技巧，虽然说实际上是您个人的，但在性质上则是有了深刻的民族性。"

在他多彩的、幸福的晚年生活中，也有过一些小小的波折与浪花，其中之一，就是看护他多年的夏文珠女士突然辞了工作离他而去，这使白石十分伤心。

　　夏文珠女士到白石身边工作多年。她尽其所能，精心地照料八十多岁老人的生活、起居。白石对于夏文珠女士的感激之情是难以用言语表达的，如今这样一位贤惠的女士，突然离他而去，这怎能不使他潸然泪下。

　　徐悲鸿知道老人此时此刻的心情，也深知这会给老人的生活带来多大的困难。徐悲鸿夫妇费了好大周折，终于打听到了夏女士已经结婚了，不可能再回来了。当白石听到这一消息，非常感伤地写了一首诗：

<blockquote>
眠食扶持百事精，<br>
颐年享受亦前因，<br>
一朝别去无人管，<br>
始识文珠七载恩。
</blockquote>

# 4. 九十初度

隆冬季节里的北京，裹在严寒之中。刺骨的寒风阵阵，像刀一样地刮着人们的皮肤。

然而，文化俱乐部里却温暖如春。今天，这里宾客云集，高朋满座。人们三三两两，或是低声细语，或是仰首大笑。

在这里，你可以见到中共中央宣传部周扬副部长，见到著名作家老舍、诗人艾青、剧作家田汉，而更多的是美术界的画家们。中国当代文学艺术界的精英们，在这里相聚一堂了。大家欢声笑语，喜气洋洋。

这是一九五三年一月七日的上午。中华全国美术家协会、中央美术学院即将在这里举行盛大的庆祝会，庆祝当代中国画苑的一代丹青大师齐白石九十三寿辰（实际上是九十周岁寿辰）。

白石老人还没有来到。来宾们在大厅里，仔细地观看着挂在四壁上的白石老人的绘画、书法和镌印。

这是从他几十年间创作的万余幅作品中，精选出来的。其中有明丽、奇秀的山水长卷；姹紫嫣红、形态各异的花卉卷轴；跳跃着的飞禽走兽；还有那神态逼真、寓意深沉的人物肖像以及独树一帜、开创一代新风的书法、篆刻珍品。

差一刻九点钟，齐白石来到了会场。他穿着一件藏青色的长衫，微笑着，不断地向大家频频招手致意。

到会的同志们立即围了上来，向他致以亲切的敬意。许多人不断地、轮流地俯下身子，贴在他的耳朵边，问候他，祝愿他健康长寿，送给他一束束鲜花。

白石兴高采烈，容光焕发。今天的盛大庆典，很早就告诉了他。当他知道这个消息后，心情异常的振奋。在将近一个世纪的岁月里，他有过多少个生日，有多少个寿辰是在凄风苦雨中度过。可是，在解放了的新中国，党和国家这样无微不至地关怀着他，今天还这样特意为他举行盛大的、隆重的庆典，

文化部在齐白石寿辰宴会上授予
齐白石"艺术家"荣誉奖状

纪念他的生日，他抚今思昔，怎能不激情满怀，思绪万千呢！

日子一天天迈近了，白石心脏的跳动好像也在一天天地加快。昨天晚上，他让家里人挑选了他最喜爱的一件衣服，放在枕头边，准备明天穿。晚饭后；他打破了几十年的老习惯，睡得很迟，担心早睡了，睡不着，一直到十点钟才躺下，可是，他还是兴奋得难以入眠。天不大亮，自己就慢慢地穿好衣服起床了，静静地坐在那儿，等候着。

庆祝的仪式在热烈的掌声中开始了。中共中央宣传部副部长周扬授给他荣誉奖状。

周扬同志把奖状送到齐白石面前，亲切地同老人握手，衷心地祝愿他。大厅里响起了一阵又一阵的热烈掌声。接着周扬同志发表了热情洋溢的讲话。他说：

> 齐白石先生是中国人民卓越的艺术家，他在中国美术创作上有特异的贡献。他的艺术继承了中国绘画的现实主义传统，发挥了"形神兼备"的特色。由于他出身劳动者，他的作品多取材于一般人民日常生活和接近的自然风物，具有健康、朴素的色彩。
>
> ......

著名作家老舍在大会上，深情地回顾了他与白石老人交往的许多难忘的往事，赞扬白石对于艺术创作一丝不苟、严肃认真的态度。

回顾是从老舍精心收藏的白石的几幅画谈起的。去年端午节，老舍给白石老人送去了一些粽子。老人十分高兴，笑着站了起来，说："我也送你几个粽子吧！"于是，他就在展开的纸上，挥笔精心地画了几个粽子，并加上了枇杷和樱桃。整个画面十分简洁、别致。

"画粽子是不容易的。"老舍深情地朝白石点点头，继续说："我从来没有见过哪位画家画过粽子。但是，千百年来，人民喜欢粽子，他就细心观察，传神、精练地表现了它。"

老舍谈得很兴奋，又举例说："有一次，我用了一句'蛙声十里出山泉'的诗句，请他作画。老先生为了这个题目，两夜没有睡好觉。他想，画面上怎样才能表现出蛙声呢？于是，他没有去画蛙，而是在山泉里画了蝌蚪，让人们在自己丰富的想象力中去听到蛙声。他就是以这种独创的精神去从事艺术创作的。"老舍的讲话，声情并茂，博得了大家一片的赞同声。

田汉则运用白石老人八十岁时给美术学院学生的诗句"半如儿女半风云"来阐述白石的艺术风格，指出了他的画，有细如儿女之情，又有风云变幻的气概。

会议在热烈进行之中，周恩来总理在百忙之中来到了会场，参加这个盛大的庆典。大家一见周总理健步走来，热烈地鼓起掌来，大厅里的气氛也达到了高潮。

周总理频频地向大家招手致意，径直地走到了白石老人的身边，俯下身来，亲切地说：

"衷心地祝贺您九十三岁寿辰。祝您健康长寿。"

白石真是喜出望外，周总理竟然会在日理万机的繁忙工作之中，专程前来，这使他老人家异常兴奋。他紧紧握着周总理的手，激动得不知说什么好。只是连声地说："谢谢，谢谢，太不敢当了。"说着，眼眶里闪烁着泪花。

"您是人民杰出的艺术家，您为人民，为我们的国家做出了非常大的贡献，人民永远不会忘记您。"周总理亲切地说"您得到这份荣誉是当之无愧的。"

接着周总理仔细地询问了老人的身体状况，生活起居和艺术创作。一再请老人多休息，要节劳。有什么困难，党和政府一定给予妥善的解决。

仪式之后，白石老人在家人的搀扶下，缓步绕场一周，看着墙上挂着的、代表他不同时期的作品。他看得十分仔细，每一幅画都会勾起他对逝去生活的回忆。他在一幅《鱼图》前停了下来。这是他二十多岁时的作品，那时他还不是专业画家，这幅画七十多年间流传民间，到今天才见到，他真是感慨万千，当时就在这幅画上题了字。

生日过后不久，毛主席派人补送了四件礼品，祝贺老人九十三寿辰。这四件礼品是，一坛湖南特产茶油寒菌、一对湖南胡开文笔铺特制长锋笔毫书画笔、一支东北野山参、一架鹿茸。

礼物是上午送到的。当时白石正在作画，他见了毛主席送来的这些珍贵礼品，激动不已，说："毛主席今天给我这样重的礼，太看得起我了。古人讲'蔗境弥甘'，在新社会我可是享到了这份清福了。"这以后的几天时间里，他一直沉浸在幸福的、激动的心境之中，很经意地构思、绘制了两幅图，送给了毛主席，一幅是《旭日老松白鹤图》，一幅是《祝融朝日图》。

他在党和人民的怀抱里，沐浴着春风，过着宁静、幸福的晚年生活。党和政府对他的照顾是无微不至的。在他生日之前，政府拨款派人修缮了他的跨车胡同的住所。医生定期为他检查身体。大家选举他担任全国美术工作者协会主席、中国画研究会主席。

他精神健旺，心境舒畅，在这个修饰一新、明亮、宁静的画室里，辛勤地耕耘着。他的创作激情一泻而不可遏止。在短短的一年时间里，差不多创作了六百多幅的作品，是十多年来画得最多的一年。

一九五四年四月二十八日，中国美术家协会在故宫博物院承乾宫举办了"齐白石绘画展览会"。这是继三月份在沈阳东北博物馆举办的齐白石画展之后，又一次规模巨大的个人作品展览会。

一百二十一幅作品，是从清光绪二十七年他三十九岁起到一九五四年止的代表作，而以他七十岁到八十岁这十年间的作品为多。

二十六日下午二时三十分，开幕式隆重地举行。来参加画展的各界人士、白石的学生很多。白石老人也来了，今天他以自己的画，迎接着又一个春天的到来。

智利画家、亚洲及太平洋区域和平大会联络委员会副秘书长万徒勒斯先生也赶来了。作为一个画家，他从白石的艺术语言中看到了中国大师深厚的底蕴，无限感慨地说：

"我们很难得看到这样一个展览会，包括一个画家在五十多年长时期所创作的作品。其中前后风格有所不同，但又能看出其间的发展与联系。我觉得和这样一个杰出的画家生在同一时代是幸福的。"

白石也是幸福的。在他一生中，举办过、参加过许多画展。一九四六年的那一次，他是不会忘记的：二百多幅画，一堆金圆券，换了两袋面粉。如今，他的作品作为祖国艺术宝库中的奇葩，被精心地珍藏起来。

只有在人恢复了作为一个人应有的尊严和人格的国度里，他的作品才能获得应有的地位，应有的艺术价值。

这里的每一幅画，都深深地蕴藏着那记忆里的往事，能勾起他对失去了岁月的依恋与思念。白石站在六幅小画的面前，静静地品赏着，凝思着，似乎在寻找失落了的什么。

每天开门后，前来观看的人络绎不绝。他们之中有本市的工人、农民、学生、机关干部、教师和军人，还有外地来的客人，也有不同肤色，说着不同语言的国际友人。

一位四五岁的小女孩，看到《雏鸡出笼》图，拉着她年轻的妈妈的手，狂喜地叫喊了起来："小鸡出来啦！小鸡出来啦！"

她天真、浪漫的叫喊声吸引了周围的观众。大家先是惊愕，继而投以善意的笑。小女孩对周围的变化似乎没有觉察，她驻足凝视，久久不愿离开那幅画，不时地仰起头，天真地问妈妈："这小鸡是在吃米还是捉虫子？"

"这是画！"妈妈高兴地说。

"是画。不过小鸡到底在吃什么？"一直到她得到认为是满意的回答时，才离去。

八月间，白石的故乡——湖南湘潭人民选举他为全国人民代表大会的代表。当省人民代表大会把这一喜讯告诉他时，白石十分高兴。中华人民共和国成立前，故乡没有他的安身之所，为了艺术，为了生存，他不得不别离父母、妻儿，远走他乡。如今，故乡人民展开了热情的双臂，拥抱了他这个故乡的赤子。

他说："家乡人民给我最大的光荣与信任，叫我怎么能顶当得起呢？"他兴奋之余，画了一幅画，寄给了《新湖南报》，请代为制版，印在报纸上，以表示对于家乡人民的深切感谢。

九月十五日，一个晴空万里、天高气爽的美好秋天里，全国人民代表大

一九五六年六月十五日，齐白石出席第一届全国人民代表大会第三次会议镜，认真地记录着毛主席的讲话。

会第一届大会在中南海怀仁堂隆重召开了。一大早，他怀着十分喜悦的心情，穿了一身崭新的衣服，胸前佩着代表证，驱车来到了怀仁堂。

会场庄严、隆重，喜气洋洋。党和国家领导人毛泽东、周恩来、刘少奇、朱德等同志来了。当他们出现在主席台上时，全场响起了暴风雨般的掌声。毛主席致了开幕词。他那洪亮、气势雄伟的湖南口音，白石听来十分亲切、悦耳，每一句话都说到了他的心上。他唯恐自己年老记忆不好，戴上老花

他参加了湖南组的讨论，见到了家乡的代表。湖南的代表们紧紧地把他围了起采，亲切地询问他的生活、身体状况，谈论着家乡四五年来的巨大变化。经历了人世沧桑的九十岁老人，如今当家做主，到这庄严的大会上商量治国、建国大计，他的的确确感到世道变了，人民真正成了国家的主人。

会议期间，湖南的代表还专程到跨车胡同他的住所拜访白石老人。不大的庭院里，像过节一样，热闹非凡，笑声盈盈。

会议的最后阶段，他代表人民，履行了神圣的职责，投票通过了中华人民共和国第一部宪法，选举了国家的领导人。当毛主席以全票当选为国家主席时，会场上爆发出经久不息的，雷鸣般的掌声，他热泪盈眶，手都拍麻了，还在使劲地鼓掌。他知道，毛主席是中国人民的忠实儿子，也是湖南人民的忠实儿子。毛主席对于他的关怀与照顾，他是永生永世不能忘怀的。

转眼已是一九五五年的春节了。白石以他自己特殊的旺盛的生命力，迎来了他九十五岁生辰。

他特意给自己放了几天的假。多年以来，除了两次大病外，他没有一天放下手中的彩笔和刻刀，他总是不知疲倦地耕耘。今天，他给自己放了假，在工作人员的搀扶下，坐在特制的椅子上，逛了北海，看着结冰的湖面上，

穿着五颜六色衣服的青年男女，轻盈地，欢快地滑着冰。尔后，又驱车到了厂甸一带，逛了一圈，又在饭馆吃了饭。

初四晚上，他早早地吃了晚饭，特地赶到了新街口，看了一场粤剧。五十多年前，他南游两广时，就喜爱上了粤剧的风格与音乐，今天能在北国的冬夜，重新欣赏这古老的艺术，老人心花怒放。回到家里时，已经是子夜了，但是，他余兴未尽，毫无倦意，一路上与工作人员谈论着剧中的情节和演员的艺术技艺。

初五一大早，他起床后，连脸都来不及洗，就端坐在画案前，潜心作画。一天下来，他精神极佳，连续画了四张画。

党和政府时时刻刻关怀着这位艺术巨匠，为了使他能有一个更为安静、舒适的生活环境，政府专门在地安门外的雨儿胡同修理了一个住所，精雅、舒适，接他到那里去住，一切的饮食起居，都有专人周到的照料。

齐白石旧居纪念馆

他对于这一切，总是怀着深深的感激之情。他几次对着前来探望的朋友，指着修饰一新的房子，感慨万端地说："我多么希望能活到一百二十岁，多给人民贡献点薄艺，于心才安。"

徐悲鸿先生突然去世后，今年春上，黄宾虹又病逝于杭州。友人一个个过早地先他而去，给老人的精神造成很大的刺激。他怀念患难之交的朋友们，

德意志民主共和国领导人授予
齐白石荣誉状

常常回忆起他们对他的关怀与照料。人生的生老病死，毕竟是无法抗拒的。白石也渐渐感到自己的身体不如从前了。作画刻印，精力常常不济，好忘事。有时画完画题款时，字只写了一半，就停笔了，以为已写完。领导、朋友们劝他休息。但是，他感到自己的时日不多了，因此更加勤奋地笔耕，到了年底，居然画了三百多幅画。

这年的十二月十一日，德意志民主共和国总理格罗提渥，副总理兼外交部长博尔茨前来我国访问。他们怀着敬仰的心情，特意到了齐白石的住所，代表德国艺术科学院，授予了白石德国艺术科学院通讯院士的荣誉状。这在德国是一种很高的荣誉。白石很是感激，他为了报答友人的深情厚谊，特意选出了两幅画，一幅送给格罗提渥总理，一幅送给了博尔茨副总理，感谢德国人民对于他、对于中国人民的友好情谊。

# 5. 最后岁月

在中国人民保卫世界和平委员会的会议大厅里，灯火辉煌，充满着热闹的、欢乐的气氛。中央和国务院一些部门的负责人，文化艺术界的作家、诗人、画家、学者、名流，纷纷地从机关、从各自的家里，汇聚到了这个大厅里，参加即将在这里举行的授予齐白石世界和平理事会国际和平奖金的仪式。这是文学艺术界继齐白石九十寿辰之后，又一次为这位大师举行的隆重、盛大的集会。

一九五六年四月间，在斯德哥尔摩召开的世界和平理事会国际和平奖金评议委员会上，确定了一九五五年度全世界四个国际和平奖金的获得者，我国的齐白石就是其中的一个。

这项奖金包括：一份荣誉奖状，一枚金质奖章，五百万法国法郎（当时合人民币三万五千元）。全世界几十亿人中，每年只有四位对维持和平事业做出卓著贡献的人，才能得到这份崇高的荣誉。

九月一日夜晚，中国人民保卫世界和平委员会、中国人民对外文化协会和中国美术家协会联合举办授奖仪式。

齐白石获得的世界和平奖金证书及奖章

会议还未开始，人们已经络绎不绝地来到现场，他们个个兴高采烈，笑逐颜开。因为这不仅仅是齐白石的光荣，也是全国人民的光荣。

八时，隆重的授奖仪式正式开始了。世界和平理事会副主席、中国人民保卫世界和平委员会主席郭沫若首先致辞。接着，在热烈的掌声中，茅盾代表世界和平理事会国际和平奖金评议委员会向齐白石授奖。

白石在与会者一双双热情的目光的注视下，伸过双手，接过了蓝色封面的奖状。接着，茅盾又亲切地将一枚金质奖章佩在齐白石的胸前。

世界和平理事会副主席郭沫若
在会上讲话

始终站在身边、注视着这每一细节过程的郭沫若，这时弯下身子，亲切地帮助白石老人展开了奖状，轻声地把奖状上的词念给了老人听，白石兴奋地、不停地点着头。

之后，大会上宣读了世界和平理事会约里奥·居里给齐白石的祝贺信和部分世界著名人士的贺电、贺信。

世界和平理事会书记处派来的代表阿尔弗莱多·瓦列拉走向齐白石的座椅，紧紧地握住老人的双手，亲切地说："世界和平理事会和我个人向您致崇高的敬意。"说着，他转向了麦克风，以充满感情色彩的语调，发表了热情洋溢的祝词：

敬爱的大师：

我记得我在阿根廷的一个省份里，即在拉·里龙哈省里，见到一株十九世纪初叶所种的橄榄树。这株老树还是那般葱翠和欣欣向荣，每年都会结出许多美味的橄榄。我们看您就像那棵开花结果的巨树一样，年高，但朝气蓬勃，永远富于创造性；在精美的作品中一次又一次地表现出来。

亲爱的大师，您是多么的幸福啊！您生活在这个国家中，得到了中国人民给您应享有的热爱，这个强大的人民共和国已经赋予这一种最古老的文化以新的生命。在一个国家的艺术家中有齐白石这样一个杰出的创造者，这个国家是多么幸福啊！

他诚挚的发自内心的对于齐白石、对于中国人民热爱的情感，感染了在场的每一个人，博得了全场热烈的掌声。

在阵阵的热烈掌声中，叶浅予和白石的许多朋友、门生都发表了热情洋溢的讲话。

白石致了答辞。他满怀激动的心情说：

> 世界和平理事会把国际和平奖金获得者的名义加在齐白石的名字上，这是我一生至高无上的光荣，我认为这也是给予中国人民的无上光荣。
>
> 正由于爱我的家乡，爱我祖国美丽富饶的山河大地，爱大地上一切活生生的生命，因而花了我的毕生精力，把一个普通中国人的感情画在画里，写在诗里。直到近几年来，我才体会到，原来我追逐的就是和平……

大厅里又响起热烈的掌声。在这掌声里，郭沫若兴高采烈，高声地说："愿到会的同志们都像齐白石先生一样长寿！"

在这掌声里，身着藏青色中山装的周恩来总理，十分高兴地赶到了会场，向白石老人走去，热烈地握着老人的手，衷心地祝愿他获得这崇高的荣誉。

休息后，放映了电影《画家齐白石》。

会议结束后，回到家里，已将近深夜十一点钟了，白石没有一点倦意。

他，一个只上了半年学的贫苦农民的儿子，一个鲁班门人，经过了种种的磨难与奋斗终于成为全世界闻名的丹青大师。抚今思昔，他怎能不思

茅盾（右）代表世界和平理事会国际和平奖金评议委员会授予齐白石国际和平奖（中立者为郭沫若）

绪万千、长夜难眠!

他感到欣慰的是,新中国成立后,在党和人民政府的大力支持下,他毕生热烈追求的国画事业,得到了前所未有的蓬勃发展。从明清到民国初年,一味模仿"四王"的毫无生命力的画风,为之一变。他的独创性,他在艺术创作上所遵循的现实主义道路,得到了广泛的赞誉和肯定。他在会上宣布,把奖金的一半长期存在银行里,每年所得的利息以"齐白石国画奖金"的名义,作为优秀国画家的奖金。

他请郭沫若、陈叔通、叶恭绰、陈半丁和罗隆基代他筹划这一奖金的用法。他深情地说:"这就表明我是永远关切我们国画的发展和进步,也表示我永远热爱世界和平。"

他对于自己的这一决定感到满意和欣慰,以至于躺在床上,还在思索着怎样用这笔奖金去奖掖后生、发展国画事业……

千百封的来信,寄往了雨儿胡同,放在他那间宽畅、明亮的画室之中。

这些信来自冰雪纷飞的黑龙江、嫩江畔的小镇上,来自他曾经在那里度过美好时光的岭南大地,来自东海之滨;来自工人、农民、解放军战士、中小学生,来自热爱他、热爱艺术的人们。

他记得,今年的春天里,陕西的一位小朋友,刚刚九岁,给他寄来了一封热情洋溢的信。信封上写着"齐白石老爷爷同志收"。

工作人员把信剪开了,附着白石的耳朵旁,慢慢地朗读起了信:

齐老爷爷:

　　我的名字叫茶花,我非常喜欢干净、漂亮。爸爸告诉我:不但外表要干净、漂亮,里面也要干净、漂亮;要有好品行,好思想。我决定这样去做。我请爷爷画一株有品格的大茶花给我。不知道齐爷爷有功夫吗?

白石静静地听着,眉宇舒展开了,笑了。他嘱咐身边的工作人员给茶花小姑娘回了一封信:

茶花小朋友：

你的来信收到了，我们念给了齐老听了，他听了很高兴，说："茶花真是个好孩子，我现在不能画画，代我写信问她好吧。"

齐老自去年冬天因岁数太大，由政府照料住在雨儿胡同，为了照顾他的精神健康，不敢叫他多做脑力劳动，所以不能达到你的要求。兹寄上印刷品茶花一张作为纪念吧！

齐宅秘书室

茶花姑娘非常高兴，将这张印刷的山茶花及回信，小心地夹在少年儿童出版社出版的那本《齐老公公的画》的集子里，仔细地珍藏着。

这年的冬天，一个没有风、和暖、晴朗的中午，白石老人有事要找周恩来总理。他在儿子良迟、良已的陪同下，驱车来到了中南海。可是，由于事先没有联系，总理已经开会去了，不在办公室。老人一听，脸上露出失望的神色。

总理办公室的秘书一看白石老人突然到来，一定有什么急事，便十分亲切地招待老人坐下，端上了一杯清香可口的茶，请他们三人耐心等候，尔后去与总理通了电话，回来对老人和良迟、良已说："请各位稍等一下，总理开完了会就回来。"

二十多分钟过去了，突然门开之处，周总理裹着一身寒气，进屋来了。总理两道浓眉下的一对炯炯有神的大眼，放射着亲切的、智慧的光辉。他一见白石坐在那儿，连水也顾不上喝，就朝着老人走了过来。

白石和两个儿子一见总理，都激动地站了起来。总理紧紧地握着白石的手："让您老人家久等了，忙着开会，又离不开。"说着，他轻轻扶着白石，"请老人家坐下谈，请坐，本来我要去您那儿的。"

白石刚落座，总理又亲切地同良迟、良已紧紧地握手。接着，总理在老人身边坐了下来。交谈是在家庭般的、无拘无束的亲切气氛中进行的。

这时，午饭时间早已过去了。总理因为开完会，又急着赶来见他们，所以午饭也没有吃。当他知道白石他们也没有吃饭时，便立即嘱咐秘书给弄些饭来吃。

周恩来总理与齐白石亲切交谈

总理带着歉意，解释说："真对不起，没有约定，只好请你们这些'不速之客'吃面条了。"

工作人员很快端来了面条，放在桌子上。周总理赶忙站起来，亲自先给白石端了一碗，然后又分别给良迟、良已各端了一碗，风趣地对老人说："今天我们只好同甘共苦了。"说着，大家都哈哈大笑了起来。

老人刚来时多少有点愁苦的情绪，被刚才总理的话语、乐观而坚毅的情感一扫而光，显得特别高兴。他边吃边操着浓重的湖南口音，回答说："要的，要的。"

吃着，吃着，总理突然想起了什么，低吟了起来："不独老萍知此味。"……稍微停顿了一下，总理又拉长了语调："先人三代咬其根。"大家一听，又大笑了起来。

原来总理念的是白石四十年代画过的《白菜图》上的题诗。这些诗和画充分展现了白石淡泊明志，不忘过去苦难生活的感情。谁知日理万机的总理不但看到了，而且能朗朗上口。这情景深深地激动着老人，老人十分振奋、开怀，笑得前仰后合，银丝飘逸，总理也高兴地大笑了起来。

在欢乐的、亲切的气氛中，总理同白石一起吃了这难忘的一顿饭。

饭后，白石告辞了。周总理亲自搀扶着老人，走向早已等候在门外的汽车。白石十分感动，请总理留步。

"我送您回去。"总理爽朗地说着，开了车门，把老人扶上了车。

白石和良迟、良已为总理那热诚、质朴无华、平易近人的态度深深感动了，感到十分过意不去，总理这么忙，怎么好麻烦他亲自去送。他们一再劝总理不要去了，总理还是坚持要送。他说："老人来一趟不容易，我本来就要去看看。"说着就上了车。

秘书跑出来，提醒总理要穿大衣，免得受凉了。总理说："我晓得齐老先生的家，不远，不用穿大衣。"

车动了，缓缓地沿着中南海松柏交映的小路驶去。总理望了一下前面的司机说："开慢一点。"司机点点头："请总理放心。"

车出了新华门，汇入到了车流人海之中，急驰而去，拐了几个弯，到了白石老人的住处。等车刚停稳，总理就下车，亲自开了车门，搀扶着白石下了车、进了屋。

谁都没有料到周总理会亲自送老人回来，家里什么也没有准备，白石还没有落座，就叫家里人赶快买东西来招待。不一会儿，一盘鲜嫩的、大大的苹果端到了画室。

总理马上削了一个，递给白石老人，老人忙摇摇手，风趣地说："请客人先用。您也是'不速之客'，我们没得准备，对不住啰，对不住。"

总理一听，边吃边笑，接着说："今天款待我吃苹果，蛮不错嘛，比您过去'寒夜客来茶当酒'好多了。"老人一听，又笑得前仰后合。

"寒夜客来茶当酒"是白石三十年代画的一张画，可是总理却看到了。他对一个老画家的了解是多么的透彻，老人怎能不为之感动。

时间一分分地过去了，天渐渐地暗了下来，白石与总理一起度过了美好的、宝贵的时光。将近傍晚时分，总理起身告辞了。他走近了老人，弯下腰，亲切地拉着老人的手说："告辞了，老先生，请多保重，我还会来看您老人家的。有事打个电话，我就来。"

老人依依不舍，深情地拉着总理，坚持挽留他吃了饭再走。

"公务在身，不由自主啊！"总理风趣地说。

白石见总理执意要走，就让家人搀扶着，蹒跚地送总理到了大门口。

总理再次和白石拉了手，一再嘱咐老人要注意休息，然后才上了车。车开了，周总理还探出头来，招手、点头、微笑。

将近一个世纪的岁月里，白石见过清王朝的顶戴大官，民国时的风云人物，外国的要人，然而，像总理这样身居要位，却平易近人、质朴无华的党和国家领导人，他还是第一次见到。共产党是人民的公仆，他在敬爱的周恩来总理的身上，看到了这光辉的品格。

回到室内，白石的心久久难以平静，口中不断地低吟：

> 暮年逢盛世，
> 搭帮好总理，
> 老骥珍伏枥，
> 报国志千里。
> ……

晚上，在明亮的电灯下，他研墨调色，十分经意地画了一幅红红的大牡丹画，表达了欣慰的心境。第二天早上，他精心地挑选了一幅得意之作《荷花鸽子》，专程派人送到中南海，送给了周总理。这是裱在瓷青色绫子上的一幅六尺横幅，裱得也相当精细。画画和赠画，这是老人抒怀寄意的老习惯了。

会见了白石老人不久，了解了老人的生活起居情况，周总理在百忙中把国务院秘书长齐燕铭同志找来，请他在全国政协礼堂召开了一次专门的会议，研究了如何照顾好白石老人的问题。

# 6. 长青之树

一九五七年九月十六日下午六时四十分，世界画苑的一枝奇葩凋谢了。丹青大师齐白石结束了他将近一个世纪的多彩生命历程，安详地躺在北京医院洁白的病榻上。

洁白的墙壁，洁白的天花板，洁白的被褥，一切都是白的。宁静、圣洁、肃穆，像他的一生。

在他弥留之际，他的儿子、儿媳、孙儿们紧紧地守护在他的身旁。他们注视着医生们忙碌而有次序进行抢救。希望富有经验的医学专家们能有回天之力，能够把老人从死神的手里争夺过来。因为人民需要他，社会主义新时期蓬勃发展的艺术事业需要他。

他自己希望能活到一百二十岁，能够为人民创造更多更精美的画，然而，他去了，放下了手中的彩笔。

他走得有些仓促。九月十五日清晨，白石感觉精神恍惚，身体也不舒适。亲人们闻讯赶来了，护理人员也围在床前。大家十分关切地询问他的情况，他睁开了眼，微笑着，说还不至于有什么太大的妨碍。

他是经历过数次生死关头、遭逢了大劫大难的人。他对于自己旺盛的生命力是乐天而自信的。一生中有过几次危重的大病，他扛过了，顶住了，终于死里逃生，顽强地活了下来，见到了新中国明媚的春天。

然而，到了下午，他渐渐地感觉到有点支持不住了。

家里急忙去请了一位中医，诊脉、配方、煎药，服了一剂汤药，病情未见好转，白石神志昏迷了。

齐白石生命垂危的消息，很快传到了中国美术家协会。协会负责同志闻讯，立即放下手中的工作，驱车赶到北京医院，专程请了大夫一同赶到了跨车胡同白石的病榻前。尔后，一个由中西医专家组成的小组进行联合会诊，服药打针，千方百计抢救这位艺术大师的生命。时间分分秒秒地过去，白石的病没有好转。

夜晚，跨车胡同十五号院的大门外停着几辆车，院内整夜灯火通明，各种急救用的药品、医疗器械不断地运送到这里。医生、护士彻夜未眠，守候着齐白石，严密注视着病情的发展变化。

十六日下午三时，齐白石病情趋向恶化，神志不清，呼吸急促、困难。四时，在医护人员的精心护送下转到北京医院急救，几种应急的方案制订了，整个医院都行动了起来。但是，经过多方的努力，到六时四十分，齐白石终于因为心脏过于衰弱，与世长辞了。他在这个多彩的世界上，整整生活、耕耘了九十五个春秋。

在他辞世后的半个小时，中央有关部门的负责人，美术界的同行们、朋友们和他的门生，纷纷来到他的遗体旁，默默地伫立着，流着泪，向这位画坛巨匠致以最后的敬意。

新陈代谢是不可抗拒的，这人们都是知道的。但是，作为一个受到国内外人民广泛敬仰和热爱的大师，人们还是觉得他走得太早、太突然了。虽然从前年开始，大家发现他的生命逐渐在萎缩下去，好遗忘，精力也大大不如从前了。但是，人们同样发现，他的艺术创作力却是异常的旺盛。

到了一九五七年春夏之交，白石的精力更为不济，爱睡，不爱说话，食欲不振。他还常画点东西，但是题款时，经常少写了字，或是写字时不是少一笔，就是多一笔，有时把自己的名字重复写好几次。

党和人民政府想方设法来照料他的身体。一再劝说他不要画了，至少少画些，少接见宾客，静心地、随心所欲地休养好。根据周总理指示、由齐燕铭同志主持的那次会议之后，特约了中西医专家定期地为他检查身体。一月间，他受了点凉，医生赶来为他再次做了全面检查，发现他的心脏、血压都正常。

二月十五日，中国木偶艺术剧团的同志们，知道齐白石喜欢看木偶戏，特地选派了二十多位技艺精湛的演员，带着沉重的道具，专程到他的家里，搭台为他演出了精彩的《小放牛》《猪八戒招亲》《秧歌舞》等节目。

白石听说木偶艺术团是专门来为他演出的，心情非常激动，兴高采烈地观看了演出，坐在椅子上，同演员们一一握手，感谢他们的一片心意。

以前，他逢年过节，常常邀请皮影戏团等到家里演出。听戏看杂技，是他从小时候相沿下来的爱好。不过，过去是请来的，这一次却是同志们自动送戏上门的。他们对白石老人是多么热爱与尊重！

五月二十二日，毛主席专门派了秘书来到跨车胡同探望齐白石，问候他老人家的生活起居、身体状况。已经不爱说话的齐白石很是兴奋，侃侃而谈，倾诉自己思念毛主席、感谢毛主席，希望有一天能到毛主席身边，合照一张照片的由衷之情。客人走了，他伸出手，指着文化部授给他的奖状上的毛主席像，不停地说："毛主席太看得起我了。"

在春夏之际的一个风和日丽的早晨，白石竟然不用人搀扶，从自己的卧床缓步来到画室，用手摸了摸儿子为他铺好的宣纸，辨别了纸的正反面，然后用笔蘸了洋红，信笔在纸上挥洒了起来。不一会儿，斗大的牡丹花朵艳丽、夺目地呈现在人们的眼前，接着，他画叶，色墨交辉、随心所欲，一幅多姿多彩的《牡丹图》在他笔下产生了。白石老人看了看，满意地笑了。

而今，这幅《牡丹图》竟成了他生命历程中创作的最后一幅画。多姿多彩的牡丹，不正是他近一个世纪彩色生命的写照吗？

九月十七日，中央人民广播电台广播了齐白石逝世的消息。这一天的《人民日报》《工人日报》《中国青年报》《光明日报》和全国各省市的报纸，都刊载了齐白石逝世和以郭沫若为主任的"齐白石治丧委员会"组成的消息。于非闇、方人定、叶浅予、田汉、刘开渠、齐燕铭、老舍、阳翰笙、沈尹默、关山月、何香凝、吴作人、李济深、周恩来、周扬、沈雁冰、陈半丁、陈叔通、郑振铎、夏衍、梅兰芳、黎锦熙、蔡若虹、钱俊瑞等二十五人为委员。

这一天，简朴、庄重的遗体入殓仪式在北京医院举行。灵枢是他二十多年前亲自设计的，用的是他故乡湖南出产的杉木，漆了几层厚漆。

齐白石的遗体被安放在灵枢之中。按照老人生前的遗愿，随葬的东西，一件是他刻着自己姓名、籍贯的印章，另一件是他使用了将近三十年的漆拐杖。

遗体入殓之后，立即移灵到嘉兴殡仪馆。灵堂布置得庄严肃穆，正上方悬挂着"齐白石先生永垂不朽"的白边黑地金字的横额。灵枢前立着齐白石遗像，上面扎着白布花。中央和国家机关、团体、国际友人以及齐白石生前友好送的花圈、挽联，密密地陈列在灵堂的四周。

周恩来总理送了花圈。

中国美术家协会的挽联上写着：

抱松乔习性，守金石行操，峥嵘九七春秋，不愧劳动人民本色。
抒稻黍风性，写虫鱼生趣，灼烁新群时代，平添和平事业光辉。

郭沫若的挽联为：

百岁老人，永使百花齐放；
万年不朽，赢得万口同声。

二十一日，北京市各界人士络绎不绝，前来向这位人民忠诚的儿子祭奠，表示最后的深深的敬意。在北京的美术界的同行们，他们四人为一班，轮流肃立灵前，为白石守灵。

周恩来、陈毅等党和国家领导人及齐白石弟子等祭奠齐白石

二十二日上午十时三十分，庄严、隆重的公祭仪式在嘉兴寺举行。国务院总理周恩来、副总理陈毅，全国人大常委会副委员长林伯渠、陈叔通，最高人民法院院长董必武，中共中央统战部部长李维汉，中共中央宣传部副部

长周扬，文化部部长沈雁冰，以及各有关单位、人民团体的代表，齐白石生前友好、门生共四百多人，参加了公祭。

各国驻华使馆的代表和白石生前的外籍朋友也赶来参加了公祭，向这位为和平事业、为世界艺术的繁荣昌盛而整整奋斗了一生的中国艺术巨匠，表示深深的哀悼。

在低沉的、悲痛的哀乐声中，郭沫若宣布公祭开始，数百人朝着白石的遗像，深深地三鞠躬。不少人眼里含着泪花，许多人压抑不住悲痛的心情，失声痛哭。

在郭沫若致悼词之后，中国美术家协会副主席蔡若虹介绍了齐白石的一生道路和他在艺术上的辉煌业绩及他在中国当代绘画史上无与伦比的历史地位。

治丧委员会收到了世界和平理事会和十七个国家许多团体和个人拍来的四十多封唁电和国内的许多唁电。

齐白石的亲属向与祭者行礼致谢后，起灵了。灵车和数十辆送灵的车，沿着长街，缓缓行进。白石将安葬在老人生前为自己选择的最后安息之所——魏公村的湖南公墓。

灵车经过之处，行人驻足，行车停驶，人们默默地伫立着、目送着老人远远而去。别了，一代大师，愿您安息在祖国宽厚、仁慈的怀抱里。

墓地质朴无华，和他那水墨画卷一样。墓前的碑石是用花岗石镌刻的，碑文字是篆体。这是齐白石生前亲自预备下的，上面写着"湘潭齐白石墓"六个大字。旁边是他继室胡宝珠的墓。

到达墓地，举行了安葬仪式。周扬、文化部副部长钱俊瑞、夏衍和老人的生前友好、亲属参加了安葬仪式。在哀乐低鸣声中，灵柩缓缓地放入了墓穴之中……

他走了，然而他的英名和业绩永远留在人类的历史中。全世界人民永远怀念他——中国人民杰出的儿子、一代丹青大师齐白石。

在他生命的最后岁月里，远在万里之外的一位西班牙诗人阿尔贝蒂，以《向齐白石致敬》这首美好的诗，表达了不同肤色、不同语言的人们共同的心声：

我向你致敬，画家，

出神入化的老人，

色彩的大师。

我吻你那象牙之手，

它像一朵鲜花，

又使得这么多的鲜花为绘画而齐放。

有了你，所有的白纸上都出现了光，

彩夺目的花园，

有了你，到处都发出了中国墨汁，

潺潺细流的水声，

水清得看见鱼，水上长满了芦苇。

有了你，玫瑰花就呼吸得更畅快，

飞翔得更活跃，

蝴蝶翩翩飞舞得更加优美，

水果生长得更加香甜。

画家，春光在你身上，

并不是徒劳地重复了它一百次的歌唱。

画家，你的绘画是登峰造极的花园，

愿你在这个花园里跟你的人民一起，

梦想，

你的人民正在和平当中成长，

正如你的花园中最美好的树木一样。

# 后　记

一个孕育了十五个春秋的梦。

一九八五年二月八日凌晨三时三十六分。一个滴水成冰的冬夜。当思绪沿着稿纸上一个个方格，走完了齐白石多彩生命的全部旅程，我如释重负，热泪盈眶，不能自已。

十五年前，当我第一次接触到大师的生平资料时，被他历尽沧桑、奋进不已的生命力和开宗成派、独树一帜的辉煌艺术成就感动、折服。不过，萌动写这本书，却是以后的事。

说不清是为了什么。大概是受了先辈的影响，爱画，爱中国传统的绘画艺术；爱人，爱各个人物展现的不只是属于他一个人的生命历程。我开始逐渐地、不间断地收集老人的生平资料。目的是朦胧的；目的常常是在整个事情的漫长过程之中，慢慢地趋于明朗、成熟⋯⋯

最初的推动力是《徐悲鸿一生》的问世。我跃跃欲试，用一管笨拙的笔，将收藏的几十万字散乱的资料，编织起来，寄托自己的一点思绪和怀恋。

白石老人的后代、画家齐良末、齐金平先生，著名青年画家李燕、湖南湘潭市文联主席阳光、湘潭市齐白石纪念馆筹备处罗尊柱等同志以及湘乡父老兄弟，给我提供了不少白石老人的珍贵资料和宝贵的意见；柳萌、李硕儒、许岱等同志，给予本书的写作和出版以热情地支持，北京市摄影家协会会员刘尔高，对本书图片的摄制给予了大力的帮助。我深切地感谢他们。

　　我是幸运的。我站在前辈的肩上。张次溪、朱屺瞻、龙龚、胡佩衡、胡橐、吴祖光、新凤霞等先生，白石老人的后代，著名画家齐良迟、齐良已、齐良芷、齐佛来等先生以及台湾、香港和美籍华人中的作家，记述了白石老人生平和艺术的许多珍贵资料和论著，给了我不少的启迪。对于他们，我油然而生敬仰之情。

　　最后，衷心感谢出版社的领导和责任编辑，他们为这本书花费了不少心血，他们精心的修改删削，纠正了原稿的不少缺点。

作　者

一九八五年六月二十七日草于北京寓所

一九八六年七月三十一日改定于北京图书馆

# 二〇〇五年再版后记

今年是个很好的日子。

往前推，二〇〇四年，是国画大师齐白石诞辰一百四十周年。再过两年，又是他辞世五十周年的纪念日。明年是本书面世二十周年的日子。

这几年来，不断有读者通过不同方式，询问哪里能买到这本书。一位年轻朋友，希望能从作者这里买到样书。当他知道作者只剩下唯一一本样书时，也不好再张口了。他说他只好从互联网上读这本书。

当然，萌动再版这部拙作，不止是因为上述缘由。还有本书行世之后，白石先生生前的学生、朋友，向作者介绍了这位艺术大师许多鲜为人知的故事。我至今记得著名作家、学者吴祖光先生，著名艺术家、作家新凤霞先生，他们生前不止一次向作者详尽谈了齐白石先生的生命轨迹和艺术追求，以及他们之间的亲密友情。

人生几何？吴祖光、新凤霞两位老人已经走进了历史。他们崇高的人品、艺品，他们对白石老人的一往情深，使我感动。在他们位于体育馆路简朴而温馨的斗室里，我们曾经多少次的倾谈。他们的举手投足、音容笑貌，历历在目，难以忘怀。它推动着我准备修订再版这部作品。本书新增的一些章节，就是依据新素材写成的。

直接的推动力，来自徐建军先生、蒋晓虎先生。他们总是鼓励我、鞭策我。建军在繁忙的工作中，通读了三十多万字的原作，提出了宝贵的意见。我很感动。晓虎对于书名、目录的修订，提供了中肯的看法。这些使我受益匪浅。我真诚地感谢他们。

本书的基本风格没有变，也不想变。好在我们生活在一个缤纷多彩的世界。有人爱西装，有人追逐流行，有人钟情长衫马褂。我想给这个世界添一点另色。

　　长夜难眠。写这些，为读者，为朋友，为我敬仰的前贤。

　　　　　　　　　　　　　　　　　　　　林浩基
　　　　　　　　　　　　　　　　　　　　二〇〇五年二月十三日
　　　　　　　　　　　　　　　　　　　　凌晨三时三十六分

# 二〇一七年再版后记

拙作《齐白石传》一书出版面世已经整整三十年了。它受到读者的喜爱，不只是因为书的本身，而是齐白石多彩多姿的一生和他留给我们无比珍贵的艺术作品。他的画作，继承并发展了中国文人画的传统，并且把它推到了至今无人超越的高峰。本书曾经再版了四次。这次袁冰先生希望它能由团结出版社再版，我非常高兴地答应了。团结出版社是家有影响的大社，出版过许多好书。多年来，我就是他们忠实的读者，受益匪浅。

本书的这次再版，得到了该社领导的大力支持。袁冰先生，本书责编郭强、文字编辑王云强先生付出了辛劳，尤其是王云强先生，对于本书的文字加工、史实的核对、细小到时间问题，都同我进行了认真地商定，表现了一位编辑的文学修养和敬业精神。他对本书各章的目录构架，提出了修改建议，令人感动，现在的目录就是根据他的修改建议编成的。在此，我向他们表达深深地敬意和感谢！

林浩基于海南三亚半山半岛

二〇一七年二月二十日